Franz-Xaver Kaufmann

Kirche in der ambivalenten Moderne

Franz-Xaver Kaufmann

Kirche in der
ambivalenten Moderne

HERDER

FREIBURG · BASEL · WIEN

MIX
Papier aus verantwor-
tungsvollen Quellen
FSC® C106847

© Verlag Herder GmbH, Freiburg im Breisgau 2012
Alle Rechte vorbehalten
www.herder.de
Umschlaggestaltung: Finken & Bumiller, Stuttgart
Satz: Barbara Herrmann, Freiburg
Herstellung: fgb · freiburger graphische betriebe
www.fgb.de
Printed in Germany
ISBN 978-3-451-34134-2

In dankbarem Gedenken an meine geistlichen Mentoren

P. Augustin Jans OSB
P. Jakob David S.J.
Hans Urs von Balthasar
Franz Böckle

Inhalt

Versteht ihr, was ich euch gesagt habe?
Ihr nennt mich ›Lehrer‹ und ›Herr‹;
Und recht sagt ihr, denn ich bin es.
Wenn ich euch nun die Füße gewaschen habe
als euer Herr und Lehrer,
So sollt auch ihr einander die Füße waschen.
Denn ich habe euch ein Vorbild gegeben;
Wie ich euch getan habe, so tut auch ihr.

Joh 13, 13–15

Der Papst jedoch ist geringer als Gott
aber größer als der Mensch

Papst Innozenz III. (1198–1216)

Can. 752: Auch nicht endgültigen Glaubens und Sittenlehren
des Papstes oder des Bischofskollegiums
ist religiöser Willens- und Verstandesgehorsam zu leisten.
Was diesen Lehren nicht entspricht,
müssen die Gläubigen sorgsam meiden.
Can. 1371: Wer eine von diesen Lehren hartnäckig ablehnt
und nach Verwarnung nicht widerruft,
oder wer sonst dem Apostolischen Stuhl, dem Ordinarius
oder dem Oberen nicht gehorcht
und nach Verwarnung im Ungehorsam verharrt,
ist mit einer gerechten Strafe zu belegen.

Gesetzbuch der römisch-katholischen Kirche –
Codex Juris Canonici

Vorwort

Dies ist das Buch eines soziologischen Beobachters der römisch-katholischen Kirche, der sich selbst dieser Glaubensgemeinschaft zurechnet, allerdings nicht unkritisch. Es ist nicht für Soziologen geschrieben, sondern für Theologen, Katholiken – Bischöfe, Priester und Laien – und andere Leute, die mit der katholischen Kirche etwas im Sinn haben. Die Mehrzahl seiner Kapitel beruht auf Texten, die im geistigen Dialog mit katholischen Theologen entstanden sind und hier in einem durch Bearbeitung hergestellten Zusammenhang präsentiert werden.[1] Sie wurden geschrieben von einem, der durch biographische Umstände und persönliche Motivation in ein ziemlich kontinuierliches Gespräch mit der katholischen Theologie (und sporadisch auch der evangelischen) geraten ist[2]. Was hier vorgetragen wird, ist keine Religionssoziologie im klassischen Sinne. Diese würde eine weit größere normative und theoretische Distanz zu den untersuchten Verhältnissen erfordern.[3] Es handelt sich vielmehr um einen Versuch des interdisziplinären Gesprächs, der mittlerweile auch von der Seite katholischer Theologen aufgenommen wurde[4] Dieses Gespräch kann nur gelingen, wenn der Theologe Theologe und der Soziologe Soziologe bleibt, aber beide für die Vorverständnisse und Argumente des Anderen offen bleiben, sie aus ihrem Denkhorizont kritisch prüfen und in diesen einordnen. Es wird erleichtert, wenn die Gesprächspartner in einem gemeinsamen Horizont argumentieren, der hier durch eine gewisse Vertrautheit mit der Geschichte des Christentums – und nicht nur seiner römisch-katholischen Variante – benannt sei.

Angesichts der unterschiedlichen Kontexte, in denen die ursprünglichen Versionen der Kapitel dieses Buches erschienen sind,[5] wäre sehr vielen Personen zu danken, die mein Nachdenken durch Gespräche und Hinweise weiter gebracht haben, insbesondere auch Hörern der meist mündlich vorgetragenen Erstfassungen. Sie sind gewiss nicht mehr alle in meinem Gedächtnis. So beschränke ich meinen herzlichen Dank auf die, welche in der Zeit der Entstehung dieses Buches mir wertvolle Hilfen gegeben haben: Auf meinen lang-jährigen Freund und Gesprächspartner Karl Gabriel (Münster), meinen gründlichsten Interpreten Stephan Goertz (Mainz) und Norbert Lüdecke (Bonn), der mir das Gewicht des katholischen Kirchenrechts nahe gebracht hat. Wichtige Anregungen verdanke ich auch den Tagungen des Exzellenzclusters »Religion und Politik in den Kulturen der Vormoderne und Moderne« an der Universität Münster, dem ich durch die Berufung in dessen wissenschaftlichen Beirat verbunden bin. Schließlich wäre nichts Rechtes aus den Materialien geworden ohne die administrative Unterstützung durch Frau Elsbe Lück (Bielefeld) und die gründliche Durchsicht sowie Erstellung des Literaturverzeichnisses durch Herrn dipl. theol. Stefan Hoffmann (Bonn). Peter Suchla vom Verlag Herder danke ich für das motivierende Vertrauen, mir die Veröffentlichung des noch nicht verfassten Buches in Aussicht zu stellen.

Bonn, an Ostern 2012   *Franz-Xaver Kaufmann*

Einleitung

1. Der Standort des Beobachters

Die Soziologie ist ein Kind der Aufklärung, für die das Denken *etsi deus non daretur* bereits zum Habitus geworden ist. Die Soziologie ist eine methodisch areligiöse Wissenschaft, wie auch immer ihre Vertreter persönlich zu den Grundfragen der Religion stehen mögen. Religiöse Phänomene sind ihr soziale Erscheinungen, denen *a priori* keine größere Relevanz zukommt als anderen Sozialerscheinungen auch. Es hängt von der jeweiligen Kulturbedeutung und gesellschaftlichen Wirksamkeit bestimmter sozialer Erscheinungen ab, welchen Stellenwert sie auf der Interessenskala der Soziologie als Profession erreichen, und nicht von ihrem wie auch immer gearteten Sinn und Inhalt. Dieser kühle – manche meinen sogar böse – Blick der Soziologie ist die methodische Voraussetzung des soziologischen Denkens. Und wie die Tugend in der Mitte zwischen zwei Lastern, so steht selbstkritisches soziologisches Denken zwischen zwei entgegengesetzten Gefahren: der Verzerrung feststellbarer sozialer Zusammenhänge in einem materialistischen oder aber der abstrahierenden Verdünnung in einem funktionalistischen Wirklichkeitsverständnis einerseits, und der Parteinahme für bestimmte kulturelle oder ideologische Strömungen andererseits. Menschliche Geschichte vollzieht sich im Spannungsfeld von Ideen und Interessen, von voluntaristischen Gestaltungsversuchen und evolutionären, oft kontraintuitiven Veränderungen oder gar Innovationen. Intention und Funktion, Handlung und System, Struktur und Kultur, Organisation und Lebenswelt sind nur einige der polaren Begriffspaare, mit denen die moderne Soziologie stets erneut um ein dialektisches Verständnis menschlichen Zusammenlebens ringt, das sich nicht in letztlich trivialen Kausalitäten und Einseitigkeiten verliert.

Aber auch der Soziologe steht nicht auf einem kopernikanischen Punkt. Jede Beobachtung ist vom gesellschaftlichen Standort ihres Beobachters abhängig, und dieser bleibt durch vielfältige Einflüsse mit bestimmt. Deshalb kommt es auf den Standpunkt und die Perspektive des Beobachters an, und hierüber möchte ich zuerst Auskunft geben, damit der oder die Leser(in) sozusagen die Parallaxe zur eigenen Perspektive einschätzen kann.

Erstens: Ich komme aus einem stark katholisch geprägten Elternhaus in der Diaspora der Zwingli-Stadt Zürich. Mein Bruder, der Jesuit Ludwig Kaufmann, war Presse-Berichterstatter auf dem Zweiten Vatikanischen Konzil, und wie berichtet wurde, waren seine oft scheinbar naiven Fragen im Pressesalon des Vatikans gefürchtet. Ich will damit sagen: Uns haben der Glaube unserer Eltern, das Leben in der Diaspora und die vielfältigen Kontakte zu qualifizierten Geistlichen frei gemacht, frei auch zu einem kritischen Blick auf die von uns durchaus geliebte Kirche. Philosophisch geprägt wurde ich in meinen formativen Jahren vor allem durch dem Existentialismus nahestehende Autoren, für die der Horizont der ontologischen Metaphysik zerbrochen war. Ich habe mich der Aufforderung, in kirchlichen Gremien mitzuwirken, nach Möglichkeit nicht entzogen, und dadurch auch einige Kontakte und Erfahrungen sammeln können, die mir ein breiteres Bild von den kirchlichen Verhältnissen ermöglichen.

Zweitens: Ich habe mich nach juristischen und wirtschaftswissenschaftlichen Studien für eine akademische Laufbahn im Fach Soziologie entschieden und meine erste soziologische Prägung durch den großen französischen Soziologen Raymond Aron erhalten, der seinerseits in der Tradition Max Webers stand. Als ich Hans Urs von Balthasar, einem meiner geistlichen Mentoren, von meiner Absicht erzählte, ermutigte er mich sehr: »Wir brauchen katholische Soziologen – und studieren sie vor allem Max Weber«. Dieser Rat, den »religiös unmusikalischen«, aber gerade im Bereich der Religionssoziologie bahnbrechenden Soziologen zu studieren, erscheint mir bis heute als im besten Sinne katholisch, also auf das Ganze gehend. Nach drei Jahren praktischer Tätigkeit in der Basler Chemie (und paralleler Teilnahme an den soziologischen Oberseminaren von Heinrich Popitz) fand ich in Helmut Schelsky einen großzügigen Förderer, der mich meinen eigenen Weg in die Soziologie finden ließ.

Drittens: Ich bin als Schweizer im Alter von dreißig Jahren nach Deutschland gekommen und damit in die Position eines ›Fremden‹ geraten, eines Menschen also, der nach der Analyse von Georg Simmel »kommt und bleibt« (Simmel 1923b). Fremde gewinnen einen besonderen Blick auf die einheimischen Verhältnisse und zugleich allmählich eine besondere, vielleicht etwas reflektiertere Vertrautheit mit ihnen. In Verbindung mit der kirchlichen Bindung und der soziologischen Perspektive scheinen mir dies keine schlechten Voraussetzungen, um eine Diagnose der kirchlichen Verhältnisse zu versuchen, vornehmlich hinsichtlich der mir eher bekannten deutschsprachigen Gebiete, die aber nur im größeren historischen und weltkirchlichen Zusammenhang einigermaßen angemessen verstanden werden können.

Schließlich zu meiner soziologischen Perspektive: Ich rechne mich keiner der heute in Deutschland konkurrierenden theoretischen Richtungen zu, versuche aber, von verschiedenen zu lernen. Vom bereits erwähnten Max Weber ist mir die historisch-institutionelle Orientierung geblieben, welche in der gegenwärtigen deutschen Soziologie eher ein Schattendasein führt.[6] Die gesellschaftstheoretische Perspektive verdanke ich vor allem meinem langjährigen Bielefelder Kollegen Niklas Luhmann, der auf klassischen Positionen wie denjenigen von Hegel, Husserl, Weber und Simmel aufbaut. Vor allem aber liegt mir daran, Unterschiede und Beziehungen zwischen unterschiedlichen Ebenen sozialer Emergenz zu betonen: Makroebene: Kultur und Institutionen; Mesoebene: Organisationen und soziale Bewegungen; Mikroebene: Interaktionen und Personen als sozialisierte Individuen. Denn »Religion ist in Interaktionen unter unmittelbar Anwesenden, in Gruppen, Bewegungen und Organisationen sowie auf der gesellschaftsstrukturellen Ebene je verschiedenen Anforderungen ausgesetzt und kann deshalb eine je andere Ausprägung und Bedeutung haben« (Krech: 1999: 5). Dies geschieht hier nicht abstrakt, sondern stets gegenstandsbezogen. Es geht hier nicht darum, in Soziologie einzuführen, sondern konkrete soziale Phänomene im Bereich des Katholizismus mit Hilfe soziologischen Denkens zu verstehen.

2.   Das Ende des sakralen Kirchenverständnisses

Die gegenwärtigen Selbst- wie auch die Fremdverständnisse der katholischen Kirche werden durch den Bruch zwischen einer großen Tradition und den Plausibilitätsstrukturen der Gegenwart nachhaltig herausgefordert.

Die Auffassung vom gleichzeitig transzendenten und immanenten Charakter der Kirche gehört zu den bedeutenden Bestandteilen der katholischen Tradition und lässt sich bis auf die frühen Bemühungen, die Gott-Menschlichkeit Jesu zu verstehen, zurückverfolgen. Dennoch setzte die lehramtliche Selbstreflexion der Kirche erst im Hoch- und Spätmittelalter ein; die wichtigsten Stücke der lehramtlichen Ekklesiologie entstanden sogar erst in der Neuzeit. Erst im 19. Jahrhundert verselbständigte sich die theologische Reflexion über die Kirche zu einem ausdifferenzierten Lehrgebiet, der Ekklesiologie. Bis heute koexistieren kirchenrechtliche und theologische Reflexionen über die Kirche innerhalb des Katholizismus weitgehend beziehungslos.

Weder die Ekklesiologie noch die Kanonistik berücksichtigen den historischen und sozialen Charakter der Kirche, das heißt, der immanente Aspekt der Kirche bleibt für die dominierenden Formen kirchlicher Reflexion latent. Die Ekklesiologie neigt zu spiritualistischen oder zum mindesten idealistischen Interpretationen, wobei organisatorische und rechtliche Aspekte vernachlässigt oder als Entfremdung vom »eigentlichen« Wesen der Kirche angesehen werden. Die Kanonistik vermittelt ihre juristische Argumentation mit der theologischen Tradition im Wesentlichen nur über den Jurisdiktionsprimat des Papstes und verkürzt damit das Kirchenverständnis auf die durch ihn legitimierten Strukturen.

Für das vorneuzeitliche Kirchenbewusstsein blieb das Verhältnis zwischen der sichtbaren und der »wahren Kirche« weitgehend unproblematisch; man interpretierte diese Beziehung auf *symbolische* Weise, das heißt – aus moderner Sicht – in einer diffusen, ungeklärten Form. Derartige symbolische Auffassungen, die für das vorneuzeitliche Bewusstsein keineswegs auf den religiösen Bereich beschränkt waren, haben ihre Wirkung für das moderne Bewusstsein weitgehend verloren; sie werden zu bloßen Bildern, die ein jeder auf seine Weise interpretieren kann.

Die sich im 19. und 20. Jahrhundert entwickelnde explizite Ekklesiologie lässt sich aus wissenssoziologischer Sicht im wesentlichen als fortgesetzter Versuch verstehen, die Traditionen der katholischen Kirche mit den Herausforderungen der Moderne diskursiv zu vermitteln. Bis ins 18. Jahrhundert war die herrschende Kirchenauffassung in einem platten Sinne institutionalistisch, das heißt, die kirchlichen Rechte und Ansprüche wurden in naiver Form als selbstverständlich vertreten. Im 19. Jahrhundert entwickelte sich eine erste rationale Synthese des immanenten und des transzendenten Moments der Kirche: Das synthetische Element bestand dabei in der Sakralisierung der reformierten Organisationsstrukturen der Kirche und ihrer Träger.

Diese *Sakralisierung* lässt sich in verschiedenen Dimensionen nachweisen:

a. Betonung des hierarchischen und zentralistischen Elements in der Kirche, um die seit Pius VII. anhaltenden Versuche einer Straffung der faktischen Organisationsstruktur der Kirche zu begründen. An die Stelle der alten, vor allem durch Napoleon zerstörten feudalen Kirchenstrukturen traten im 19. Jahrhundert allmählich Organisationsstrukturen auf gesamtkirchlicher und diözesaner Ebene mit eindeutigen Unterstellungs- und Kontrollverhältnissen. Es entstand also eine »Hierarchie« im organisatorischen Sinne, die jedoch als »hierarchisch« im theologischen Sinne, also als ›heiligen Ursprungs‹, interpretiert wurde.

b. Parallel zur Kodifikation des weltlichen Rechts wurde auch das Kirchenrecht systematisiert und kodifiziert. Die Reform der päpstlichen Kurie unter Pius X. war ein weiterer Schritt der organisatorischen Modernisierung der Kirche.

c. Die Inhaber kirchlicher Ämter wurden mit einem sakralen Charisma ausgestattet: Dieses Charisma äußert sich in zahlreichen Bräuchen, insbesondere im Zusammenhang mit der Ordination. Während die Autorität der Kirchenfürsten im feudalen Kirchensystem auf den gleichen Grundlagen wie die weltliche Herrschaft beruhte (und daher den subalternen Klerus nicht umfasste), beruht die neue Autorität nunmehr auf dem Charisma der Priester- oder Bischofsweihe und führte zu einer wirksamen Aufwertung des gesamten Klerus und damit zu einem deutlich gestärkten Einfluss der Kirche auf das Alltagsleben der Gläubigen.

d. Durch die Interpretation der Kirche als *Societas Perfecta*, also als staatsanaloge, sich selbst genügende ›Gesellschaft‹, und durch die Lehre von der Unfehlbarkeit sowie dem Jurisdiktionsprimat des Papstes entstand eine dogmatisch verfestigte Grundlage für die Absonderung der Katholiken im Rahmen der modernen Gesellschaft und die Entwicklung einer katholischen Teilkultur, sowie eines geschlossenen Netzwerkes sozialer Kommunikationen innerhalb der katholischen Bevölkerung.

e. Es entfalteten sich eine triumphalistischen Papstverehrung und andere massenförmiger Dokumentationen der religiösen Zusammengehörigkeit (zum Beispiel Wallfahrten, Prozessionen, Katholikentage).

Die soziale Wirkmächtigkeit dieser Synthese, ihre Plausibilität, und damit auch die innerkirchliche Dynamik, die von dieser Synthese ausging, sind an bestimmbare soziale Voraussetzungen gebunden: Im Laufe des 19. Jahrhunderts entwickelte sich der Katholizismus in zahlreichen Ländern Europas als eine auf dem Prinzip der Konfessionszugehörigkeit beruhende soziale und zum Teil politische Bewegung für die Rechte der Katholiken in den sich modernisierenden Staaten mit einer protestantischen oder laizistischen Mehrheit. Die Minderheitensituation der Katholiken in den sich entwickelnden Nationalstaaten und die Entstehung antikatholischer bzw. antiklerikaler Tendenzen (vor allem nach dem Ersten Vatikanum 1870) schufen günstige Bedingungen für die Strategie der katholischen Hierarchie, den katholischen Volksteil von modernistischen Einflüssen der herrschenden Gesellschaft abzuschirmen und eine Art *katholischer Teilgesellschaft* mit eigenständigen Plausibilitätsstrukturen zu schaffen.

Entgegen häufigen Behauptungen kirchlicher Amtsträger und nicht-katholischer Autoren (die in diesem Punkt weitgehend übereinstimmen) kann das Sozialphänomen Katholizismus nicht als bloßer Anhang der hierarchischen Kirche historisch und soziologisch gefasst werden. Der Katholizismus als politische und soziale Bewegung entwickelte vielmehr – vor allem in der organisatorischen Form von Verbänden und Parteien – eine bemerkenswerte Eigendynamik, die von der kirchlichen Hierarchie nicht zu kontrollieren war. Auf dieser Eigendynamik, die sich aus verschiedenen Quellen speiste, beruhte die soziale Vitalität des Katholizismus. Dennoch geriet die Eigendynamik der katholischen Laienbewegung ebenso wenig wie diejenige der Orden und Kongregationen zu jener Zeit in Konflikt zur Kirchen- und Papsttreue. Die kirchliche Forderung nach unbedingtem Gehorsam gegenüber der ›Hierarchie‹ wurde nicht als eine autoritäre, sondern als eine gottgewollte, sakrale Verhältnisbestimmung aufgefasst.

Diese neue Auffassung von Kirche als sakraler Organisation schloss sich mit der entstehenden, auf einem kirchlich ausgelegten Naturrecht beruhenden katholischen Weltanschauung zu einer stabilen Plausibilitätsstruktur zusammen. Das Neuartige dieser historischen Konstellation wurde durch eine ahistorische Auffassung vom »unwandelbaren« Wesen der Kirche ausgeblendet. Die Plausibilität dieser stabilen Konfiguration beruhte im Wesentlichen auf der soziologischen Bedingung einer sozialen Abgrenzung der Katholiken von der herrschenden Kultur durch die Betonung ihrer konfessionellen Gemeinsamkeit. In dem Maße, als andere gesellschaftliche Strukturmerkmale (wie Klasse, Beruf, Bildung, Sprache, Nationalität) anstelle oder neben der Konfession für die Strukturierung der Sozialbeziehungen der Katholiken bedeutsam wurden, ging die soziale Basis einer spezifisch katholischen Plausibilitätsstruktur allmählich verloren. Die gegenwärtige Situation ist – zum mindesten in Deutschland – durch das immer offenkundigere Ende des Milieukatholizismus gekennzeichnet, ohne dass sich neue soziale Strukturen der Kirchenzugehörigkeit bereits abzeichnen würden (vgl. Kösters et al. 2009). M.E. wird diese Transformation des Katholizismus noch Jahrzehnte in Anspruch nehmen.

3. Der Verlust der Zentralperspektive

In der künstlerischen Darstellung kam die Zentralperspektive im 15. Jahrhundert auf, in der italienischen Frührenaissance. Sie hatte Vorläufer bereits in der gotischen Raumkonstruktion des 13. Jahrhunderts, die Martin Burckhardt als die »Revolutionierung des Raumes« bezeichnet: »Anders als noch ein romanisches Bauwerk lässt sich die gotische Kathedrale nicht mehr als Summe von Einzelteilen begreifen, die, sukzessive, wie Bauklötze, aufeinandergeschichtet werden können, sondern es muss von vornherein als Strukturganzes, als ein Equilibrium aus Druck und Gegendruck gedacht werden. ... das Gebäude selbst ist zu einem System, zu einem Raum-Körper, zu einer Art Organismus geworden« (Burckhardt 1997: 35). Es ist auch dieses 13. Jahrhundert, in dem das Papsttum, aufbauend auf den mönchischen Reformbewegungen des 11. und 12. Jahrhunderts, seinen Autoritätsanspruch konsolidierte, der dann im 14. Jahrhundert – von Innozenz III. bis zu Bonifaz VIII. – in dem Anspruch kulminierte, als »Vicarius Christi« über die weltlichen Herrscher zu richten. Nun wurde auch die *Ecclesia* als eine Art Organismus gedacht, als *Corpus christianum* oder *Christenheit* unter der Oberherrschaft des Papstes. Die zunehmende Interdependenz der sozialen Räume, welche heute im Prozess der Globalisierung ihren Höhepunkt erreicht, fand bereits hier eine erste Form. Diese Form wurde im Anschluss an römische Vorbilder hierarchisch gedacht, und hiervon leitet sich das Hierarchiemodell der Kirche ab, das im römischen Zentralismus des 19. und 20. Jahrhunderts kulminierte. Ihm ist die Zentralperspektive kongenial: Alles ist auf einen einzigen Brennpunkt ausgerichtet.

Die mit der Renaissance beginnende frühe Moderne war nicht nur in der Kunst- und Kirchengeschichte das Zeitalter der Zentralperspektive. Jede frühmoderne Weltanschauung, insbesondere auch die Aufklärung, verstand sich zentralperspektivisch: Der Mensch als allgemeines Subjekt trat nunmehr der Welt gegenüber mit dem Anspruch, sie aus seiner Perspektive verstehen und gestalten zu können: Als »Meister und Eigentümer der Natur« (Descartes). Die weltanschaulichen »Kulturkämpfe« des 19. und frühen 20. Jahrhunderts resultierten aus dem Konflikt der unterschiedlichen Zentralperspektiven, deren ideologischer Charakter noch nicht durchschaut wurde. So war die frühe Moderne das Zeitalter der »großen Erzählungen«, deren Plausibilitätsverlust nach François Lyotard (1979) den Beginn der Postmoderne einläutet. Auch hier ging die bildende Kunst voran, welche spätestens seit Cézanne auf die Zentralperspektive verzichtet. In der Musik zeigt sich im Verzicht auf die an einem bestimmten Grundton orientierte harmonische Melodik ein ähnliches Phänomen.

Insoweit der Katholizismus nicht mehr als teilgesellschaftliche Makrostruktur die Gesamtheit der Sozialkontakte der Katholiken zu kontrollieren vermochte, wurde es praktisch unmöglich, eine »katholische Weltanschauung« unabhängig von der herrschenden Kultur aufrechtzuerhalten. Da die sakrale Kirchenauffassung des 19. Jahrhunderts einen wesentlichen Bestandteil der katholischen Weltanschauung ausmachte (die Idee des unfehlbaren Lehramtes bildet geradezu ihr Zentralelement), tendiert aus soziologischer Sicht die Chance, die Auffassung von Kirche als sakraler Hierarchie in einer modernen Kultur glaubwürdig zu halten, gegen Null. Was dann übrig bleibt, ist die bloße kirchliche Organisation und das positive Kirchenrecht als Grundlage, deren Legitimität und Glaubwürdigkeit zunehmend in Frage gestellt wird.

Denn die Betrachtung der Welt von einem zentralen Punkte aus, das erscheint uns *heute* bestenfalls als die *göttliche Perspektive*, wie sie uns am anschaulichsten in der zweiten biblischen Schöpfungsgeschichte überliefert ist. In ihrem Glauben an die Kraft einer vereinheitlichenden Vernunft, in ihrer Überzeugung von der Möglichkeit eines unmittelbaren Verhältnisses ›des Menschen‹ zu ›der Welt‹ als Verhältnis von Subjekt und Objekt übernahm die Aufklärung diese theozentrische Perspektive in säkularisierter Form. Sie setzte die menschliche Vernunft an die Stelle Gottes. Die ›Entzauberung der Welt‹, wie Max Weber den neuzeitlichen Rationalisierungsprozess genannt hat, vertreibt das Numinose aus der Welterfahrung, das war die Leistung der Aufklärung. Das postmoderne Denken dagegen entzaubert die menschliche Vernunft, es entkleidet sie ihres nur einem Gott zukommenden zentralperspektivischen Anspruchs. Indem die modernen Wissenschaften die physiologische, kulturelle und psychologische Bedingtheit all unseres Denkens und unserer Erkenntnis verdeutlichen, kränken sie einerseits das aufklärerische Selbstbewusstsein, ermöglichen jedoch gleichzeitig ein weit komplexeres und vielschichtigeres Verständnis der Wirklichkeiten, in denen wir leben. Sie ermöglichen – genauer gesagt – ein *multiperspektivisches Verständnis* dessen, was uns angeht, und das wir so gerne zur vereinfachenden Vorstellung einer eindeutigen Wirklichkeit zusammenziehen. Eine ähnliche Kränkung erfährt allerdings auch das triumphalistische Kirchenverständnis: Autoritative Verkündigung von Glaube und Moral aus dem mittelalterlichen Titel eines »Vicarius Christi« erscheint als Anmaßung, ohne Chance, auch von den Gläubigen angenommen und innerlich verstanden zu werden.

Denn aus heutiger Sicht ist festzuhalten: *Eindeutig ist nicht die Wirklichkeit, sondern sind bestenfalls bestimmte Perspektiven auf das, was wir Wirklichkeit nennen.* Unter vernunfttheoretischen Aspekten zerbricht im Zuge der Globalisierung und dem mit ihr einhergehenden wachsenden Bewusstheit irreduzibler Unterschiede der Weltwahrnehmung der universale Erkenntnisanspruch einer einheitlichen Vernunft. Gemeinsamkeit lässt sich nicht mehr erkenntnistheoretisch, sondern allenfalls noch aus der wachsenden Einsicht in die zunehmende Interdependenz der real existierenden globalen Zusammenhänge und des daraus resultierenden gemeinsamen – insbesondere auch ökologisch zu denkenden – Weltschicksals begründen (vgl. Richter 1992).

4. Übersicht

Die hier erst skizzierte Problemlage bildet den Hintergrund der ersten Kapitel dieses Bandes. Sie haben zum Ziel, das Verhältnis zweier komplexer Größen analytisch zu verdeutlichen: Moderne Gesellschaft und römisch-katholische Kirche. Kapitel 1 zeigt die Vielschichtigkeit dieser Beziehungen vor allem aus kirchenbezogener Perspektive. Kapitel 2 beschäftigt sich mit basalen Merkmalen der Konfiguration zeitgenössischer europäischer Gesellschaften, welche hier mit den Begriffen Modernität, Modernisierung und entfaltete Moderne bzw. Post-Moderne thematisiert werden. Natürlich wären auch andere Bezeichnungen möglich, doch passt die Perspektive der Modernität besonders genau auf die Problematik, mit der die sich grundsätzlich durch Tradition legitimierende katholische Kirche konfrontiert ist. Allerdings kann auch die Moderne durchaus kritisch befragt werden. Der Titel dieses Buches nennt die Moderne ambivalent und behauptet, dass die Kirche an diesen Ambivalenzen teilhat. Das wird in Kapitel 3 ausführlich dargestellt. Dienen die Kapitel 1 und 2 der Exposition der beiden Grundthemen, so bilden die Kapitel 3 bis 5 sozusagen die Durchführung im Sinne des klassischen musikalischen Sonatensatzes. Hier wird das Verhältnis von Kirche, Religion und Christentum einerseits und von Modernisierung und ihrer Radikalisierung durch Medialisierung und Globalisierung andererseits anhand verschiedener Fragestellungen verdeutlicht. Der erste Teil schließt mit einem Beitrag zum aktuellen Topos der Kirchenkrise, die nicht zuletzt vom gegenwärtigen Vorsitzenden der Deutschen Bischofskonferenz, Erzbischof Zollitsch, ausgerufen wurde, und mit einer Analyse des sich in Raum und Zeit wandelnden Verständnisses von Sünde und Buße. Diese diachrone Betrachtungsweise soll an dem spezifischen Thema Sünde, das für die aktuelle Kirchenkrise vermutlich zentral ist, das Grundanliegen des Verfassers verdeutlichen: Eine historische Langfristperspektive für die Diagnose von Gegenwart und Zukunft von Kirche und Christentum, welche die *Geschichtlichkeit der Kirche* nicht als kontingenten Umstand, sondern *als konstitutives Merkmal ihrer Sendung* versteht.

Wiederum in einer musikalischen Metapher lässt sich Kapitel 8 als theoretisch-analytisches Zwischenspiel in ekklesiologischer Absicht bezeichnen. »Kirche als Lehr- und Lerngemeinschaft« ist ein programmatischer Begriff der neueren Ekklesiologie, die sich an den Visionen und Ergebnissen des Zweiten Vatikanischen Konzils orientiert. Der Soziologe fragt hier nach den Bedingungen der Möglichkeit einer Verwirklichung dieses Leitbildes und verdeutlicht in diesem Zusammenhang die Tradierung des Glaubens durch die geschichtliche Zeit und gleichzeitig von Generation zu Generation als soziales Bezugsproblem der Christentumsgeschichte. Hier werden auch elementare Voraussetzungen auf der Mikroebene der Personen angesprochen.

Der zweite Teil des Bandes widmet sich vorzugsweise der Mesoebene kirchlicher Phänomene, also den kirchlichen Strukturen und ihren Folgen. Eine zentrales Erkenntnisinteresse richtet sich dabei auf die seit dem Zweiten Vatikanischen Konzil weiterhin zunehmende Zentralisierung der katholischen Kirche, deren Folgen als problematisch für die Tradierung des Glaubens unter den Bedingungen der entfalteten Moderne diagnostiziert werden. Kapitel 9 diskutiert die Entstehung, den Erfolg und die Gefahren des römischen Zentralismus; dabei geht es insbesondere um das Verhältnis von Diözesen und römischer Kurie. Kapitel 10 vertieft diese Perspektive am Beispiel des im kirchlichen Gesetzbuch von 1983 (can. 447–459 CJC) verbindlich gemachten Instituts der Bischofskonferenzen. Beide Kapitel enden mit einem Plädoyer für mehr Subsidiarität in der Kirche, also für die Beachtung regionaler Unterschiede und die Delegation von Kompetenzen auf die praktisch relevante Ebene. Schließlich untersucht Kapitel 11 die sich wandelnde Stellung der Theologie im Spannungsfeld von Kirche und Gesellschaft. Die Theologie erscheint als das aussichtsreichste Medium, um den christlichen Glauben auch unter den Herausforderungen der entfalteten Moderne zu behaupten. Die meisten päpstlichen Enzykliken sind von Theologen vorbereitet, wenn nicht – wie heute – der Papst selbst ein bedeutender Theologe ist.

Die drei abschließenden Kapitel wenden sich der Zukunft des Christentums und den Implikationen der Zukunftsperspektive für die katholische Kirche zu. Kapitel 12 lässt sich als eine Art Zusammenfassung des Vorangehenden lesen, wobei die angesprochenen Themen nun in eine handlungstheoretische Perspektive gebracht werden. Kapitel 13 nimmt die Rolle der Kirche auf Weltebene in den Blick, wo ihr biblischer Missionsauftrag noch immer virulent ist. Das Schlusskapitel hat eher kirchenpolitischen Charakter und möchte als eine Stimme aus der deutschen, durch die Reformation mit geprägten Provinz auch ins Weltkonzert der religiösen Provinzen eingehen, deren Angehörige sich alle auf dem Weg in eine unbekannte Zukunft befinden. Es endet mit einem persönlichen Bekenntnis des Autors.

5. Tradierung des Glaubens als Bezugsproblem einer geschichtlich verstandenen Kirche

Die Tradierung des Glaubens vollzieht sich notwendigerweise durch soziale Prozesse, wobei sich drei erforderliche Leistungen unterscheiden lassen: (1) Den Inhalt der christlichen Botschaft durch die Geschichte hindurch aufrechtzuerhalten und ihn an verschiedene kulturelle Kontexte anzupassen. (2) Die sozialen Beziehungen zu organisieren und aufrechtzuerhalten, innerhalb deren Tradierung des Christentums sich vollzieht – beispielsweise durch religiöse Institutionen. (3) Neue Anhänger des christlichen Glaubens aus den jeweils nachwachsenden Generationen zu gewinnen; jede Tradierung des Christentums setzt Überzeugungsprozesse hinsichtlich der Wahrheit und dem Wert des christlichen Glaubens voraus, die von Generation zu Generation weitergehen müssen.

Diese Zielformulierung dürfte auf traditionell kirchlich Gesinnte befremdlich wirken. Die Kirche hat sich historisch stets als durch den Heiligen Geist geführt verstanden und neigt dazu, auch ihr geschichtliches Schicksal als durch göttliches Einwirken bestimmt zu begreifen. Die vorliegende Analyse lässt diese Möglichkeit göttlicher Führung ausdrücklich offen. Wer als Soziologe bestimmte Institutionen oder Denkzusammenhänge beeinflussen will, tut gut daran, die Selbstverständnisse seiner Forschungsobjekte oder Gesprächspartner ernst zu nehmen. Aber es handelt sich aus soziologischer Sicht um eine Selbstbeschreibung, nicht um eine nachgewiesene Wahrheit. Diese hoffnungsvolle Selbstbeschreibung ist für die in der Kirche Verantwortlichen entlastend, ja wahrscheinlich notwendig. Denn was soll eine Kirche noch, der der Glaube an göttliche Führung abhanden kommt?

Dies vorausgesetzt, bleibt für Päpste, Bischöfe, und andere Kirchenführer gleichzeitig die Notwendigkeit, *in dieser Welt* Entscheidungen zu fällen. Sie hat sich von den Deutungsmustern der Kirchen emanzipiert, und Entscheidungen haben mehr oder weniger wahrscheinliche *Folgen*, die von den Gläubigen und nicht selten auch von einer säkularen Öffentlichkeit bewertet werden. Die Kirche und ihre Verantwortlichen kommen nicht umhin, sich eine Vorstellung von der für sie relevanten Umwelt und von den Folgen ihrer Entscheidungen zu machen, in Kirchensprache: Das Verhältnis von ›Kirche‹ und ›Welt‹ näher zu bestimmen. Solange dies in einer zeitlosen, ahistorischen Weise geschieht, bleibt es für das kirchliche Denken bequem, aber unrealistisch. Die Geschichtlichkeit alles Menschlichen, auch der Kirche in ihrer erfahrbaren Form, gehört zu den unumstößlichen Evidenzen der Moderne. Eine Kirche die sich darauf nicht einlässt, verliert die Anschlussfähigkeit an ihre säkulare Umwelt.[7]

Soziologisch lässt sich somit die Christentumsgeschichte unter dem Gesichtspunkt analysieren, wie es gelungen ist, die genannten drei Probleme – *Tradierung der Glaubensinhalte, Institutionalisierung der Gemeinschaft der Glaubenden und Gewinnung neuer Gläubiger* – in unterschiedlichen Perioden der abendländischen Geschichte zu lösen. Die (übrigens sehr effektive!) Lösung, welche im 19. Jahrhundert gefunden wurde, ist oben skizziert worden. Diese Lösung verstand sich selbst als universell und überzeitlich, aber es soll hier gezeigt werden, dass sie eng *an eine bestimmte historische Konstellation gebunden* war. Man kann nicht die früheren Prinzipien der kirchlichen Autorität wiederherstellen, wenn man nicht gleichzeitig ihre sozialen Bedingungen wiederherstellen kann. Die »Verwirrung« im Anschluss an das Zweite Vatikanum erscheint aus soziologischer Sicht als notwendige Konsequenz der Aufgabe einer überholten Strategie der Tradierung des Christentums. Nur wenn es wiederum gelingt, Sozialformen zu fördern bzw. zu schaffen, innerhalb derer Menschen sich die christliche Botschaft (*fides quae creditur*) als plausibel anzueignen vermögen (*fides qua creditur*), kann die weitere Tradierung des Christentums gelingen. Zum mindesten in Westeuropa dürfte eine stärkere Anerkennung von Formen der Selbstorganisation an der Basis sowie eine Stärkung der multilateralen innerkirchlichen Kommunikation hilfreich sein.

Eine zeitgemäße Lehre von der Kirche hätte den historisch variablen Charakter der Sozialformen der Kirche zu berücksichtigen und ihre Wandelbarkeit innerkirchlich denkmöglich zu machen.[8]

Eine theologische Beschäftigung mit der Kirche muss die Betrachtung der verschiedenen Lösungen des Problems der Tradierung des christlichen Glaubens und die Erörterung aktueller Lösungen dieses Problems ermöglichen. Die Kirche sollte nicht als etwas Unwandelbares begriffen werden, sondern als in ihren Formen variable und stets unvollkommene Verwirklichung des Auftrags Christi unter den wechselnden Bedingungen der menschlichen Geschichte.

Das dürfte auch dazu führen, die römisch-katholische Kirche nicht mehr nach ihrem herkömmlichen universalen Selbstverständnis, sondern als die historisch erfolgreichste partikulare Ausprägung des Christentums zu denken. In diesem Sinne ist im Folgenden völlig unpolemisch oft nur von ›Römischer Kirche‹ die Rede, um den Leser für den zentralistischen Charakter und die eigentlich noch fehlende Katholizität im Sinne der Enzyklika des Papstes Johannes Paul II. *Ut unum sint* zu sensibilisieren (wichtige Überlegungen im Anschluss an diese Enzyklika bei Pottmeyer 1999; Pesch 1998; sowie Hünermann 2000).

Bereits das Zweite Vatikanische Konzil hat die Exklusivität der von ihm repräsentierten Kirche relativiert, und zwar nicht nur in der heute wiederum umstrittenen Passage in *Lumen Gentium*: »Haec … unica Christi Ecclesia … substitit in Ecclesia catholica« (No. 8), sondern auch durch das Ökumenismusdekret *Unitatis Redintegratio* und den Geist, in dem sie auch in anderen Dokumenten zu den anderen christlichen Kirchen und den übrigen Weltreligionen Stellung nimmt. Mit dem Ziel der Einheit aller Christen und der Anerkennung von sowie der Suche nach dem Gemeinsamen im Verhältnis zu anderen Weltreligionen im Horizont der Globalisierung ist hier bereits eine Offenheit angedeutet, die der traditionellen römischen Lehre fehlte (näheres hierzu in Kasper 2011a: 417 ff.).

1. Kapitel:
Kirche und Moderne – Dimensionen der Analyse

Der Begründer der französischen *sociologie religieuse,* der Kanonist Gabriel Le Bras (1891–1970), hat in den 1930er Jahren unter anderen auch die Bretonen studiert. Die Bretagne im äußersten Westen, bis weit ins 20. Jahrhundert eine rein agrarische Region Frankreichs, ist ein Hort der katholischen Traditionen, berühmt für ihre Prozessionen, und war zur Zeit der Studie die Region Frankreichs mit der höchsten Beteiligung des Volkes am Sonntagsgottesdienst. Es war auch die Region mit den größten Familien und höchsten Bevölkerungsüberschüssen, sodass viele Bretonen nach Arbeit und Brot in Paris suchten. Le Bras beobachtete, dass die Bretonen in Paris allerdings ebenso wenig zur Kirche gingen wie die Großstädter. Es sei, als ob die Bretonen bei der Ankunft im Pariser Bahnhof Montparnasse ihren Glauben wie ein Handgepäck abgäben und ihn bei der Heimkehr in die Bretagne dort wieder abholten (Le Bras 1955/56).

Dieses Beispiel zeigt besonders deutlich die Abhängigkeit der Frömmigkeit von kulturellen und sozialen Kontexten. Nach heute vorherrschender Auffassung ist Religiosität ein persönliches Motiv, und so will es auch die jüdisch-christliche Gottesbotschaft. Nicht Opfer, sondern ein zerknirschtes Herz ist Gott wohlgefällig. Das Beispiel der Bretonen zeigt jedoch einen anderen, traditionsbestimmten Frömmigkeitsstil, der ganz von den Deutungen und Gewohnheiten der Lebenswelt getragen wird, in die die Lebensläufe der Menschen unter vormodernen Bedingungen ›von der Wiege bis zur Bahre‹ selbstverständlich eingepasst waren (anschaulich Klöcker 1991). Fällt der soziale Kontext weg, so auch die Frömmigkeit. Die Weltstadt Paris war der Inbegriff einer ›modernen‹ Stadt, und der dominierende Laizismus in Politik und Kultur tat ein Übriges, Kirche und Religion in ein Nischendasein konservativer Bürgerlichkeit zu drängen, zu der die Bretonen keinen Zugang fanden.

Die religiösen und politischen Verhältnisse in Deutschland waren nie durch einen ähnlich radikalen Gegensatz geprägt wie diejenigen Frankreichs, wo noch 1989, anlässlich des 200. Gedenktages an den

Ausbruch der Französischen Revolution, deren unterschiedliche Deutungen durch Laizisten und Katholiken aufeinander prallten.[9] Für das kollektive Gedächtnis in Deutschland spielt die Reformation eine ähnlich prägende Rolle wie die Revolution in Frankreich. Aber die Reformation war ein Ereignis der Christentumsgeschichte, und demzufolge hatte auch die deutsche Aufklärung allenfalls einen antiklerikalen, aber keinen antireligiösen Zug. Für die römische Abwehr der Aufklärung machte dies allerdings keinen wesentlichen Unterschied.

Das 19. Jahrhundert war das Zeitalter der aufstrebenden Ideologien: Liberalismus, Konservatismus und Sozialismus; der Katholizismus trat zu ihnen in Konkurrenz und nahm selbst in manchen Hinsichten ideologische Züge an. Der einflussreiche Philosoph Jean-Francois Lyotard bezeichnete dieses Zeitalter der ›Großen Erzählungen‹ als ›Moderne‹ und postulierte die das nach dem Zweiten Weltkrieg anbrechende Zeitalter der Massenmedien und des nivellierenden Pluralismus als ›Post-Moderne‹.[10]

Nicht nur das etwa gleichzeitige Aufkommen der Begriffe ›Moderne‹ und ›Postmoderne‹ um 1960, sondern auch sachliche Überlegungen sprechen dafür, die neueste Zeit als Fortsetzung und Radikalisierung der Entwicklungen zu interpretieren, die sich im 19. Jahrhundert bereits angebahnt hatten. Ich halte mit Wolfgang Welsch die Post-Moderne für eine radikalisierte Moderne. Im Folgenden ist meist von einer *entfalteten Moderne* die Rede, welche sich von den früheren Phasen nicht durch eine klare Zäsur abgrenzt, aber nach dem Zweiten Weltkrieg und nicht zuletzt unter dem verstärkten Einfluss der Vereinigten Staaten auf West-Europa allmählich in Gang gekommen ist (vgl. 2.1.4).

Gerade im Hinblick auf die kirchlichen Vorverständnisse scheint es wenig sinnvoll, eine Zäsur zwischen Moderne und Postmoderne zu betonen. Aus kirchlicher Sicht ist die eigentliche Zäsur die *Aufklärung*, welche den kulturellen Rahmen für die nachfolgende Mobilisierung, Säkularisierung und Demokratisierung der gesellschaftlichen Verhältnisse in Europa bildete. Ihr folgte die Französische Revolution, die durch Napoleon zur Enteignung der Kirchengüter in großen Teilen Europas führte und damit das Ende des traditionellen, eng mit dem Feudalismus verbundenen Kirchentums herbeiführte. Die Neuorientierung der katholischen Kirche ist durch diese Zäsur bestimmt, eine vergleichbare spätere hat es nicht gegeben.

Die Konfliktarena für den Katholizismus bildete stets die *Kultur*, während man mit Bezug auf die praktischen, insbesondere die technischen und wirtschaftliche Entwicklungen sich durchaus anpasste. Deshalb wird im Folgenden *Modernität* als kultureller Sinnzusammenhang thematisiert, während *Modernisierung* eher den Realprozess der »Großen Transformation« bezeichnet.[11] Zwar war die Zeit zwischen den beiden Weltkriegen durch ganz andere Fronten gekennzeichnet, aber viele Prozesse setzten sich zum mindesten in einzelnen Ländern fort, und nach dem Zweiten Weltkrieg wurde der Rekurs auf die Werte der Freiheit, Gleichheit, Demokratie und Menschenrechte zum Programm der entstehenden Vereinten Nationen und damit kulturell wegweisend (vgl. als Überblick Bielefeldt 1998). Dem entsprechend wird hier das Verhältnis der katholischen Kirche im Zusammenhang der neuzeitlichen Entwicklungen unter dem Begriff der Moderne gefasst. Dies ist allerdings kein einfaches, sondern höchst komplexes Verhältnis, denn was den spezifischen abendländischen Sonderweg angeht, der Europa in die Moderne geführt hat, so ist er engstens mit der Geschichte des Christentums verbunden.

Das Verhältnis von Kirche und Moderne verdient es, in fünffacher Hinsicht analysiert zu werden:

1. hinsichtlich des Beitrags, den das abendländische Christentum zu den Voraussetzungen und zum Prozess geleistet hat, den wir heute als Modernisierung bezeichnen;
2. hinsichtlich der Auseinandersetzung der römischen Kirche mit den Prozessen der Modernisierung, die im Wesentlichen unter dem Stichwort Anti-Modernismus in die Geschichte eingegangen sind;
3. hinsichtlich der Veränderungen, welche die Prozesse der Modernisierung auf die gesellschaftliche Verfassung des katholischen Christentums gehabt haben;
4. hinsichtlich der zunehmenden Reflexivität und Differenziertheit der kirchenamtlichen und theologischen Auseinandersetzung mit Aspekten der gesellschaftlichen Modernisierung, wie sie seit dem II. Vatikanischen Konzil zu beobachten sind;
5. hinsichtlich des Gesamtzusammenhangs von katholischem Christentum und entfalteter Moderne, welcher die vier genannten Dimensionen einschließt.

Im Folgenden sei zunächst im Sinne eines Überblicks und in gebotener Kürze das Verhältnis von Kirche und Moderne in der genannten fünffachen Weise ausgelegt. Dabei kann es hier noch nicht um die Ausbreitung historischer Details gehen, sondern nur um die Dimensionierung eines Problemzusammenhangs, der für das gegenwärtige kirchliche Selbstverständnis von zentraler Bedeutung ist. Dabei gilt es, zwei Einschränkungen zu beachten: Zum einen ist hier nur vom römisch-katholischen Christentum die Rede, das zwar den historisch und quantitativ bedeutsamsten Strang des Christentums darstellt, aber doch auch in einer breiteren Tradition steht, die einerseits durch die apostolische Sukzession in den sogenannten orientalischen Kirchen und andererseits durch die gerade hinsichtlich ihrer Einstellung zur Modernisierung sich deutlich von der römischen Kirche unterscheidenden nachreformatorischen Bekenntnisse bestimmt wird. Zum anderen bleibt zu beachten, dass zwar die Begriffe Modernisierung und Moderne bzw. Post-Moderne seit etwa vier Jahrzehnten zur vorherrschenden Topoi der sozialwissenschaftlichen Verständigung über die typisch neuzeitlichen Gesellschaftsentwicklungen geworden sind, dass aber natürlich auch mit dieser Betrachtungsweise eine Selektivität hinsichtlich der betrachteten Sachverhalte verbunden ist, die hinterfragt werden kann.

Beide Begriffe – Kirche und Moderne – bezeichnen dabei je einen komplexen historischen Zusammenhang, der in den folgenden Kapiteln näher entwickelt wird. ›Kirche‹ verweist sowohl auf die Kontinuität des römisch-abendländischen Patriarchates als auch auf die mit ihm verbundenen – wandelbaren – Sozialformen des Katholizismus. ›Moderne‹ impliziert sowohl ein bestimmtes kulturelles Selbstverständnis als auch strukturelle Eigenarten des gesellschaftlichen Gesamtzusammenhangs, einschließlich der daraus resultierenden Lebensformen.

1.1   Der Beitrag des Christentums zur Entstehung der Moderne

Nicht nur für den katholischen Antimodernismus, sondern auch für die Verfechter einer säkularen Moderne im Gefolge der französischen Aufklärung ist der Gedanke, diese könne ein ›legitimes Kind‹ des Christentums sein, eine Provokation. Dennoch spricht nicht nur die von Max Weber herausgearbeitete These eines »abendländischen Sonderweges« für den Zusammenhang von jüdisch-christlicher ›Entzauberung der Welt‹, religiös motivierter innerweltlicher Askese und der für die Modernisierung charakteristischen Rationalisierungsprozesse (vgl. Tyrell 1993). Während Weber unter dem Einfluss der protestantischen Theologie der Reformation und ihren Folgen zentrale Bedeutung für den Durchbruch zur Moderne zumisst, neigt die neuere Forschung dazu, die Reformation eher als Moment eines bereits seit dem Hochmittelalter in Gang gekommenen gesellschaftlichen Transformationsprozesses zu begreifen.[12] Die entscheidende Weichenstellung stellt in dieser Perspektive der Investiturstreit dar. Hier ist die Unterscheidung von Kirche und Staat angelegt, deren Auseinandersetzungen und wechselseitige Relativierung in der Folge die strukturelle Voraussetzung für die abendländische Freiheitsgeschichte geworden ist (vgl. Kaufmann 1989a: 77ff.). Wie schon im Investiturstreit hat also der Kampf des römischen Papsttums trotz seiner meist integralistischen Absicht in der praktischen Konsequenz zu einer Ausdifferenzierung und Verselbständigung des Religiösen im Zuge der europäischen Modernisierung geführt, wie sie vom protestantischen Prinzip des landeskirchlichen Regiments nicht zu erwarten gewesen wäre.

Der eigentliche Durchbruch erfolgte allerdings im Zuge der britischen Kolonisierung Amerikas und der dort erstmals durchgeführten Trennung von Kirche und Staat nach den Prinzipien der Glaubens- und Religionsfreiheit. Das Prinzip ging von den Anhängern Calvins aus; im Unterschied zum Katholizismus wie dem Luthertum stellte Calvins politische Theorie monarchische Herrschaft grundsätzlich in Frage, und die in der Folge vor allem in der Geschichte der Vereinigten Staaten wirksam werdende kongregationalistische Richtung sah in der demokratisch verfassten und sich unter den unmittelbaren Willen Gottes stellenden ›heiligen Gemeinde‹ die angemessene Form religiöser und politischer Vergemeinschaftung. Schließlich geht auch der Gedanke der Gleichheit aller Menschen auf den Gedanken der Gotteskindschaft zurück, wobei hier allerdings nicht eine nivellierende Gleichheit gemeint ist, sondern vielmehr die gleiche Berufung aller Menschen zum Heil (Näheres siehe 3.5, sowie Kaufmann 2011a: 47–72).

Damit sind zentrale kulturelle und strukturelle Impulse genannt, die vom Christentum ausgegangen sind und die spezifische

Differenz der abendländischen Entwicklung geprägt haben. Natürlich wurden diese Impulse nicht isoliert wirksam, sondern in einem sozialen Kontext, der seinerseits zusätzliche Entwicklungsmomente beigesteuert hat. Alle monofaktoriellen Erklärungen der Modernisierung haben sich als unterkomplex erwiesen. Man wird das Christentum jedoch durchaus als ›Ferment‹ der abendländischen Freiheitsgeschichte bezeichnen dürfen, da von ihm stets erneute Impulse für eine bestimmte Entwicklungsrichtung ausgegangen sind.

1.2 Römischer Anti-Modernismus

Es wurde bereits angedeutet, dass die genannten Entwicklungen keineswegs den Intentionen des römischen Papsttums entsprachen. Es waren die am Ende des Mittelalters fortgeschrittensten Regionen Europas, welche sich wie ein breites Band von den britischen Inseln bis nach Norditalien zogen, die sich den reformatorischen Ideen gegenüber am aufgeschlossensten erwiesen haben. Dass es nicht zu einer Reform an Haupt und Gliedern, sondern zu einer Kirchenspaltung kam, ist wohl nicht nur auf den Eigensinn der Hauptkontrahenten, sondern auch auf unterschiedliche politische und ökonomische Interessenlagen zurückzuführen, es sei nur an das umstrittene römische Zinsverbot erinnert. Dem römischen Katholizismus blieben in der Folge primär agrarische Regionen erhalten, die von der Protoindustrialisierung nur marginal erfasst wurden. Noch deutlicher wurden diese Unterschiede im 19. Jahrhundert, als der Katholizismus sich auch ausdrücklich an den traditionalen Schichten des Adels, der Landwirtschaft und des Handwerks orientierte und in ihnen die eigentliche Basis seiner Etablierung im Zuge der entstehenden gemischt-konfessionellen Staaten sah.

Es waren vor allem die Französische Revolution und die von ihr ausgehenden politischen und geistigen Impulse, welche den Widerstand nicht nur der traditionalen Bevölkerungsgruppen, sondern auch Roms herausforderten. Dieser Widerstand bediente sich jedoch selbst durchaus ›moderner‹ Mittel der Organisation und der Presse. Im Vordergrund standen allerdings die päpstlichen Verurteilungen vieler Einschätzungen und Praktiken, die im Gefolge von Aufklärung, Liberalismus und nationaler Bewegung die Öffentlichkeit beschäftigten. Für sie bürgerte sich um 1900 der Begriff *Antimodernismus* ein.

Die Bezeichnung Anti-Modernismus ist in unserem Zusammenhang auch deshalb bemerkenswert, weil sie den frühesten Versuch darstellt, die spezifisch neuzeitlichen Entwicklungen zusammenfassend dem Begriff der Moderne zu subsumieren. Die Kirche fasste die neuzeitlichen Grundideen bereits im ›Syllabus Errorum‹ von 1864 katalogartig zusammen; der Begriff ›Modernismus‹ fand aber erst seit der Jahrhundertwende Verbreitung.

Auch wenn unter Katholiken die Meinungen hinsichtlich einzelner Aspekte dessen, was der päpstliche Bannstrahl des Modernismus getroffen hatte, durchaus variierten, so bleibt als dominierender sozialgeschichtlicher Umstand der Zeit zwischen den beiden Vatikanischen Konzilien doch ein deutlicher Gegensatz zwischen der Lebens- und Kulturwelt der Katholiken einerseits und derjenigen der sie umgebenden Gesellschaft andererseits. Ein entsprechendes Bewusstsein begann sich in Deutschland bereits im Anschluss an den Kölner Kirchenstreit (1837) zu entwickeln, doch hat vor allem die Enteignung des Kirchenstaates und die in vielen Ländern kirchenfeindliche Politik liberaler oder konservativ-protestantischer Regierungen in der 2. Hälfte des 19. Jahrhunderts zu einer Entfremdung von den Ansprüchen des evangelischen oder säkularen Nationalstaats beigetragen. Vor allem in den gemischt konfessionellen Ländern entwickelte sich der Katholizismus zu einer eigenständigen Sozialstruktur (vgl. 4.2).

1.3 Die Verkirchlichung des Christentums

Wie andeutungsweise schon aus dem Vorangehenden hervorgeht, ist die soziale Verselbständigung des Christentums in der Form organisierter Kirchen eine vergleichsweise junge Erscheinung. Unter den Bedingungen der mittelalterlichen Feudalgesellschaft gab es zwar geistliche und weltliche Lehen, aber diese unterschieden sich nur unwesentlich voneinander. Bis zu den napoleonischen Enteignungen des Kirchengutes blieben Bischöfe und Äbte im wesentlichen Landesfürsten, übten also ein weltliches Regiment aus, im Rahmen dessen die geistliche Seelsorge bald größere, bald geringere Beachtung fand.

Der Einfluss Roms beschränkte sich im wesentlichen auf die Besetzung der Bischofsstühle, wobei es vielfach bei einem bloßen Bestätigungsrecht der aus Wahlen oder landesherrlichen Nominationen hervorgegangen Kandidaten blieb. Auch theologisch verband sich der Begriff ›Kirche‹ erst in nachtridentinischer Zeit mit organisatorischen Vorstellungen, vorher herrschte ein ausschließlich symbolischer Wortgebrauch, der Sozialzusammenhang wurde vor allem mit dem Begriff ›christianitas‹ bezeichnet. Eine eigenständige Ekklesiologie als Reflexion der Kirche auf sich selbst entstand erst im 19. Jahrhundert.

Die Verselbständigung von Kirche als religiösem Handlungszusammenhang vollzog sich somit erst im Zuge ihrer Ablösung von weltlichen Herrschaftsformen. Die Entstehung des Katholizismus als eigenständige ›Subkultur‹ oder gar ›Subgesellschaft‹ im 19. Jahrhundert kann durchaus als Versuch verstanden werden, die lebensweltliche Einheit von Glaube und Gesellschaft auch nach der Trennung von Staat und Gesellschaft aufrecht zu erhalten. Aber deutlicher als je zuvor trat nun ›die Kirche‹ – verstanden als Klerikerkirche – als Bezugspunkt des christlichen Bewusstseins in Erscheinung. Erst im 19. Jahrhundert gewann mit der Verbesserung der Priesterausbildung der Klerus auch die Kompetenz, die Ansprüche des christlichen Glaubens theologisch und lebenspraktisch zu vertreten. So verschob sich der Anspruch christlicher Perfektion von den Ordensleuten, die nach den evangelischen Räten leben, allmählich zu den Repräsentanten der Amtskirche, und diese Entwicklung wurde durch das II. Vatikanische Konzil mit der Aufwertung des Bischofsamtes zu Lasten der Orden noch deutlich vorangetrieben.

Aus soziologischer Sicht ist die Verselbständigung kirchlicher Handlungszusammenhänge und ihre zunehmende theologische Legitimation Ausdruck eines gesamtgesellschaftlichen Umbruchs, der von einer ständischen zu einer funktional spezifischen Strukturierung der Gesamtgesellschaft führt (vgl. 2.2.1). Der Säkularisierung der nichtkirchlichen Lebensbereiche korrespondiert die Verkirchlichung des Christentums (vgl. Kaufmann 1979: 100–104).

1.4 Nachholende Modernisierung: Das Zweite Vatikanische Konzil

Die Dominanz der Konfessionszugehörigkeit für die soziale Selbstverortung der Katholiken ließ schon in der Zeit zwischen dem Ersten und Zweiten Weltkrieg deutlich nach. Vor allem aber brachte die lange Prosperitätsphase nach dem Zweiten Weltkrieg, der Übergang von einer ›Knappheits-‹ zu einer ›Wohlstandsgesellschaft‹, eine nachhaltige Umorientierung der Lebensperspektiven und sozialen Zurechnungen mit sich. Die neuere Soziologie spricht in diesem Zusammenhang vom ›Wertewandel‹ und von ›Individualisierungsprozessen‹, von Auflösung weltanschaulicher Subkulturen und sozio-ökonomisch bestimmter Klassenstrukturen und als Resultat schließlich vor allem von einer ›Pluralisierung der Lebensstile‹.[13]

Das II. Vatikanische Konzil fand in der Übergangsphase zwischen der frühmodernen, durch konkurrierende weltanschauliche Milieus stabilisierten und der entfalteten modernen (oder post-modernen) Gesellschaftsformation statt. Den kulturellen Durchbruch letzterer brachte die internationale Studentenbewegung, deren Anfänge sich mit der Endphase des Konzils überlappten. Die neuen Themen – so insbesondere die Fragen der individuellen Emanzipation und die Frauenfrage – konnten jedoch die Problemstellungen des Konzils noch nicht beeinflussen. Auch die älteren Probleme der gesellschaftlichen Modernisierung waren auf dem Konzil eher implizit präsent. Das Bewusstsein, dass die gegenwärtige Gestalt der Kirche mit den Zeitverhältnissen inkongruent geworden sei, bewegte jedoch zum mindesten einen Teil der Konzilsväter, die in der Folge zu Trägern der nachkonziliaren Bewegung wurden (vgl. Wittstadt 1996b).

Das Zentralthema des Konzils wurde die Lehre von der Kirche, soziologisch formuliert: Die Reflexion der Kirche auf sich selbst. In eben dieser Reflexivität, im Verzicht auf die Selbstverständlichkeiten des naiven Herrschaftsanspruchs des unter dem 1870 formulierten Jurisdiktionsprimat formell möglichen Absolutismus, liegt ein zentrales Moment der Modernität dieses Konzils und gleichzeitig einer Modernisierung der Kirche. Die dogmatische Konstitution über die Kirche *Lumen Gentium* tat dies in erster Linie mit dem Blick nach innen. Die nach einem dramatischen geistigen Ringen um eine differenzierte, der Ambivalenz gesellschaftlicher Modernisierung gerecht werdende Selbstaussage der Kirche verabschiedete Pastoralkonstitution *Gaudium et Spes* tat dies mit dem Blick nach außen und versuchte, Eigenständigkeit mit Offenheit zu verbinden. Schließlich revidierte die Erklärung über die Religionsfreiheit *Dignitatis Humanae* die bisherige päpstliche Verurteilung der Religionsfreiheit und des Liberalismus, eine notwendige Bedingung für die Wiederherstellung der Verständigungsmöglichkeiten über die Stellung der Kirche in der Gesellschaft zwischen Katholiken und Anders- oder Nichtgläubigen (vgl. Kapitel 4).

Die Verarbeitung der gesellschaftlichen Modernisierungsprozesse erfolgte auf dem Konzil somit indirekt, indem das Selbstverständnis der Kirche sozusagen im Horizont der Moderne neu ausgelegt wurde. Dies geschah im Rahmen eines dreijährigen, den Episkopat und die Theologen der ganzen Welt in Anspruch nehmenden intensiven Prozesses geistiger und kommunikativer Auseinandersetzung, dessen Außerordentlichkeit schon den Zeitgenossen bewusst war. Wahrscheinlich war es die gleichzeitige Festigkeit und Vielschichtigkeit der katholischen Tradition, die in Verbindung mit der von beiden Konzilspäpsten gegen die Machenschaften der päpstlichen Kurialen gewährleisteten Offenheit des Ablaufs gleichermaßen Engagement und Konsensbereitschaft mobilisierte. Die unter allen Teilnehmern des Konzils verbreitete Überzeugung vom Beistand des Heiligen Geistes, der die Einheit der Kirche will, erklärt die Verknüpfung von Entschiedenheit und Verständigungsbereitschaft trotz grundlegender Meinungsverschiedenheiten, sowie das Maß an Unerschrockenheit und Loyalität, welche erst das Konzil zu einer historischen Schwelle des Katholizismus haben werden lassen. Die Päpste der Nachkonzilszeit – von Paul VI. bis zu Johannes Paul II. – haben in zahlreichen Lehrschreiben wichtige Aspekte des Verhältnisses von Kirche und moderner Welt im Horizont der Konzilsaussagen neu entfaltet. Gleichzeitig ist aber nicht zu verkennen, dass mit der erneuten Dominanz der römischen Kurie im kirchlichen Geschehen der Impuls einer strukturellen Modernisierung der Kirche ins Stocken geraten ist (vgl. Kapitel 9).

1.5 Katholisches Christentum und entfaltete Moderne

Das historische Zusammenfallen von Konzilsende und Beginn einer die ganze westliche Welt erfassenden Jugendbewegung, die in manchen Ländern zu Einstellungsänderungen mit kulturrevolutionären Ausmaßen geführt hat, lässt die Bilanz des Konzils in einem ambivalenten Licht erscheinen. Entgegen den Ansprüchen der Studentenbewegung, die ja durchaus von hohen moralischen Idealen getragen waren, hat die von ihr ausgehende Delegitimierung traditioneller Formen des Ethos zu einer Freisetzung hedonistischer und opportunistischer Orientierungen geführt, deren ausschließlich an Partikularinteressen orientierter Charakter um so deutlicher hervortritt, je enger die Verteilungsspielräume in den Wohlstandsgesellschaften des Westens werden. Die normativen Grundlagen, die Selbstverständlichkeit eines von Grundwerten getragenen Basiskonsenses scheint brüchiger zu werden, permissive und fundamentalistische Strömungen tendieren dazu, sich wechselseitig zu verstärken. Den Hintergrund dieses Bewusstseinswandels bilden strukturelle und kulturelle Eigenarten der entfalten Moderne: Die Tendenz zur Entstehung einer Weltgesellschaft, mit entsprechendem Bedeutungsverlust der nationalstaatlichen Integrationsebene; die fortschreitende Ausdifferenzierung und Verselbständigung gesellschaftlicher Teilsysteme und der mit ihnen verbundenen Sinnsphären führen zu einem irreduziblen normativen Liberalismus, dem gegenüber alle Versuche einer vereinheitlichenden Weltanschauung hoffnungslos naiv wirken; die wachsende Komplexität der Zusammenhänge und die zunehmende Vernetzung der Handlungszentren führen moralische Argumentationen immer häufiger in die Ambivalenz und verwischen die Verantwortlichkeiten.[14] Es herrscht eine »neue Unübersichtlichkeit« (J. Habermas) mit der sich aber offenbar gar nicht so schlecht leben lässt. Denn diese Unübersichtlichkeit resultiert ja nicht aus chaotischen Verhältnissen, sondern aus der Komplexität der Strukturen, denen nur eine multiperspektivische und zunehmend reflexiver werdende Kultur entsprechen kann, in der trotz entgegenstehendem Anschein nicht ›alles‹ möglich ist.

Das katholische Christentum wird von diesen jüngsten Entwicklungen in vielfacher Weise tangiert. Es fällt immer schwerer, eine einheitliche aussagekräftige Identität den Kirchenangehörigen plausibel zu machen. Konfessionelle Grenzen haben weitgehend an

Bedeutung verloren, die Trennlinie läuft heute weit eher zwischen religiös orientierten und religiös indifferenten Personen. Es scheint jedoch vor allem den offiziellen Kirchenvertretern schwerzufallen, zu einem dieser Situation angemessenen ökumenischen Kirchenverhältnis zu finden. Der Zentralismus der römischen Kirche wird immer offenkundiger durch die wachsende Komplexität der gesellschaftlichen und damit auch der kirchlichen Verhältnisse überfordert, manifeste Fehlentscheidungen häufen sich (vgl. Kapitel 3 und 8).

Gleichzeitig wächst jedoch das Orientierungsbedürfnis und die Identitätssuche unter den tonangebenden Schichten der Bevölkerung. Dies führt zu einer ›Sinnsuche‹, welche in der gegenwärtigen Situation offensichtlich sehr unterschiedliche Formen annehmen kann (vgl. Berger 1994). Nicht selten ist – vor allem unter jüngeren Menschen – eine frei flottierende Religiosität, die sich dann auf Zeit mit bestimmten religiösen oder sozialen Bewegungen verbindet. Die Erwartungen an ›Religion‹ scheinen insgesamt nicht gesunken, aber die Bedingungen der Plausibilität religiöser Antworten scheinen sich zu vervielfachen und dauerhafte Gemeinschaftsbildungen größeren Ausmaßes nur noch schwer zu ermöglichen.

Vor diesem Hintergrund erscheint das fest gefügte Gebäude der christlichen Kirchen, im besonderen der römisch-katholischen Kirche, gleichzeitig als Anachronismus und als Chance. Chance insofern, als hier die großräumigen Strukturen bereits gegeben sind, an deren Aufbau neue soziale und religiöse Bewegungen zumeist scheitern.[15] Was den kirchlichen Strukturen jedoch abhanden gekommen ist, ist das Bewegungsmoment, die Mobilisierungsfähigkeit im Hinblick auf das Engagement von Personen. Hierzu scheinen grundlegende Umorientierungen im Selbstverständnis von Bedeutung, wie sie zum Teil in der Communio-Ekklesiologie oder neuerdings in der Betonung des »Glaubenssinnes des Gottesvolkes« im Rahmen des Konzeptes einer »Kirche als Lehr- und Lerngemeinschaft« zum Ausdruck kommen (vgl. Wiederkehr 1994, sowie Kapitel 8). Allerdings hängen derartige theologische Programmatiken so lange in der Luft, als sie sich nicht mit den strukturellen und kommunikationstheoretischen Bedingungen gelingender Kommunikation in der Kirche auseinandersetzen. Denn die soziale Komplexität der modernen Gesellschaft und die Pluralität der Orientierungen spiegeln sich auch innerhalb des kirchlichen Zusammenhangs wider.

Die hoch organisierte, hierarchische Struktur unseres gegenwärtigen territorialen Kirchentums scheint wenig geeignet, jene Motivationen der Glaubensbereitschaft zu fördern, auf denen erst ein gleichzeitig individueller und sozial verankerter Glaube wachsen kann. Ein der radikalisierten Moderne gewachsenes Christentum scheint sich in Europa noch kaum entwickelt zu haben, in auffallendem Gegensatz zu Nordamerika (vgl. Zöller 1995). Für Europa ist es eine weithin offene Frage, ob und wie es den Kirchen – und hier sind die ehemaligen evangelischen Landeskirchentümer mit gemeint – gelingen kann, erneut in ein besseres Wechselverhältnis zur Lebenswelt ihrer Mitglieder zu gelangen und missionarische Glaubwürdigkeit zu entfalten.[16]

Die Moderne oder Post-Moderne ist gewiss nicht das letzte Wort der menschlichen Geschichte, doch ebensowenig ist es die frühmoderne Kirchenform, welche aus der Liquidierung des feudalen Kirchentums hervorgegangen ist und die noch heute den Katholizismus bestimmt. Kirche und Moderne, das ist also kein zeitloses, sondern ein höchst zeitbedingtes aber wahrscheinlich auch zeitgemäßes Problem. Die Herausforderungen, denen sich das katholischen Christentum heute vor allem im Westen, aber perspektivisch auch mit Bezug auf die wachsenden weltgesellschaftlichen Zusammenhänge gegenübersieht, werden zum mindesten teilweise durch die Bedingungen der entfalteten Moderne bestimmt. Dass dies nicht die ganze Wirklichkeit ist, dass hier insbesondere die Not der geschichtlich und sozial Zu-Kurz-Gekommenen verschwiegen wird, dass nur eine Minderheit – allerdings die tonangebende und herrschende – unter den Bedingungen dieser entfalteten Moderne lebt, dies sollte allerdings nicht vergessen werden (vgl. Kaufmann 1996). Es ist nicht die Aufgabe der Kirche, sich dieser Moderne anzupassen, sondern sich ihr zu stellen – in Offenheit und Widerspruch.

2. Kapitel:
Was heißt modern? Über einen Horizont westlichen Denkens

»Was heißt modern?« Das ist keine zeitlose, sondern eine höchst zeit-bedingte, nämlich moderne Fragestellung. Und sie hat einen doppel-ten Zeitbezug: Zum ersten einen historischen: Wir bezeichnen je nach Einstellung die ganze Neuzeit, oder erst die Zeit seit der Mitte des 19. Jahrhunderts oder gar erst die Zeit nach dem Zweiten Weltkrieg als ›Moderne‹. Und zum zweiten einen sinnhaften Zeitbezug: ›Modern‹ hat es mit einer neuen Zeiterfahrung zu tun, und das Wort ist seiner Bedeutung nach auf Zeit bezogen. Es geht also um eine Diagnose von Eigenarten unserer Kultur, hinter die wir nicht zurück können.

Ich beginne mit der Begriffsgeschichte von ›Modern‹, wovon *›Modernität‹ als ideeller Begriff* und *›Moderne‹ als Epochenbegriff* abge-leitet sind. Daraus wird sich der Zeitbezug unschwer ergeben. In einem zweiten Teil werden Eigenarten und Probleme unserer Zeit dargestellt, die in engem Zusammenhang mit dem stehen, was die Begriffe ›Modernisierung‹ und ›Moderne‹ anzeigen. Abschließend sei die Frage nach einem möglichen Ende der Moderne gestellt.

2.1 Die Idee der Modernität als Legitimation von Wandelbarkeit

2.1.1 Modernus – Antiquus

Der früheste Nachweis des lateinischen Ursprungswortes ›modernus‹ findet sich in einem Schreiben des Papstes Gelasius aus dem Jahre 495, und verweist auf *derzeit* gültige Regelungen, die von *früheren* abgehoben werden. Modern ist hier also synonym mit dem deut-schen ›jetzig‹, ›gegenwärtig‹ oder ›aktuell‹. Die damalige Neubildung ›modernus‹ wurde abgeleitet vom Adverb ›modo‹, was mit »eben, erst, gleich, jetzt« übersetzt wird. ›Modern‹ verweist also auf Gegen-wärtiges, das von Vergangenem unterschieden wird.[17]

Im Mittelalter verfestigte sich das Begriffspaar »modernus – an-tiquus« zur stets erneuten Bezeichnung des Unterschieds zwischen neuen und herkömmlichen Regelungen, Lehrmeinungen oder schließlich auch Geschmacksrichtungen. Aber dem Gegensatz kam noch keine besondere Bedeutung zu. Das änderte sich gegen Ende des 17. Jahrhunderts, als zunächst in der Académie Francaise ein ästhetischer Streit ausbrach, in dem es zentral um die Frage ging, ob die Errungenschaften der Antike maßgeblich auch für die Leistungen der Gegenwart seien, oder ob es so etwas wie ›Fortschritt‹ auch in der Kultur geben könne. Diese unter dem Namen »*La Querelle des Anciens et des Modernes*« in die Literatur- und Kunstgeschichte eingegangene Auseinandersetzung löste auch im englischen und deutschen Sprachraum ähnliche Debatten aus. Für Deutschland sei als Vertreter der Vorbildhaftigkeit des Klassischen lediglich an Johannes Joachim Winckelmann erinnert.

2.1.2 Modernität zwischen Tradition und Fortschritt

Damit rückte ›modern‹ in das Spannungsfeld zwischen Tradition und Fortschritt, das mit der Aufklärung im 18. Jahrhundert und erst recht seit der französischen Revolution zu einer beherrschenden Frontlinie der kulturellen und politischen Auseinandersetzungen geworden war. Bezogen auf das Zeitverständnis beruft sich Tradition auf die Maßgeblichkeit des Vergangenen und damit auf das Prinzip der *Nachahmung*, Fortschritt dagegen auf die Maßgeblichkeit der Zukunft und das Prinzip der *Imagination*. Dabei ist den Traditionalisten die Perfektion in der Vergangenheit, den Fortschrittlichen dagegen die Perfektibilität des Zukünftigen gewiss. Bekanntlich stützte das kirchliche Selbstverständnis eher die traditionalistische Auffassung.

Bezogen auf das Spannungsfeld von Tradition und Fortschritt erfuhr der Begriff ›modern‹ eine allmähliche Umdeutung. Der herkömmliche Gegenbegriff zu ›modern‹ war ›alt‹ oder ›früher‹. Es ging also um das Verhältnis von Gegenwart zur Vergangenheit. In dem Maße als die Gegenwart im Bewusstsein der Zeitgenossen in den Sog der Zukunft geriet, ging der Gegensatz zur Vergangenheit verloren. Aber was konnte an seine Stelle treten, ein Gegensatz zur Zukunft? Das hätte den Begriff schnell ins kulturelle Abseits gerückt. ›Modern‹ konnte sich nur behaupten, weil es die Gegenwart stark machte, ohne die Zukunft in Frage zu stellen. Daraus entstand die spezifische *Ambivalenz* des Begriffs, die auch für unsere Zeit noch charakteristisch ist.

Der Historiker Reinhart Koselleck lokalisiert diese Veränderung der Zeiterfahrung in der Generation der Juli-Revolution von 1830 in Frankreich, wo der Kampf zwischen den royalistischen Traditionalisten und den republikanischen Fortschrittlichen besonders hart ausgefochten wurde. Es entstand allmählich ein *historisches Bewusstsein*, das die Diskontinuität von Gegenwart und Vergangenheit, aber auch von Gegenwart und Zukunft betonte. Die Moderne wird daher auch zur *Epoche der ›Krisen‹*, also abrupter Veränderungen geistiger, politischer oder materieller Verhältnisse (Koselleck 1973: 132 ff.). Damit wird deutlich, dass das, was heute modern ist, morgen unmodern, veraltet sein kann. Oder verallgemeinernd formuliert: *Jede Moderne ist dazu bestimmt, zu veralten.* ›Modern‹ gerät damit in die Nähe von ›Mode‹, auch wenn die Konjunkturen einer ›modernen‹ Strömung des ›Zeitgeistes‹ etwas länger dauern mögen als eine Saison.

2.1.3 Modernität als »Geist der ewigen Revision« (Jacob Burckhardt)

Um 1900 verband sich ›Modernität‹ mit der Idee der Avantgarde. Hierunter werden Bewegungen vor allem im künstlerischen Bereich verstanden, die im Namen neuer, sich selbst gegebener Regeln den Anspruch erheben, an der Spitze des Fortschritts zu marschieren. Erinnert sei an die vielen -ismen in den ersten Jahrzehnten des 20. Jahrhunderts: Kubismus, Futurismus, Konstruktivismus, Suprematismus, Dadaismus, Surrealismus, Expressionismus, Tachismus, usw.

Den schärfsten Ausdruck dieses neuen Verständnisses von ›modern‹ gibt eine Sentenz von Charles Baudelaire, der zu den frühesten Dichtern gehört, die das Leben der Großstadt literaturfähig machten: »La modernité, c'est le transitoire, le fugitif, le contingent, la moitié de l'art, dont l'autre moitié est l'éternel et l'immuable.«[18]

Hier also tritt Modernität in Gegensatz zum Zeitlosen, Ewigen. Sie gewinnt etwas Nervöses, dessen sozialer Kontext die Großstadt ist, den niemand schärfer als der Soziologe Georg Simmel charakterisiert hat. Er diagnostiziert beim Großstädter eine »Steigerung des Nervenlebens, die aus dem raschen und ununterbrochenen Wechsel äußerer und inneren Eindrücke hervorgeht« (Simmel 1957: 228*)*.

»Der Mangel an Definitivem im Zentrum der Seele treibt dazu, in immer neuen Anregungen, Sensationen, äußeren Aktivitäten eine momentane Befriedigung zu suchen; so verstrickt uns dieser erst seinerseits in die wirre Halt- und Ratlosigkeit, die sich bald als Tumult der Großstadt, bald als Reisemanie, bald als die wilde Jagd der Konkurrenz, bald als die spezifisch moderne Treulosigkeit auf den Gebieten des Geschmacks, der Stile, der Gesinnungen, der Beziehungen offenbart« (Simmel 1930: 551).

Dies sind Beobachtungen, die die kategoriale Aufladung des Begriffs ›Moderne‹ nachhaltig mit bestimmen. Prägnant hat der Schweizer Historiker Jacob Burckhardt die Moderne als »den Geist der ewigen Revision« bestimmt. Und die französische *Encyclopédia universalis* definiert: »La modernité, c'est la morale canonique du changement« (1973).[19]

Hier ist der Kern der heutigen Vorstellung von Modernität erreicht. Modern ist nicht mehr nur ein beschreibender Begriff für das gegenwärtig Neue, sondern Modernität ist ein *kultureller Komplex* geworden, der die Wandelhaftigkeit aller Verhältnisse *legitimiert*.

In diesem Sinne definiert auch der skandinavische Soziologe Göran Therborn:

»Modernity here will be defined culturally, as an epoch turned to the future, conceived as likely to be different from and possibly better than the present and the past. … Modernity ends when words like progress, advance, development, emancipation, liberation, growth, accumulation, enlightenment, embetterment, avant-garde, lose their attraction and their function as guides to social action« (Therborn 1995: 4).

Der kulturelle Komplex der Modernität lässt sich somit inhaltlich als *Legitimation fortgesetzten Wandels* beschreiben. Dieser Wandel ist mit der Hoffnung verbunden, dass der Wandel ein Wandel zum Besseren sein möge, aber im Unterschied zur Fortschrittsidee ist die Verbesserung der Zukunft nicht mehr gewiss. Der Idee der Modernität haftet eine gewisse *Ambivalenz* an: Wir erfahren den Wandel bald als Fortschritt, bald als Krise. Wir sind sozusagen aus Ägypten aufgebrochen; ob wir im gelobten Land ankommen, bleibt ungewiss. Die Aufklärung, die Immanuel Kant als »Aufbruch aus der selbst verschuldeten Unmündigkeit« beschrieben hat, ist sozusagen zur Pflicht geworden. Aber das Wissen, das wir nun pflichtgemäß produzieren, uns aneignen und in technische Form gebracht auch gebrauchen, macht die Welt weder eindeutig besser, noch das Leben einfacher.

Eine konservative Version der sich aus der Idee der Modernität ergebenden Haltung findet sich in dem vielfach zitierten: »Wenn etwas bleiben soll, wie es ist, dann kann es nicht so bleiben, wie es ist.« Gemeint ist hier: Wenn das Wertvolle einer Einrichtung erhalten bleiben soll, so muss sie sich unter dem Druck allgemeinen Wandels ebenfalls verändern. Die Ideen der Moderne – vom Liberalismus bis zum Kommunismus – üben einen Druck auf das Hergebrachte aus, das sich nun auf seine Traditionen besinnt und im Abwehrkampf gegen die Moderne traditionalistisch wird. Das berühmteste Beispiel ist die katholische Kirche, welche mit ihrem Antimodernismus vor allem unter den Päpsten Pius IX. und Pius X. wesentlich dazu beigetragen hat, den Begriff der Moderne durch Kritik aufzuwerten.

2.1.4 Moderne und Postmoderne

Zwischen dem Ersten und dem Zweiten Weltkrieg verschwand die Idee der Moderne wie auch der Fortschrittsglaube im Grauen der Schützengräben, in Inflation und Weltwirtschaftskrise, und schließlich erneut in den Bombennächten. Gegen die Unmenschlichkeiten dieser Zeit entstand noch während des Zweiten Weltkriegs die Vision einer weltweiten Friedensordnung, welche sich in den Grundsätzen der Vereinten Nationen und insbesondere in der von ihrer Allgemeinen Erklärung der Menschenrechte ausgehenden Menschenrechtsbewegung niedergeschlagen hat. Seit Ende des Zweiten Weltkriegs herrscht wieder Hoffnung in der Welt, wenngleich meist eine skeptische Hoffnung. Damit wurde auch die Idee der Modernität wieder aktuell, und zwar zunächst im Verhältnis von so genannten »entwickelten« zu »unterentwickelten« Ländern, die in einem Prozess der »Modernisierung« auf das Zivilisationsniveau der entwickelten Länder gebracht werden sollten. ›Moderne‹ stand nun für den fortgeschrittensten Sozialzustand, wie er nach verbreiteter Meinung von den Vereinigten Staaten repräsentiert wurde.[20]

Im Bereich der kulturellen Debatten tauchte der Begriff erst in den 1960er Jahren wieder auf, und zwar gleichzeitig mit demjenigen der *Post-Moderne*. Letzterer Begriff hatte zunächst eine stärkere Konjunktur; seine Vertreter verstanden unter ›Moderne‹ die ›klassische Moderne‹, wie sie etwa um die Wende zum 20. Jahrhundert lokalisiert wurde. In der bildenden Kunst wurde der ›klassischen Moderne‹ nun die ›zeitgenössische Kunst‹ entgegen gesetzt. Damit verlor sich auch der Bezug zur Avantgarde, deren Kritik der französische Schriftsteller und Regisseur Romain Gary in das Bonmot fasste: »Avantgardisten sind Leute, die nicht genau wissen, wo sie hinwollen, aber als erste da sind.«[21]

Mehr zum Verständnis der Postmoderne haben die Überlegungen von Francois Lyotard beigetragen. Für ihn war die Moderne das Zeitalter der »großen Erzählungen«, wie Liberalismus, Sozialismus, Kommunismus, Szientismus oder Katholizismus. Diese haben ihre die Erkenntnis vereinheitlichende Kraft verloren. Die Postmoderne ist daher das Zeitalter des Pluralismus, der Koexistenz unterschiedlicher Wahrheiten: »Das Geschichtsverhältnis der Postmoderne … lebt nicht neuzeitlich-modernistisch-progressistisch aus einer vorgeblichen Negation alles Vorausgegangenen, sondern sieht der gegenwärtigen Gleichzeitigkeit des Ungleichzeitigen ins Auge und prüft und begrüßt Vorgängerschaft ohne Geschichtsscheu« (Welsch 1988: 83).

In der Theorie der Postmoderne wurde Moderne als vergangener Epochenbegriff verstanden, nicht als kultureller Komplex. Im Fortgang der Diskussion wurde allerdings deutlich, dass die sogenannte Postmoderne eher als radikalisierte Moderne zu verstehen ist (Welsch 1988, bes. 185 ff.). Nimmt man die oben vertretene Auffassung ernst, dass es der Idee der Modernität entspricht, dass jede Aktualität, die sich selbst als modern versteht, dazu bestimmt ist, zu veralten, dass also die Moderne nie bleibt, wie sie ist, wird einsichtig, weshalb die sogenannte Postmoderne, die bei einzelnen Autoren noch durch eine »Ultramoderne« überboten oder durch Ulrich Beck durch eine »Zweite Moderne« unterboten wird, nichts anderes als eine neue Wendung im Horizont der Modernität als kulturellem Komplex der Legitimation sozialen Wandels darstellt.[22]

Die Grunderfahrung der Postmoderne besteht im Gegensatz zur Aufklärung darin, dass sie den Glauben verloren hat, man könne die Welt aus einer Zentralperspektive begreifen. Dieser zentralperspektivische Blick ist die Illusion der mit der Renaissance beginnenden Moderne, und man mag an ihrer Dominanz in der bildenden Kunst zwischen Renaissance und Historismus sowie ihrem Verschwinden in der Kunst des 20. Jahrhunderts ein Signum des Epochenwandels sehen. Es ist Symptom der fortschreitend wachsenden Komplexität und Interdependenz unserer Weltbezüge.

Unter Benutzung einiger zeitdiagnostischer Kurzformeln lassen sich die Umbrüche zur entfalteten Moderne in aller Kürze wie folgt skizzieren:

1. *Von der Industriegesellschaft zur Dienstleistungsgesellschaft*: Neue Technologien verdrängen zunehmend die vorwiegend auf körperlicher Anstrengung beruhende Industriearbeit; Wissen und Organisation treten als eigenständige Produktionsfaktoren neben Kapital und Arbeit und ermöglichen eine außerordentliche Steigerung der wirtschaftlichen Produktivität und gesellschaftlichen Komplexität.

2. *Von der Knappheitsgesellschaft zur Überflussgesellschaft*: Wenngleich nicht allgemein, aber doch für die meinungsbestimmenden Mittelschichten haben Wirtschaftswachstum und wohlfahrtsstaatliche Entwicklung eine früher undenkbare Selbstverständlichkeit von Sicherheit und Wohlstand gebracht, welche ältere, von Knappheitsgesichtspunkten bestimmte Moralvorstellungen unplausibel werden lassen.

3. *Von der Klassengesellschaft zur Risikogesellschaft*: Mit der zunehmenden Wohlstandssteigerung und der Annäherung der Lebensverhältnisse in Stadt und Land verlieren herkömmliche Status- und Milieuunterschiede ihren Orientierungswert. An ihre Stelle treten neue Strukturen sozialer Ungleichheit, die nicht allein vom unterschiedlichen Zugang zu Ressourcen, sondern gleichzeitig von der unterschiedlichen Betroffenheit durch die Risiken der technischen und ökonomischen Dynamik und ihre ökologischen und sozialen Folgeprobleme konstituiert werden.

4. Der *Umbruch der weiblichen Lebensverhältnisse*: Die Modernisierung der Lebensverhältnisse hat nach dem Zweiten Weltkrieg zunehmend auch die Frauen erfasst, welche in der Frühphase der Modernisierung im Kern eines traditionalistischen Familienverhältnisses standen. Im Gefolge einer Angleichung der Bildungschancen verlieren die traditionellen Unterschiede der Geschlechterrollen ihre Plausibilität, und damit schwindet eine der

wichtigsten Grundlagen bisheriger Lebensbewältigung – insbesondere für die Männer! Gleichzeitig kippt der frühmoderne Trend zur Homogenisierung der Lebensverhältnisse im Sinne des kernfamilialen Modells und macht einer neuen Pluralität der privaten Lebensformen Platz (vgl. Kaufmann 1995: 96 ff.).

5. Die *zunehmende Dominanz der Massenmedien* verändert im Zusammenwirken mit der sich intensivierenden Organisiertheit des öffentlichen Lebens die Erfahrungshorizonte und Sozialbeziehungen in Richtung auf wachsende Anonymität und Unübersichtlichkeit. Die Massenmedien bestimmen zunehmend die verbreiteten Gemeinsamkeiten und daher auch die Themen der Primärkommunikation. Das führt zu einer Zunahme der ›Erfahrungen zweiter Hand‹ im Wissensvorrat der Individuen, aber auch zu einer wachsenden Sehnsucht nach festen menschlichen Beziehungen.

6. Die intellektuelle Verarbeitung dieser Entwicklungen differenziert sich entlang der wissenschaftlichen Disziplinen und der mit ihnen verbundenen Professionen und führt zu einer wachsenden *Differenzierung und Abstrahierung der kulturellen Modelle von Wirklichkeit*, welche sich immer weniger mit den alltäglichen Erfahrungen vermitteln lassen. Auf diese Weise entsteht ein kulturelles Orientierungsdefizit mit Bezug auf die Lebensführung, das durch den Appell an die Autonomie und Verantwortung des Individuums kaschiert wird.

In ihrem Zusammenwirken resultiert aus diesen Entwicklungen eine Dynamik, welche zu einer kulturellen Entwertung der Verbindlichkeit aller Tradition zu führen scheint. Herkömmliche Orientierungsmuster erweisen sich als offensichtlich zu einfach, um den kollektiven Wahrheitskriterien noch genügen zu können. Diese selbst werden aber immer vielfältiger und polyvalenter, so dass sie als Antworten auf Orientierungsprobleme der individuellen Lebensführung immer untauglicher werden. Aus der Sicht der Individuen wird daher die Selbstvergewisserung und Selbstverwirklichung zunehmend zum zentralen religiösen Thema (vgl. 2.2.4).[23]

2.2 Moderne als Sicherung, Beschleunigung und Herausforderung unseres Erlebens

2.2.1 Verlängerung der Handlungsketten und Struktursicherheit

Es herrscht weitgehende Einigkeit unter Soziologen und Sozialhistorikern, dass die zweite Hälfte des 18. Jahrhunderts den Durchbruch zu einer neuen Gesellschaftsformation brachte. Diese Transformation umfasste viele Teilprozesse, die schon Jahrhunderte vorher sich abzeichneten und die mit Prozessbegriffen bezeichnet werden: Rationalisierung, Industrialisierung, Säkularisierung, Staatsentwicklung, Verstädterung, Entstehung des Kapitalismus, usw. Der Durchbruch ist auf das zeitliche Zusammentreffen dreier Prozesse zurückzuführen: Aufklärung, maschinelle Industrialisierung und politische Revolution, An die Stelle einer feudalen oder ständischen Gesellschaft trat nun der *Verfassungsstaat*; Gewohnheitsrecht wurde durch Gesetzesrecht ersetzt; Wissenschaft und Handwerk trafen sich im Bereich fortgesetzter technischer Entwicklungen, die Postulate von Freiheit und Gleichheit förderten die Demokratisierung, und das Unternehmertum begann, die Reize der Massenproduktion zu entdecken.

All dies sind offenkundige Merkmale dessen, was wir als *Modernisierung* bezeichnen können. Die damit verbundenen *Leistungssteigerungen* hat Adam Smith auf das Prinzip der Arbeitsteilung, Norbert Elias auf dasjenige einer Verlängerung der Handlungsketten zurück geführt. Aus strukturtheoretischer Sicht, die dem Soziologen nahe liegt, lässt sich die Transformation mit einer Formel im Anschluss an Herbert Spencer zusammenfassen: *Von unverbundener kleinräumiger Einheitlichkeit zu vernetzter großräumiger Verschiedenheit.* Die vormodernen Gesellschaften beruhten im Wesentlichen auf der Landwirtschaft und damit der Ordnung des immobilen Bodens. Bereits die mittelalterlichen Städte praktizierten das neue Prinzip berufsbezogener Arbeitsteilung, und bald kam über den Fernhandel die überregionale Arbeitsteilung hinzu. Das Prinzip der *Leistungssteigerung durch Spezialisierung* erfasste zunehmend auch das Verhältnis von Religion, Wissenschaft und Politik. Erst im Zuge der Modernisierung differenzierten sich diese Bereiche zu eigenständigen Sinnsphären und Organisationen. Von besonderer Bedeutung erwiesen sich die Verbreitung der Geldwirtschaft, die Positivierung des Rechts, die Entstehung von Großorganisationen und die technische Entwicklung. Sie erhöhten die Verlässlichkeit und Berechenbarkeit der sozialen Verhältnisse. Und es sind diese *zunehmenden Sicherheiten*, die von den ausdifferenzierten und spezialisierten Systemen ausgehen, welche es bewirken, dass wir uns in vielerlei Hinsicht größere Freiheit leisten können. Moderne Gesellschaften haben einen Grad an beherrschbarer Komplexität, partieller Voraussehbarkeit und Verlässlichkeit erreicht, der vormodernen Gesellschaften völlig unbekannt war: Öffentliche Sicherheit, Rechtssicherheit, Technische ›Sicherheit, Soziale Sicherheit, um nur die wichtigsten Formen zu nennen (vgl. Kaufmann 1973a; 2003b).

Komplementär zu den wachsenden Sicherheiten wachsen auch die individuellen *Freiheiten*. Zwar werden Freiheit und Sicherheit oft als Gegensätze dargestellt, aber das stimmt nur auf einer sehr abstrakten Ebene, hinsichtlich der Offenheit oder Beschränkung zukünftiger Möglichkeiten. Und natürlich können die Freiheiten der einen die Sicherheit der anderen bedrohen, und ebenso Sicherheitsbedürfnisse der einen die Handlungsmöglichkeiten der anderen beschränken. Aber auf der Ebene der Systembildung sind die Gewährleistungen der Systeme (z. B. des Rechts, des Straßenverkehrs oder der sozialen Sicherung) die Voraussetzung ihrer freien Nutzung zu persönlichen Zwecken.

Die Reflexion dieser Veränderungen war das zentrale Thema der gegen Ende des 19. Jahrhunderts entstehenden neuen Wissenschaft der *Soziologie*. Hier kann nur in aller Kürze ein zusammenfassende und vom Standpunkt des Verfassers nicht unabhängige Sicht auf das mit gesellschaftlicher Modernisierung Gemeinte gegeben werden.[24]

1. *Entwicklung funktionsorientierter gesellschaftlicher Teilsysteme.* Modernisierung bedeutet den Umbau der Gesellschaftsstruktur von hierarchisch geordneten Schichten (ständische Gesellschaft) zu einer an Funktionen orientierten Struktur: Die in den älteren Sozialformen eng beieinander liegenden wirtschaftlichen, politischen, religiösen und häuslichen Zusammenhänge differenzieren sich zu zunehmend eigenständigen, entflochtenen Handlungszusammenhängen: Marktwirtschaft, Staat, Kirche und Familie. Und es bilden sich neue Funktionsbereiche wie die Wissenschaft, das Bildungs- und Gesundheitswesen, das soziale Sicherungssystem usw. mit je eigenen spezialisierten Aufgaben und Legitimationen heraus.

2. Neben diese sozusagen horizontale Differenzierung tritt eine neue Art ›vertikaler‹ Differenzierung, nämlich die *Emergenz unterschiedlicher Ebenen sozialer Wirklichkeit*. Soziale Prozesse spielen sich nunmehr gleichzeitig auf mehreren, von einander relativ unabhängigen Ebenen ab: Der Ebene sozialer Beziehungen, die im wesentlichen durch die Interaktion unter Anwesenden geprägt ist, die Ebene der Organisationen, die sich durch formalisierte Mitgliedschaftsbedingungen und arbeitsteilige Strukturen auszeichnet, die Ebene von Inter-Organisationsbeziehungen, welche komplexe Formen von Vernetzungen ermöglichen, und schließlich die Ebene institutionalisierter teilsystemischer Strukturen mit ihrer spezifischen ›Logik‹, die im wesentlichen durch auf Probleme dieser Teilsysteme spezialisierte Wissenschaften und ihre praktische Verankerung in Professionalisierungsprozessen hergestellt wird.

3. Aus der Kombination teilsystemischer Funktionsdifferenzierung einerseits und der Verselbständigung unterschiedlicher Ebenen sozialer Wirklichkeit andererseits resultiert eine *wachsende Kontingenz der Sozialverhältnisse*, d. h. es ist nicht mehr möglich, zwischen diesen verschiedenen Ebenen und zwischen den verschiedenen Funktionsbereichen eindeutige Beziehungen herzustellen, sondern sie entwickeln sich nach eigendynamischen Gesichtspunkten. Daraus resultiert das typische Bewusstsein von Dynamik und Wandelbarkeit in modernen Gesellschaften. Die verschiedenen Elemente von Gesellschaft gewinnen eine stärkere Beweglichkeit gegeneinander.

4. Gleichzeitig *wächst die gesellschaftliche Komplexität*, d. h. das im Rahmen eines sozialen Gesamtzusammenhangs Mögliche. Hieraus resultieren Optionen für die Individuen, aber auch für organisierte Akteure, welche zunächst vor allem unter dem Begriff der *Freiheit* thematisiert wurden. Praktische Freiheit resultiert aus einer Zunahme der Wahlmöglichkeiten, aber sie bringt gleichzeitig die Notwendigkeit mit sich, zwischen diesen Möglichkeiten zu wählen. Vieles was in traditionellen Ordnungen strukturell festgelegt war, wird nun zu einer Frage individueller oder kollektiver Entscheidung. Das Übermaß des Möglichen erzwingt Selektivität und fordert die subjektive Entscheidungsfähigkeit heraus.

5. Der für die neuzeitliche Entwicklung charakteristische Zuwachs an Rationalität und Produktivität ist die Konsequenz der funktionalen Differenzierung und der mit ihr einhergehenden Ar-

beitsteilung. Ihr entspricht eine zunehmende *Verlängerung kontrollierbarer Handlungsketten*. Ältere Gesellschaften kannten nur sehr kurze Handlungsketten, wie sie im Rahmen einer Hauswirtschaft oder bei einfachen Kauf- und Verkaufsvorgängen auf lokalen Märkten entstehen. Wir leben dagegen heute in einer Welt, in der immer mehr Handlungen auf berechenbare Weise zusammenhängen und langfristig aufeinander abgestimmt sind, man denke etwa an die Produktionslinien einer Fabrik oder an ein Verwaltungsverfahren. Diese Verlängerung der Handlungsketten geschah in der frühmodernen Phase vor allem auf der Grundlage von Herrschaft und mit ihr verbundenen hierarchischen Anordnungsbefugnissen, beispielsweise Unternehmungen und Verwaltungen. Den höchsten ideellen Ausdruck hierarchischer Steuerung bildete das absolutistische Staatsverständnis des 17. und 18. Jahrhunderts, dem dann ja auch die katholische Hierarchie im 19. Jahrhundert nach der Liquidierung des feudalen Kirchentums nachgebildet wurde.

6. Im Fortgang der Arbeitsteilung kommt es mit zunehmender Komplexität der Verhältnisse zu *Vernetzungen zwischen den verschiedenen Hierarchien* und den von ihnen kontrollierten Handlungsketten. Es entstehen vernetzte Systeme, an denen zahlreiche Akteure mehr oder weniger gleichberechtigt beteiligt sind und die sich nicht mehr zentral kontrollieren lassen. Anschaulich werden solche Netzstrukturen z. B. in Verkehrsnetzen oder Telekommunikationsnetzen, aber auch die Herstellung eines Hochleistungsflugzeugs oder ein Gesetzgebungsprozess lassen sich nicht mehr nach dem hierarchischen Steuerungsmodell begreifen. Unsere Welt ist polyzentrisch geworden, und starke Dynamiken fördern die *Dezentralisierung von Entscheidungen*.

7. Hieraus resultiert eine wachsende Unübersichtlichkeit der Zusammenhänge, die für das *Scheitern des aufklärerischen Optimismus einer Kontrollierbarkeit aller Verhältnisse durch Vernunft und Technik* ursächlich ist. Die Zunahme unseres Wissens scheint gleichzeitig die Menge unseres Nicht-Wissens zu vergrößern. Je mehr möglich wird, desto weniger lässt es sich zentral überschauen und kontrollieren. Deshalb geraten alle zentralistischen und erst recht absolutistischen Ansprüche ins historische Abseits.[25]

8. Diese gesamtgesellschaftlichen Entwicklungen haben auch Konsequenzen für die Lebensverhältnisse der Individuen. Diese sind

nicht mehr in einen einzigen Sozialzusammenhang eingeordnet, sondern haben je nach ihrem Status, ihren Ressourcen und ihren Kompetenzen unterschiedlich starken Anteil an den Leistungen verschiedener gesellschaftlicher Teilbereiche. Damit lockert sich gleichzeitig die soziale Kontrolle. Es entsteht eine größere Toleranz für die Wahl verschiedener Lebensstile und eine stärkere Anerkennung der persönlichen Freiheit und des Gewissens des Individuums. *Frühere Zwänge entfallen, aber gleichzeitig schwinden auch die verbindlichen Ordnungsvorgaben als Orientierungsgesichtspunkte.* Dies wird mit dem heute aktuellen Stichwort der Individualisierung angedeutet: Der Einzelne gewinnt eine größere Freiheit, aber er wird auch immer stärker auf sich selbst gestellt. Parallel dazu werden die Sozialbeziehungen jenseits des unmittelbaren Nahbereichs immer anonymer.

9. Der Verlust an vorgegebenen Orientierungen hat Konsequenzen für die Identitätsbildung. Während die Aufklärung die Identität oder Personhaftigkeit des Individuums sozusagen vorausgesetzt hat, wird die *Gewinnung von Identität* nun zum *Problem*.[26] Der Einzelne ist auf der fortgesetzten Suche nach seiner Identität, die er, wenn überhaupt, nur noch als Biographie entwerfen kann, d. h. als eine Sequenz unterschiedlicher Entscheidungen in der Zeit, die aufeinander mehr oder weniger abgestimmt sind. Der Einzelne muss sich also gegen den fortgesetzten Wandel seiner Lebensverhältnisse behaupten, und er kann dies in der Regel nur ansatzweise und muss daher mit den Inkonsistenzen und Brüchen seines Lebens fertigwerden.

10. Die Kehrseite der Medaille ist der *Plausibilitätsverlust umfassender Daseinsdeutungen.* Moderne Gesellschaften haben weder Spitze noch Zentrum; sie halten zusammen und existieren dank eines gewissen Grundethos gemeinsamer Werte und der Norm der Anerkennung aller Menschen als Meinesgleichen, dank eines funktionierenden Rechtssystems und dank der wechselseitigen Abhängigkeit der verschiedenen Gesellschaftsbereiche (vgl. Kaufmann 1997b). Zu den Grundwerten gehören Freiheit, Gerechtigkeit, Toleranz und Demokratie, aber kaum kollektiv bindende Leitideen oder erst recht nicht eine Idee des höchsten Gutes.

Dementsprechend entbehren die modernen Wissenschaften auch der Kriterien einer umfassenden Vernunft. Was uns durch die Einzelwissenschaften kulturell stabilisiert zur Verfügung steht, sind *Teilrationalitäten* wie die ökonomische, juristische oder medizinische, die jedoch auf ihrem Erkenntnisinteresse fremde Gesichtspunkte keine Rücksicht nehmen. Eine dieser Erkenntnislage adäquate integrierende Vernunft bezeichnet der Philosoph Wolfgang Welsch als »transversale Vernunft«: Sie versucht, die Erkenntnisse unterschiedlicher kognitiver Sphären mit Bezug auf konkrete Phänomene und Problemlagen zu vermitteln, denn eine allgemeine Vermittlung ist unmöglich geworden (vgl. Welsch 1995).

2.2.2 Überschuss an Optionen und Zeitknappheit

Wohl das alltäglichste Symptom moderner sozialer Verhältnisse ist die *Zeitknappheit*. Die deutsche Wiedervereinigung bot dafür ein kollektives Laboratorium. Viele ehemaligen Bürger der DDR betonen, dass das Leben dort geruhsamer gewesen sei, dass man mehr Zeit füreinander gehabt habe. Obwohl sie nicht in der Idylle vorindustrieller Verhältnisse lebten, denen dieses Zeit-Haben gern verklärend zugeschrieben wird, machten Bürger der DDR im Übergang zu bundesrepublikanischen Verhältnissen eine ähnliche Erfahrung, wie sie die Arbeiter der Frühindustrialisierung in den Städten machten: Zeitdruck, keine Muße, Disziplin und fortgesetzte Bedrohung durch sozialen Abstieg.

Was war in der DDR anders? Die gesellschaftlichen Verhältnisse boten weniger Alternativen. Dem Recht auf Arbeit stand eine Pflicht zur Erwerbsarbeit im Rahmen der geplanten Wirtschaft gegenüber. Die Güter blieben knapp, die Freizeitmöglichkeiten und erst recht die Fernreisen beschränkt. Das Leben hatte einen klaren Rahmen, der zwar für manche bedrückend wirkte, aber auch irgendwie Halt bot. Es herrschte zwar keine Gleichheit, aber eine kollektive Ordnung, in der man seinen meist bescheidenen Platz kannte. Man kann das aus der Sicht freiheitlicherer Verhältnisse als kleinbürgerlichen Mief bezeichnen, aber er ließ Zeit für private Kontakte, die ja auch aus ökonomischen Gründen dringend notwendig waren: »Sehen, kaufen, horten, tauschen« das waren die Maximen einer grauen Tauschwirtschaft unterhalb der kollektiven Plan- und Zuteilungswirtschaft. Dazu musste man sich kennen. Pointiert gesagt: Die Knappheit der Möglichkeiten ließ Zeit im Überfluss.

Umgekehrtes gilt für die Menschen, die unter den Bedingungen der Moderne leben: Der Überfluss der Möglichkeiten bedingt die

Zeitknappheit. Georg Simmels Analyse der Moderne brachte sie im wesentlichen mit den Großstädten und mit der Ausdehnung der Geldwirtschaft in Verbindung. In der Tat sind die Städte und insbesondere die Großstädte die Brutorte moderner Einstellungen und Lebensweisen gewesen und sind bis heute die bevorzugten Orte für das Entstehen oder zum mindesten die Verbreitung von Neuerungen, seien es neue technische Geräte, neue Finanzprodukte, neue Tanzformen und Musikgattungen, neue Kunst oder neue soziale Bewegungen. Allerdings verbreiten sich heute Neuerungen dank Fernsehen und Internet weit schneller als in früheren Zeiten auch in der Peripherie der Städte und selbst auf dem Lande.

Worauf aber ist der wachsende Überschuss an Optionen zurück zu führen? Diese Frage verweist auf die Gründe für die Entwicklungen der Neuzeit, deren Erklärung eine zentrale Aufgabe der soziologischen Klassiker darstellte. Im Anschluss an Durkheim, Weber und Simmel hat Niklas Luhmann (1927–1998) eine Gesellschaftstheorie entwickelt, welche in der fortschreitenden Ausdifferenzierung von funktionsspezifischen Strukturen und Sinnsystemen wie Religion, Politik, Wirtschaft, Recht, Wissenschaft und Kunst einen Zentralprozess der Modernisierung sieht. Diese ihrer sinnhaften Eigenlogik folgenden und hoch organisierten Systeme werden immer komplexer und *üben aufeinander einen fortgesetzten Anpassungsdruck aus*, der im Zusammenhang mit der Entwicklung der technischen Möglichkeiten viel an der fortgesetzten Beschleunigung und Optionserweiterung und damit auch der Zeitknappheit erklärt. Der moderne Mensch steht strukturell unter Konkurrenzdruck, und zwar nicht nur in Konkurrenz um Arbeit, Geld, Macht und Ansehen, sondern auch unter dem Druck einer »Konkurrenz der Konsumgenüsse«, wie die Werbesendungen des Fernsehens allabendlich zeigen.

2.2.3 Entgrenzung

Ein drittes wesentliches Moment der Modernisierung ist die *Entgrenzung*. Die agrarischen Gesellschaften, und das waren die weitaus meisten in der Menschheitsgeschichte seit dem Sesshaftwerden der Menschen, sind auf bebaubaren Boden angewiesen. Und Boden ist unbeweglich, statisch. Dementsprechend hingen die Leute an ihrer

Scholle, und das Gesamt der sozialen Beziehungen organisierte sich um die Nutzung des Bodens. Für das mittelalterliche Europa wird dies als Lehens- oder Feudalsystem bezeichnet. Alles in allem also eine kleinräumige, sich weitgehend an Gewohnheiten und aus ihnen abgeleiteten Rechten orientierende Form des Zusammenlebens.

Mit dem Aufblühen der mittelalterlichen Städte und des Fernhandels entstand ein paralleles, im Kern bereits auf Geld und Märkten beruhendes Wirtschaftssystem, das größere Räume umfasste. Aber erst die Entstehung größerer Staaten und die sog. Bauernbefreiung machten den Weg zur Mobilität frei, und dann strömten die Landarbeiter in die aufstrebenden Industriegebiete, beispielhaft aus den Großgrundbesitzen östlich der Elbe ins Ruhrgebiet. Im Zuge des westfälischen Friedens (1648), des Wiener Kongresses (1815) und schließlich der Einigung des Deutschen Reiches (1870/71) entstanden immer größere wirtschaftliche und politische Einheiten; und damit verloren sich die inneren Grenzen; eine allgemeine Mobilität innerhalb der Nationalstaaten wurde möglich. Zugleich boten die Nationalstaaten mit ihrer bis dahin unerhörten politischen, administrativen und militärischen Leistungsfähigkeit einen klaren Identitätshorizont, verkörpert in der Idee der Nation vermittelt durch ein staatliches Bildungswesen, und wirksam in der Verteidigung der Grenzen nicht nur in politischer, sondern auch in wirtschaftlicher und kultureller Hinsicht.

Wir erleben in unserer Zeit eine weitere Entgrenzung: Die europäische Union und mit ihr das sog. Schengen-Abkommen realisieren die Freizügigkeit innerhalb Europas. Und die Globalisierung eröffnet bereits die Perspektiven einer weltweiten Mobilität: Dank internationaler Abkommen innerhalb der WTO und entsprechender technischer Beschleunigungen werden nahezu aller Güter mobil, die wirtschaftliche Konkurrenz ist weltweit geworden. Nicht weniger wichtig ist die Globalisierung der Ideenzirkulation und davon ausgehend die zunehmende Entstehung eines weltweiten Bewusstseins und Verantwortungshorizonts dank den elektronischen Medien. Von größter Bedeutung wurde die weltweite Liberalisierung der Finanzmärkte, ausgelöst durch den »Big Bang« in der Londoner City im Oktober 1986. Seither lassen sich Kapitalien in Milliardenhöhe in Sekundenschnelle um den Erdball verschieben. Und das Urteil der Finanzinvestoren ist von größter Bedeutung für ganze Volkswirtschaften geworden, wie gegenwärtig Griechen, Italiener und Portugiesen, aber auch die EU als ganze schmerzlich erleben. Nationale Grenzen definieren keine Schicksalsräume mehr, sondern nur noch politische Zuständigkeiten.

2.2.4 Individualisierung und Selbstreferenz

Wir leben also in einer Welt ständig zunehmender Möglichkeiten, aber zu wessen Nutzen? In der gängigen Literatur über Modernisierung werden deren Auswirkungen auf die Menschen als Individualisierung abgehandelt. Dabei lässt sich eine optimistische und eine pessimistische Deutungslinie unterscheiden. Die optimistische wurde von Georg Simmel intoniert: Unter dem Einfluss der gesellschaftlichen Modernisierung verliert der Mensch typischerweise seinen in einem einzigen Kontext verwurzelten, ihn ganz umfassenden sozialen Lebensraum und gerät in »sich kreuzende soziale Kreise«. Und es sind die durch die mehrfachen Zugehörigkeiten entstehenden Konflikte, seien sie normativer oder praktischer Art, welche den Menschen dazu bringen, sich als individuelle Person zu verstehen.

»Dass durch die Mehrheit der sozialen Zugehörigkeiten Konflikte äußerer und innerer Art entstehen, die das Individuum mit seelischem Dualismus, ja Zerreißung bedrohen, ist kein Beweis gegen ihre festlegende, die personale Einheit verstärkende Wirkung. ... Je mannigfaltigere Gruppeninteressen sich in uns treffen und zum Austrag kommen wollen, um so entschiedener wird das Ich sich seiner Einheit bewusst« (Simmel 1923a: 313).

Hier werden also die gängigen Ideen der Freiheit und Autonomie als unter modernen Bedingungen der Vergesellschaftung grundsätzlich realisierbar dargestellt. Der »gesellschaftliche Zwang zum Selbstzwang« (N. Elias) bringt den Menschen dazu, sich in den modernen Formen des Lebens einzurichten und durch Reflexion auf seine eigenen Möglichkeiten, also durch Selbstreferenz, sein eigenes Leben zu gestalten.

Die pessimistische Deutungsweise wurde mit dem Begriff der *Entfremdung* verbunden. Dies war zunächst ein religiös aufgeladener Begriff der Entfremdung des Menschen von Gott, wurde aber von Karl Marx im Gefolge der Religionskritik von Ludwig Feuerbach ganz innerweltlich zur Thematisierung der Abhängigkeiten des Menschen unter den Bedingungen der Modernisierung verwendet, insbesondere der Abhängigkeiten des arbeitenden Menschen von der kapitalistischen Produktionsweise. Der Mensch wird demzufolge durch die Modernisierung seiner natürlichen Reproduktionsgrundlagen und seiner ihn tragenden kollektiven Lebensvorstellungen entfremdet. Eine anonyme, durch Geld und Rechtsnormen bestimmte Sphäre der Organisationen wirkt zunehmend auf die Lebenswelt der Menschen ein, stärkt die eigennützigen und schwächt die solidarischen Orientierungen

In präzisierendem Sinne wird auch der Begriff des *Weltverlustes* eingeführt (vgl. Claessens 1966): Vor der Postmoderne gab es stets nur *eine* Welt, die durch ein Prinzip wie ›Gott‹, ›Natur‹, Geist‹ oder ›Materie‹ in ihrer Einheit bestimmt oder ausgelegt wurde. Alles Vorfindbare wurde als ›Kosmos‹, als eine geordnete ›Gesamtwirklichkeit‹ bestimmt. Eben weil die Wirklichkeit sich als einheitlicher Kosmos darstellte, konnte der Mensch sich in ihr ›heimisch‹ fühlen und vermochte das Vertrauen zu nähren, dass auch die Wirklichkeiten jenseits seiner unmittelbaren Erfahrung von derselben heimischen Art sind. Alles Unbekannte löst Angst aus, solange es nicht durch Abstraktion und Analogiebildung in Bezug zum Bekannten gesetzt werden kann.

Wenn wir am Weltbegriff festhalten wollten, so müssten wir heute sagen, die Welt sei nicht mehr als *Uni*versum, sondern nur noch als *Multi*versum denkbar und erfahrbar. Wenn die moderne Kunst die Zentralperspektive aufgegeben hat, so kommt eben darin zum Ausdruck, dass der Mensch – als Individuum und als Gattungswesen – nicht mehr als Zentrum einer einheitlichen Welt erfahren werden kann (vgl. Burckhardt 1997). »Keine Vereinheitlichungsstrategie – weder die der Fundierung noch die einer Synthese oder die einer Reduktion oder Standardisierung – vermag die Vielheit letztlich anders als vielheitlich zur ›Einheit‹ zu bringen« (Welsch 1995: 383).

Wir können also festhalten, dass dieselben strukturellen Bedingungen, welche eine früheren Epochen unbekannte Stabilität und Verlässlichkeit der Lebensbedingungen in den hoch entwickelten Gesellschaften ermöglichen, zur »Heimatlosigkeit im Kosmos« (Peter Berger) geführt haben.

Der Verlust eines kosmischen Weltverhältnisses ist sozusagen der Preis für unsere erhöhte Lebenssekurität, die uns jedoch offensichtlich nicht zufriedenstellt, weil es uns nicht gelingt, zu ihren Bedingungen ein kognitiv und emotional befriedigendes, mit unseren Intentionen übereinstimmendes Verhältnis zu gewinnen.

Bleibt die Frage, wie der Mensch unter solchen Bedingungen zu einem konsistenten Lebensentwurf gelangen kann und wie weit ein solcher zu tragen geeignet ist. Grundlegend ist ein gewisses Maß an physischer Gesundheit und eine gelungene Primärsozialisation: Dauerhafte menschliche Zuwendung in der Entwicklung, wie sie am ehesten in stabilen Familien anfällt, bildet die Grundlage von *Vertrauensfähigkeit,* trägt aber auch in späterem Entwicklungsalter zur Entstehung von *Wertbindungen* bei, die wir uns im nachmetaphysischen Zeitalter am ehesten als Entstehung moralischer Gefühle aufgrund einschneidender Erfahrungen, als »Selbstbindung durch Selbsttranszendenz« vorstellen können (vgl. Joas 1997). Entscheidend ist dabei die Einsicht, dass ›Identität‹, ›Selbstverwirklichung‹ oder ›Autonomie‹ sich nicht in bloßen Prozessen der Selbstbezüglichkeit entwickeln können, *sondern nur in Auseinandersetzung mit ›bedeutungsvollen Anderen‹ und unter dem Einfluss kultureller Deutungsmuster von ›Gut‹ und Böse‹.* Wer sich selbst zum letzten Maßstab seiner Handlungen macht, findet nichts Größeres, an dem er sich aufrichten und den ›aufrechten Gang‹ lernen könnte. Wer den Anspruch aufrecht erhält, sein Leben als personalisierenden Prozess zu führen, dem wird *Selbstreferenz als ich-transzendierende Leistung und damit auch eine neue Form der Askese* zugemutet, welche darin besteht, bewusst auf all das zu verzichten, was nicht zu dem je eigenen Leben passt. Man kann dies auch ›Lebenskunst‹ nennen (Kaufmann 2001).

Lebenskunst heißt, sich in Verteidigung gegen den Scheinobjektivismus der Massenmedien selbst Horizonte schaffen und sein Leben in selbst gesetzten Beschränkungen einzurichten. Natürlich ist auch dies nicht zum Nulltarif zu haben, die Freiheit als moralische Tatsache der Selbstbindung hat ihren Preis. Wir beobachten bereits, wie eine neue kulturellen Spaltung entsteht zwischen denjenigen, die sich von der Faszination der Optionenvielfalt in naturalistischem und ökonomischem Fortschrittsglauben hinreißen lassen, und denjenigen, die an der kulturellen Verankerung von in Selbstbindung gewählten, dem eigenen Lebensprojekt Form gebenden Vorstellungen moralischer Tatsachen festhalten.

Solche Selbstbindung vollzieht sich als *Glauben*, als eine das Ich transzendierende Orientierung an etwas Größerem, das vom Ich als verbindlich, als motivierend, als stimulierend angesehen wird. Das Christentum bietet hierfür seine Kunde von Gott an. Für viele Menschen kann es aber auch etwas Innerweltliches sein: Die Kunst, die Gerechtigkeit, ja vielleicht sogar die sportliche Höchstleistung.

2.3 Ist ein Ende der Moderne absehbar?

Einleitend wurde zwischen ›Modernität‹ als kulturellem Komplex und ›Moderne‹ als Epochenbezeichnung unterschieden und gleichzeitig behauptet, dass ›Modernität‹ einen Horizont westlichen Denkens bezeichnet. Über Horizonte kann man bekanntlich nicht hinausblicken, aber historische Erfahrung lehrt uns, dass kulturelle Horizonte sich meist ziemlich plötzlich und wenig vorhersehbar ändern. Max Weber sprach vom Licht der Kulturbedeutungen, das plötzlich weiter wandert. Über ein mögliches Ende der Modernität hat Göran Therborn bereits präzise formuliert:»Modernität endet, wenn Worte wie Fortschritt, Vorrücken, Entwicklung, Emanzipation, Befreiung, Wachstum, Akkumulation, Aufklärung, Verbesserung, Avant-Garde ihre Anziehungskraft verlieren und nicht mehr der Orientierung des sozialen Handelns dienen.«[27]

Man wird hinzufügen dürfen, dass Modernität in unserer vielfältigen Welt nicht der einzige Denkhorizont ist, sondern dass er in präzisem Sinne denjenigen der Tradition im Sinne einer kulturellen Hegemonie abgelöst hat. Eben dies macht ihn für die Frage nach dem Verhältnis der Kirche zu den neuzeitlichen Entwicklungen attraktiv. Bekanntlich ist auch das Traditionsbewusstsein bis heute nicht ausgestorben; dennoch erscheint es unwahrscheinlich, dass eine neue, die Modernität ersetzende Deutungspriorität wiederum traditionalistisch oder gar religiös sein wird. Ansätze zu um die Hegemonie konkurrierenden Denkhorizonten finden wir weit eher in der Ökologiebewegung, aber auch in sozialen Bewegungen für die weltweite Durchsetzung von Menschenrechten. Der auch die Modernität übergreifende Horizont ist derzeit die *Globalisierung*, und an ihn knüpfen die beiden genannten sozialen Bewegungen an. Auf Weltebene hat aber auch die katholische Kirche keine schlechten

Karten. Wir sollten im Auge behalten, dass die gesellschaftlichen Teilsysteme der Wirtschaft und der Wissenschaft ihre Legitimation in hohem Maße aus dem kulturellen Komplex der Modernität ziehen. Auch wenn die jüngste Weltfinanzkrise und der atomare GAU in Japan die Autorität sowohl der Wirtschaft wie der Wissenschaft angegriffen haben, scheint unsere Gesellschaftsformation noch weit davon entfernt, sich auf andere Prioritäten einzulassen. Man sollte deshalb mit Prognosen über ein Ende der Epoche der Moderne vorsichtig sein. Noch ist nichts Besseres in Sicht, sondern lediglich Alternativen mit einem noch höheren Katastrophenpotential. Wir sollten also unsere Beschränktheit annehmen, und vielleicht sogar zugeben, dass die Zukunft ungewiss bleibt und wir individuell und kollektiv nur von Krise zu Krise weiter stolpern können. Wo Wandel ist, da ist auch Krise.

Die Bewahrer in der Katholischen Kirche, welche heute im Spannungsfeld zwischen Tradition und Modernität steht, befürchten, dass mit Anpassungen an vielfältige Erwartungen der Gläubigen – beispielsweise nach stärkerer Beteiligung der Frauen am kirchlichen Amt, der Diözesen bei Bischofswahlen oder von Laien im Vollzug der Pastoral – wesentliche Elemente kirchlicher Identität aufgegeben würden. Sie könnten aus der Geschichte der Modernisierung lernen, dass der Verlust alter Ordnungsvorstellungen, wie wir sie oben als *Verlust der Zentralperspektive* thematisiert haben, keineswegs zum Chaos oder auch nur zum Verschwinden der Traditionen geführt hat. Aber: Traditionen haben ihre strenge Verbindlichkeit verloren, sie sind optional geworden. Insoweit ist auch die Wiederzulassung der tridentinischen Messe neben dem »ordentlich Ritus« durchaus im Sinne der Modernisierung. Wertbindungen und Identitäten gehen im Zuge der Modernisierung nicht zwangsläufig verloren, aber sie werden abstrakter und flexibler. Die meisten Menschen empfinden das als eine Zunahme von Freiheit – auch in der Kirche.

3. Kapitel:

Das janusköpfige Publikum von Kirche und Theologie

Janus ist der römische Gott der Schwelle. Er hat zwei Gesichter, von denen das eine zurück, das andere nach vorn blickt. Die Situation der katholischen Kirche lässt sich mit dieser Metapher beschreiben. Sie befindet sich in der prekären Gegenwart der entfalteten Moderne, und ihre Mitglieder suchen nach Orientierungspunkten bald in ihrer jüngeren Vergangenheit, bald in der Vision einer stärker von der ursprünglichen Botschaft geprägten Zukunft.

In diesem Kapitel ist gegenstandsnäher als bisher von der gegenwärtigen Situation der Kirche die Rede, und zwar in der Auseinandersetzung mit den Implikationen der kulturellen Modernität und der strukturellen Modernisierung. Zunächst sei von den Implikationen die Rede, die sich aus dem Zusammenbruch des Sozialismus ergeben. Sodann wird die religiöse Situation in Westeuropa skizziert, um dann in grundsätzlicher Weise die Ambivalenzen der Moderne als Herausforderungen kirchlicher Traditionen zu thematisieren.

3.1 Der Ost-West-Gegensatz und sein Ende

Bereits während der Verhandlungen der späteren Siegermächte zwischen den Konferenzen von Teheran (November 1943) und Jalta (Februar 1945) wurden die Grenzen der bis zum Jahre 1989 stabilen europäischen Einflusssphären zwischen der Sowjetunion einerseits und den Vereinigten Staaten sowie Großbritannien andererseits festgelegt. Was sich in der Folge entwickelte und durch den »Eisernen Vorhang« symbolträchtig dokumentiert wurde, war der Versuch, eine bis dahin gemeinsame Geschichte Europas auf getrennten Wegen fortzuführen. Es entstand eine im wesentlichen mit ideologischen Differenzen sich legitimierende politische und ökonomische Konkurrenzsituation zwischen Ost und West, zwischen Kapitalismus und Sozialismus – so sahen es die einen, zwischen freiheitlicher Gesellschaftsordnung und Totalitarismus – so sahen es die anderen; eine neutrale Bezeichnung der Konfliktparteien existiert bis heute nicht. Es entstanden durch Einparteienherrschaft und zentrale Wirtschaftslenkung gekennzeichnete Regime im Osten, durch politischen Pluralismus und Marktwirtschaft gekennzeichnete Regime im Westen, die sich beide als demokratisch bezeichneten und ihren Völkern Wohlstand und soziale Sicherheit versprachen. Erreicht werden sollte dies durch eine forcierte Industrialisierung, d. h. durch technische Fortschritte, durch Modernisierung traditionaler Produktionsformen und durch Steigerung der Arbeitsproduktivität. Dem lagen im wesentlichen dieselben Technologien zugrunde, deren wissenschaftliche Grundlagen bereits früher und durch die Forschungsanstrengungen während des Zweiten Weltkriegs entdeckt worden waren.

Hieran interessiert hier allein der Umstand, dass beide Gesellschaftsformationen ähnliche Ziele mit ähnlichen technischen Mitteln, aber mit unterschiedlichen Ideologien und institutionellen Lösungen verfolgten. Im Osten beanspruchte die herrschende Ideologie eine zentralistische, hierarchische und umfassende Steuerung der sozialen Verhältnisse, während im Westen die liberalen Grundsätze einer durch Freiheitsrechte gewährleisteten rechtlichen Selbstbegrenzung des Staates, der Autonomie von Wirtschaft, Wissenschaften und Religion und die kompensatorische soziale Absicherung der sozialen Risiken das Grundmuster der Entwicklung bildeten. Dabei hat sich das westliche Entwicklungsmuster im Großen und Ganzen als erfolgreich, das östliche dagegen als ungeeignet erwiesen.

Halten wir einen Augenblick inne und hinterfragen diese Selbstverständlichkeit: Was heißt hier *erfolgreich?* Es bedeutet im wesentlichen die vergleichsweise friedfertige Anpassung Westeuropas an die gewandelte Weltlage, insbesondere die Entkolonialisierung der Dritten Welt und das Gewinnen eines eigenständigen Status zwischen den beiden Supermächten, der in der dynamischen Entwicklung zu einer supranationalen europäischen Gemeinschaft heute seinen Niederschlag findet. Diese internationale Entwicklung wäre nicht möglich gewesen ohne einen hohen Grad an innenpolitischer Stabilität und ein kräftiges, im historischen Vergleich vermutlich einmalig starkes und langfristiges Wirtschaftswachstum. Beides wurde vermittelt durch eine Politik des verbesserten sozialen Schutzes und der Förderung sozialer Teilhabe breiter Bevölkerungsschichten am wirtschaftlichen und kulturellen Fortschritt. Dies bedeutete insgesamt einen Zuwachs an Handlungschancen für jedermann, insbesondere auch für die Frauen, ein Wachstum an Freiheit, Friede und Gerechtigkeit. An diesem insgesamt positiven Urteil können auch die neu entstandenen oder zumindest neu ins öffentliche Bewusstsein getretenen Probleme der Umweltbelastung, von Hunger und Not in großen Teilen der Welt und die anscheinend zunehmenden psychosozialen Probleme und Orientierungskrisen in Europa selbst nichts ändern. Gegen allen Kulturpessimismus ist zunächst einmal die erstaunliche Leistung einer bald 50-jährigen Epoche innen- und außenpolitischen Friedens sowie wirtschaftlichen und sozialen Fortschritts anzuerkennen, welche allerdings – dies sollte bei aller heute notwendigen Abgrenzung nicht vergessen werden – nicht eigentlich eine Pax Europeea, sondern eine Pax Americana gewesen ist. Sie geht auf die von Präsident *Roosevelt* in einer Botschaft an den Kongress im Januar 1941 verkündeten und in der Atlantik-Charta des gleichen Jahres verbindlich gewordenen Kriegsziele der Alliierten zurück.

Auf der anderen Seite stand die durch die stalinistische Vernichtung aller inneren Opposition und die Herrschaft der KPdSU monolithisch gewordene Sowjetunion, welche ihre primitiven Herrschafts- und Wirtschaftsformen den übrigen Ländern des Ostblocks aufzwang. Primitiv waren diese Wirtschafts- und Herrschaftsformen deshalb, weil sie auf Befehl und Zwang aufgebaut waren und *nicht mit den kreativen Möglichkeiten menschlicher Freiheit rechneten*. Die Modernisierung lässt sich als progressiv wirksame Erweiterung des real Möglichen verstehen, und eine solche Gesellschaftsordnung lässt sich nur durch zunehmend komplexer werdende umweltoffene Strukturen stabilisieren. Zwar vermochte das zentralistische Regime noch die Probleme des industriellen Wiederaufbaus der Nachkriegszeit einigermaßen zu bewältigen, aber in dem Maße, als die Modernisierung von der industriellen in die post-industrielle Phase überging, als Organisationsleistungen, Wissen und soziale Dienstleistungen statt der Industrieprodukte zu entscheidenden Parametern des gesellschaftlichen Fortschritts wurden, konnten die Tonnenideologie und der Führungsanspruch der Partei mit der internationalen Entwicklung nicht mehr mithalten, so dass mit dem Plausibilitätsverlust der kommunistischen Ideologie auch das System des real existierenden Sozialismus mehr und mehr degenerierte.

Wir haben das Ende eines weltgesellschaftlichen Großexperiments mit einem unerwartet eindeutigen Ausgang erlebt, das die marxistische Ideologie nicht nur in der Praxis, sondern auch in ihren Grundlagen widerlegt hat. Angesichts des Rohstoffreichtums der Sowjetunion und der Industriepotentiale in der ehemaligen DDR sowie der Tschechoslowakei waren am Ende des Zweiten Weltkriegs die Chancen für die Entfaltung der Produktivkräfte im Ostblock nicht wesentlich verschieden von denjenigen in Westeuropa. Es ist die unterschiedliche Entwicklung der Produktionsverhältnisse, also der *institutionellen* Ausgestaltung von Politik und Wirtschaft, welche den Unterschied ausmacht. Die Differenzen in der Basis waren somit weit geringer als diejenigen des institutionellen und ideellen Überbaus. Wahrscheinlich wird sich dem historischen Rückblick das Großexperiment des Sozialismus als gescheiterte Variante des Modernisierungsprozesses darstellen, eine Variante, die sich charakteristischerweise nicht in den in Westeuropa gelegenen Zentralregionen der Modernisierung, sondern nur in ihrer östlichen Peripherie und unter dem Einfluss eines Großreiches durchsetzen konnte, das in wesentlichen Hinsichten andere historische Wurzeln hatte, und nicht zuletzt aus religiösen Gründen nur in lockerer Verbindung mit der abendländischen Entwicklung stand. Denn im Unterschied zur lateinischen Kirche hat die orthodoxe kaum Kriterien der Weltgestaltung entwickelt, sondern in Weltdistanz dieses Geschäft den jeweils Herrschenden überlassen. Allerdings sollte auch die lateinische Kirche sich mit der Erfahrung des Scheiterns eines streng zentralistischen Systems auseinandersetzen. Es bestehen hier durchaus Strukturähnlichkeiten.

3.2 Veränderungen im Stellenwert des Christentums in Deutschland

Im Westen waren die Kirchen trotz ihres recht bescheidenen Widerstands gegen den Faschismus gestärkt aus dem Zweiten Weltkrieg hervorgegangen. Gerade in der Epoche des Wiederaufbaus spielten christliche Parteien eine erhebliche Rolle in den meisten Ländern Kontinentaleuropas, und in vielen von ihnen getragenen Entscheidungen sind auch durchaus Momente erkennbar gewesen, die sich auf Inspirationen aus der katholischen Soziallehre oder der evangelischen Sozialethik zurückführen lassen. Um nur ein Beispiel zu erwähnen: Beim international vergleichenden Studium der wohlfahrtsstaatlichen Entwicklung, welche ja ein dominierendes Moment der Nachkriegsepoche gewesen ist, stellt sich heute deutlich ein besonderes christlich-demokratisches Modell des Wohlfahrtsstaates heraus, das sich einerseits vom staatszentrierten, uniformistischen und egalitären Modell skandinavischer Prägung, andererseits vom sogenannten residualen, d. h. lediglich die größten Armutsrisiken staatlich absichernden und im übrigen die Lebenschancen der freien Konkurrenz überlassenden US-amerikanischen Modell unterscheidet. Das christlich-demokratische Sozialstaatsmodell ist gekennzeichnet durch die Anerkennung einer staatlichen Verantwortung für *alle* Bevölkerungsgruppen, aber ohne den egalitären Umverteilungsanspruch des skandinavischen Modells. Der Staat übernimmt hier im wesentlichen *subsidiäre* Funktionen zur Sicherung der Wohlfahrtsproduktion, welche in erster Linie durch die Familie und die Marktwirtschaft, in zweiter Linie durch ein sich selbst verwaltendes, gegliedertes System sozialer Sicherungseinrichtungen gewährleistet werden soll (vgl. Kersbergen 1995; Manow 2008).

Auch die kirchliche Aktivität erreichte in Westeuropa in der Nachkriegszeit neue Höhepunkte. Leider verfügen wir für die meisten Länder über keine verlässlichen statistischen Daten, um die im historischen Vergleich anormal hohe kirchliche Beteiligung der Nachkriegsepoche überzeugend zu beweisen, welche jedoch zumindest für den Katholizismus aus zahlreichen Länderstudien indirekt hervorgeht.[28] Die folgende Darstellung beschränkt sich auf den Fall der beiden deutschen Staaten, der durch Karl Gabriel gut aufgearbeitet worden ist.[29]

Gabriel unterscheidet für die Bundesrepublik Deutschland drei Phasen der kirchlichen Entwicklung seit dem Zweiten Weltkrieg, von denen die erste bis 1967, die zweite von 1968 bis ca. 1980 und die dritte seither dauert. Anhand der Kirchenaustrittsstatistik der evangelischen Kirche lässt sich zeigen, dass es seit 1918 – erst ab diesem Zeitpunkt wird der Kirchenaustritt nicht nur rechtlich, sondern auch faktisch möglich – keine ähnliche Phase sinkender und geringer Austrittshäufigkeit gegeben hat wie in den Jahren zwischen 1950 und 1967. Ab 1968 schnellt die Kirchenaustrittsziffer sprunghaft auf etwa den fünffachen Wert in die Höhe und verharrt ab 1980 auf einem mittleren Niveau, mit Ausnahme einer vereinigungsbedingten

Austrittswelle zwischen 1989 und 1994.[30] Für die katholische Kirche sind entsprechende Daten erst ab 1953 verfügbar und zeigen – allerdings auf einem weit geringeren Niveau der Austrittsneigung – eine ähnliche zeitliche Tendenz, mit Ausnahme eines rasanten Anstiegs im Jahre 2010, der auf das Öffentlich-Werden sexueller Missbräuche im Klerus und die kirchlichen Reaktionen hierauf zurück zu führen sein dürfte (vgl. 6.1).

Die regelmäßige Teilnahme am sonntäglichen Gottesdienst betrug bei den Katholiken in den 50er und 60er Jahren mehr als 50 %, bei den Protestanten 10 bis 15 %, bei einer recht gleichmäßigen Beteiligung aller Altersstufen und beider Geschlechter. »In der kirchlichen Ritualpraxis am Lebensende war beinahe die gesamte Bevölkerung integriert, aber auch die Taufbereitschaft und die Teilnahme an der kirchlichen Eheschließung gehörte für die große Mehrheit der Bevölkerung zum ›normalen‹ Verhaltensrepertoire an den Lebenswenden« (Gabriel 1990: 258 f., 263). Dagegen hat »die erste Nachkriegsgeneration in beiden Konfessionen Ende der sechziger und Anfang der siebziger Jahre in großer Zahl mit dem regelmäßigen Gottesdienstbesuch gebrochen« (Gabriel 1992: 35 f.). Auf der katholischen Seite weist die sinkende Teilnahme am Gottesdienst auf »einen nahezu linearen, ungebremsten und in der Wirkung seiner Stetigkeit dramatischen Verfall der Kirchenbindung (hin). Die Vereinigung geht an diesem Trend spurlos vorüber und in der Gegenwart trennt den katholischen Kirchenbesuch nicht mehr sehr viel von der Größe der evangelischen Kerngemeinden. Der Kirchenbesuch nähert sich der Zehn-Prozentmarke. ... Von einem stabilen Sockel katholischer Kirchlichkeit, wie ihn die evangelischen Gemeinden auf sehr niedrigem Niveau haben, kann für die katholische Kirche derzeit nicht die Rede sein« (Liedhegener 1992: 512).

Für die ehemalige DDR lässt sich zeigen, dass insbesondere der Anteil der evangelischen Kirchenmitglieder zwischen 1950 (81 %) und 1990 (ca. 23 %) drastisch zurückgegangen ist. Bei den Katholiken, die sich schon früh aus dem gesellschaftlichen Leben der DDR zurückzogen und eine größere Widerstandsfähigkeit gegenüber der staatlichen Repression zeigten, ging der Anteil nur von 6 % auf knapp 5 % zurück. Nach der Wende haben sich keine wesentlichen Veränderungen in der Größenordnung erbeben: Rund 70 % der Bevölkerung gehören keiner Konfession an, unter den jüngeren Jahrgängen sogar um 80 %. »Gerade die Kirchenmitgliedschaft im Generationenverhältnis macht auf nachdrückliche Weise deutlich, dass das vereinigte Deutschland aus zwei sehr unterschiedlich geprägten Gesellschaften besteht« (Gabriel 1992: 34).

Was die kirchlichen Passageriten betrifft, so genießen sie nach wie vor eine hohe Akzeptanz unter den Kirchenmitgliedern: Selbst bei den unter 30-jährigen bejahen etwa drei Viertel der Protestanten und vier Fünftel der Katholiken die kirchlichen Riten der Taufe, Trauung und Beerdigung. Gabriel schließt daraus, dass die immer noch bemerkenswerte Akzeptanz der Kirchen vor allem auf dem Interesse an den Passageriten beruht. Allerdings: Der Anteil der den beiden ›Volkskirchen‹ Zugehörenden hat sich von 95 % (1950) auf 70 % (2010) reduziert, mit weiter sinkender Tendenz (Liedhegener 2012: 519). Hierfür sind allerdings nicht nur die zunehmende Konfessionslosigkeit und die Wiedervereinigung, sondern ebenso die Zuwanderung nicht-christlicher Religionsangehöriger ursächlich.

Verlassen wir diese statistische Beschreibung der »vordergründigen Religiosität«, so wird das Bild unschärfer, aber eben *diese zunehmende Unschärfe ist gleichzeitig eine Trendaussage.* Auch unter den Kirchenangehörigen, ja sogar unter den kirchentreuen Katholiken und Protestanten scheint die traditionelle Homogenität religiöser Orientierungen mehr und mehr abhanden zu kommen und einer Pluralisierung der individuellen Religiosität Raum zu geben (vgl. Ebertz 1997). Aber auch der öffentliche Konsens über Religion wird brüchig, wobei sich im öffentlichen Bewusstsein immer mehr die zunächst von Sozialwissenschaftlern vertretene Einsicht durchsetzt, *dass gesellschaftliche Religion nicht mehr mit dem von den Kirchen Vertretenen identisch gesetzt werden kann.* Zwar haben die ökumenische Bewegung der Nachkriegszeit und dann vor allem auch das Zweite Vatikanische Konzil dazu beigetragen, dass in der Öffentlichkeit der meisten Länder Westeuropas die Katholiken nicht mehr diskriminiert werden, und die vorherrschende Auffassung über den gesellschaftlichen Ort von Religion alle vertretenen christlichen Bekenntnisse umfasst. Empirische Untersuchungen weisen zudem darauf hin, dass heute weit weniger die Konfessionszugehörigkeit als das Maß der kirchlich-religiösen Bindung verhaltensbestimmend wirkt in Fragen wie Bejahung von Ehe und Kindern, Ablehnung der Abtreibung und ähnlichen religiös besetzten Themen. Aber der offenkundige Rückgang an christlichen Überzeugungen und auch an christentumsbezogenem Wissen wie schließlich an kirchlicher Praxis wird heute nicht mehr unvermittelt als Religionsverlust interpretiert. Insbesondere im Begriff der »Zivilreligion«, aber auch in der Diskussion um neue religiöse Bewegungen und Religiositätsmuster zeigen sich abweichende Interpretationen des Religionsverständnisses, das auf allgemeine Funktionen wie Sinnstiftung, Kontingenzbewältigung, Legitimation, sozialer Integration u. ä. bezogen wird. Gleichzeitig scheint das Vertrauen in die etablierten Kirchen deutlich gesunken zu sein, zum mindesten in Deutschland (vgl. Kaufmann 2011a: 17).

Die neuen Interpretationen des Religiösen führen aber keineswegs zu einem neuen Konsens, sondern nur zu einer zunehmenden Unbestimmtheit dessen, was mit »Religion« gemeint sein kann. Eben dies ist allerdings m. E. auch eine zentrale Signatur unseres Zeitalters (vgl. Kaufmann 1989a: 53 ff. und passim). Der zitatförmige Buchtitel: »Ich wünschte, ich wäre gläubig, glaub ich«, dürfte die unentschiedene Einstellung nicht Weniger in den jüngeren Generationen wiedergeben (Könemann 2002).

3.3 Religionstheoretische Interpretationen

Was aus den beschriebenen Veränderungen folgt, und worauf sie zurückzuführen sind, ist theologisch wie soziologisch umstritten. Die meisten Diskussionen werden unter dem Titel *Säkularisierung* geführt. Der Säkularisierungsbegriff ist jedoch ein theologisch-soziologischer Hybridbegriff, der uneinheitlich und für die Bezeichnung recht unterschiedlicher Erscheinungen verwendet wird: Als fortschreitender Relevanzverlust der christlichen Religion; als Verdrängung der kirchlichen Autorität aus den ›weltlichen‹ Gesellschaftsbereichen und Verkirchlichung des Christentums; als Entmythologisierung des Christentums; als Enteignung christlicher Errungenschaften von ihrem Ursprung und gleichzeitiger Bewahrung im Ethos säkularer Gemeinwesen; oder schließlich im Alltagsgebrauch: Als Entchristlichung und Entkirchlichung der Bevölkerung, als Ende des Volkskirchentums (Kaufmann 2011a: 78 f.). Die von Begriff der Säkularisierung ausgehende Suggestion eines einheitlichen, im wesentlichen linearen Prozesses des Bedeutungsverlustes von Christentum und Religion führt zu einer fragwürdigen Schematisierung der vielschichtigen und ambivalenten religiösen Situationen Europas und ist eher geeignet, kirchliche Handlungsmöglichkeiten zu verdunkeln als sie zu erhellen.

Was die makrosoziologische Interpretation betrifft, so scheint das Verständnis von Modernisierung als Transformation der vorherrschenden Strukturmerkmale gesellschaftlicher Differenzierung weiterführend (vgl. 3.4). Während vormoderne Gesellschaften sich primär auf der Basis von hierarchischen Vorstellungen der Über- und Unterordnung nach Status, Rang und sozialer Gruppenzugehörigkeit strukturierten, orientiert sich das moderne Gesellschaftsverständnis an funktional spezialisierten Zusammenhängen, die wir im Alltag mit Begriffen wie Politik, Recht, Wirtschaft, Wissenschaft, Religion, Kunst und Familie bezeichnen. In dieser allgemeinsten Form ist die Transformation weitgehend unumstritten, doch hinsichtlich ihrer genaueren Beschreibung und Folgerungen bleibt vieles umstritten, auch das Verhältnis zu den verschiedenen Facetten der Säkularisierung.[31]

Insbesondere wird in neuerer Zeit der Umstand hervorgehoben, dass die christliche Religion seit der Aufklärung und der Enteignung der Kirchengüter keineswegs nur Verluste hinnehmen musste, sondern sich in vielfältigen Formen auch behauptet hat, worauf die Formel »Dechristianisierung und Rechristianisierung« hindeutet (vgl. Lehmann 1997). Olaf Blaschke weist unter Zugrundelegung eines über die etablierten Weltreligionen hinausgreifenden Religionsbegriffs darauf hin, dass traditionell mit dem Glauben an das Heilige verbundene religiöse Energien und Hoffnungen in der Neuzeit sich auch auf innerweltliche Ideologien wie Nationalsozialismus oder Kommunismus, aber auch auf esoterische Bewegungen gerichtet haben; Phänomenen der Säkularisierung stehen solche der Resakralisierung gegenüber; das Paradigma der Resakralisierung stellt die Entstehung einer sakralen Papstverehrung im 19. Jahrhundert dar (Blaschke 2012). Aber auch der Aufstieg der Menschenrechte kann als Prozess der Sakralisierung interpretiert werden (Joas 2011).

Über das ›Schicksal‹ des Christentums als ›Religion‹ Europas ist somit aus historischer und soziologischer Sicht keineswegs entschieden. Der Religionsbegriff selbst ist in seinem heutigen Verständnis erst ein Produkt der Aufklärung und greift wahrscheinlich die Tiefendimensionen der jüdisch-christlichen Tradition (wie auch diejenige anderer Weltreligionen) nur oberflächlich (vgl. Kaufmann

2008). Allerdings bezeichnet er in der öffentlichen Kommunikation einen Ort, der zunehmend auch auf weltgesellschaftlicher Ebene definiert wird. Es entsteht hier ein ›religiöses Feld‹ (Pierre Bourdieu), eine allgemein anerkannte Dimension menschlicher Existenz, die nun auch im vom Konfuzianismus dominierten Weltgegenden Eingang findet.[32] Dies dürfte sich stabilisierend auf alle Religionen auswirken. Auf jeden Fall gerät das Christentum in seinen verschiedenen konfessionellen Ausprägungen angesichts der Globalisierung in eine immer ernster werdende Konkurrenzsituation (vgl. Kapitel 5).

Es hat den Anschein, als ob sich die Theologie bisher weit stärker mit den Identitätsmerkmalen von Kirche als mit ihren Umweltbeziehungen befasst habe. Der Soziologe ist dann einer, der Kunde von dieser Außenwelt hineintragen kann, welche die Umwelt der Kirche bildet. In unserem Zusammenhang bedeutet die Umwelt Zentral- und Westeuropa. Damit ist die Raum-Zeit-Region der Menschheitsgeschichte gemeint, in der das lateinische Christentum *vor* dem Beginn der neuzeitlichen Weltvergesellschaftung zur vorherrschenden Form der kulturellen Deutung religiöser Erfahrung geworden und geblieben ist. Es ist gleichzeitig der historische Raum, in dem sich in den letzten Jahrhunderten eine grundlegend neue Form menschlicher Vergesellschaftung *endogen* entwickelt hat, ein Prozess, der zunächst meist als *Industrialisierung*, heute aber umfassender als *Modernisierung* bezeichnet wird und zwischenzeitlich auch die meisten anderen Weltregionen mehr oder weniger erfasst hat.[33]

3.4 Die Ambivalenz der Modernisierung

In der Ersetzung der Bezeichnung *Industrialisierung* durch *Modernisierung* kommt ein Schub der Reflexion zum Ausdruck, der sich auch historisch an der sogenannten *Kulturrevolution der späten 60er und frühen 70er Jahre* in den meisten westlichen Ländern festmachen lässt. Dies war auch der Zeitpunkt, wo die anscheinend glanzvolle Nachkriegsepoche des Christentums in Westeuropa plötzlich zusammenbrach, die Kirchenbindung sich auf breiter Front lockerte, das Glaubensbewusstsein vor allem in den jüngeren Generationen stark zurückging und neue, kirchenunabhängige religiöse Phänomene allmählich an die Oberfläche drängten. Offenbar ist dieser Umschwung somit von zentraler religionsgeschichtlicher Bedeutung, und es kommt für Kirche und Theologie vieles darauf an, ihn richtig zu verstehen.

Dass in jener Zeit ein Epochenbruch stattfand, wird durch eine Vielzahl neuer Gesellschaftsbezeichnungen suggeriert, die seit Ende der 60er Jahre den Begriff der industriellen Gesellschaft ersetzt haben: *Spätkapitalismus, postindustrielle Gesellschaft, Dienstleistungsgesellschaft, Informationsgesellschaft, Risikogesellschaft* und *postmoderne Gesellschaft*, um nur die gängigsten zu nennen. All diese Bezeichnungen betonen das Neuartige, die Diskontinuität zur »frühmodernen« industriellen oder hochkapitalistischen Gesellschaft.

Aber mit zunehmender Distanz von dieser sogenannten Epochenschwelle wurde deutlich, dass hier eigentlich nur ein seit langem andauernder gesellschaftlicher Transformationsprozess in eine neue, radikalere Phase eintrat und dadurch zu einem *Bewusstseinsumschwung* führte. Die sogenannte Postmoderne ist eine radikalisierte Moderne, eine Moderne auch, die sich ihrer Implikationen und Ambivalenzen stärker bewusst geworden ist (vgl. 2.1.4). Deshalb entspricht die Einbürgerung des Begriffs *Modernisierung* zur Kennzeichnung des gesamten Transformationsprozesses neuzeitlicher Gesellschaften einem erweiterten Verständnis der Zusammenhänge, und er kann uns auch als Rahmen für ein besseres Verständnis des Christentums unter den Bedingungen der Neuzeit dienen.

Die Dramatik dieser neuzeitlichen Veränderungen lässt sich menschheitsgeschichtlich nur mit dem des Sesshaft-Werden im Neolithikum vergleichen, und es empfiehlt sich, unsere Situationsdiagnose mit der Feststellung einzuleiten, dass die Hochkulturen, in denen *alle* Weltreligionen ihre heutige Form gefunden haben, durchweg im Kontext einer wesentlich auf Ackerbau und Viehzucht beruhenden, *sesshaften Lebensweise* entstanden sind, die mit der heutigen Mobilität – von Gütern, Menschen, Informationen – in auffallender Weise kontrastiert. Aber nicht nur die sich zunehmend auf Weltniveau erweiternde Interdependenz und Mobilität ist ein Kennzeichen unserer Epoche, sondern vor allem auch der damit verbundene *gesellschaftliche Wandel*. Die manifeste Wandelbarkeit aller Verhältnisse und insbesondere die Legitimität dieses Wandels ist es, was mit dem Begriff der *Modernität* zuallererst zur Sprache gebracht wird (vgl. 2.1.3). *Das kosmische Weltgefühl*, das in allen bisherigen Hochkulturen sich in Vorstellungen und Riten einer wesentlich statischen oder zyklischen Ordnung geäußert hat, *scheint seine Plausibilität zu verlieren* und dynamischen Vorstellungen – wie beispielsweise derjenigen einer in der geschichtlichen Zeit pilgernden Kirche – Platz zu machen.

Die *Thematisierung der geschichtlichen Zeit* ist somit eine der grundlegenden Leistungen der europäischen Moderne; die Geschichtlichkeit unserer Existenz wird zur Horizont bestimmenden Prämisse jeder kulturellen Selbstverständigung. Gegenwart wird zur Schwelle zwischen Vergangenheit und Zukunft. Der Gott der Schwelle ist *Janus,* der ursprünglich mit seinen beiden Gesichtern nach innen und außen blickt, aber im Zuge einer Verzeitlichung des Bewusstseins zum vor- und rückwärtsblickenden Gott der Zeitenschwelle wurde, also zum Garanten eines stets erneuten Anfanges, wie dies auch dem Pathos der Moderne entspricht.

Ende der 60er Jahre hat somit ein grundlegender Reflexionsprozess der Moderne begonnen, der die neuzeitliche Gesellschaftsentwicklung nicht mehr als bloße Fortschrittsgeschichte versteht, sondern sie *von ihren Ambivalenzen her* zu begreifen versucht, zu denen die Transformation der religiösen Problematik zweifellos gehört.[34] Zu dem unter nachhaltigem Einfluss der Sozialwissenschaften nunmehr erreichten Reflexionsniveau gehört nicht zuletzt die Einsicht, dass uns die Gewinnung eines kopernikanischen Punktes objektiver Weltwahrnehmung oder gar intentionaler Weltgestaltung auf Dauer verwehrt ist. Alle neuzeitlichen Fortschritte führen zu einer fortgesetzten Steigerung strukturierter Komplexität und zu einer im Grenzfall bis zur Weltvergesellschaftung sich ausweitenden Interdependenz, die sich jedem umfassenden Begreifen entzieht. Alle »Welt-Anschauung« ist daher endgültig als bloße Ideologie entlarvt – und doch müssen wir uns weiterhin die Wirklichkeit in vereinfachenden Modellen vorstellen, um überhaupt handeln zu können. Aber jede Erkenntnis und jedes Modell bleibt perspektivisch und ausschnitthaft, sodass eine umfassende Darstellung nicht nur aufgrund beschränkten Wissens, sondern aus in der Sache selbst liegenden Gründen sich nicht überzeugend leisten lässt.

Zum Verständnis der säkularen Transformation sich modernisierender Gesellschaften scheint mir das soziologische Paradigma der *strukturellen und funktionalen Differenzierung* besonders geeignet, und zwar insbesondere zur Verdeutlichung des sich verändernden Stellenwertes von Religion und Christentum. Stark vereinfachend lässt sich der Übergang von »traditionalen« zu »modernen« Gesellschaften, wie er sich in Westeuropa im wesentlichen im 19. Jahrhundert ereignet hat, als Umbau von ständisch-hierarchischen zu funktionsorientierten Strukturen begreifen. Die Forderungen der Französischen Revolution nach Abschaffung aller intermediären Korporationen und die Befreiung des Individuums in das unmittelbare Staatsverhältnis der Bürgerrechte stellen somit den programmatischen Aspekt eines viel tiefer greifenden Umgestaltungsprozesses dar, der schon im Hochmittelalter begann und erst in den letzten Jahrzehnten auch die andere Hälfte der europäischen Völker, nämlich die Frauen, voll erfasst hat. Während die mittelalterliche Gesellschaft ihre Stände und Korporationen als alle Lebensgebiete des Individuums umfassende multifunktionale Gebilde verstand, der einzelne also im Regelfall nur *einem* Stand bzw. einer Korporation angehörte, strebt er unter modernen Lebensbedingungen *vielfältige* Mitgliedschaften in Organisationen unterschiedlicher Art an, welche unterschiedlichen Zwecken dienen. Man ist als Arbeitnehmer Mitglied eines Unternehmens, um ein Einkommen zu erwerben; man ist Mitglied einer Partei, um politischen Einfluss auszuüben; Mitglied einer Kirche, um seine religiösen Bedürfnisse zu stillen; Mitglied einer Familie, um stabile Primärbeziehungen aufrechtzuerhalten; Mitglied der sozialen Sicherungssysteme, um seine Existenzrisiken abzudecken; usw. Den unterschiedlichen individuellen Zwecken dieser Mitgliedschaften entsprechen die differenzierten Sinnzusammenhänge und spezialisierten Organisationen von Wirtschaft, Politik, Religion, Familie und sozialem Sicherungssystem. Es ist uns allen selbstverständlich, dass diese Einrichtungen unterschiedliche Zwecke verfolgen bzw. unterschiedlichen gesellschaftlichen Funktionen dienen. Ihre Zuständigkeitsbereiche sind weitgehend entflochten und ihre diesbezügliche Autonomie verfassungsmäßig legitimiert. Dem entspricht die Struktur unserer öffentlichen Diskurse, wie sich dies an der Gliederung unserer Tageszeitungen – politischer Teil, Wirtschaftsteil, Unterhaltungsteil, Kulturbeilage usw. – anschaulich nachvollziehen lässt.

Allerdings bleibt da ein Rest, nämlich der Lokalteil, in dem wirtschaftliche, politische, kirchliche und Nachrichten aus dem Vereins- und Privatleben in bunter Mischung auftreten. Je näher wir an die

Lebenswelt der Individuen herankommen, desto mehr tritt die Bedeutung der gesellschaftsweiten Differenzierungen zurück, und der *Zusammenhang* zwischen den unterschiedlichen Sinnprovinzen des modernen Lebens wird deutlich. Das Individuum versteht sich selbst als Unteilbares, das seine vielfältigen Mitgliedschaften oder Rollen und das infolge solch multipler sozialer Teilhabe sich Ereignende in einen Zusammenhang, *sein eigenes Leben,* bringen muss (vgl. Kaufmann 2001).

Da die modernen Sozialzusammenhänge nicht mehr umfassend, sondern funktional spezifisch geworden sind, geht von ihnen ein *struktureller Zwang zum Selbstzwang* (Norbert Elias) aus. Der Einzelne muss seine eigene Identität entwickeln, er darf und muss sich »selbst verwirklichen« und kann sich dabei nur noch ausschnitthaft an Vorbildern orientieren. Im Vergleich zu vormodernen Lebensbedingungen ist für die breite Mehrheit der Bevölkerung ein ungeheurer Zuwachs an Freiheit und Wohlstand zu beobachten, aber an die Stelle der Qual des Mangels ist die Qual der Wahl getreten. »Der Mensch ist zur Freiheit verurteilt ... ohne Unterstützung und ohne Hilfe ist er verurteilt, jeden Augenblick den Menschen zu erfinden«; so brachte *Jean-Paul Sartre* den Ernstfall der Moderne auf einen existentialistischen Begriff (1954: 37 f.).

Diese philosophische Radikalisierung des Problems verdeutlicht zwar die grundsätzliche Überforderung der Individuen durch die Komplexität der modernen Kultur, vernachlässigt aber das Phänomen der lebensweltlichen Zusammenhänge, die – allerdings in ihrer kontingenten Vielfalt und Partikularität – den Individuen zumeist dennoch ein gewisses Maß an sinnhafter Lebensführung ermöglichen.

Solche Lebensführung geschieht aber in grundsätzlicher Distanz zu den differenzierten Institutionen moderner Gesellschaften, auch zu Theologie und Kirche. Deshalb wird hier der janusköpfigen Europäer als *Publikum* von Kirche und Theologie bezeichnet. Denn nicht mehr Identifikation oder Kontestation, sondern ein letztlich indifferentes Interesse am Spectaculum der Religionen scheint zum vorherrschenden Kulturmuster zu werden, das mit solcher Distanzerfahrung korreliert. Religion wird für die meisten zu einem bloß noch medial vermittelten Erfahrungsraum von Festlichkeiten und Streitigkeiten, von Papstreisen und Maßregelungen von Theologen, von Spitzenleistungen der Nächstenliebe und politisch relevanten kirchlichen Äußerungen. *Die Außenperspektive überlagert für einen wachsenden Teil der Bevölkerung die kirchliche Binnenperspektive.* Diese Medialisierung ist eine der nachhaltigen Herausforderungen von Theologie und Kirche durch die Folgen der Modernisierung. Sie werden Glauben nur noch vermitteln können, wenn sie die Lebenswelt ihrer Adressaten erreichen.

3.5 Der Beitrag des Christentums zur Entstehung der europäischen Modernisierung

Für ein angemessenes kirchliches Selbstverständnis der Modernisierung ist die Einsicht von besonderer Bedeutung, dass das Christentum in seiner abendländischen Version nachhaltigen an dieser Entwicklung beteiligt war. Es war sogar das Papsttum, das Entscheidendes zum In-Gang-Kommen des Prozesses funktionaler Differenzierung beigetragen hat. Die Modernisierung ist ein Produkt der abendländischen Entwicklung, die ihrerseits durch die Spaltung der Christenheit in ein römisches und byzantinisches Christentum ihre entscheidende Weichenstellung erhielt. Das große Schisma des Jahres 1054 stand in zeitlichem Zusammenhang mit dem Vordringen des cluniazensischen Reformgeistes in der päpstlichen Politik, und nur 21 Jahre später empörte sich der als *Gregor VII.* bekannt gewordene cluniazensische Mönch *Hildebrand* im *Dictatus Papae* (1075) gegen die dem byzantinischen Cäsaropapismus nachgebildete politisch-sakrale germanische Reichsordnung. *Eugen Rosenstock-Huessy* hat dies als die erste abendländische Revolution bezeichnet (1987).[35] In dem das ganze Abendland ergreifenden Kampf zwischen den Vertretern des kaiserlichen *sacrum imperium* und des päpstlichen Anspruchs auf hierokratische Leitung der ganzen Christenheit zerbrach die politisch-religiöse Einheit der mittelalterlichen Ordnung und setzte – zunächst im Wormser Konkordat von 1122 – die grundlegende Differenz zwischen geistlicher und weltlicher Gewalt institutionell frei. Das damit postulierte *strukturelle Gleichgewicht zwischen Kaiser und Papst* blieb zwar das ganze Mittelalter hindurch umstritten, doch förderte gerade dieser mit massiven politischen Mitteln ausgefochtene Kampf die Vertiefung der Differenz und schließlich die Entflechtung von geistlicher und weltlicher Gewalt, so dass *Ernst-Wolfgang Böckenförde* die Entstehung

des modernen Staates zu Recht als Vorgang der Säkularisation interpretieren konnte (Böckenförde 1967). Es war also die Verabsolutie-
rung des zunächst unter Berufung auf das emanzipatorische Postulat
der *libertas ecclesiae* vorgetragenen geistlichen Herrschaftsanspruchs,
welche die Emanzipation der Politik – und parallel dazu auch von
Wissenschaft und Wirtschaft – vorantrieb und damit jenen strukturellen Differenzierungsprozess einleitete, auf den heute die Begriffe Modernisierung und Säkularisierung verweisen. Dass der Suprematie-
anspruch *Gregors VII.* und seiner Nachfolger auf dem Papstthron sich
rechtlich im wesentlichen auf eine den Zeitgenossen als solche natürlich nicht erkennbare Fälschung aus dem 8. Jahrhundert berief, nämlich auf die sogenannte *Konstantinische Schenkung,* gehört zu den Iro-
nien der Welt- und Kirchengeschichte.

Wie eng das abendländische Christentum – *entgegen dem Willen
der Päpste* – mit der Freiheitsgeschichte Europas verbunden ist, mag
eine zweite Kurzskizze zeigen. An den emanzipatorischen Gehalt der
cluniazensischen *libertas ecclesiae* wurde bereits erinnert; und nicht
zuletzt in den Zeitaltern des Absolutismus und des Nationalstaates
hat sich die katholische Kirche durch ihre transnationale Existenz
und ihren Anspruch, eine dem Staat gleichgestellte *societas perfecta*
zu sein, jedem totalitären Anspruch der Politik erfolgreich und nicht
selten unter Opfern entgegengestellt. Diese somit bis in unser Jahrhundert wirksame und zuletzt auch den Untergang des Sozialismus
beschleunigende *stabilisierte Spannung zwischen Religion und Politik*
ist die Grundbedingung der abendländischen Freiheitsgeschichte.
Doch sind die Wirkungen des Christentums auch konkreterer Art.

Bereits im Investiturstreit verbündete sich die päpstliche Partei
mit dem oberitalienischen Bürgertum, dessen demokratische Vorstellungen im offenen Gegensatz zum hierarchischen Gesellschaftsbild des
deutschen Adels und seiner Reichsbischöfe standen (Heer 1952: 190).
Es waren vor allem die Städte und die in ihnen entstehenden Institutionen der bürgerschaftlichen Selbstverwaltung, des Marktes und der
Universität, welche in der Folge das emanzipatorische Moment der gesellschaftlichen Entwicklung voranbrachten. Nicht weniger wichtig ist
jedoch der parallele Einfluss der hochmittelalterlichen Scholastik, und
zwar einerseits wegen ihrer dem symbolistischen Denken des Früh-
mittelalters entgegengesetzten analytischen Methode, welche bis heute
die Grundlage diskursiver Wissenschaftlichkeit bildet. Und als nicht

weniger geschichtsträchtig hat sich andererseits die mit ihr verbundene theologische Lehre vom individuellen Gewissen und die Lehre von der Läuterung der Individualseele in einem dem Jüngsten Gericht vorangehenden Fegefeuer erwiesen (Berman 1983: 169 ff.; Hahn 1982). Sie ist vermutlich ein *theologischer Ursprung des modernen Individualismus,* denn es war die Lehre vom persönlichen Gewissen, welche im Zeitalter der Religionskriege zunächst vor allem die Anhänger des calvinischen Bekenntnisses zur Forderung nach Gewissens- und Kultusfreiheit veranlasste und sodann im Kontext der religiösen Auseinandersetzungen innerhalb der amerikanischen Immigration zu einer Trennung von Kirche und Staat führte.[36] Denn als in den Kolonien Neu Englands sich neben den ›Dissenters‹ auch andere protestantische Richtungen etablierten, wurden die aufflammenden religiösen Auseinandersetzungen im Sinne einer Privatisierung der Religion und durch eine strikte religiöse Neutralität des Staates überwunden. Die Trennung von Kirche und Staat war also längst Wirklichkeit geworden, als im Anschluss an die amerikanische Unabhängigkeitserklärung die Einzelstaaten sich erste Verfassungen mit entsprechen Menschen- und Bürgerrechtskatalogen gaben.

Schließlich sei auf die Bedeutung des *universalistischen Denkens* in Theologie, Philosophie, Recht und Wissenschaft seit dem 12. Jahrhundert hingewiesen, dessen Wurzeln gleichermaßen auf die Antike wie auf die Lehre von der Gottebenbildlichkeit des Menschen und das christliche Brüderlichkeitsethos zurückgeführt werden können. Diese hier nur anzudeutenden historischen Entwicklungen sind von *Benjamin Nelson* in Fortführung der Weberschen Fragestellung zivilisationstheoretisch ausgearbeitet worden. *Nelson* sieht den »abendländischen Sonderweg« vor allem bedingt durch die »unterschiedlichen Reaktionen des ›Ostens‹ und ›Westens‹ auf den Druck, der in Richtung auf eine erweiterte Brüderlichkeit und Universalität bestand« (Nelson 1977: IX).[37]

3.6 Die Kirche und die entfaltete Moderne

Was haben diese scheinbar weit hergeholten historischen Reminiszenzen mit den spezifischen Herausforderungen zu tun, mit denen die katholische Kirche und die Theologie heute konfrontiert sind?

Maßgeblich sollte meines Erachtens die Erkenntnis werden, *dass im Prozess der Modernisierung und auch in den säkularen Strukturen moderner Gesellschaften ein erhebliches Maß an ursprünglich christlichen Motiven und Werten wirksam ist,* die als »implizite Religion« oder zivilreligiöses Ethos weiterhin zu den normativen Voraussetzungen moderner Gesellschaften gehören; sie haben insbesondere in Verfassungsgrundsätzen und Menschenrechtserklärungen ihren Niederschlag gefunden. In den Grundsätzen moderner Rechts- und Sozialstaatlichkeit ist ein hohes Maß an ursprünglich christlichen Ideen enthalten, die durch die Aufklärung ihrem Ursprung sozusagen entfremdet wurden und auch weitgehend gegen den Widerstand der die konservativen Kräfte stützenden Kirche durchgesetzt werden mussten. Das gilt insbesondere bezüglich der Religionsfreiheit, welche erst durch das Zweite Vatikanische Konzil in Abkehr von der bisherigen Lehre anerkannt wurde (vgl. Böckenförde 2007a). Immerhin gab es in ganz Europa religiöse Minderheiten, die ein wichtiges Ferment der demokratischen und sozialen Reformen im 19. und 20. Jahrhundert gewesen sind (Kaufmann 1989a: 89–119; 1989e).

Die Diagnose, dass spezifische Voraussetzungen der Modernisierung Europas ein unbeabsichtigtes Ergebnis christlich motivierten Erkenntnis-, Freiheits- und Gerechtigkeitsstrebens sind, und dass auch in den Verfassungen der modernen Rechts- und Sozialstaaten sich ein implizites Christentum in säkularisierter Form nachweisen lässt, liegt in eigentümlicher Weise quer zum Selbstverständnis der gebildeten Öffentlichkeit in Westeuropa, aber auch zum katholisch-kirchlichen Selbstverständnis.

Das vorherrschende Selbstverständnis sieht Modernität im wesentlichen als Ergebnis der Selbstbegründung von Politik, Wissenschaft und Wirtschaft und klammert somit die Vorgeschichte, die historischen Bedingungen ihrer Emanzipation und Selbstbegründung aus. Es argumentiert zudem mit einigem Recht, dass die genetische Bedeutung des Christentums für die Moderne noch nichts für die aktuelle Geltung dieser Normen besage. Dem entspricht die These Max Webers, dass christliche Religion, indem sie den modernen Rationalismus ermöglichte, sich selbst gleichsam überflüssig gemacht habe und nur noch als eine Art religiöser Schwundstufe unter den Bedingungen von Modernität fortexistieren könne (Tyrell 1993; Blumenberg 1988). Emanzipiert von seinem christlichen Ursprung, scheint der Modernisierungsprozess nunmehr sich selbst zu tragen. Dem gegenüber ist jedoch – nicht zuletzt unter Hinweis auf den von niemandem rechtzeitig erkannten Zusammenbruch des Sowjetimperiums – auf den *Konstruktcharakter* aller Theorien hinzuweisen. Sie stellen Abstraktionen, vereinfachte Bilder der realen historischen Entwicklung dar, welche stets mehr an Möglichkeiten enthält, als eine einzelne Theorie fassen kann. Und zu diesen Möglichkeiten gehört nicht zuletzt das, was in den fortbestehenden Formen des Christentums aufbewahrt ist.

Aber auch das *katholische kirchliche Selbstverständnis* tut sich schwer mit seiner Standortbestimmung. Allzu lange hat sich der Katholizismus als antimodernistische Kraft verstanden, und allzu offensichtlich sind auch moralische Defizienzen und Aporien im Horizont der Moderne, als dass deren Eigenart noch als *Eigenes* erkannt werden könnte. So versteht sich die katholische Kirche überwiegend als »Gegenüber« zur »Welt« oder zur »Gesellschaft«, als ob sie nicht selbst Teil des historischen Prozesses wäre, in dem ihre eigene Aktivität und ihre Abhängigkeit von den jeweiligen politischen, kulturellen und ökonomischen Verhältnissen je nach Standort unterschiedlich beurteilt werden kann.

Dieses Denken in Kategorien von »Kirche und Welt« oder »Kirche und Gesellschaft« ist jedoch keineswegs willkürlich, sondern der naive Reflex einer tatsächlichen Veränderung des strukturellen Ortes des Christentums im Zuge der Modernisierung. Es ist Ausdruck einer Verkirchlichung des Christentums, d. h. einer Konzentration christlich-religiöser Zurechnungen auf den Bereich der Kirchen, welche als selbst ausdifferenzierte institutionelle Gebilde nun einen spezifischen »religiösen Sektor« der Gesellschaft repräsentieren und sich in diesem Sinne als »Gegenüber« von »Gesellschaft« oder »Welt« verstehen können.

In der mittelalterlichen Gesellschaft bildete das Christentum den kulturellen und legitimatorischen Rahmen des gesellschaftlichen Gesamtzusammenhangs, der den charakteristischen Namen »Christenheit« trug. Es gab noch keine Nationalstaaten, und auch die Grenzen zwischen den Einflussbereichen der Kaiser und Könige blieben fließend. Es dominierte das vielfältig verwobene System der Grundherrschaft und des Lehenswesens, dessen zusammenfassende Deutung als »Reich« sakralen Charakter besaß: Die Salbung eines Königs oder Kaisers galt als Sakrament. Hier gab es überhaupt keine Kirche im modernen Sinne, sondern die religiösen Bezüge waren vollumfänglich in den herrschaftlichen Bereich eingeordnet. Aber es gab das Christentum als *ultimum ac firmissimum vinculum societatis,* also als *Religion* im soziologischen Sinne der Durkheim-Tradition. Erst der Investiturstreit brachte die Differenz zwischen geistlicher und weltlicher Macht zutage und führte in Konsequenz der päpstlichen Politik zu einer institutionellen Verselbständigung der Kirche, von der bis dahin im wesentlichen in symbolischen Metaphern die Rede gewesen war. Und erst die Zerschlagung der bisherigen feudalen Kirchenstrukturen durch Napoleon, führte zur faktischen Entflechtung von Kirche und Staat, dem großen Thema des 19. Jahrhunderts. Zuvor jedoch benutzten die entstehenden Staatswesen das in drei Bekenntnisse zerfallene westliche Christentum zu ihrer Legitimation und zur Abgrenzung gegen andere, konfessionsverschiedene Staaten (vgl. Schilling 1991).

Dass der Weg zu einer *freien Kirche in einem freien Staat* gegen den hinhaltenden Widerstand insbesondere des Papstes und der römischen Kurie erkämpft werden musste, hat der Sache des Christentums und der Modernisierung aber nicht unbedingt geschadet. Vielmehr erkennen wir erst in jüngster Zeit die fortwirkende Bedeutung traditionaler Strukturen in den Gesellschaften des 19. Jahrhunderts, ohne deren Gegengewicht die zerstörerischen Wirkungen der freigesetzten Marktkräfte sich noch weit stärker hätten entfalten können. Zu den Schutzfaktoren, welche die Menschen vor den desorientierenden Wirkungen der Modernisierung einigermaßen bewahrten und ein wirksames Gegengewicht zur Mobilisierung und den damit verbundenen Individualisierungstendenzen bildeten, gehörten die soziokulturellen Milieus, welche sich auch in den entstehenden Großstädten bildeten. Sie waren teils weltanschaulich, teils herkunftsbedingt. In unserem Zusammenhang interessieren insbesondere die weltanschaulichen Milieus des Katholizismus, des Protestantismus und der sozialistisch orientierten Industriearbeiterschaft, welche sich im Laufe des 19. Jahrhunderts allmählich ausbildeten.[38]

Diese sich nach dem Ersten Weltkrieg vielerorts bereits lockernden Strukturen wurden durch die Ereignisse des Zweiten Weltkriegs und seine Folgen erneut gefestigt. Das führte zu jener *Spätblüte religiöser Identifikation* in den 50er und frühen 60er Jahren. Aber die strukturellen Voraussetzungen für die Stabilisierung solcher Milieus schwanden immer mehr dahin. Was sich in der Studentenbewegung der späten 60er Jahre Bahn brach, war die *Einsicht in die gewachsenen Freiheitsmöglichkeiten der Individuen,* die durch unplausibel gewordene Moralgebote und Traditionen als eingeschränkt erfahren wurden. Was im 19. Jahrhundert Schutz bot, wurde nunmehr als Fessel empfunden, hinterfragt und abgestreift.

Aber die Kritik an den bestehenden Verhältnissen beschränkte sich nicht auf einzelne, vielleicht obsolete Normen, sondern erfasste das Gesamtverhältnis der Individuen zu den ihre Verhältnisse gestaltenden Institutionen. Eine grundlegende Umorientierung setzte ein, die vielleicht am besten als *Privatisierung der religiösen und moralischen Bezüge* und als *Individualisierung der Lebensführung* beschrieben werden kann. Neue Modelle einer flexibleren Identität der Individuen entstanden, die nicht mehr bloß durch internalisierte Normen, sondern durch höhere Autonomie, Rollendistanz, Ambiguitätstoleranz, Empathie und die Fähigkeit zur Selbstdarstellung charakterisiert werden (wegweisend Krappmann 1971). Die Auswirkungen dieser Umorientierungen erwiesen sich als problematisch, insbesondere im Bereich der religiösen und familiären Beziehungen, die bisher im Zentrum der schützenden soziokulturellen Milieus gestanden und wesentliche Orientierungsleistungen übernommen hatten. Mit Bezug auf die Beziehungen zum Wirtschaftsleben und zur Politik erscheint dagegen die zunehmende Rollendistanz und das wachsende Autonomiebedürfnis als durchaus funktional, ja man kann sogar von einer notwendigen Stärkung der Privatsphäre gegenüber den immer wirksameren Formen der Manipulation und Beeinflussung sprechen.

Allerdings ist diese Einschätzung noch vordergründig, denn aus der Sicht der soziologischen Modernisierungstheorie ist die Individualisierung der Lebensbezüge ein notwendiges Korrelat der zunehmenden strukturellen und funktionalen Differenzierung. Die Vielfältigkeit der Rollenzumutungen, welche nicht mehr durch ein gemeinsames Ethos aller Lebensbereiche koordiniert werden, sondern aus den spezifischen Sinnsphären der einzelnen funktionalen Handlungsbereiche erwachsen, führt zu einer *Überforderung des Individuums,* wenn er/sie all diesen Erwartungen genügen will. Niemand kann gleichzeitig allen Anforderungen an einen erfolgreichen

Berufsmenschen, einen guten Familienvater, ein von der Medizin definiertes gesundes Leben und der von der Kirche definierten Christlichkeit genügen, von sekundären Rollenzumutungen wie der Politik oder verschiedener Formen der Freizeitbeschäftigung ganz zu schweigen. Die Erweiterung der Handlungsmöglichkeiten zwingt den einzelnen zum Auswählen, und er kann dies nicht allein aufgrund der die einzelnen Handlungsmöglichkeiten legitimierenden Sinnstrukturen, sondern nur mit Bezug auf seine eigenen Möglichkeiten der Erlebnisverarbeitung tun. Wo der Schutz eines übergreifenden orientierenden Sozialzusammenhangs fehlt, muss der Einzelne versuchen, sich eigene Orientierungsmuster und Muster der Lebensbewältigung aufzubauen. Dies ist ein unhintergehbarer Imperativ der Modernisierung. Religiöse Beteiligung und familiäres Engagement werden notwendigerweise zu einer *Frage der Entscheidung*, sie sind immer weniger durch Sitte und Tradition vorgegeben. Und diese Entscheidung erfolgt in Konkurrenz zu anderen Möglichkeiten, auf die in weit größerem Maße als früher verzichtet werden muss.

Die Situation der Modernität mit ihren Orientierungsrisiken und Unsicherheiten wird vor allem von den Jüngeren und Gebildeteren in Westeuropa recht bewusst erlebt und führt dort häufig zu einer weitgehenden Relativierung aller Normen. Dies kann sich in einem offenen *Opportunismus* äußern, als eine Einstellung, die jegliche Verantwortung gegenüber Dritten oder gar Gott ablehnt und nur die Verantwortung sich selbst gegenüber gelten lässt, für die es keine allgemein gültigen Maßstäbe von gut und böse mehr gibt, wo kalkulierte Rechtsbrüche als unproblematisch gelten und das Leben vor allem unter hedonistischen und utilitaristischen Gesichtspunkten gesehen wird.[39]

Dies ist zwar keine notwendige, aber doch eine plausible Einstellung gegenüber einer überkomplexen Welt, deren fragwürdige Auswirkungen schon heute absehbar sind. Denn wenn ein solches Bewusstsein tatsächlich das allgemeine würde, müsste mit einer noch weit stärkeren kollektiven und individuellen Desorientierung gerechnet werden, und es scheint durchaus fraglich, ob noch jenes Maß an Verantwortlichkeit in Menschen mit solchen Einstellungsmustern zu verankern ist, auf das gerade hochkomplexe Gesellschaften infolge ihrer dezentralisierten Funktionsweise angewiesen sind (Kaufmann 1989b). Die Frage nach Kriterien menschlicher Verantwortung stellt sich hier auf neue Weise, und hier könnte die christliche Botschaft lebenspraktischen Anschluss finden.

Andererseits ist nicht zu übersehen, dass sich auch neue Formen einer dieser überkomplexen Situation angepassten Identität entwickeln: Die Menschen im Westen haben überwiegend gelernt, mit *differenzierten und geteilten Loyalitäten im Kreuzfeuer unterschiedlicher Sinnsysteme zu leben.* Sie sind abwägender, kompromissbereiter, toleranter, sensibler geworden, auch für das Unrecht, das Dritten angetan wird. Einer größeren Indifferenz im Alltag entspricht durchaus auch eine Mobilisierbarkeit für bestimmte bedeutende Anliegen, sei es im Sinne eines persönlichen Engagements, sei es als Reaktion auf entsprechende massenmediale Kampagnen. Gerade weil die massenmediale Grunderfahrung ein kaum einzuordnender Wirrwarr der öffentlichen Meinungen ist, sind die Menschen durchaus sensibel für Konvergenzen der öffentlichen Meinung mit Bezug auf bestimmte Themen, etwa Fragen der Umwelt oder des Friedens. Der Kampf um die öffentliche Meinung ist in den westlichen Ländern zu einem gigantischen Prozess des Interessenausgleichs und der Werteaktualisierung geworden, welcher nicht nur Machtverhältnisse, sondern auch Chancen des kollektiven Lernens enthält. Wie jedoch solche Lernprozesse ablaufen, warum sie in einem Fall gelingen und im anderen nicht, darüber wissen wir noch außerordentlich wenig. Wahrscheinlich sind mehrere Faktoren gleichzeitig am Werk: Machtverhältnisse, Wertorientierungen, Plausibilitätsstrukturen und Kommunikationsbedingungen. Jeder dieser Faktoren ist .seinerseits von unterschiedlichen Konstellationen abhängig, die sich einer umfassenden Steuerung glücklicherweise entziehen. So bleibt der Freiheit unter den Bedingungen eines pluralistischen Meinungsdrucks eine Chance, wenn sie von Wertüberzeugungen getragen wird. Auch wenn die Zukunft ungewiss ist, so haben wir doch gute Gründe, uns darauf zu verlassen, dass die in dem Jahrhunderte dauernden Prozess gesellschaftlicher Modernisierung entstandenen Strukturen nicht von einem Tag auf den anderen zusammenbrechen werden. Moderne Gesellschaften sind zwar krisenanfällig, sie haben sich aber in ihrer westlichen Variante gerade unter Krisenbedingungen immer wieder als erstaunlich lern- und anpassungsfähig erwiesen.

3.7 Schlussfolgerungen

Gesellschaftliche Modernisierung ist ein Prozess, in dem Menschen in jahrhundertelangen Kämpfen gelernt haben, spezialisierte, auf ihren Teilgebieten besonders leistungsfähige Sinnstrukturen und Funktionssysteme aufzubauen und in diesem Multiversum mit geteilten Loyalitäten zu leben. Dieser Prozess ist erst in den letzten Jahrzehnten bewusstseinsfähig geworden, und die neue, mit Bezug auf die Folgen der Modernisierung reflexivere Bewusstseinslage wird oft als Postmoderne apostrophiert, der gegenüber dann die Moderne als die vorangehende Epoche naiver Modernisierung gilt. Diese Naivität äußerte sich in der Selbstverständlichkeit, mit der einzelne Teilsysteme ihre eigene Rationalität entwickelt und absolut gesetzt haben.

Dies gilt selbstverständlich auch für die Kirchen und in besonderer Weise für die *katholische Kirche*. Ihr ist es im 19. Jahrhundert in überaus erfolgreicher Weise gelungen, sich an die neuen Problemlagen anzupassen: durch die Etablierung und Sakralisierung ihrer transnationalen – »ultramontanen« – Organisationsstruktur, einschließlich des Jurisdiktionsprimats des Papstes, durch ihren Antimodernismus und die Entwicklung des Katholizismus als einem eigenständigen soziokulturellen Milieu, sowie nicht zuletzt durch eine bemerkenswerte Verwissenschaftlichung und Professionalisierung der Theologie. Hier ist es selbst unter den Bedingungen der Modernisierung gelungen, zwar nicht in der Gesellschaft als ganzer, aber doch unter den Katholiken ein hohes Maß an einheitlichen Orientierungen, Kirchenloyalität und konfessioneller Solidarität zu erzielen, allerdings um den Preis einer weitgehenden Distanzierung, um nicht zu sagen Abkapselung von den vorherrschenden geistigen Strömungen. Diese Epoche einer »eingeschränkten Modernität« (vgl. Beck 1986: 115 ff.) hat mit dem vorwiegend die bäuerlichen und kleinbürgerlichen Katholiken sowie die Frauen erfassenden Modernisierungsschub und dem insbesondere von den Sozialwissenschaften ausgehenden Reflexionsschub der späten 60er Jahre wahrscheinlich ihre Existenzgrundlagen verloren. Gläubige mögen es als Fügung des Heiligen Geistes ansehen, dass das *Zweite Vatikanische Konzil* noch kurz vor diesem neuerlichen Modernisierungsschub stattfinden und abgeschlossen werden konnte, denn ohne dessen offene Geistigkeit wären die Katholiken im Zeitalter ubiquitärer Massenkommunikation den neuen Evidenzen recht hilflos ausgeliefert gewesen. Die dennoch einsetzende Kirchendistanzierung ist keine Folge des Konzils, sondern der kulturrevolutionären geistigen Umbrüche gewesen, welche die Jugend Europas nach der durch den Vietnamkrieg aufgerüttelten amerikanischen Jugend ab 1966 erfasst haben.[40]

Es war im Vorangehenden natürlich nicht möglich, die neuen Evidenzen in ihrer vollen Breite darzustellen, mit denen Kirche und Theologie heute zu rechnen haben. Entscheidend ist wohl die *Evidenz, dass es eine wie auch immer geartete ›letzte‹ oder umfassende Wahrheit in dieser Welt nicht geben kann,* sondern bestenfalls eine Vielzahl von Wahrheiten und Rationalitäten, die in der öffentlichen Meinung um Einfluss konkurrieren und mit Bezug auf bestimmte Geltungsbereiche höhere Plausibilität beanspruchen können als mit Bezug auf andere. Wer in einer solchen Situation glaubt, mit dem Anspruch auf ein verbindliches integrales Wahrheitswissen auftreten zu können, hat sozusagen *a priori* verloren. Man wird ihm Dogmatismus oder Fundamentalismus vorwerfen, und eben diese Schmähbegriffe deuten darauf hin, dass theologische und kirchliche Anliegen in so vorgetragener Weise keine Kommunikations- und Akzeptanzchance besitzen.

Damit ist selbstverständlich nichts über die Wahrheit des christlichen Glaubens gesagt, wohl aber über die Bedingungen seiner Glaubwürdigkeit. Die christliche Tradition weist eine Fülle anderer *dynamischer* Aspekte – z. B. der Gottsuche, der verschiedenen Wege zur Vervollkommnung und der eschatologischen Hoffnung auf, die nicht unter ein solches Verdikt fallen. Der soziologische Begriff des Fundamentalismus passt übrigens sehr genau auf die hier vorgetragene Analyse: Der amerikanische Soziologe *Talcott Parsons* versteht darunter »den Widerstand gegen die Wertverallgemeinerung«, also die Berufung auf spezifische, nicht mehr verallgemeinerungsfähige Normen und Werte angesichts eines komplexer werdenden Handlungszusammenhangs (Parsons 1972: 127). Ein typisches Beispiel ist die Insistenz der Päpste auf dem Verbot von als künstlich bezeichneten Methoden der Geburtenkontrolle bei gleichzeitiger Freigabe sogenannter natürlicher Methoden. Die rasche Verbreiterung des Handlungsspielraums hat hier ein altes Denkmodell völlig überfordert und im Zusammenhang mit dem gleichzeitig in modernen Gesellschaften aufkommenden Normenkomplex »verantwortete Elternschaft« auch ethisch fragwürdig gemacht.

Für den soziologischen Beobachter kirchlicher Verhältnisse ist der Autoritätsverlust des kirchlichen Amtes in den letzten Jahren offenkundig, und er fragt sich, inwieweit sich darin nicht sogar eine Krise seiner Legitimität andeutet.

Das *dem staatlichen Absolutismus nachgebildete Kirchenverständnis* einer hierarchisch aufgebauten *societas perfecta* hat seine Glaubwürdigkeit verloren wie alle anderen zentralistischen Systeme auch, und zwar nicht wegen des Versagens seiner Repräsentanten, sondern wegen der Überlegenheit dezentraler, freiheitlicher Lösungen. Dies lässt sich an den Systemen der kommunistischen Parteienherrschaft ablesen: Irgendwann verdunstete die Überzeugung auch der Träger des Systems und die Hoffnung, auf dem eingeschlagenen Weg die eigenen Ideale zum Erfolg zu führen. Ähnliches könnte dem monokratischen System der päpstlichen Kurie bevorstehen, welche aus dem konziliaren Prozess des Zweiten Vatikanums und den mit ihm verbundenen kooperativen Formen der Problemlösung wenig gelernt zu haben scheint (vgl. Kapitel 8).

Eine »Neu-Evangelisierung Europas« scheint dann kein utopisches Unterfangen, wenn sie darauf gerichtet ist, die frohe Botschaft des Evangeliums mit denjenigen Hoffnungen und Befürchtungen zu verbinden, die aus der Konsequenz der menschlichen Freiheitsgeschichte entstanden sind. Nicht jedoch, wenn sie eine Wiederherstellung vergehender Sozialverhältnisse versucht. Auch die Welt von Theologie und Kirche wird sich dem weiblichen Gleichheitsstreben nicht auf Dauer entziehen können. Der Glaube der Zukunft wird nicht mehr den Charakter einer autoritativ verkündeten Wahrheit besitzen, sondern nur dann glaubwürdig sein, wenn er in dynamischen Kategorien – als Weg, als Suche, als paradoxes Scheitern – auch denjenigen, die in der Kirche Verantwortung tragen, vermittelt werden kann. Das Zeugnis von der Unverfügbarkeit Gottes wird in einer Welt, die über alles und doch nicht über das Ganze verfügen kann, zu einem möglicherweise heilbringenden Korrektiv, aber nur, wenn auch die kirchliche Glaubensverkündigung das emanzipatorische, alle irdischen Strukturen (auch diejenigen der Kirche) relativierende Moment solchen Glaubens erfahrbar zu machen versteht.

4. Kapitel:
Das Zweite Vatikanische Konzil als Modernisierung des Katholizismus

»Die Kirche wird mindestens ein Jahrhundert benötigen, um dieses Konzil zu verarbeiten.« Dieses Wort des verstorbenen Münsteraner Kirchenhistorikers Bernhard Kötting – hingeworfen bei einer Abendunterhaltung Ende der 1960er Jahre – hat mich seither nicht losgelassen. Bis zum Ende des Pontifikats von Papst Johannes Paul II. ließ sich mit guten Gründen behaupten, dass der Katholizismus noch immer in dem Spannungsfeld lebe, dessen Kraftlinien durch das Zweite Vatikanische Konzil gezeichnet worden sind, und an denen sich diejenigen ausrichteten, die mit dem aktuellen Zustand ihrer Kirche – aus welchen Gründen auch immer – unzufrieden waren. Die Katholiken lebten in der Epoche »nach dem Konzil«, und zwar wohl weit bewusster als jemals zuvor im Anschluss an frühere Konzilien. Denn das Zweite Vatikanum war dank den Massenmedien ein *Weltereignis*, an dem nicht nur Theologen und Kleriker, sondern auch gebildete katholische Laien und nicht-katholische Christen in aller Welt lebhaften Anteil nahmen.[41] Und es war zugleich der »erste amtliche Selbstvollzug der Kirche als Weltkirche« (Rahner 1980: 288), der in seinen Konsequenzen auch zu einer tiefgreifenden Umorientierung im Selbstverständnis von einer sich zentrierten hin zu einer für die entstehende Weltgesellschaft offenen Kirche führte (Nacke 2010).

Die nachfolgenden Überlegungen sind im Rahmen eines durch die Görres-Gesellschaft zur Pflege der Wissenschaften unterstützten interdisziplinären Projektes entstanden und resümieren einige seiner Ergebnisse (vgl. Kaufmann/Zingerle 1996b). Beteiligt waren Theologen, Historiker und Sozialwissenschaftler, die sich in besonderer Weise mit der Erforschung des Katholizismus befasst hatten. Dem entsprechend liegt im Folgenden das Gewicht auf der Analyse des Katholizismus, während ich mich hinsichtlich der Modernisierung nach dem bereits Dargestellten eher im Sinne einer Rekapitulation kurz fasse. Modernisierung und verwandte Begriffe haben auf dem Konzil keine Rolle gespielt, aber es hat in mancherlei Hinsicht die

Herausforderungen der Moderne aufgenommen. Davon wird vor allem die Rede sein.

4.1 Gesellschaftliche Modernisierung

Die Begriffe Modernisierung und Modernität sind heute so modern, dass man als Soziologie zunächst vor ihnen warnen muss. Sie seien modern, heißt: sie sind aktuell, sie werden von jedermann gebraucht, und man glaubt, dass sie etwas Bestimmtes bezeichnen. Versucht man den Inhalt jedoch aus dem Sprachgebrauch zu erschließen, so gerät man auf ein weites und zum Teil widersprüchliches Feld. Dabei hat der Begriff eine bemerkenswerte Doppelwertigkeit erhalten: Einerseits wird er als beschreibender Begriff zur Kennzeichnung der Gesamtheit der gesellschaftlichen Transformationen verwendet, die sich seit der zweiten Hälfte des 18. Jahrhunderts ereignet haben, und manche Autoren verfolgen inzwischen die Ursprünge der Modernisierung bis ins 12. Jahrhundert zurück. Zum anderen wird der Begriff ›Moderne‹ aber auch in einem normativen Sinne verwendet, als vorherrschende Kategorie einer Selbstdeutung der neuzeitlichen, im Wesentlichen von Aufklärung und Liberalismus bestimmten Bewegung (in diesem Sinne etwa Habermas 1985).

Wie bereits dargestellt, wird hier unter Modernisierung erstens kulturell eine *Verzeitlichung des Bewusstseins* und die Entstehung eines normativen Komplexes der Modernität verstanden, welcher im Gegensatz zu traditionalen Weltverständnissen ein dynamisches, den Wandel bejahendes Weltverhältnis legitimiert. Zweitens bezeichnet Modernisierung strukturell einen Umbau der praktisch relevanten Gesellschaftsstrukturen.

1. ›Modern‹ bedeutete zunächst ›gegenwärtig‹, dann ›neu‹, und schließlich – da im Zuge fortgesetzten Wandels das Neue rasch veraltet – ›vergänglich‹. Die Idee der Modernität beinhaltet die Legitimation fortgesetzten Wandels, in ihr ist die Zeitlichkeit und damit Unbestimmtheit der Zukunft vorgedacht. Modernität ist somit der begriffliche Reflex einer Beschleunigung des sozialen Wandels, welcher die Erfahrung und zunehmend auch das Bewusstsein der westlichen Menschen seit dem Beginn der Industrialisierung bestimmt (vgl. 2.1).

Die Debatte über das Verhältnis von Moderne und Postmoderne (vgl. z. B. Wellmer 1985; Welsch 1988) bezieht sich auf die Spannung zwischen dem emphatischen, aufklärerischen Begriff der Moderne, welche für Freiheit, Fortschritt, Emanzipation, Universalisierung der Menschenrechte, Bildung durch Wissenschaft und Herrschaft der Vernunft steht, und dem ambivalenten Begriff von Moderne im Sinne des Geistes der ewigen Revision, für den dann Begriffe wie z. B. Kontingenz, Zukunftsoffenheit, Temporalität, Pluralität und Individualisierung charakteristisch sind.

2. Modernisierung meint auch die strukturellen Transformationen, welche dieses neue Bewusstsein erst ermöglicht, bzw. die Bedingungen seiner Plausibilität geschaffen haben (vgl. 2.2.1). Die Soziologie neigt heute dazu, den Prozess gesellschaftlicher Modernisierung in zwei Phasen zu unterteilen: Erstens eine frühmoderne Phase der ›eingeschränkten Moderne‹, in der der Fortschrittsglaube und die Rationalisierung im Sinne eines Kontrolloptimismus dominierte, und in dieser Hinsicht ähneln sich die Vorstellungen der Aufklärung und das katholisch-kirchliche Modell des 19. Jahrhunderts durchaus: beide meinen, sie könnten die Gesamtheit der Verhältnisse kontrollieren. Beide beanspruchen, das Individuum in ein unmittelbares Weltverhältnis zu setzen, im Falle der Aufklärung durch Vernunft, im Falle der Religion durch die Kirche. Es entstand im 19. Jahrhundert eine Konkurrenz verschiedener Ideologien, die jede für sich eine eindeutige Weltinterpretation beanspruchten.

Die zweite Phase der Modernisierung, der Übergang zur entfalteten- oder Postmoderne, ist nach Lyotard nun gerade durch das Zusammenbrechen dieser ›Metaerzählungen‹ gekennzeichnet. Die Vorstellung einer einheitlichen Vernunft weicht dem Pluralismus bereichsspezifischer Rationalitäten, die für die verschiedenen gesellschaftlichen Teilsysteme charakteristisch sind. Eben dies wird als Kern der postmodernen Bewegung bestimmt: »Postmodern … geht es vielmehr darum, die Pluralität von Rationalitäten, Wertsystemen, Gesellschaftsorientierungen zur Geltung zu bringen« (Welsch 1988: 28).

Im Sinne eines Pluralismus der Orientierungen wird nun auch Religion wiederum vernunftfähig, aber nur noch als eine partikuläre Vernunft neben den übrigen akzeptiert, nicht mehr als höhere Vernunft, wie sie im 19. Jahrhundert die Kirche in Konkurrenz zur Wissenschaft für sich beanspruchte. Zwischen der Pluralität der Rationalitäten vermag nur noch eine ›transversale Vernunft‹ zu vermitteln, d. h. die Fähigkeit, bezogen auf ganz bestimmte Probleme, sozusagen punktuell, unterschiedliche Rationalitäten aufeinander zu beziehen und dann bereichsspezifisch zu praktikablen Problemlösungen zu gelangen (vgl. Welsch 1995). Multi- oder Interdisziplinarität, die sich auf bestimmte Probleme konzentriert, kann als Ausdruck solch transversaler Vernunft gelten; häufig ist sie auch in Form von Kommissionen versammelt, in denen man – wie beispielsweise bei der Bewertung der Gentechnologie – auch schon die Theologen wieder dazu lädt.

4.2 Katholizismus

»Der bürgerlich-industriegesellschaftliche Modernisierungstypus (war) durch ein komplexes, relativ gleichgewichtiges Zusammenspiel traditionaler und moderner Produktions- und Lebensformen gekennzeichnet. Während einerseits alle zentralen Funktionsbereiche wie Wirtschaft, Politik, Wissenschaft, Familie und Religion sich ausdifferenzierten, bot diese Gesellschaftsformation gleichzeitig Raum für große, segmentäre Differenzierungen in weltanschaulich geprägte Großgruppen. Tendenziell bildete sich in ihnen die Gesellschaft mehrfach ab, und es konnten so Formen kulturell-weltanschaulicher Integration überleben und sich neu herausbilden, die in einem spürbaren Kontrast zu dem durchgesetzten Niveau funktionaler gesellschaftlicher Differenzierung standen. In diese Vergesellschaftungsform ›eingeschränkter Modernität‹ war das Christentum eingebunden. Sie bot ihm trotz der Zerstörung seiner traditionalen, feudalgesellschaftlichen Grundlagen Überlebenschancen in der modernen Gesellschaft« (Gabriel 1992: 121 f.). Dies gilt in besonderem Maße für den Katholizismus, dessen soziologischer Charakter nunmehr näher zu bestimmen ist.

Auch der Begriff des Katholizismus wird unterschiedlich verwendet[42], da er gleichzeitig zur Selbst- und Fremdbeschreibung historischer Manifestationen der katholischen Kirche dient. Im hier gemeinten Sinne kann von Katholizismus erst im Horizont der abendländischen Kirchenspaltung die Rede sein, und de facto werden damit diejenigen Sozialformen des römisch-katholischen Christentums bezeichnet, die sich nach der Liquidierung des feudalen Kirchensystems durch Napoleon in Europa gebildet haben (vgl. 9.1.4). In diesem Sinne ist Katholizismus ein neuzeitliches Phänomen, und schon von daher drängt sich die Frage nach seinem Verhältnis zur gesellschaftlichen Modernisierung auf.[43]

Auf eine Kurzformel gebracht, wird man den im 19. Jahrhundert entstehenden ultramontanen Katholizismus als in organisatorischer Hinsicht modern und in kultureller Hinsicht traditional bezeichnen dürfen. *Organisatorisch* modern war er in seiner Fähigkeit zur Herstellung einer monokratischen Herrschaftsstruktur, im Aufbau von aufs Religiöse spezialisierten Organisationsstrukturen auf Diözesan- und Pfarreiebene, in der zunehmenden Professionalisierung des Klerus, in der Nutzung des Prinzips der freien Assoziation zur Bildung von Vereinen, Verbänden und politischen Parteien. *Kulturell* traditional war er in seiner entschiedenen Ablehnung alles ›Modernen‹, in der Pflege religiösen Brauchtums und der Beanspruchung einer paternalistischen Führungsrolle des Klerus über die Laien, insbesondere jedoch in der Betonung von *Tradition* als Legitimation allen kirchlichen Handelns. Ihrem Selbstverständnis nach war die katholische Kirche im 19. Jahrhundert von alters her, im Wesen unwandelbar; sie partizipierte in ihrer Heiligkeit an der Ewigkeit Gottes.

Diese Mischung von Traditionalismus, normativer Prinzipienfestigkeit und organisatorischer Anpassungsfähigkeit an die sich wandelnden gesellschaftlichen Verhältnisse fand in der katholischen Bevölkerung, die sich überwiegend in den von der Modernisierung weniger erfassten Regionen und Berufen konzentrierte, starken Anklang. Die Entwicklung des Katholizismus stand im Kontext einer spannungsreichen Auseinandersetzung zwischen der Kirche und dem entstehenden Nationalstaat, dessen oft antiklerikale Dominanz vor allem in den gemischtkonfessionellen Staaten wie Deutschland, der Schweiz und den Niederlanden zu einer alle Schichten umfassenden religiös-sozialen Bewegung der Katholiken führte, die ihre Identität in der Treue zu Papst und Kirche fand.

Elemente dieser Segregationsstrategie waren die Pflege des Traditionalismus, der Anti-Modernismus, die Postulierung eines kirchlich auslegbaren Naturrechts, die Ächtung konfessionsübergreifender Sozialkontakte, und die Entwicklung eines katholischen Vereins- und Verbandswesens sowie kirchlicher sozialer Dienste (Caritas): Katholiken sollten für alle ihre Bedürfnisse nur auf Einrichtungen angewiesen sein, welche ausschließlich von Katholiken geleitet wurden.

Es waren also konfessionelle, oder genereller weltanschauliche Unterschiede, die in jener Zeit zu einem bedeutenden kulturellen und politischen Strukturierungskriterium der europäischen Staaten wurden und ihren Niederschlag in zahlreichen Weltanschauungsparteien fanden. Zur Kennzeichnung des sozialen Substrats dieser politischen Formationen hat sich in jüngerer Zeit der Begriff des (sozialen, sozial-moralischen bzw. sozio-kulturellen) *Milieus* durchgesetzt. Der Begriff wurde zuerst von Rainer Lepsius im Rahmen einer Soziologie der politischen Parteien eingeführt: Lepsius diagnostizierte für das Deutsche Reich vier sozial-moralische Milieus – Konservatismus, Liberalismus, Sozialismus und Katholizismus –, mit denen er die Stabilität der deutschen Parteienlandschaft von 1871 bis ungefähr 1928 erklären will (vgl. Lepsius 1973). Vor allem in der jüngeren Katholizismusforschung wurde das Konzept des Milieus aufgenommen und in unterschiedlicher Weise ausgedeutet.[44] Besondere Beachtung hat dabei die Frage auf sich gezogen, ob man von einem (so Lepsius) oder von mehreren koexistierenden katholischen Milieus (so Wilfried Loth 1984: 35 ff.) innerhalb eines Landes sprechen soll.

Es scheint jedoch unzweckmäßig, ein so komplexes Sozialphänomen wie den neuzeitlichen Katholizismus allein mit dem Milieubegriff beschreiben zu wollen. Unbeschadet feinerer Begriffsunterschiede wird der Milieubegriff in der Soziologie derzeit zur Kennzeichnung lebensweltlicher sozialer Zusammenhänge benutzt, die aufgrund gemeinsamer normativer Orientierungen, Lebensumstände und Verhaltensweisen eine gesteigerte Dichte sozialer Interaktion präformieren und stabilisieren.[45] Die Fruchtbarkeit des Milieubegriffs für die Analyse moderner Gesellschaften besteht darin, dass er die Fortexistenz sozialer Ähnlichkeiten und Unterschiede als schwach strukturierte Zugangschancen zu hoch organisierten und dynamischen Formen der Vergesellschaftung verständlich macht. Der von Lepsius anvisierte Fall weltanschaulicher Großmilieus, welche koexistieren und insofern bereits eine latent plurale normative Struktur der Gesellschaft anzeigen, ist der typische Fall eingeschränkter Modernität. Hier gilt grundsätzlich das Ausschlussprinzip, d. h. man kann legitimerweise nur einem Milieu gleichzeitig angehören, Milieuwechsel kommt einer Konversion gleich.

Unter den Bedingungen entfalteter Modernität und der mit ihr verbunden expliziten Pluralität der normativen Orientierungen und Lebensstile differenzieren und fragmentieren sich die sozialen Zugehörigkeiten stärker; es wird nunmehr tolerabel, dass Individuen sich gleichzeitig an mehreren Milieus (z. B. dem konfessionellen, ethnischen und beruflichen) orientieren, sofern sie zu entsprechend differenzierten Verhaltensweisen fähig sind und die milieuspezifischen Muster und Grenzen respektieren, also z. B. auf einem wissenschaftlichen Kongress nicht ihre religiösen Überzeugungen thematisieren, oder in der Kirche politische Propaganda verbreiten.

Die soziale Konfiguration des in Gefolge des Wiener Kongresses entstandenen ultramontanen Katholizismus ist wesentlich komplexer als die vom Milieubegriff gedeckten Tatbestände. Diese Konfiguration lässt sich aufgrund von vier Elementen beschreiben.

4.2.1 Klerikerkirche

Nach der Zerstörung der feudalen Kirchenstrukturen durch Napoleon restrukturierte sich die katholische Kirche unter expliziter Führung der römischen Kurie auf der Basis von Konkordaten als transnationale, romzentrierte Glaubensgemeinschaft auf der Basis des Klerikerstatus. Sie besitzt eine klerikale Doppelstruktur, nämlich zum einen die territoriale und im wesentlichen hierarchische Organisation der Diözesen mit ihren Untergliederungen, insbesondere den Pfarreien, und zum anderen eine ordensmäßige Parallelstruktur mit stärker genossenschaftlichen Organisationsformen. Durch die Qualifizierung des Klerus (Seminarausbildung) und die Stärkung der Supervision (ad-limina-Besuche der Bischöfe, Visitationen des Klerus usw.) gelang eine starke Wirkungssteigerung des geistlichen Einflusses, der inhaltlich durch die Entfaltung des päpstlichen Lehramtes in der Form von Enzykliken u. ä. verstärkt wurde. Durch Volksmission, Predigt, Religionsunterricht und Katechese gelang in Verbindung mit den nachfolgend genannten Elementen eine historisch vielleicht einmalige Durchdringung der Volksfrömmigkeit mit Elementen der Priesterreligion. Gleichzeitig entstand mit der Intensivierung der individuellen Beichtpraxis und der starken kirchlichen Reglementierung des Alltagshandelns eine überaus effektive

Form sozialer Kontrolle, die sich in einer beachtlichen Homogenität und Dominanz konfessioneller Verhaltensmuster niederschlug. Dies wirkte als erhebliche Verstärkung der Milieubildung.[46] Aber im deutschen Falle geriet auch die katholische Partei des Zentrums vor allem in der Weimarer Zeit in erheblichem Umfange unter geistliche Leitung. Darüber hinaus war auch die politische Autorität der Bischöfe einflussreich, deren Stellungnahmen im Jahre 1933 wesentlich zur Akzeptanz der nationalsozialistischen Herrschaft durch die Katholiken beitrug (vgl. Böckenförde 2007b: 117 ff.).

4.2.2 Katholische Subkultur

Wenn man den Milieubegriff im Sinne der vorangehenden Ausführungen für normativ überformte lebensweltliche Zusammenhänge und die mit ihnen verknüpften präferenziellen Kommunikationschancen reserviert, so wird die in der Literatur immer wieder hervorgehobene erstaunliche Kohärenz der Katholizismus im Sinne eines Großmilieus zum erklärungsbedürftigen Problem. Normalerweise sollte man annehmen, dass die unterschiedlichen Lebenswelten von Stadt und Land, von Adel, Bürgertum und Arbeiterschaft usw. Kommunikationsschranken entstehen lassen, die im Falle des Katholizismus so kaum oder zum mindesten deutlich schwächer gegeben waren als in den übrigen Teilen der Bevölkerung. Die stärkere Solidarität wird zwar schon durch das christliche Liebesgebot nahegelegt, aber das reicht zur Erklärung nicht aus; unter anderen Umständen entwickelte sich solche Solidarität unter Katholiken nicht. Die Ähnlichkeit der Einstellungen, Werthaltungen und Verhaltensweisen unter Katholiken setzt die Teilhabe an einer gemeinsamen, sich von ihrer Umwelt abgrenzenden Kultur voraus, die durch die kirchlich religiösen Glaubensinhalte und Lebensvorschriften zwar geprägt wurde, aber durch sie nicht erschöpfend beschrieben wird. Zum mindesten für die zweite Hälfte des 19. Jahrhunderts wird man den Katholizismus in konfessionell gemischten Ländern durchaus als durch eine gemeinsame Subkultur und eine gemeinsame Substruktur verbundene Subgesellschaft bezeichnen dürfen (vgl. Altermatt 1980).

Entsprechend ihrem Selbstverständnis als societas perfecta verstand sich die katholische Kirche als Konkurrentin zum Staat, und

so entstand der Ultramontanismus als geistiger Kommunikations-
zusammenhang unter Katholiken, der sich deutlich von anderen kulturellen Kontexten, insbesondere denen der Aufklärung und des Liberalismus abhob (zum römischen Antimodernismus vgl. Abschnitt
1.2). Dies ließe sich an der Kunst (z. B. Barock, Nazarener) der Philosophie (Neuscholastik) der Literatur (Romantik, Traditionalismus)
den Massenmedien (eigene Zeitungen und Verlage) der Volkskunst
und der Volksfrömmigkeit verdeutlichen. Es bildete sich eine
schichtübergreifende konfessionelle Identität mit einer spezifischen
Weltanschauung, die ihre im Vergleich zur herrschenden (protestantischen oder laiizistischen) Kultur varianten oder gar devianten Auffassungen teils durch strenge soziale Abgrenzung, teils durch die
Konstruktion einer eigenen katholischen Naturrechtslehre zu legitimieren wusste, welche für sich die gleichen Prämissen der Vernünf-
tigkeit in Anspruch nahm wie herrschende Kultur (vgl. Kaufmann
1973b: bes. 156 ff.). Im Unterschied zu den entstehenden National-
kulturen hatte sie einen transnationalen, dem Anspruch nach universalen Charakter und erhöhte hierdurch auch die internationalen
Kommunikationschancen der Katholiken. Dennoch wurde bisher
noch nicht behauptet, es habe ein transnationales ›katholisches Milieu‹ gegeben, was die Dimensionen des Begriffs auch allzu offenkundig sprengen würde. Der Hinweis verdeutlicht jedoch, weshalb die
analytische Trennung des kulturellen und des Milieuaspekts im Katholizismus von Bedeutung erscheint.

4.2.3 Katholische Milieus

Wenn man akzeptiert, dass es eine vereinheitlichende katholische Kultur oder Subkultur gegeben hat, dann entfällt der vor allem gegen Loth
gerichtete Einwand, dass er mit seiner These von der Existenz unterschiedlicher katholischer Milieus die Einheitlichkeit des Katholizismus
nicht ernst genug nehme. Es empfiehlt sich also, den Milieubegriff im
Plural zu verwenden, was die Möglichkeit einer temporären (etwa kul-
turkampfbedingten) Fusion zu einem ›gesamtdeutschen katholischen
Milieu‹ nicht ausschließen soll. Ich neige aber eher zur Auffassung
Loths (a. a. O.), dass auch in der Blütezeit des deutschen Katholizismus bis zur Jahrhundertwende sich verschiedene soziale Milieus unter

Katholiken (z. B. im Adel, im Bürgertum und unter der Arbeiterschaft) identifizieren lassen, die durch die katholischen Verbände, die Katholikentage und die Zentrumspartei zu einer mehr oder weniger ausgeprägten *Milieukoalition* gebracht wurden, die sich auf den Katholikentagen eindrücklich manifestierte (Hürten 1998).

4.2.4 Politischer Katholizismus

Nicht in allen Ländern, in denen die Katholiken einen erheblichen Bevölkerungsanteil ausmachen, ist es zur erfolgreichen Gründung katholischer Parteien oder zu anderen Artikulationen eines politischen Katholizismus gekommen. Es bedurfte also spezifischer Voraussetzungen, um die vermutlich nahezu ubiquitären katholischen Milieus zu Handlungsfähigkeit zu vereinen. Im deutschen Falle ist die Entstehung einer einheitlichen politischen Interessenvertretung der Katholiken mit zeitweise erstaunlich hohem Mobilisierungserfolg offenkundig. Dies setzte eine organisatorische Basis voraus, welche zuerst im ›Katholischen Club‹ der Frankfurter Nationalversammlung entstand und Ende der 1860er Jahre zur Gründung der Zentrumspartei führte. Aber die Parteiorganisation allein kann den politischen Mobilisierungserfolg nicht erklären. Der Erfolg einer konfessionellen, unterschiedliche Regionen und ökonomische Gruppen vereinigenden Partei setzte ja voraus, dass ihre Anhänger gemeinsame konfessionelle Interessen als wichtiger einschätzen als ihre partikulären, z. B. regionalen, ökonomischen oder ständischen Interessen. Diese aus soziologischer Sicht höchst unwahrscheinliche Konstellation wurde im Falls Deutschlands zunächst durch den Kulturkampf wesentlich gefördert: Die kirchlich vertretene religiöse Hochbedeutsamkeit der konfessionellen Identität konnte am ehesten unter den Bedingungen eines Kirchenkampfes auch die sozialen Interessenlagen bestimmen. Erst in dem Maße, als sich eine kollektive Identität der Katholiken gebildet hatte, konnten auch die eigenständigen kulturellen Elemente an Bedeutung gewinnen, etwa im Wissenschaftsbereich die Gründung der Görres-Gesellschaft und die Herausgabe des Staatslexikons. »Erst nachdem der Druck des Kulturkampfs nachließ und erste Gefahren der Desintegration am Horizont erkennbar wurden, kam es in einer zweiten Phase zu einer Überformung des lokalgebundenen, vielfältigen Vereinswesens durch große, ›schlagkräftige‹ Organisationen« (Gabriel 1992: 100). Damit war dann die skizzierte vierfache Konfiguration kirchlich-religiöser Disziplinierung, kultureller Legitimation, milieugebundener Alltagsgestaltung und politischer Formierung erreicht, die hier als idealtypische Rekonstruktion der Sozialform des neuzeitlichen Katholizismus vorgeschlagen wird. Sie blieb jedoch nur bis zum Ersten Weltkrieg stabil. In der Weimarer Zeit, als das Zentrum fast ununterbrochen politische Verantwortung trug, gewannen auch ökonomische und regionale Interessen innerhalb der Partei an Gewicht. Gegen den Nationalsozialismus hat das Zentrum vor 1933 entschieden und auch aus weltanschaulichen Gründen Front gemacht, doch hat die verengte kirchenpolitische Sicht des Episkopats auf die staatspolitischen Probleme und das Drohpotential der Nationalsozialisten öffentlichen Widerstand unmöglich gemacht. Nicht wenige katholische Intellektuelle glaubten überdies, dass das nationalsozialistische Programm einer Wiedervereinigung von Staat und bürgerlicher Gesellschaft im Führerprinzip dem Antiliberalismus der katholischen Kirche kongenial sei (vgl. Böckenförde 2007b: insbesondere 128 ff.). Die sinkende Handlungsfähigkeit des politischen Katholizismus in der Weimarer Republik und sein Zusammenbruch im Jahre 1933 bedeutet allerdings nicht eine Auflösung der katholischen Milieus schon zu diesem Zeitpunkt. Zahlreiche neuere Arbeiten weisen vielmehr auf die Persistenz katholischer Milieus bis in die 1960er Jahre hin.[47]

4.3 Zum Stellenwert des Zweiten Vatikanischen Konzils

Nach dem Ende des Zweiten Weltkriegs gelang in Deutschland eine beachtliche Revitalisierung des Katholizismus, wenngleich unter stark veränderten Vorzeichen (vgl. Gabriel 1992: 104 ff.). Die Katholiken bildeten in der frühen Bundesrepublik keine Minderheit mehr, sondern wurden unter der Führung Adenauers politisch tonangebend, und Ähnliches geschah in anderen Ländern Europas. Die Nachkriegsexpansion der Wirtschaft vollzog sich sozusagen unter katholischer Ägide, so dass alle Bedingungen, unter denen der kirchliche Antimodernismus einst seine Plausibilität entfalten konnte, entfielen. Die nunmehr auch in bis dahin ökonomisch rückständige, in einem traditionellen Katholizismus verharrenden Gebiete vordringende Modernisierung und nicht zuletzt die Verbreitung des Fernsehens beeinträchtigten zunehmend die Plausibilität der rigiden normativen Modelle, an denen die vorkonziliare katholische Kirche jedoch weiterhin festhielt. So entstand eine wachsende Spannung zwischen dem kirchlichen Selbstverständnis und den sich unter dem Einfluss der Modernisierung wandelnden Einstellungen der Laien. Die Milieukontrollen versagten immer häufiger, wie beispielsweise die Zunahme der Mischehen zeigt. Ab Ende der 50er Jahre wurden im deutschen Katholizismus Widerstände gegen die Forderung nach ›Geschlossenheit‹ des Katholizismus sichtbar: »Die kirchlich-klerikalen Fesseln der Kultur wurden zunehmend als Anachronismus erfahren, und der wirtschaftliche Aufstieg drängte die Religion als Mittel gesellschaftlicher Integration zurück« (Gabriel 1992: 116). So lässt sich zum mindesten für den deutschen Fall bereits Jahre vor dem Konzil eine wachsende Spannung zwischen dem kirchlichen Selbstverständnis und den durch die Katholiken mit vorangetriebenen und von ihnen vertretenen modernisierenden Entwicklungen nachweisen, welche sich zwar nicht unmittelbar, sondern eher durch kirchliche Themen gebrochen auch in den Anfragen deutscher Theologen und den Stellungnahmen des deutschen Episkopats in der vorkonziliaren Umfrage Roms niederschlugen (vgl. Wittstadt 1996a; 1996b).

4.3.1 Wendepunkte

Betrachtet man das Zweite Vatikanische Konzil im Lichte der im Vorangehenden entwickelten vierfachen Konfiguration des neuzeitlichen Katholizismus, so handelt es sich primär um ein Ereignis auf der kirchlichen Ebene. Seine inhaltlichen Ergebnisse haben jedoch die kulturelle Ebene des Katholizismus nachhaltig verändert, ja einen großen Teil der früheren kirchenzentrierten Weltanschauung delegitimiert. Vor allem die beiden Kirchenkonstitutionen – Gaudium et Spes sowie Lumen Gentium – präsentieren eine völlig veränderte Auffassung des Verhältnisses von Kirche und Gesellschaft im Vergleich zum hierokratischen Anspruch einer absolutistischen Kontrolle der sozialen Wirklichkeit durch die Kirche (vgl. Pottmeyer

1996; Klinger 1996). Die Neuscholastik verschwand als Grundlage des theologischen Denkens unter überraschend geringen Widerständen, und der Anspruch eines kirchlich interpretierbaren Naturrechtes wurde zugunsten einer Orientierung an den allgemeinen Menschenrechten aufgegeben. Die fundamentale Wende gegenüber dem Kirchenverständnis des 19. Jahrhunderts wird am deutlichsten dort, wo beide – das Kirchenverständnis und die Menschenrechte – sich treffen, in der Erklärung über die Religionsfreiheit Dignitatis Humanae (vgl. Komonchak 1996; Böckenförde 2007a).

Aber diese Wende ist nicht etwa eine opportunistische Anpassung an den gewandelten Zeitgeist, sie beruht vielmehr auf einer theologischen und insbesondere ekklesiologischen Neubesinnung, deren wichtigster Ausdruck die dogmatische Konstitution über die göttliche Offenbarung *Dei Verbum* in der Verbindung mit der Kirchenkonstitution *Lumen Gentium* ist. Das neue Kirchenverständnis kommt aber auch im Ökumenismusdekret, in der Erklärung über die nicht-christlichen Religionen und dem Dekret über das Laienpostulat zum Ausdruck.

Das Konzil nahm kaum jemals unmittelbaren Bezug auf die gewandelte historische Situation und die in ihr zum Ausdruck kommenden Modernisierungsprozesse. Aber offensichtlich artikulierte sich das kirchliche Denken nun nicht mehr in Opposition, sondern in einer dialektischen Auseinandersetzung mit der Moderne, deren geistige Fundamente nicht mehr grundsätzlich abgelehnt, sondern in ihrem ethischen Gehalt implizit akzeptiert wurden. Das Verhältnis der Kirche zur Moderne wird man im Lichte des allgemeinen Verhältnisses von Kirche und den jeweiligen gesellschaftlichen Verhältnissen lesen dürfen: »Da aber das Reich Christi nicht von dieser Welt ist, so entzieht die Kirche oder das Gottesvolk mit der Verwirklichung dieses Reiches nichts dem zeitlichen Wohl irgend eines Volkes. Vielmehr fördert und übernimmt es Anlagen, Fähigkeit und Sitten der Völker, soweit sie gut sind. Bei dieser Übernahme reinigt, kräftigt und hebt es sie aber auch« (*Lumen Gentium* 13).

In diesem Sinne wurden nunmehr insbesondere die Grundgedanken der Menschenwürde, der Sinn menschlicher Freiheit und die funktionsorientierte Differenzierung der Lebenssphären anerkannt (Komonchak 1996). »Die Autorität der Freiheit« – so der Titel eines dreibändigen Kommentarwerks der Nachkonzilszeit – sollte an die Stelle der Autorität kirchlicher Herrschaft treten. So wenigstens wurde das Konzil in der Öffentlichkeit verstanden, wenngleich die Nota Praevia zur Kirchenkonstituion bereits deutlich machte, dass der kuriale Geist nicht erloschen war. Aus soziologischer Sicht entscheidend ist jedoch die durchgängige »Öffnung der Kirche zur Welt«, die in den Konzilsdokumenten zum Ausdruck kommt. Kulturell bedeutete das Konzil die »Schleifung der Bastionen«, welche Hans Urs von Balthasar bereits 1953 in einem gleichnamigen Bändchen gefordert hatte. Dies bedeutete die offizielle Delegitimierung der konfessionellen Abgrenzungsstrategie, welche den Katholizismus in seiner Blütezeit zwar stark gemacht hatte, die aber ihre Plausibilität bereits in der Vorkonzilsepoche weitgehend verloren hatte. Waren die Milieugrenzen bereits durch die stärkere Vermischung der Konfessionen, die mancherorts praktizierte Ökumene und die wachsende Bedeutung nicht konfessioneller Massenmedien durchlässig geworden, so wurde nunmehr auch der kulturelle Schutz dieser Grenzen abgebaut. Die katholische Kultur verlor ihren aus- und eingrenzenden Sondercharakter; sie bestimmte sich nun vielmehr im Kontext des modernen Pluralismus und der entstehenden Weltgesellschaft, ohne damit ihren eigenständigen Auftrag aufzugeben. Die katholische Kirche begab sich damit implizit in eine Konkurrenzsituation, sie nahm nun die Beweislast ihrer Glaubwürdigkeit nach innen und außen auf sich, und eben dies war vielen Konzilsvätern durchaus bewusst.[48]

Die Anerkennung der funktionalen Ausdifferenzierung und tendenziellen Verselbständigung gesellschaftlicher Teilsysteme kommt vor allem in der Pastoralkonstitution über die Kirche in der Welt von heute und im Dekret über das Laienapostolat zum Ausdruck: »Wenn wir unter Autonomie der irdischen Wirklichkeiten verstehen, dass die geschaffenen Dinge und auch die Gesellschaften ihre eigenen Gesetze und Werte haben, die der Mensch schrittweise erkennen, gebrauchen und gestalten muss, dann ist es durchaus berechtigt, diese Autonomie zu fordern. Das ist nicht nur eine Forderung der Menschen unserer Zeit (!) sondern entspricht auch dem Willen des Schöpfers. Durch ihr Geschaffensein selber nämlich haben alle Einzelwirklichkeiten ihren festen Eigenstand, ihre eigene Wahrheit, ihre eigene Gutheit sowie ihre Eigengesetzlichkeit und ihre eigenen Ordnungen, die der Mensch unter Anerkennung der den einzelnen Wissenschaften und Techniken eigenen Methode achten muß« (*Gau-*

dium et Spes 36). Auch im Laiendekret wird zunächst die Autonomie der zeitlichen Ordnung, »ihre eigenen Ziele, Gesetze, Methoden und ihre eigene Bedeutung für das Wohl der Menschen« betont, aber gleichzeitig vor einem »allzu großen Vertrauen auf den Fortschritt der Naturwissenschaften und der Technik« sowie »einer gewissen Vergötzung der zeitlichen Dinge« gewarnt, und den Laien die Aufgabe übertragen »den Aufbau der zeitlichen Ordnung als die gerade ihnen zukommende Aufgabe auf sich (zu) nehmen und dabei, vom Licht des Evangeliums und vom Geist der Kirche geleitet sowie von christlicher Liebe gedrängt, unmittelbar und entschieden (zu) handeln. Sie sollen aus ihrer spezifischen Sachkenntnis heraus und in eigener Verantwortung als Bürger mit ihren Mitbürgern zusammenarbeiten und überall und in allem die Gerechtigkeit des Reiches Gottes suchen. Die zeitliche Ordnung ist so auszurichten, dass sie, unter völliger Wahrung der ihr eigentümlichen Gesetze, den höheren Grundsätzen des christlichen Lebens entsprechend gestaltet, dabei jedoch den verschiedenen Situationen der Orte, Zeiten und Völker angepasst wird« (*Apostolicam Actuositatem* 7). Man kann an dieser Textstelle sehr gut die dialektische Auseinandersetzung und die Bewahrung der Eigenständigkeit auch in der Anerkennung der modernen Gegebenheiten erkennen.

4.3.2 Glaubensoptimismus

Für den Soziologen liegt die Frage nahe, wie sich diese aus seiner Sicht grundlegende Kehrtwendung im Kirchenverständnis auf dem Zweiten Vatikanischen Konzil ereignen konnte. Wie die Analyse der vorkonziliaren Stellungnahmen und erst recht die Illusion der römischen Kurie zeigte, sie könne auf dem Konzil die von ihr vorbereiteten Schemata in weniger Wochen ›durchbringen‹, deutete ja vor dem Konzil nur weniges auf solch grundlegende Veränderungen hin. Was in der Perspektive des Glaubens als Wirken des Heiligen Geistes erscheinen mag, erscheint aus soziologischer Perspektive – und diese beiden Perspektiven schließen sich nach Auffassung des Verfassers nicht aus – als Ergebnis von Erfahrungen auf dem und während des Konzils selbst. Wer den Prozess des Konzils und die Genese seiner einzelnen Texte verfolgt,[49] kann nur tief beeindruckt vor dem Ausmaß an Engagement und Arbeitseifer, Entschiedenheit und Verständigungsbereitschaft, Unerschrockenheit und Loyalität stehen, die sowohl für die Gesamtheit der Konzilsväter als auch für die in den verschiedenen Themenbereichen agierenden Wortführer zu beobachten ist. Es ist gerade die unter allen Teilnehmern des Konzils verbreitete Überzeugung vom Beistand des Heiligen Geistes, der die Einheit der Kirche will, welche diese Koexistenz von nach profaner Vernunft sich nahezu ausschließenden Haltungen erklärt (vgl. 8.3). Das Zweite Vatikanum war vor allem eine kirchenpolitische und soziale Erfahrung für die Konzilsväter; es war die Erfahrung der Gemeinschaft statt derjenigen der hierokratischen Herrschaft, und aus ihr entspringt die Perspektive einer Ekklesiologie der Communio. Es war die Erfahrung, die Bert Brecht dem Lao-Tse in den Mund legt:

»Daß das weiche Wasser in Bewegung
mit der Zeit den mächtigen Stein besiegt
Du verstehst, das Harte unterliegt« (Brecht 1973: 51).

Das Ergebnis des Konzils ist das Werk einer unendlichen Vielzahl zwischenmenschlicher Kommunikationen, von Gesprächen in Cafeterias, Zusammenkünften in kirchlichen Häusern, nächtlichen Debatten um entscheidende Textstücke, mutigen Reden in der Konzilsaula und überlegten Modi der Konzilsväter. Durch die Vernetzung unendlich vieler kleiner Zirkel, durch die Verbindung einer informellen und einer formellen Struktur ist aus soziologischer Sicht dieses Konzil zu einem Ergebnis gekommen, dessen gleichzeitige Komplexität und Kohärenz beeindruckt.

Abgesehen von allen Inhalten bewirkt die Steigerung innerkirchlicher Komplexität und die damit verbundene Optionserweiterung die entscheidende Modernisierung des Katholizismus durch das Konzil. Die Öffnung der Kirche zur Welt hin, bei gleichzeitiger Tieferlegung der theologischen Fundamente war Ausdruck eines Glaubensoptimismus, der in gewisser Hinsicht mit dem Optimismus der 50er und 60er Jahre in Wissenschaft, Wirtschaft und Gesellschaft korrelierte.

4.3.3 Ernüchterung

Aber die Ernüchterung folgte auf dem Fuße. Nicht nur innerhalb der Kirche, sondern auch innerhalb der Gesellschaft, insbesondere der deutschen Gesellschaft, wurde die Spannung zwischen der fortschreitenden strukturellen Modernisierung und der zurückbleibenden kulturellen Mobilisierung spürbar. Die Studentenbewegung der späten 60er Jahre wurde zum Träger eines kulturellen Modernisierungsschubes in Europa. Im Rückblick erscheint auch diese soziale Bewegung mit Bezug auf die Modernisierungsthematik als ambivalent: Sie berief sich auf die normativen Grundlagen der Aufklärung, um deren uneingeschränkte Verwirklichung einzuklagen, unterschätzte aber die Folgeprobleme struktureller Modernisierung, welche zu der oben skizzierten postmodernen Bewusstseinslage geführt haben (vgl. 2.2). In gewisser Hinsicht war auch die Studentenbewegung noch eine frühmoderne Bewegung, die auf die Kraft menschlicher Vernunft baute. Der von ihr ausgehende ›Kulturschock‹ traf jedoch insbesondere die nach dem Zweiten Weltkrieg restaurierten Elemente einer traditionalen Kultur in Deutschland, zu denen der enge Zusammenhang von Kirche und Familie gehörte. Die neuen Themen des Abbaus psychischer Selbstzwänge und der Frauenemanzipation waren auf dem Konzil noch nicht präsent. Sie betrafen als Defizite jedoch in besonderer Weise die kombinierte Wirkung der traditionalistischen katholischen Kultur und der von ihr bestimmten katholischen Milieus. Nachdem das Konzil diese Milieus ihrer kulturellen und die Modernisierung sie ihrer strukturellen Stützen beraubt hatte, brachen sie unter der von der Studentenbewegung angestoßenen Kritik rasch zusammen. Die *Entkoppelung von Kirche und Familie* ist die vielleicht durchgreifendste Folge dieses Modernisierungsschubs gewesen, und es überrascht nicht, dass die nachkonziliare Kirche sich gerade mit den Themen menschlicher Sexualität und weiblicher Gleichberechtigung in so irritierender Weise schwertut.[50] Diese Themen betreffen die lebensweltlichen Zusammenhänge in besonderer Weise, auf denen die katholische Milieubildung beruhte. Der Plausibilitätsverlust der Milieubildung scheint jedoch auch die Plausibilität des katholischen Glaubens selbst beeinträchtigt zu haben, wie der starke Rückgang an Kirchengebundenheit und Glaubenswissen in den letzten Jahrzehnten zeigt.

Betrachtet man die Ekklesiologie des Zweiten Vatikanischen Konzils in dieser Perspektive, so stellt man fest, dass sie vor allem auf diejenigen Elemente der traditionellen Konzeption verzichtet, welche im 19. Jahrhundert die Abgrenzungsstrategie rechtfertigten. An ihre Stelle tritt der Gedanke einer »Öffnung der Kirche zur Welt«. Diese Öffnung und der Verzicht auf alle Formen des Anti-Modernismus führten jedoch zu Folgeproblemen, die klarer von den »Konservativen« als den »Progressiven« in der Kirche vorausgesehen wurden. Zu diesen Folgeproblemen gehört insbesondere die Infragestellung eines sakralisierten Herrschaftsanspruchs der Hierarchie mit den Mitteln des Rechts und den modernen Formen der Organisation. Das Wachstum der kirchlichen Verwaltungszentralen zeigt auch empirisch, dass sich das konkrete Kirchenbild immer mehr demjenigen einer bürokratischen Organisation (im Sinne Max Webers) annähert. Die Aufrechterhaltung des sakralisierten (und damit »weltlichen« Erörterungen letztlich unzugänglichen) Herrschaftsanspruchs gefährdet unter diesen Bedingungen die Glaubwürdigkeit der Kirche in einer nicht nur episodenhaften oder generationsspezifischen Weise, sondern führt die kirchlichen Amtsträger notwendigerweise ins Licht einer moralischen Ambivalenz (vgl. Ebertz 1996). Die heutigen innerkirchlichen Diskussionen über Entscheidungen der Hierarchie stellen die kirchliche Autorität nicht grundsätzlich in Frage, aber sie drängen gleichermaßen auf rationalere und spirituellere Begründungen geistlicher Herrschaftsausübung.

5. Kapitel:
Globalisierung und Christentum

Es ist nicht einfach, das Zweite Vatikanische Konzil im Strom der historischen Ereignisse und mit Bezug auf aus ihnen gefolgerte Entwicklungstrends zu verorten. Zwar markiert es deutlich das Ende jenes katholischen Antimodernismus, der mit der romantischen Reaktion auf die Aufklärung einsetzte und seinen Höhepunkt im Pontifikat von Pius X. fand. Damit ist allerdings nur ein innerkirchlicher Anknüpfungspunkt gefunden, denn das, wogegen sich der Antimodernismus richtete, wird man nicht einfach mit dem gleichsetzen dürfen, was wir – übrigens erst nach dem Zweiten Weltkrieg – uns als ›Modernisierung‹ oder gar ›Moderne‹ bzw. ›Postmoderne‹ zu bezeichnen angewöhnt haben. Sieht man von dem blassen Versuch ab, die jüngsten Entwicklungstendenzen unter den Begriff einer ›Zweiten Moderne‹ (U. Beck) zu subsumieren, so scheint zudem die Modernitätssemantik seit kurzem durch eine neue Semantik verdrängt zu werden, welche insbesondere die Überschreitung des nationalstaatlichen Vergesellschaftungsniveaus mit Begriffen wie Internationalisierung oder Globalisierung hervorhebt.

Es gehört zur heute erreichten, vielfach als ›postmodern‹ bezeichneten Bewusstseinslage, dass wir im Unterschied zu den aufklärerischen Fortschrittshoffnungen uns der Überkomplexität der Wirklichkeit bewusst werden. Alle verallgemeinernden wissenschaftlichen Aussagen über Wirklichkeit stellen perspektivisch verengte Denkmodelle dar, deren Qualität sich nach ihrem heuristischen, explikativen und im Grenzfall prognostischen Wert richtet. Dabei erweisen sich die Erfahrungsobjekte der Sozial- und Geisteswissenschaften als weit weniger zeitstabil als diejenigen der Naturwissenschaften, weshalb auch ihrer Denkmodelle weniger zu festen Paradigmen führen. Sozialwissenschaftler behaupten überdies, dass ihre Erfahrungsobjekte besonders komplex und mit linearen Kausalmodellen nur unter besonderen Voraussetzungen erklärbar seien. Die geringe Prognosefähigkeit der Sozialwissenschaften wird daher den Eigenschaften des Erfahrungsobjektes selbst und nicht der fehlenden

Intelligenz der Sozialwissenschaftler zugesprochen, auch wenn es da sicher noch einiges zu verbessern gäbe! Begriffe wie Modernisierung oder Globalisierung stellen somit lediglich Bezeichnungen für hochkomplexe und in der Regel dynamische Phänomene dar, die sich nur andeutungsweise explizieren lassen. Wir sind jedoch auf derart abstrakte Denkmodelle angewiesen, weil uns sonst die Vielfalt der historischen und interkulturellen Wirklichkeiten überwältigen würde. In diesem Sinne stehen auch die Aufklärungsskeptiker unter den Sozialwissenschaftlern fest auf dem Boden der Aufklärung, welche es ja als erste unternommen hat, die erfahrbare Wirklichkeit in gedankliche Modelle zu fassen.

Die aktuellen Entwicklungen nahmen ihren Anfang in jener Weltregion, die am stärksten vom Christentum und zumal dem lateinischen Christentum geprägt worden ist. Insofern wäre es selbst für einen Sozialwissenschaftler kurzschlüssig, die Kirchengeschichte sozusagen als abhängige Variable einer Gesellschaftsgeschichte zu behandeln. Das, was die auf der sesshaften, primär agrarischen Lebensweise beruhenden Hochkulturen Europas über sich hinausgetrieben hat, scheint sowohl mit den monotheistischen Transzendenzvorstellungen als auch mit dem christlichen Missionsgedanken eng verbunden. Insoweit wird man nicht nur die mit dem Topos ›Modernisierung‹ verbundenen, sondern auch die mit dem Topos ›Globalisierung‹ verbundenen Entwicklungen unter anderem auch auf religiöse Motive zurückführen können.

Im ersten Teil dieses Beitrags werden in kurzen Worten die Langfristtrends skizziert, welche zuletzt vor allem mit dem Begriff der Modernisierung, in jüngster Zeit jedoch zunehmend mit dem Begriff der Globalisierung angesprochen werden. Dabei soll insbesondere die jüngste Entwicklungsphase wachsender Internationalisierung und weltweiter Interdependenz auf ihre Implikationen befragt werden. Die im ersten Teil skizzierten Langfristtrends stellen jedoch besten- oder schlimmstenfalls nur die halbe Wahrheit neuzeitlicher Entwicklung dar. Den universalisierenden Trends stehen seit jeher partikularisierende Reaktionen gegenüber, die sich makrosoziologisch vor allem im kulturellen und politischen Raum manifestieren. Inwieweit zu Recht von einer entstehenden ›Globalkultur‹ zu sprechen ist, bleibt daher im zweiten Teil zu untersuchen. In diesem Zusammenhang müssen auch die Beziehungen zwischen Religion, Christentum und Kirche geklärt werden, denn trotz ihres universalistischen Anspruchs müssen Christentum und Kirchen gerade unter den gegenwärtigen Globalisierungstendenzen die Erfahrung machen, dass sie historisch gesehen partikuläre Phänomene geblieben sind. Es sollte zu denken geben, dass die missionarischen Erfolge des Christentums in der Neuzeit sich im Wesentlichen auf die Räume beschränkt haben, in denen die anderen hochkulturellen Weltreligionen noch keinen festen Fuß gefasst hatten. – Schließlich seien in einem kurzen dritten Teil charakteristische Folgeprobleme der dargestellten gesellschaftlichen Entwicklungen auf der Individualebene angesprochen, die allerdings keinem umfassenden anthropologischen Anspruch genügen können.

5.1 Globalisierung[51]

Es ist bekanntlich umstritten, wann der Beginn der Neuzeit, oder mit Max Weber, des abendländischen Sonderweges anzusetzen ist. Nicht von ungefähr in der Vorbemerkung zu seiner Religionssoziologie stellte Weber die für sein Erkenntnisinteresse zentrale Frage: »*Welche Verkettung von Umständen hat dazu geführt, dass gerade auf dem Boden des Okzidents, und nur hier, Kulturerscheinungen auftraten, welche doch – wie wenigstens wir uns gern vorstellen – in einer Entwicklungsrichtung von universeller Bedeutung und Gültigkeit lagen?*« (Weber 1934: 1).

5.1.1 Langfristtrends

Webers Antwort ist vielschichtig. Den entferntesten Ausgangspunkt sieht er bereits im jüdisch-christlichen Monotheismus und seiner desakralisierenden Wirkung mit Bezug auf des Menschen Verhältnis zur Natur. Auch dem griechisch-römischen Städtewesen mit seinen von den orientalischen Städten grundverschiedenen Einrichtungen spricht er große Bedeutung zu. Das bekannteste Argument, nämlich zum Zusammenhang zwischen Puritanismus und innerweltlicher Askese, ist durch die neuere Diskussion relativiert worden. Es spricht vieles dafür, den Beginn des abendländischen Sonderweges in der zweiten Hälfte des 11. Jahrhunderts anzusetzen, in die nicht nur das endgültige

Schisma zwischen Byzanz und Rom, sondern auch die Entstehung der Frühscholastik, der Beginn des Investiturstreits, die Wiederauffindung der Digesten Justinians, der Beginn der Kreuzzüge und damit der Aufschwung der italienischen Städte fällt. Aus modernisierungstheoretischer Sicht ist insbesondere der Investiturstreit und sein Ende im Wormser Konkordat von 1122 beachtlich: Durch die Unterscheidung zwischen geistlicher Ordination und weltlicher Lehensübertragung wurde eine erste funktionale Differenz zwischen grundsätzlich gleichberechtigten Gewalten und damit ein drittes Prinzip zwischen Cäsaropapismus und Hierokratie eingeführt, das sich als wegweisend für die neuzeitliche Entwicklung herausgestellt hat (hierzu ausführlicher Kaufmann 1997a, sowie 3.5). In der neueren Gesellschaftstheorie besteht eine weitgehende Übereinstimmung dahingehend, dass die Transformation von einer hierarchisch (z. B. nach Ständen) und segmentär (z. B. in Grundherrschaften) strukturierten zu einer nach Funktionsbereichen (z. B. Wirtschaft, Politik, Wissenschaft, Religion usw.) und in Form von Organisationen strukturierten Gesellschaft einen *Kernprozess der Modernisierung* ausmacht.

Der Durchbruch dieses neuen Strukturprinzips erfolgte unter dem dreifachen Druck einer geistigen Revolution (Aufklärung), einer politischen Revolution (in Frankreich) und der industriellen Revolution (in England) gegen Ende des 18. Jahrhunderts, doch dauerte es – grob gesagt – bis nach Ende des Ersten Weltkriegs, dass sich die Herrschaftsform der Demokratie, die sich selbst begrenzende Verfassungsstaatlichkeit, die Verselbständigung der kirchlichen Strukturen und die industrielle Form des Wirtschaftens in West- und Mitteleuropa allgemein durchsetzten. Und erst nach dem Zweiten Weltkrieg wurden die Prinzipien der Marktwirtschaft und des Freihandels in Verbindung mit der wohlfahrtsstaatlichen Entwicklung zum weithin akzeptierten gesellschaftlichen Leitbild, das auch eine kulturelle Voraussetzung des neuen Entwicklungsschubs der sogenannten Globalisierung bildet.

Die *Soziologie* als eigenständige Wissenschaft hat sich in der Reflexion auf die erwähnte dreifache Revolution um 1800 entwickelt. Bis weit ins 19. Jahrhundert hinein blieben die vorrevolutionären, traditionsgebundenen Verhältnisse zum mindesten auf dem Lande bestehen; die alte und die neue Gesellschaftsform koexistierten, vor allem im Gegensatz von flachem Land und Großstadt. So hat die ältere Soziologie den Prozess der »Großen Transformation« (Polanyi 1944)) vor allem als Unterschied zwischen zwei Gesellschaftszuständen reflektiert: »From Status to Contract« (Henry S. Maine), »Gemeinschaft und Gesellschaft« (Ferdinand Tönnies), »Mechanische und organische Solidarität« (Emile Durkheim), und vor allem »Agrar- und Industriegesellschaft«. Auch der modernen Gesellschaft kann als Gegenbild die traditionale Gesellschaft gegenübergestellt werden, wobei dann letztere zumeist als statisch, erstere als dynamisch bezeichnet wird.

Aber diese komparativ-statische Betrachtungsweise wird dem Gegenstand nicht gerecht. Denn schon die vorrevolutionären Gesellschaftsformen waren nicht einheitlich und keineswegs statisch. Neu ist die *Legitimität* und damit verbunden eine *Beschleunigung des Wandels*, während traditionale Gesellschaften – häufig in Verbindung mit der Religion – den Wandel delegitimierten und damit als irrelevant oder gar inexistent darzustellen suchten (Eliade 1966). Dies geschah vor allem im Rahmen eines zyklischen Weltbildes, das mit dem eschatologischen Weltbild des jüdisch-christlichen Kulturkreises kontrastiert. Wie vor allem Karl Löwith herausgearbeitet hat, stellte die Geschichtsphilosophie der Aufklärung mit ihrem Fortschrittsglauben eine Fortsetzung des eschatologischen Denkens mit säkularen Mitteln dar (1953). Das (post-)moderne Denken dagegen ist sich des geschichtlichen Endpunktes der von ihr reflektierten Dynamik nicht mehr gewiss, sondern nimmt die Evolution sozusagen als zu bejahendes Schicksal an, dem nur durch fortgesetzte Lernprozesse günstige Seiten abzugewinnen sind. Derartige Lernprozesse vollziehen sich zunehmend nicht nur in Individuen, sondern im Rahmen von arbeitsteiligen Organisationen, deren Fähigkeit, komplexe Strukturen auszubilden, ein wesentliches Element der gesellschaftlichen Entwicklung ist.

Im Horizont solch evolutionären Denkens stehen die *Trend- und Prozessbegriffe*, mit denen die historische Soziologie den als ›Modernisierung‹ bezeichneten Übergang aus einem meist nur undeutlich artikulierten traditionalen Gesellschaftszustand in den modernen Zustand zu explizieren sucht. Erwähnt seien etwa die Begriffe Rationalisierung, Industrialisierung, Verstädterung und Säkularisierung als ältere, oder Demokratisierung, Pluralisierung und Individualisierung als neuere Konzepte.

5.1.2 Ausdehnung der Räume und Schrumpfen der Zeit

Auch im Begriff ›Globalisierung‹ kommt ein Langfristtrend zum Ausdruck, der in den bisher erwähnten Begriffen nicht explizit wird, nämlich die *Ausdehnung der interdependenten Räume* und das Schrumpfen der zwischen ihnen liegenden zeitlichen Distanzen. Sozialhistoriker behaupten, dass der ländlich sesshafte, mittelalterliche Mensch, und das war die ganz überwiegende Mehrheit, sich ausschließlich in einem Radius von etwa fünfzehn Kilometern um seinen Geburtsort bewegte und im Laufe seines Lebens weniger als 800 verschiedenen Menschen begegnete. Das Leben vollzog sich somit in kleinen, dünn besiedelten Räumen, naturalwirtschaftlich und eng am Existenzminimum; der Handel spielte kaum eine Rolle. Mit dem ab dem 12. Jahrhundert aufblühenden Fernhandel, im Rahmen dessen sich allmählich auch die ersten geldwirtschaftlichen Instrumente und das Bankwesen entwickelten, entstanden erstmals seit dem Zusammenbruch des weströmischen Reiches weiträumige, aber noch sehr lockere Verbindungen und geordnete Verkehrswege; ein Prozess, der sich mit der technischen Verbesserung der Verkehrsmittel – von der Postkutsche bis zum Düsenjet – kontinuierlich intensiviert hat und wachsende Bevölkerungsteile einbezieht.

Mit der Entstehung von staatsförmigen Territorialherrschaften wurde dieser lineare Trend zunächst gebrochen: Im Rahmen eines staatswirtschaftlichen, ›merkantilistischen‹ Denkens versuchten die Souveräne, die Produktion und die Interdependenz im Inneren ihres Landes zu steigern, die Verbindungen nach außen hin jedoch durch die Errichtung von Grenzkontrollen und die Erhebung von Zöllen zu unterbrechen. Vom 16. bis ins 20. Jahrhundert vollzog sich die Ausdehnung der Interdependenzen im wesentlichen als *Vergrößerung der territorialstaatlichen Räume* durch Erbschaften, Kriege, Fusionen oder Interventionen von Drittstaaten. Aus über tausend politischen Einheiten im Europa der frühen Neuzeit wurden so bis zum Ende des 19. Jahrhunderts etwa 30 Staaten. Hinzu kam die außereuropäische Expansion der europäischen Großmächte mit der Bildung von Kolonialreichen; der Habsburger Kaiser Karl V. rühmte sich, dass in seinem Reiche die Sonne nie untergehe. Auf diese Weise entstanden erste transkontinentale Interdependenzen, die jedoch bis zum Ende des Zweiten Weltkriegs keineswegs die Form eines Weltmarktes annahmen, sondern eng auf die Grenzen der jeweiligen Kolonialreiche bezogen blieben: Die Verbindungen liefen hierarchisch über Paris oder London, nicht jedoch lateral von Kolonie zu Kolonie.

Die Entkolonialisierung nach dem Zweiten Weltkrieg vollzog sich im wesentlichen in der Form einer Fragmentierung der ehemaligen Kolonialreiche zu staatsförmigen Gebilden, wenngleich die Verhältnisse innerhalb der ehemaligen Kolonien häufig wesentliche Merkmale des westlichen Staatsverständnisses vermissen lassen. Die Grundvorstellung der Vereinten Nationen war es jedoch, die Welt politisch als ein System interagierender souveräner Staaten zu etablieren. Wirtschaftlich propagierten die siegreichen angelsächsischen Alliierten dagegen die Grundsätze des Freihandels und die *Etablierung von Weltmärkten*, d. h. die Wirtschaftsbeziehungen sollten sich nunmehr nicht mehr nach politischen Vorgaben, sondern ausschließlich nach den komparativen Kostenvorteilen von Produktionsstandorten und auf der Basis von Preiskonkurrenz entwickeln. Dies war bekanntlich das Leitbild des englischen Liberalismus seit Beginn des 19. Jahrhunderts.

Parallel zur politischen Strukturierung der Welt entfaltete sich deren technologische Vereinheitlichung. Zunächst erfolgte die Standardisierung von Zeit, Distanzen, Maßen und Gewichten auf nationaler, jedoch international vergleichbarer Ebene. Das bildete die Voraussetzung für die *weltweite Standardisierung und Vernetzung* der sozialen Beziehungen. Zu den ältesten gehört der Weltpostverein (gegründet 1874 in Bern). Seither wurde durch eine Fülle internationaler Abkommen, die grundsätzlich allen Staaten zur Ratifizierung offenstehen, Verkehrs- und Kommunikationsnetze etabliert und die ihnen zugrunde liegenden einheitlichen oder wenigstens kompatiblen Standards definiert. Die extrem verkürzten Übermittlungszeiten und die praktisch kaum mehr beschränkten Übermittlungskapazitäten der Telekommunikation, aber mutatis mutandis auch der Transportsysteme, haben die frühere Bedeutung räumlicher Entfernungen weitgehend außer Kraft gesetzt. Das ermöglicht die Entstehung sogenannter ›Global Players‹, also weltweit operierender Organisationen, vor allem im Wirtschaftsleben. Die Entwicklung großräumiger technischer Systeme ist selbst eine neue Form der Vergesellschaftung und hat Konsequenzen für die Strukturen wie für die Inhalte weltweiter Kommunikation.

5.1.3 Die Macht des Geldes[52]

Die Voraussetzung leistungssteigernder Märkte ist jedoch ein *funktionierendes Geldsystem*. Zu den Prärogativen der entstehenden Staatsmacht gehörte von Anfang an das Recht, eigene Münzen aus Edelmetall zu prägen. Da die Staatshaushalte der meisten Fürsten chronisch defizitär waren, suchten sie dann vielfach durch Münzverschlechterungen, d. h. durch Beimischung weniger edler Metalle oder geringeres Münzgewicht, ihre Haushalte zu sanieren – das war die früheste Form der Inflation! Nur ausnahmsweise gelang es, die Währungen der Staaten zu einem funktionsfähigen internationalen Geldsystem zu verknüpfen, denn dies setzt eine hohe monetäre Disziplin der Staaten voraus. Im 19. Jahrhundert entstanden unter der Führung Englands internationale Abkommen, denen zufolge die Staaten sich verpflichteten, den Wert ihrer Währungen mit Bezug auf das Gold zu definieren und einen konstanten Geldwert durch eine Umtauschpflicht in Gold zu gewährleisten. Dieser sogenannte Goldstandard existierte in Europa nur zwischen 1885 und 1914 (unter Einschluss der USA sogar nur ab 1900). Das war im wörtlichen Sine das ›goldene Zeitalter‹ der markttheoretischen Wirtschaftslehre. Da die Geldmenge nun nur nach Maßgabe der verfügbaren Goldreserven vergrößert werden durfte, konnte das Preissystem als unerbittlicher Regulator der internationalen Wirtschaftsbeziehungen funktionieren. Mit dem Ausbruch des Ersten Weltkriegs verweigerten jedoch alle Staaten die Einlösung des inzwischen entstandenen Notengeldes in Gold und benutzten die Notenpresse zur Kriegsfinanzierung. In der Folge ist es nie wieder gelungen, die Goldwährung als ein objektiviertes System des Geldwertes zu etablieren.

Gegen Ende des Zweiten Weltkriegs versuchten die Alliierten, mit dem Abkommen von Bretton Woods (1944) eine internationale Ordnung konvertibler Währungen auf der Basis fester Wechselkurse zu begründen. Den Bezugspunkt der Währungsrelationen bildete nun nicht mehr das Gold allein, sondern zugleich der US-Dollar als Leitwährung, dessen Wert allein in Gold ausgedrückt wurde. Dieses recht und schlecht funktionierende System brach 1971 zusammen; seither werden alle Währungen vom Goldstandard entkoppelt und ihr relativer Wert wird auf Devisenmärkten von Tag zu Tag neu festgestellt. Eher zufällig fiel dies zeitlich mit der ersten Ölkrise (1973) zusammen, welche die bis dahin zugunsten der Industrieländer außerordentlich günstigen internationalen Austauschverhältnisse korrigierte und zur Ansammlung hoher liquider Kapitalien (Petrodollar) führte. So entstanden neue Formen internationaler Finanzgeschäfte und ein weitgehend verselbständigter, *weltweiter Finanzmarkt*, auf dem nationale Währungen unter spekulativen Gesichtspunkten gehandelt werden, was gleichzeitig einen erheblichen Druck auf die nationalen Wirtschaftspolitiken auslöst. Dieses internationale Geldsystem bildet eine wichtige Voraussetzung zum Verständnis problematischer Folgen der sogenannten Globalisierung.

5.1.4 Globalisierung analytisch[53]

Wir leben heute unter den Bedingungen einer sich intensivierenden Standardisierung und Vernetzung des Erdkreises. Diese *Globalisierung im strengen Sinn* des Wortes beschränkt sich auf Wissensformen und Techniken auf der Basis der Naturwissenschaften, welche bekanntlich von der Prämisse einheitlicher Gesetzmäßigkeiten im Rahmen unseres Kosmos ausgehen und hiermit großen Erfolg gehabt haben. In technischer Hinsicht können wir somit zunehmend von der Existenz *einer* zusammenhängenden Welt ausgehen, in der räumliche Distanzen immer weniger als trennende ›natürliche‹ Interdependenzunterbrecher wirken.

Soziale und politische Neuerungen haben parallel zu den technologischen Veränderungen Form angenommen. Wir können diese Prozesse als Internationalisierung und Transnationalisierung bezeichnen. *Internationalisierung* bedeutet die Erweiterung der alltäglichen Mobilität – von Wissen, Gütern und Personen etc. – über die nationalen Grenzen hinaus. Der Anteil der die staatlichen Grenzen überschreitenden Transaktionen nimmt zu und wird immer einflussreicher. *Transnationalisierung* bedeutet die Entstehung bzw. den Bedeutungszuwachs von Organisationen, die sich nationaler Kontrolle entziehen, den so genannten *Global Players*. Der älteste von ihnen ist die katholische Kirche, aber die meisten sind erst im 20. Jahrhundert entstanden. Internationale Konzerne, Wissenschaftsvereinigungen, Hilfswerke, Sportverbände; nicht zuletzt aber auch internationale Organisationen, die auf völkerrechtlichen Verträgen zwischen Staaten beruhen, allen voran die Vereinten Nationen (UNO) und ihre Sonderorganisationen, aber auch die Welthandelsorganisation (WTO); und immer häufiger regionale Zusammenschlüsse, unter denen die Europäische Union das fortgeschrittenste Modell darstellt. Eine wesentliche Beschleunigung der wirtschaftlichen Globalisierung entstand durch politische Entscheidungen, insbesondere durch die Freigabe des internationalen Finanzverkehrs, die sog. Deregulierung der Finanzmärkte um 1985. Seither ist Globalisierung zu einem vorherrschenden Topos der kollektiven Daseinsdeutung geworden. Eine einflussreiche Richtung der Soziologie postuliert darüber hinaus das Entstehen einer *Weltgesellschaft*, also einer neuen umfassenden Ebene der Vergesellschaftung (vgl. Heintz/Münch/Tyrell 2005).

Das verweist auf die letzte Dimension der Globalisierung, nämlich das wachsendes *Bewusstsein* der zunehmenden Interdependenz der Welt und der damit verbundenen Komplexitäten, Chancen und Risiken; sie lässt sich als *Globalismus* bezeichnen. Am deutlichsten ist dies im Bereich der Ökologie, aber auch die Vorstellung einer Weltbevölkerung und die Erfahrung der aus ökonomischen, demographischen und politischen Spannungen resultierenden transkontinentalen Migrationen wirken in dieser Hinsicht bewusstseinsbildend. Im Hintergrund stehen – zum mindesten im Westen – zudem der weltweite Missionsauftrag des Christentums und das universalistische Programm der Aufklärung, welche den Menschen in ein unmittelbares Verhältnis zur Welt glaubte bringen zu können und das Ideal der einen Menschheit formuliert hat (Kant 1795). Eben dieses Leitbild gerät jedoch in dem Maße unter Druck, als sich die Menschheit tatsächlich zu einer – widerspruchsvollen – Einheit zu formieren beginnt (vgl. Richter 1992; Gabriel 1996).

Eine wichtige praktische Konsequenz der Globalisierung ist das Entstehen neuer und die Intensivierung älterer *Konkurrenzverhältnisse*. Die wirkt sich auch auf den Bereich der Religion aus.

5.2 Kulturelle, politische und soziale Partikularismen

5.2.1 Die Relativierung des Nationalstaates

Die Fortschritte der Internationalisierung und die Entstehung transnationaler kollektiver Akteure mit weltweitem Handlungshorizont sind selbstverständlich eine Folge der zunehmenden weltweiten Vernetzung, aber doch nicht mit ihr identisch. Die technische Globalisierung bildet sozusagen die Infrastruktur für tendenziell weltweite Operationsräume, die aber auch von den globalen Akteuren in unterschiedlichem Maße genutzt werden. Das weltweite Netz kennt Knoten sehr unterschiedlicher Größenordnung und Verbindungsstränge unterschiedlicher Kraft. Es entwickeln sich privilegierte Städte und Regionen, die als ›Global Cities‹ Zentren des Finanzwesens, der transnationalen Konzerne sowie darauf bezogener Dienstleistungen sind; so können London, New York und Tokio wohl als Knoten erster Größe und als Finanzzentren der dominierenden *Triade* – USA, EU und Japan – gelten, zu der neuerdings China mit Macht hinzustößt. Hinzu kommen dann eine Vielzahl Knoten zweiter und dritter Ordnung, mit zum Teil eigenständigem Profil und nur sektoral internationaler Ausrichtung.[54] Auf diese Weise entstehen neue *transnationale Sozialstrukturen*, welche primär durch die Unterschiede ihrer produktiven Kapazitäten sowie die Intensität ihrer ökonomischen Austauschprozesse zu charakterisieren sind. Diese neue Realitätsebene einer primär ökonomisch determinierten Weltvergesellschaftung überlagert die älteren Strukturen territorialer und kultureller Art, ohne sie jedoch aufzuheben. Aber sowohl bestimmte Kulturräume wie auch vor allem die bisherigen Nationalstaaten relativieren sich in ihrer Bedeutung. Sie geraten in die Gefahr, sozusagen ›zur Provinz‹ zu werden.

Es ist allerdings noch eine offene Frage, inwieweit die Finanzmetropolen auch zu politischen und kulturellen Metropolen werden. Zum mindesten solange demokratische Ideale ihre Wirkung entfalten, solange die Sprachgrenzen als Interdependenzunterbrecher kultureller Eigenarten in Kraft bleiben, und solange die unterschiedliche räumliche Verteilung der Weltreligionen die kulturellen Unterschiede verstärkt, ist mit politischen und kulturellen Gegenbewegungen zu rechnen. Die entstehende Globalkultur ist – und dies dürfte für unser Thema von größter Bedeutung sein – primär technisch und ökonomisch bestimmt. Sie verfügt zwar mit der englischen Sprache über eine *lingua franca*, die jedoch weitgehend fachsprachlich spezifiziert ist. Die partikularen Sprachkulturen, die nationalen Idiosynkrasien und die vielfach religiös geprägten kulturellen Tiefenstrukturen größerer Weltregionen werden durch diese Entwicklungen nur indirekt tangiert, insofern als insbesondere die nationale Handlungsebene an Autonomie und damit vermutlich auch an politischer und sozialer Integrationskraft einbüßt (Hurrelmann 2008).

Um die Tragweite dieser Vermutungen zu verdeutlichen, sei daran erinnert, dass die Entstehung der Nationalstaaten in der Regel ein keineswegs konfliktfreier Prozess gewesen ist, der zum einen die Disziplinierung regionaler und lokaler Machtzentren und zum anderen die Entstehung einer nationalen Kultur im Zusammenhang mit der Schaffung eines staatlichen Bildungswesens beinhaltete. *Die kulturelle Herrichtung des Staatsbürgers löste ebenfalls Konflikte aus*, insbesondere mit transnationalen Bewegungen wie dem Katholizismus und dem Sozialismus, aber auch mit ethnischen und sprachlichen Minderheiten. Der Erfolg der nationalstaatlichen Vereinheitlichung blieb variabel: In den meisten Staaten blieben regionale und lokale Identitäten bedeutsam, und so entstanden Spannungen, z. B. zwischen ›Zentrum‹ und ›Peripherie‹, zwischen ›Bund‹ und ›Ländern‹, oder zwischen ›Nord‹ und ›Süd‹. In dem Maße, als die nationalstaatliche Autonomie schwindet, sinkt auch die zentralstaatliche Macht, und es ist mit einer Wiederbelebung regionaler, ethnischer und religiöser Kräfte und Eigendynamiken zu rechnen. Im Rahmen der Europäischen Union wird der – zum Teil grenzüberschreitende – Regionalismus sogar gefördert. Während somit das Modell des souveränen Nationalstaates beanspruchte, ein *einheitliches Problemlösungszentrum* für alle gesellschaftsweiten Probleme zu sein und in der Form der Staatsbürgerschaft die Loyalität der Bewohner seines Territoriums auf sich zu konzentrieren suchte, entsteht nunmehr *ein wesentlich komplexeres Arrangement subnationaler, nationaler und transnationaler Einheiten*, welche in unterschiedlicher Weise für politische Aufgaben zuständig sind und zudem in wirtschaftlicher Hinsicht teils konkurrieren, teils von internationalen und Weltmarktentwicklungen abhängig werden (Marks 1996; Scharpf 2010). Die Idee, die Bevölkerung eines Territoriums könne als solidarisches Volk durch eine staatliche Organisation ihr eigenes Geschick in die Hand nehmen, erweist sich immer deutlicher als Illusion. Kollektive Identitätszumutungen werden vielfältiger und beziehen sich auf funktional unterschiedliche Bereiche. Die politischen Entscheidungsstrukturen werden komplexer und undurchschaubarer. Und gleichzeitig wächst die Vermutung, dass es Prozesse gibt, die sich überhaupt nicht wirksam kontrollieren lassen. Bezogen auf die Hoffnungen der Aufklärung, der Mensch oder die Menschheit könne als »Maître et possesseur de la nature« im Aufbruch aus der selbst verschuldeten Unmündigkeit sein eigenes Geschick in die Hand nehmen, mutet das postmoderne Bewusstsein ebenso wie die Erfahrung der Globalisierungsfolgen dem kollektiven menschlichen Optimismus Kränkungen zu, welche jedoch in den herrschenden politischen Diskursen noch weitgehend verdrängt werden.

5.2.2 Zur Rolle von ›Religion‹

Auf den ersten Blick ließe sich nun vermuten, dass diese »neue Unübersichtlichkeit« (J. Habermas) und die Krise der aufklärerischen Fortschrittshoffnungen zu einer Renaissance der Religion führen werden. Und in der Tat lässt sich parallel zum Bedeutungsgewinn postmoderner Diskurse eine erneute Konjunktur des Themas ›Religion‹ seit Beginn der 80er Jahre beobachten, die durch die wachsende Bedeutung des Islam auch in jüngster Zeit anhält (vgl. Gärtner/Gabriel/Reuter 2012). Diese Renaissance des Religiösen scheint jedoch an den etablierten christlichen Kirchen weitgehend vorbeizugehen. Den Kirchen gelingt es so wenig wie den Staaten oder den Gewerkschaften, die Motive ihrer Mitglieder im Sinne einer festen Loyalität an sich zu binden. Das Thema ›Religion‹ hat sich verselbständigt und bezeichnet nicht mehr eine oder mehrere bestimmte, vorherrschende religiöse Traditionen, sondern *einen Problemraum*. Der Wunsch nach ›Religion‹ ist der *Wunsch, dass diejenigen Funktionen erfüllt werden mögen, deren Erfüllung bisher als Wirkung der historischen Religionen unterstellt wurde.* Diese These bedarf der Erläuterung.

Wie neuere begriffsgeschichtliche Studien zeigen (Feil 1995) gewinnt das Wort ›Religion‹ kategorialen Rang erst im Zuge des aufklärerischen Religionsverständnisses, welches einen sicheren Boden jenseits der zerstrittenen konfessionalisierten Christentümer suchte. Im 19. Jahrhundert wurde der Begriff dann insbesondere von der protestantischen Theologie einerseits und den vergleichenden Religionswissenschaften andererseits entwickelt, woraus eine bis heute andauernde Diskussion um den Religionsbegriff entstanden ist.[55] Dabei lassen sich zwei Richtungen der Begriffsbestimmung unterscheiden, nämlich einerseits phänomenologisch-inhaltliche (z. B. über den Begriff des ›Heiligen‹), und andererseits funktionalistische. Für beide Richtungen ist charakteristisch, dass sie beanspruchen, ›Religion‹ *als universale Kategorie*, d. h. als etwas in allen Gesellschaften Anzutreffendes zu bestimmen. All diese Versuche führen jedoch in Widersprüchlichkeiten. Das Interesse an einem allgemeinen Religionsbegriff ist eher theologischer als soziologischer Natur. Man sollte daher deutlich unterscheiden zwischen den *modernen Religionsdiskursen*, die sich auf die Horizontlosigkeit gegenwärtiger Geschichte und das daraus resultierende Problem der Chiffrierung und des Umgangs mit sonstwie unstrukturierbarer Kontingenz beziehen[56], und den *etablierten Weltreligionen*. Als ›religoid‹ lassen sich dann Orientierungs- und Handlungsprobleme bezeichnen, welche die vorherrschenden Denkmuster sprengen und für die es keine adäquaten Handlungsstrategien gibt. Inwieweit sie tatsächlich religiös aufgeladen werden, hängt von Deutungsleistungen ab, die sie in den Kontext dessen stellen, was in einer konkreten Gesellschaft als ›Religion‹ gilt. Aus soziologischer Sicht ist ›Religion‹ somit nichts Feststehendes, sondern ein Problemraum für entparadoxierende Strategien. Inwieweit diese Strategien als ›Glaube‹ oder als ›religiös‹ anerkannt werden, ist primär eine Frage des Einflusses konkreter Religionen und nicht soziologischer Diskurse.

Der soziologische Religionsdiskurs bleibt daher inkommensurabel zum Diskurs bestimmter religiöser Traditionen, etwa der jüdisch-christlichen, und erst recht ihren konfessionellen Ausprägungen. Gerade in der jüdisch-christlichen Tradition ging es nie um die Erfüllung gesellschaftlicher Funktionen (z. B. der Angstbewältigung, der Verarbeitung traumatisierender Erfahrungen, der Handlungsführung im Außeralltäglichen, der Gemeinschaftsbildung, der Kosmisierung der Welt oder der Distanzierung von Welt[57]), sondern um ein bestimmtes Verhältnis zwischen Gott und Mensch, wodurch eine charakteristische *Spannung zwischen Transzendenz und Immanenz* aufgerichtet wird, welche sich soziologisch als *Spannung zwischen etablierten und leidenschaftlichen Formen der Gottesbeziehung* – etwa zwischen Priestertum und Prophetentum, oder Kirche und religiöser Bewegung – äußert. Diese komplexe Spannung, welche sich durch weitere Elemente verdeutlichen ließe, unterscheidet die jüdisch-christliche Tradition von allen anderen Religionen und darf selbst als ein Ferment jener kulturellen Langfristprozesse gelten, welche die spezifischen Spannungen der Modernisierung hervorgebracht haben.[58]

Die komplexe Beziehung zwischen Christentum und Globalisierung kann hier nur angedeutet werden. Zum einen hat sich das Christentum aufgrund des Missionsauftrags seines Gründers von Anfang an nicht als Religion eines bestimmten Volkes (wie das Judentum) verstanden, sondern stets eine die Geschlossenheit sozialer Räume aufbrechende, tendenziell universalisierende Wirkung entfaltet. Zum anderen sind die neuartigen Lebensformen, die wir heute als Moderne bezeichnen, im Horizont des abendländischen Christentums entstanden. Die Tatsache, dass vergleichbare Expansionsprozesse außerhalb des lateinischen Patriarchats nicht in Gang gekommen sind, hat vielschichtige Ursachen, unter denen der größere Druck des Islam wahrscheinlich die wichtigste ist.[59] Expansionsmöglichkeiten fand die abendländische Christenheit im Wesentlichen über die Seefahrt, welche gleichzeitig die Entwicklung der Naturwissenschaften und der Technik gefördert hat. Dabei war die Ausbreitung des Christentums ein zentrales Motiv, das die Anstrengungen weit mehr legitimierte als die erst allmählich an Gewicht gewinnenden wirtschaftlichen und politischen Interessen. Beachtlich bleibt jedoch, dass die Missionserfolge des Christentums im Wesentlichen auf die Gebiete beschränkt blieben, in denen die anderen Hochreligionen (noch) nicht Fuß gefasst hatten. Die Christianisierung Amerikas erfolgte ganz überwiegend durch europäische Besiedlung und die Verdrängung bzw. Vernichtung der einheimischen Völker. In Afrika sind die Befunde komplizierter, doch ist die Erfolgsbilanz im Vergleich zum Islam kaum überzeugender, von Asien ganz zu schweigen.

Die entscheidende Veränderung der letzten Jahrzehnte besteht nun darin, dass die Modernisierung auch außerhalb des christlichen Kulturkreises festen Fuß gefasst hat. Auch die nicht christianisierten

Bevölkerungen werden mobil und drängen in die entwickelten Weltregionen, und die Weltmarktposition wie auch der politische Einfluss zahlreicher nicht-christianisierter Staaten gewinnen an Gewicht.

Im Zuge der Globalisierung scheint sich die Modernisierung von ihren christlichen Ursprüngen abzukoppeln. Das ist zunächst offenkundig für die expliziten Formen des Christentums, wie sie durch die christlichen Kirchen und Gemeinschaften repräsentiert werden. Darüber hinaus sind die Gesellschaftsordnungen des Westens von einem ›impliziten Christentum‹ geprägt, das sich etwa in der individualistischen Menschenrechtsdoktrin, in den Auffassungen über Ehe und Familie, sowie in staatlichen und gesellschaftlichen Vorkehrungen zum Schutze der Armen und Schwachen niederschlägt (vgl. zuerst Rendtorff 1969; Höffe 1996). Inwieweit diese institutionellen Momente, welche wesentliche Elemente des abendländischen Entwicklungsprozesses geworden sind, im Zuge der Modernisierung nicht-christianisierter Gebiete mit übernommen oder alteriert werden, scheint eine noch offene Frage zu sein.[60] In diesem Zusammenhang bietet sich insbesondere ein Studium der Menschenrechtsdoktrin und ihrer variablen kulturellen Ausdeutungen an (Heintz, Müller, Schiener 2006).

Zusammenfassend lässt sich somit festhalten, dass im Prozess der Globalisierung die Stellung der Hochreligionen sich in mehrfacher Hinsicht verändert: Sie werden sich zum einen ihrer spezifischen regionalen Verankerung bewusst, und damit ihres partikulären Charakters mit Bezug auf eine mögliche Globalkultur. Die internationalen Migrationen und generell der Bedeutungsverlust räumlicher Trennungen führen zum zweiten dazu, dass die Berührungsflächen zwischen den Weltreligionen sich vergrößern, allerdings vielfach vermittelt durch anscheinend profane Zusammenhänge. Schließlich steht zu vermuten, dass die Frage nach dem spezifischen Charakter der Welteinheit bald auch religiös gestellt werden wird; allerdings vor allem vor dem Hintergrund eines *soziologischen Religionsbegriffs*, welcher die historischen Religionen unter funktionalen Gesichtspunkten mit der Erwartung von Legitimationsleistungen für die Einheit der Welt und die Bildung einer ›Weltgemeinschaft‹ konfrontiert (vgl. auch Kaufmann 2003a). Diese Erwartung wird sich weniger an die Gläubigen, denn an die offiziellen Repräsentanten der Hochreligionen richten, die allerdings aufgrund ihrer sehr unterschiedlichen Organisation auf solch interreligiöse Gespräche unterschiedlich vorbereitet sind. Es kommt nicht von ungefähr, dass das »Weltgebet der Religionen« in Assisi vom geistlichen Führer der Katholiken ausgeht. Man wird mit Neugierde verfolgen dürfen, inwieweit hier auch eine interne Modernisierung und organisatorische Angleichung der Hochreligionen stattfindet, oder ob der Zusammenhang zwischen ihrer kulturellen Verankerung und den organisatorischen Strukturen hier dauerhaft wirksame Unterschiede bestehen lässt.

Erste international vergleichende Untersuchungen zur Struktur normativer Konflikte in sich modernisierenden und modernen Gesellschaften lassen die These Samuel Huntingtons, die Welt gehe einem Kampf zwischen sieben großen Weltkulturen entgegen, deren Unterschiede nachhaltig religiös geprägt seien,[61] als wenig plausibel erscheinen. Religiös fundierte Konflikte gibt es in nahezu allen Ländern, aber sie liegen quer zu anderen, sich überschneidenden Konfliktlinien: Dem Konflikt zwischen Elitenkukltur und Popularkultur, zwischen Tradition und Fortschritt, zwischen Universalismus und Partikularismus und neuerdings zwischen Wirtschaftswachstum und Umwelt, um nur die wichtigsten Bruchlinien für normative Konflikte zu nennen (vgl. Berger 1997: bes. 591 ff.). Zwar ist für die absehbare Zukunft keineswegs mit einer Abnahme normativer Konflikte in der Welt zu rechnen, und die Weltreligionen vermögen dabei sowohl formierende als auch vermittelnde Wirkungen auszuüben. Aber die Multidimensionalität der Konfliktfelder bewirkt nahezu zwangsläufig einen wachsenden Pluralismus der politischen Orientierungen und dämpft die Möglichkeiten eindeutiger Kulturfronten. Zwar ist ein weiteres Anwachsen fundamentalistischer Bewegungen keineswegs unwahrscheinlich, doch werden diese selbst partikulär bleiben. Sie stehen vor dem Dilemma, entweder nur wenige Wertdimensionen offensiv vertreten zu können, und daher mit Bezug auf andere Wertdimensionen ins politische Abseits zu geraten, oder sich selbst intern pluralisieren zu müssen und damit die Plausibilität ihrer fundamentalistischen Einheit aufs Spiel zu setzen.

5.3   Die Orientierungsmuster unter dem Druck der Globalisierung

Welche Auswirkungen der skizzierten Entwicklungstendenzen sind für die Orientierungen der Individuen zu erwarten? Bekanntlich beanspruchte der Universalismus der Aufklärung, die Menschen dergestalt in ein vernünftiges Verhältnis zur Welt setzen zu können, dass diese kraft vernünftiger Einsicht die Einheit der Welt als Weltgemeinschaft wollen könnten. Emanuel Richter ist den historischen Etappen dieses Denkens nachgegangen und gelangt zum Ergebnis: »Weil es im Zuge der Globalisierung den Modellen einer vernünftigen Welteinheit immer weniger gelingt, die Prinzipien einer universalen Gemeinschaftlichkeit an die Entwicklungsdynamik der globalen Kommunikation zu vermitteln, kann im Hinblick auf die Entwicklungsgeschichte der Modellbildung von einem Zerfall der Welteinheit gesprochen werden. Theorie und Praxis der Weltgesellschaft lassen sich immer weniger unter der normativen Zielperspektive einer aufklärerischen Vernunftentfaltung dialektisch miteinander in Verbindung setzen – Vernunft und Globalisierung treten auseinander« (Richter 1992: 247).

Dieses Ergebnis ist vor dem Hintergrund der hier angedeuteten Entwicklungen keineswegs überraschend, hat jedoch nachhaltige Folgen für unser Vernunft- und Wahrheitsverständnis. Die Sehnsucht nach einem einheitsstiftenden Prinzip, eine im funktionalistischen Sinne zutiefst *religiöse* Sehnsucht, bleibt im Sinne eines vernunftgemäßen Wahrheitsbegriffs unstillbar. Die Menschen müssen lernen, in vielfältigen Systemreferenzen unterschiedlicher Wirklichkeitsbestimmungen zu leben, die sich nur mit Bezug auf lokale Problemstellungen zu handlungsrelevanten Ergebnissen verdichten lassen. Wolfgang Welsch hat das entsprechende Vernunftprinzip als *transversale Vernunft* bezeichnet (vgl. 1995: bes. 613 ff.).

Die Einübung transversaler Vernunft ist allerdings eine überaus anspruchsvolle Angelegenheit, die zudem durch die Spezialisierung der wissenschaftlichen Ausbildung und die organisatorische Fragmentierung unserer arbeitsteiligen Produktionsprinzipien nicht gefördert wird. Transversale Vernunft fordert die Transparenz aller Entscheidungsprämissen, und diese werden von unterschiedlichen Wissenschaften her aufgeklärt. Wie soll da schließlich Entscheidung noch zustande kommen? Welsch rekurriert auf die Einsicht in die Entscheidungsnotwendigkeit und auf Kultur: »Die jeweilige Kultur gibt vernunftkonstitutive Gewohnheiten vor« (1995: 716 ff., Zitat 722).

Die Hoffnung des Philosophen auf die entlastende Wirkung von Kultur setzt allerdings *institutionalisierte Gewohnheiten* voraus; sie bleibt damit notwendigerweise partikulär, und es wäre genauer zu klären, was hier unter ›Kultur‹ zu verstehen ist.[62] Aus soziologischer Sicht ist zu vermuten, dass die institutionsbildenden Elemente von Gewohnheiten, also das, was Menschen befähigt, in bestimmten Situationen Bestimmtes zu wollen, zum einen sozialisierte Motive und zum anderen hochgradig kontextuierte Gewohnheiten voraussetzt, wie sie durch die Arbeitsteiligkeit moderner Gesellschaften *in differenten Formen* bereitgestellt werden.[63] Transversale Vernunft *als Entscheidungsform* wird sich daher bestenfalls als kommunikative Vernunft unter der Prämisse von hinsichtlich Zielsetzung und Wirkungszusammenhängen erheblich *eingeschränkten* Kontexten verwirklichen lassen, wie sie im Rahmen von Expertengremien, korporativen Verhandlungssystemen oder Organen mit definierten Kompetenzen einigermaßen gegeben sind. Stets bleibt jedoch die Entscheidungsthematik eine besondere, lokal gebundene. *Die großen Zusammenhänge unseres Lebens lassen sich immer weniger unter Entscheidungsaspekten thematisieren.* Oder vielleicht genauer: In vormodernen Zeiten wurde der Umgang mit Wirklichkeit nicht als Entscheidungsfrage thematisiert. Es war und ist das optimistische Menschen – und Weltbild der Aufklärung, das dem Menschen die Entscheidungsfähigkeit und Gestaltungsfähigkeit von Welt zumutet. Moderne Organisationen sind in ihrer Regelhaftigkeit geronnene Entscheidungen und dazu bestimmt, mit ihrer Umwelt im Modus von Entscheidungen umzugehen (Luhmann 1981). Aber all diese Entscheidungen bleiben an spezifische Kontexte gebunden, die sich nicht mit den Lebensperspektiven der Individuen zur Deckung bringen lassen (Kaufmann 1973: 341 f.)

Diese Vorläufigkeit all unseres Wissens und die Riskiertheit all unserer Entscheidungen ist natürlich kein neuer, durch die Globalisierungstendenzen hervorgebrachter Sachverhalt. Aber die Globalisierung trägt dazu bei, selbstverständliche Referenzpunkte bisheriger »vernunftkonstitutiver Gewohnheiten« (Welsch) in Frage zu stellen. Das gilt in besonderer Weise für den Referenzpunkt des Nationalstaates. Dieser, bzw. seine Verfassung und seine Entscheidungsgremien, galten zum mindesten in Europa als unbezweifelbarer Horizont aller relevanten Kollektiventscheidungen. Und dementsprechend bezieht sich auch der herkömmliche Gesellschaftsbegriff auf den durch den Nationalstaat hergestellten Horizont. Die Prämisse des Nationalstaates ist es, dass er in der Lage sei, auf der Basis demokratisch legitimierter Willensbildung das Geschick eines Landes in dem Sinne zu bestimmen, dass die Folgen derartiger Entscheidungen dem in ihnen zum Ausdruck kommenden Willen zuzurechnen sind. Natürlich war dies nie ausschließlich der Fall, aber die Fiktion bewährte sich. In dem Maße, als die Globalisierungsprozesse und ihre Folgen ins Bewusstsein treten, wird diese Fiktion jedoch fraglich. Kosten und Nutzen staatlicher Politik fallen immer weniger ausschließlich innerhalb der eigenen Grenzen an; vielmehr muss damit gerechnet werden, dass nationale Entscheidungen etwa im Bereich der Wirtschaftspolitik Reaktionen der transnationalen Geld- und Finanzmärkte auslösen, welche die intendierten Wirkungen (z. B. Vollbeschäftigungspolitik) zunichte machen. Im Rahmen der Entstehung supranationaler Organisationen wie der Europäischen Union verlieren die Staaten zudem auch formell ihre Souveränität – europäisches Recht bricht nationales Recht! Die Relativierung staatlicher Macht dürfte sich vor allem in den staatszentrierten kontinentaleuropäischen Gesellschaften desorientierend auswirken (vgl. Kaufmann 1997c, bes. Abschnitt 9).[64]

Aber auch die normativen Selbstverständlichkeiten, welche zumeist mit dem Begriff ›Kultur‹ anvisiert werden, verlieren unter den Wirkungen der Globalisierung an Plausibilität. Zum einen bringen die sich verdichtenden Kontakte mit Angehörigen anderer Kulturen sowie deren massenmediale Präsenz das Nicht-Selbstverständliche eigenkultureller Orientierungen mehr und mehr ins Bewusstsein. Dies braucht nicht notwendigerweise zu einer Relativierung und einem Verbindlichkeitsverlust der eigenen Kultur zu führen, sofern die Angehörigen einer Kultur sich unter dieser Erfahrung erst recht zu ihren kulturellen Eigenarten bekennen. Eben dies wird jedoch häufig als ›nationalistisch‹ oder ›fundamentalistisch‹ diskriminiert, während die Alternative – lernfähige Offenheit ohne Aufgabe der eigenen Identität – in kultureller Hinsicht blass bleibt. Damit sei die Möglichkeit komplexer Identitätsentwicklungen nicht bestritten, wie sie in Deutschland zuerst von Lothar Krappmann formuliert wurden (vgl. Krappmann 1973). Fraglich bleibt jedoch die Reichweite derartiger Identitätsentwürfe und der mit ihnen verbundenen Loyalitäts- und Solidaritätsbereitschaften. Die heute mit dem Schlagwort der ›Individualisierung‹ anvisierten Bewusstseinsveränderungen sind vielfältig, konvergieren jedoch in der Negation der Möglichkeit dauerhafter kollektiver Identifikationen. Wenn dies von Seiten der neueren kommunitaristischen Bewegungen beklagt und in Frage gestellt wird, so vermögen diese zwar bestenfalls die Notwendigkeit kollektiver Solidarisierungen, aber kaum die Bedingungen von deren Möglichkeit zu verdeutlichen.[65] Kollektive Solidarisierungen tragen heute zumeist Bewegungscharakter und konzentrieren sich damit auf eine eingeschränkte Programmatik und bleiben für die Individuen in der Regel eher unverbindlich. Die Frage, woher Individuen die Kraft zur Verbindlichkeit eines eigenen Lebensentwurfes gewinnen, bleibt von der allgemeinen Kulturlage her weitgehend offen. *Identität‹ wird zwar gefordert, aber inhaltlich beliebig gestellt.* Dies sind zwar Entwicklungen, die bereits im Rahmen der bisherigen Modernisierungsdiskurse vielfältig angesprochen worden sind, sie gewinnen jedoch unter dem Gesichtspunkt der Globalisierungstendenzen noch an Schärfe. Zu wünschen wäre, dass der desorientierende Effekt der gegenwärtigen Globalisierungstendenzen einen erneuten Schub der kollektiven Selbstvergewisserung gerade auch innerhalb Europas herbeiführt. Dabei könnte den christlichen in Verbindung mit aufklärerischen Traditionen durchaus Bedeutung zukommen.

Dieses Unbestimmtwerden kollektiver Identifikationsmöglichkeiten geht allerdings immer noch von der Vorstellung einer allgemein geteilten Wirklichkeit aus. Diese Prämisse der Aufklärung wird jedoch im Zuge der Globalisierung brüchig. Aus identitätstheoretischer Sicht ist es auch keineswegs notwendig, die kulturellen Bezugspunkte von Identitätsbildung in einem allgemeinen Bewusstsein zu verankern. Herkömmlicherweise waren es stets homogene Nahumwelten einer umfassenden Gruppe, welche die Identitätsproblematik als solche gar nicht erst aufkommen ließen. Identität wird zum Problem erst, wo sie auch anders gedacht werden kann, wo also konkurrierende Solidarisierungen und damit Identifikationen möglich werden. Die Sehnsucht nach einem allen gemeinsamen Bezugspunkt kollektiver Identität erscheint sozusagen als Relikt des älteren, umfassenden Kollektivbewusstseins. Unter komplexen Lebensbedingungen setzt Identitätsbildung den psychogenetischen Aufbau komplexer Solidaritätsbereitschaften voraus, die jedoch gleichzeitig primär auf sich selbst und den eigenen, partikulären Erfahrungsraum bezogen bleiben. Selbstreferentielle Identität wird damit zum Produkt gelingender Sozialisations- und Identifikationsprozesse, in denen religiöse Erfahrungen dynamische Wirkungen entfalten können (vgl. Kaufmann 1997d).

5.4 Folgerungen für die katholische Kirche

Wenn diese Gegenwartsdiagnose in etwa zutrifft, so ergeben sich aus ihr vielfältige Anfragen an das Selbstverständnis des Christentums, zumal in seiner lateinisch-abendländischen Form. Dieses Christentum gehört selbst zu den wirksamen Langfristfaktoren, welche die immer noch andauernde ›große Transformation‹ vorangetrieben haben. Gleichzeitig hat jedoch das katholische Selbstverständnis in seiner dem Zweiten Vatikanischen Konzil unmittelbar vorausgehenden Form diesen Zusammenhang verneint oder zum mindesten nicht gesehen. Der ›ultramontane‹ Katholizismus verstand sich als von der menschlichen Geschichte nur in kontingenter Weise betroffene, von Gott gestiftete Kirche, deren geschichtliche Aufgabe nur in der Verteidigung eines ›depositum fidei‹ unter den wechselhaften Zeitabläufen bestehen kann. Das katholische Selbstverständnis hatte sich sozusagen gegen die Geschichte immunisiert, was verständlicher wird, wenn wir berücksichtigen, dass das historische Bewusstsein eine Kulturleistung erst des 19. Jahrhunderts gewesen ist und somit eine Denkbedingung dessen darstellt, von dem die Kirche sich glaubte absetzen zu müssen. Die von Papst Johannes XXIII. formulierten Forderungen einer ›Öffnung der Kirche zur Welt‹ und eines ›Aggiornamentos des Glaubens‹ gehören in genau der Weise zusammen, dass nur über die Gewinnung eines historischen Selbstverständnisses der eingeschränkte Partikularismus einer katholischen Subkultur überwunden werden kann. Nacke (2010) stellt materialreich dar, wie das Konzil um die Standortbestimmung der Kirche in der Weltgesellschaft gerungen hat.

Die Historisierung des eigenen Selbstverständnisses ist ein grundlegendes Merkmal der Konzilstexte. Das Zentralthema des Konzils war die Lehre von der Kirche, soziologisch formuliert: eine Reflexion der Kirche auf sich selbst. In eben dieser Reflexivität, im Verzicht auf die Selbstverständlichkeit des naiven Herrschaftsanspruchs des unter dem 1870 formulierten Jurisdiktionsprimat formell möglichen Absolutismus, liegt ein zentrales Moment der Modernität dieses Konzils und gleichzeitig einer Modernisierung der Kirche.»Wer sich selbst in seiner Identität darstellen will, kann gar nicht anders als seine Geschichte erzählen. ... Da Kirche ihr Selbstsein wesentlich aus der Offenbarung und der Mitteilung Gottes in Jesus Christus – mit der Vorgeschichte im Alten Bund und in der Schöpfung – besitzt, kann sie sich in der Öffentlichkeit gar nicht anders präsentieren als dadurch, dass sie sich selbst als Resultat der Geschichte Gottes mit den Menschen darstellt« (Hünermann 1998: 118).

Diese Geschichte kann jedoch nicht als Kirchengeschichte allein, sondern plausibel nur als eine jeden Menschen angehende Geschichte Gottes mit den Menschen verständlich gemacht werden. Kirchengeschichte vollzieht sich als Teil der Menschheitsgeschichte, in gewisser Hinsicht sogar als Wegweiser zu einem globalen Bewusstsein der Menschheit. Gleichzeitig muss Kirche jedoch erfahren, dass dieses entstehende globale Bewusstsein sie selbst als ein partikuläres Moment definiert, und zwar im doppelten Sinne einer Partikularität des Religiösen mit Bezug auf die Zukunftsperspektiven der Menschheit und einer Partikularität des Christlichen bzw. Katholischen mit Bezug auf das Religiöse. Als kulturelle Gestalt, welche Individuen Identifikationsmöglichkeiten bietet, muss sie sogar notwendigerweise partikulär bleiben, da menschliches Leben sich auch im Horizont eines globalen Bewusstseins doch stets in partikulären Kontexten abspielt. Gleichzeitig kann das Christentum von seiner alle soziale Partikularismen transzendierenden Botschaft nicht ablassen. Seine Zukunft ist nur als kulturelle Ausformulierung eines dialektischen Verhältnisses von Partikularität und Universalität denkbar.

In diesem Sinne steht der katholischen Kirche Selbstbewusstsein und Missionsauftrag gut an. Es gibt, zum mindesten nach Überzeugung des Verfassers, kein anderes Glaubensangebot als die christliche Botschaft, das Hoffnung sowohl auf ein Gelingen menschlichen Lebens als auch im Scheitern und bei Schicksalsschlägen auch unter modernen Bedingungen zu vermitteln vermag. Allerdings: Auf der individuellen Ebene geht es heute vielfach nicht mehr nur um Glaubensvermittlung, sondern um ein Gewinnen für den Glauben, um das Aufzeigen von Wegen in den Glauben hinein.

Was die kollektive Situation betrifft, so gibt es gute Gründe, die aktuellen Umstände der Globalisierung nicht als eine Art Schicksal hinzunehmen und vor allem denen nicht zu glauben, welche wirtschaftliche Gründe gegen eine stärkere politische Regulierung der Produktions- und Austauschverhältnisse ins Feld führen. Aus soziologischer Sicht handelt es sich beim Wirtschaftssystem um das auf Veränderungen am schnellsten reagierende Teilsystem der Gesellschaft. Das heißt zugleich, dass es die höchste Anpassungsfähigkeit an sich verändernde Vorgaben aufweist, handle es sich um Naturkatastrophen, Rechtsänderungen, technologische Innovationen oder kulturelle Trends. Die Vorstellung, die Wirtschaft bestimme über die Zukunft eines Landes oder gar der Menschheit, ist irrig, denn langfristige Entwicklungen werden nicht durch kurzfristige, sondern durch langfristig wirksame Faktoren bestimmt (vgl. Kaufmann 2009a). Zu diesen gehören kulturelle Wertorientierungen: Der Glaube an die gleiche Würde aller Menschen, Prinzipien der Nächstenliebe und der Solidarität, die Traditionen des Gerechtigkeitsdenkens und der Wahrheitssuche. Die christlichen Kirchen sind Sachwalter dieser Überzeugungen, für die kein Ersatz in Sicht ist.

6. Kapitel:
Dimensionen der Kirchenkrise

›Kirchenkrise‹ ist zum geflügelten Wort geworden, seit der Vorsitzende der deutschen Bischofskonferenz, Erzbischof Zollitsch, im Gefolge der Veröffentlichung verbreiteter Fälle sexuellen Missbrauchs durch Kleriker und der Causa des Augsburger Bischofs Mixa »die tiefste Krise der Kirche seit dem Zweiten Weltkrieg« diagnostiziert hat. Ein verbreitetes Unbehagen im deutschen Katholizismus hat damit plötzlich einen plakativen Titel erhalten, ohne dass damit allerdings schon eine klare Diagnose verbunden wäre. Um eine solche Diagnose soll es hier gehen.

Die so genannte Kirchenkrise sei hier in vier Dimensionen analysiert, die sich als Missbrauchskrise, als pastorale Krise, als strukturelle Krise und als Glaubenskrise bezeichnen lassen. Sicher ließen sich auch andere Diagnosen vertreten, doch entspricht diese Unterscheidung weitgehend den Themen der im Jahre 2011 geführten öffentlichen Debatten. Sie bezieht sich überdies auf deutlich unterscheidbare Felder kirchlichen Handelns: Die Missbrauchskrise bezieht sich auf die Kirchendisziplin und das Ansehen der Kirche, die pastorale Krise auf die Seelsorge und die diözesanen Entscheidungen, die Strukturkrise auf die Beziehungen zwischen dem Vatikan und dem Weltepiskopat, und die Glaubenskrise auf die Lehrverkündigung.

6.1 Missbrauchskrise

Ende Januar 2010 führte der Entschluss des Jesuitenpaters Klaus Mertes, den *Opfern* sexueller Annäherungen durch Jesuiten, die als Lehrer am Berliner Canisiuskolleg tätig waren, zu schreiben, zu einer Lawine offenbar werdender Missbrauchsfälle, auch im Bereich der katholischen Kirche Deutschlands. »Ich entschuldige mich auch im Namen der Mitbrüder für das, was Ihnen durch das Wegschauen der Verantwortlichen des Ordens angetan wurde. Ich weiß mich mit

Ihnen in der tiefen Überzeugung verbunden, dass der Sinn unseres Berufes darin besteht, der Würde der jungen Menschen zu dienen und sie bei der Entfaltung ihrer Gaben zu begleiten und zu fördern.«[66] Mit diesen Worten hat der Schulrektor Pater Mertes Maßstäbe gesetzt, die von anderen kirchlichen Instanzen zunächst nicht erreicht wurden.

Das Entsetzen über die Verbreitung derartiger bis zum Verbrechen reichender sexueller Handlungen von Klerikern stand zunächst im Mittelpunkt der Diskussionen. Man hatte davon zwar schon aus den Vereinigten Staaten und aus Irland gehört, aber im eigenen Haus ... Das legte sich »wie Mehltau« – so ein Kleriker – auf die Beziehungen, insbesondere zwischen Eltern und Geistlichen. Die sexuellen Verfehlungen im kirchlichen Bereich und ihre öffentliche Erörterung schadeten der kirchlichen Autorität im ohnehin hoch umstrittenen Bereich der Sexualethik nachhaltig. Auch wenn der beispielsweise vom Zentralkomitee der deutschen Katholiken postulierte Zusammenhang zwischen Pädophilie beziehungsweise Ephebophilie und Zölibat sich als kurzschlüssig erwies, der vielerorts verklemmte Umgang der kirchlichen Hierarchie mit der Problematik trug sicher nicht zu ihrer Glaubwürdigkeit bei.

Nach einigen Wochen immer neuer Enthüllungen – und dies keineswegs nur aus dem katholischen Raum – verschob sich die innerkirchliche Diskussionslage: Wie konnte es kommen, dass diese Missstände, von denen manches schon früher innerkirchlich bekannt geworden war, verheimlicht, vertuscht oder klein geredet wurden? Zunächst stand der Umstand im Vordergrund der Kritik, dass sexuell auffällige Priester in vielen Fällen nicht erkennbar bestraft, sondern lediglich in andere Tätigkeitsbereiche umgesetzt wurden. Die Aufmerksamkeit richtete sich nun auf Bischöfe, Ordensobere und ihre Personalverantwortlichen, die in der Hoffnung, die Umgesetzten würden zur Einsicht kommen oder wenigstens keinen weiteren Schaden mehr anrichten enttäuscht, durch ihre Entscheidungen für weitere Taten mit verantwortlich wurden. Schließlich rückte die schon von Pater Mertes betonte Verantwortung gegenüber den Opfern ins Blickfeld: Dass Kindern und Jugendlichen bei ihren Versuchen, die Sprachlosigkeit des Erlebten zu überwinden, nicht zugehört wurde: von Eltern, Lehrern und Geistlichen; dass eine allgemeine Hemmung bestand, die schwerwiegenden Vorwürfe gegen Geistliche ernst zu nehmen, dass also wahrscheinlich nur ein eher kleiner Bruchteil der tatsächlichen Opferfälle Gegenstand kirchlicher Ermittlungen wurde; und dass diese wiederum nur die Heiligkeit der Institution und nicht das Leiden der Opfer interessierte, wird zunehmend als der eigentliche moralische Skandal angesehen.

Diesem von Ernst-Wolfgang Böckenförde als »Kirchenraison« apostrophierten Phänomen (Böckenförde 2010) bin ich zuerst in einem von der FAZ am 26. April 2010 unter dem Titel »Moralische Lethargie in der Kirche« veröffentlichten Artikel nachgegangen. Der von der Redaktion gewählte Titel entsprach nicht meiner Hauptthese; als Soziologe interessieren mich weniger moralisches Versagen an sich, sondern die Bedingungen, die moralisches Versagen sozusagen als Regelfall erwartbar machen. Für solche Lethargie liegt zunächst die Erklärung nahe, dass Organisationen und erst recht andere auf Vertrautheit beruhende Sozialgebilde *in der Regel* dazu tendieren, Versagen in den eigenen Reihen geheim zu halten, es sei denn, der ›Versager‹ empört so sehr, dass er ausgeschlossen wird. Und selbst dann belässt man es oft beim Ausschluss, ohne beispielsweise die Staatsanwaltschaft einzuschalten. Aber im Falle der katholischen Kirche reicht diese Erklärung nicht hin.

Die Solidarität im Klerus hat viele sowohl spirituelle als auch recht menschliche Gründe. Aber hinsichtlich sexuellen Missbrauchs wurde von römischer Seite seit langem ein Unrechtsbewusstsein eingefordert. Bereits im Jahre 1962 hatte ein Schreiben des Heiligen Offiziums an den Weltepiskopat eine Meldepflicht aller Katholiken von Fällen sexueller Verfehlungen durch Kleriker mit Minderjährigen angeordnet, sogar versehen mit der Androhung der Exkommunikation im Falle der Unterlassung. Das ist die schärfste kirchliche Sanktion; von ihrer konkreten Anwendung ist aber zum mindesten mir nichts bekannt, ja sie scheint nicht einmal gegenüber schuldig gewordenen Klerikern angewandt worden zu sein. Das mag auch damit zusammen hängen, dass erst im Jahre 2001 eine *ausdrückliche Zuständigkeit* der Glaubenskongregation (als Nachfolgerin des Hl. Offiziums) für Disziplinarmaßnahmen gegenüber Klerikern eingeführt wurde. Die Glaubenskongregation verschärfte die Meldepflichten, versah sie aber gleichzeitig mit der *strengsten Verschwiegenheitspflicht*, dem »Päpstlichen Geheimnis«. Die Missbräuche sollten also auf keinen Fall öffentlich bekannt werden. Vor allem aus dem US-amerikanischen Episkopat wurde verlautet, dass zahlreiche Missbrauchsfälle nach Rom gemeldet worden seien, ohne dass beispielsweise die beantragte Laisierung von Priestern genehmigt worden wäre. In vielen Fällen kam auch einfach keine Antwort.[67]

Was sollen wir aus all dem schließen? Offenbar geht es hier nicht um die »Krähenmoral« der einfachen Solidarität, sondern um ein kirchliches System der Verheimlichung der Missbräuche, *wobei die Strafandrohungen für den Geheimnisbruch strenger waren als für die zu verheimlichenden Taten.* Die römischen Normen wurden jedoch kaum durchgesetzt. Insbesondere wurden auch die Bischöfe mit ihren Problemen allein gelassen, bis in jüngster Zeit – und anscheinend zum Missvergnügen wichtiger Kurienkardinäle – Papst Benedikt XVI. anordnete, dass die Diözesen in Zukunft hinsichtlich der Aufklärung von Sexualdelikten an Jugendlichen mit zuständigen staatlichen Behörden zusammenarbeiten sollen.

Stellt man diesen Vorgang in einen weiteren Horizont des Umgangs der Kirche mit moralischen Fragen, so stellt man erstens fest, dass sich die Kirche stets weniger um die Bestrafung der Normverletzungen als um die Integrität der Normen selbst gekümmert hat. Ersteres hat sie – jedenfalls im Falle der Inquisition – dem »weltlichen Arm« überlassen, mit der gewichtigen Ausnahme der Kleriker selbst. Für diese hat die Kirche ein eigenes Disziplinarrecht und eigene Verfahren geschaffen und ihre eigene Gerichtsbarkeit beansprucht (*jus fori*). Auch wenn dies in neuerer Zeit m.W. nicht mehr ausdrücklich in Anspruch genommen wird, dürfte es als Mentalität nachwirken. Ebenso ist plausibel, dass die Kirche als gesellschaftlich anerkannte moralische Instanz sich durch unmoralische Handlungen ihrer Vertreter besonders bedroht fühlt und daher ein Interesse an deren Geheimhaltung hat; das wäre Kirchenräson im Sinne Böckenfördes.

Was den gläubigen Laien an diesen Aspekten einer angenommenen Kirchenkrise besonders betrübt, ist das weitgehende *Fehlen einer spirituellen Verarbeitung* der aus heutiger Sicht beschämenden Ereignisse. Stattdessen ringt man um Entschädigungssummen. Nur aus wenigen Diözesen wurden Sühnegottesdienste bekannt. Und außer Kardinal Lehmanns Artikel »Kirche der Sünder – Kirche der Heiligen« (FAZ vom 1. April 2010) sind wenigstens mir keine Äußerungen von deutschen Bischöfen bekannt geworden, die der Tiefe der Wunde gerecht werden, welche der Kirche dadurch geschlagen wurde, dass sie während Jahrzehnten Jesu Wort missachtet hat: »Wer einem von diesen Kleinen, die an mich glauben, Ärgernis gibt, für den wäre es besser, dass ihm ein Mühlstein an den Hals gehängt und er in die Tiefen des Meeres versenkt würde« (Mt 18,6).

6.2 Pastorale Krise

Inzwischen ist es um die Missbrauchsdebatte stiller geworden. Sie diente jüngst lediglich noch als Aufhänger für ein Memorandum, dem sich mittlerweile über zweihundertfünfzig Hochschullehrer der Theologie und tausende Laien und Geistliche angeschlossen haben. In diesem Memorandum wird »zu einem offenen Dialog über Macht- und Kommunikationsstrukturen, über die Gestalt des kirchlichen Amtes und die Beteiligung der Gläubigen an der Verantwortung, über Moral und Sexualität« aufgerufen und eine Art Reformagenda in sechs Punkten entwickelt.[68] Dieses Memorandum ist, ähnlich wie die sog. »Kölner Erklärung« von 1989, ein Alarmschrei der immer stärker an die römische Kandare genommenen Theologie, der die mittelalterliche Kirche noch eine Beteiligung am kirchlichen Lehramt zugestanden hatte. Erst im 19. Jahrhundert gewann nämlich der Monopolisierungsprozess kirchlicher Macht an Fahrt, der zur heutigen übermächtigen Stellung von Papst und Kurie geführt hat.

Leider ist das Memorandum im Unterschied zur Kölner Erklärung weder theologisch zureichend begründet noch prägnant in seiner Situationsanalyse. Immerhin wurde durch die in der FAZ vom 11. Februar 2011 gleichzeitig mit dem Memorandum veröffentlichte Entgegnung von Kardinal Kasper eine Diskussion in Gang gesetzt, an der sich zahlreiche der unterzeichnenden Theologen beteilig haben.[69] Es gibt auch eine Gegenerklärung, die »Petitio pro Ecclesia«, in der die Bischöfe aufgefordert werden, den Forderungen des Memorandums entgegen zu treten.[70] Man kann nur wünschen, dass das Memorandum nicht eine ausschließlich disziplinarische Reaktion der römischen Kurie auslöst, wie dies im Falle der Kölner Erklärung seinerzeit geschehen ist. Dass die damaligen Proteste in Köln, Wien und Chur gegen zum Teil verfahrensrechtlich fragwürdige Bischofsernennungen auch in der Sache bzw. hinsichtlich der Person berechtigt waren, hat sich zwischenzeitlich auf leider eindrückliche Weise bestätigt. In allen drei Fällen haben die römische Kurie oder der Papst sich über die Situationseinschätzungen vor Ort hinweg gesetzt und mit der Arroganz der Macht Fakten geschaffen, die vor Ort nachhaltige Empörung und vielfach auch Entfremdung von der Kirche hervorgerufen haben.

Einen zentralen Diskussionspunkt des aktuellen Memorandums bildet die »Erosion des gemeindlichen Lebens«. »Unter dem Druck des Priestermangels werden immer größere Verwaltungseinheiten ... konstruiert; in denen Nähe und Zugehörigkeit kaum mehr erfahren werden können. Historische Identitäten und gewachsene Netze werden aufgegeben. Priester werden verheizt und brennen aus. Gläubige bleiben fern, wenn ihnen nicht zugetraut wird, Mitverantwortung zu übernehmen«. Diese Situationsdiagnose ist zum mindesten nicht unplausibel. Zwar sind die Verhältnisse nicht überall dieselben, aber die heute in deutschen Diözesen vorherrschenden Reaktionen auf den zunehmenden Priestermangel laufen auf eine Verwaltung des Mangels bei fortbestehenden Pfarrstrukturen hinaus. Betrachtet man die Altersstruktur der katholischen Kleriker, so zeigt sich für die meisten Diözesen, dass auch die neu formierten Großgemeinden in wenigen Jahren nicht mehr ausreichend mit Klerikern im aktiven Alter versorgt werden können. Und es sei hinzugefügt: Je älter die Priester vor Ort werden, desto unwahrscheinlicher wird es, dass sie Jugendlichen zum Vorbild bei der Entscheidung dienen können, Priester zu werden – oder eben nicht.

Auf diesen absehbaren Notstand der Seelsorge hatten kurz zuvor auch führende katholische Laien aus der CDU hingewiesen und sich dadurch den Unwillen von deutschen Bischöfen zugezogen, weil sie sich in deren Zuständigkeit eingemischt hätten. Auch Kardinal Kasper ist in seiner Entgegnung auf das Memorandum kurz auf diesen Punkt eingegangen: »In ganz Europa sind wir Zeugen eines rapiden gesellschaftlichen und demographischen Wandels. Nur ein hoffnungs- und zukunftsloser und damit falscher Konservatismus kann meinen, bisherige Pfarreistrukturen mit ›bewährten Männern‹, die die Priesterweihe empfangen haben *(viri probati)*, künstlich am Leben halten zu können. Allerdings kann die in den deutschen Diözesen praktizierte Lösung mit großflächigen Pfarreieinheiten auch nicht das letzte Wort sein. Es handelt sich um eine Übergangslösung, die die Priester wie die Gemeinden sehr belastet« (Kasper 2011b).

Da wird wenigstens Verständnis deutlich! Was *nach* dieser Übergangslösung kommen könnte, welches Kirchenleitbild an die Stelle des bisher bewährten lokal gebundenen Pfarreiprinzips treten könnte, dazu äußerte sich Kardinal Kasper an dieser Stelle nicht. In Gesprächen mit Daniel Deckers hat er dagegen seine Vorstellungen konkretisiert:»Man muss Mittelpunktpfarreien bilden mit einem intensiven kirchlichen Leben, mit geistlichen, katechetischen und sozialen Angeboten, wo man sich am Sonntag zur Eucharistiefeier versammelt und diese als Quelle und Höhepunkt des kirchlichen Lebens erfährt. … Um die Mittelpunktkirchen herum kann ein Netz von Hauskirchen wachsen. Auch das lehrt die Geschichte der Christenheit. Sie sind schon im Neuen Testament bezeugt. Auf sie stützte sich etwa der Apostel Paulus, wenn er reiste. Aus dem 16. Kapitel des Briefs an die Gemeinde in Rom geht hervor, dass diese Hauskirchen sehr oft von Frauen geleitet wurden« (Kasper/Deckers 2008: 156, 158).

Als Soziologe möchte ich mich nicht an der Diskussion um kirchliche Reformmodelle beteiligen, aber immerhin darauf hinweisen, dass das pastorale Leitbild von Kardinal Kasper mit den »Hauskirchen« ein wichtiges soziales Kriterium der Glaubensweitergabe an nachfolgende Generationen berücksichtigt: *Soziale Nähe.* Man kann sich soziologisch die Weitergabe des Glaubens nur nach zwei Modellen vorstellen: Entweder durch gewohnheitsmäßiges Hineinwachsen in einen stabilen sozialen Kontext; oder durch Identifikation mit vorbildhaften Personen, wobei im Idealfall sich beides verbindet. Dieser Idealfall wird unter zeitgenössischen westlichen Lebensbedingungen immer unwahrscheinlicher. Ich erwähne hier der Kürze halber lediglich die zunehmende Auflösung katholischer Milieus, welche nach dem Wegfall politisch erzwungener Konfessionshomogenität die Rolle einer stabilen religiös-sozialen Umwelt für die Heranwachsenden übernommen hatten. *Wenn* die von Kardinal Kasper vorgeschlagenen Hauskirchen familiäre und lokale Bindungen umfassen könnten, wenn sie also nicht einfach den Charakter von Bibelkreisen oder sozialen Initiativen religiös Engagierter annehmen, sondern eine gewisse Breite der Lebenswirklichkeiten von Kindern und Jugendlichen, aber natürlich auch von Erwachsenen abdecken würden, wie beispielsweise die ›integrierten Gemeinden‹, dann könnten sie grundsätzlich durchaus im Sinne einer Tradierungschance des Glaubens wirksam werden, vor allem in Verbindung mit einer von Kasper ebenfalls geforderten Erneuerung der Katechese.

Pastoraltheologen sprechen im Hinblick auf die gegenwärtigen Umorganisationen in der deutschen Kirche von einer *Delokalisierung der Kirche*: »Zunehmend lässt sich beobachten, dass die Bistumsebene sich nicht auf die Verwaltung und Bereitstellung der Infrastruktur ›geistlicher Kommunikation‹ beschränkt, sondern selbst religiös-pastoral Dienstleistungen spezialisierter Art anzubieten sucht. Offensichtlich spielt dabei eine Rolle, dass es den Gemeinden immer schwerer fällt, Verwaltung, Gemeinschaftsbildung und Dienstleistung zugleich und auf gleichem Niveau zu erfüllen. Die in der Hauptsache durch den Priestermangel, aber auch durch sinkende finanzielle Ressourcen ausgelösten Entscheidungen zur Zusammenlegung von Gemeinden haben den Prozessen in den letzten Jahren eine neue Dynamik verliehen« (Gabriel 2010). Dass es sich hier keineswegs nur um ein deutsches Problem handelt, zeigen Damberg und Hellemans (2010).

Aus soziologischer Sicht erscheint diese Delokalisierung gleichzeitig als ein weiterer Schritt zur *Zentralisierung der Kirche:* Weniger Pfarreien reduzieren die Kontrollspanne des Bischofs bzw. seiner Verwaltung, sie machen eventuell die Zwischeninstanz der Dekanate überflüssig. Die Spielräume, welche von vielen Pfarreien und ihren Pfarrern oft im Sinne von integrierenden Initiativen genutzt werden, jedoch nicht immer im Sinne kirchlicher Vorschriften, dürften enger werden. Die Chance, dass sich an der Basis neue religiöse Impulse bilden, reduziert sich weiter, da sie schon in einem frühen Stadium den kirchlichen Behörden auffällig und damit kontrollierbar werden. Nur am Rande sei erwähnt, dass die Form dieser Zentralisierung auch erheblich mit dem deutschen Kirchensteuersystem zusammen hängt, das den Diözesen die primäre Verfügung über die Kirchenfinanzen sichert.

Dieser Typus organisationssoziologischer Überlegungen wird vielen frommen Gläubigen fremd, wenn nicht frevelhaft vorkommen. Ist denn nicht die sakramentale Wirklichkeit der Kirche das Entscheidende, ist die Kirche nicht im entscheidenden Kern ein Geheimnis? Als Glaubender finde ich in der Tat meine Gottesbeziehung durch Gebet und Sakramente. Als geschichtsbewusster Mensch finde ich es beeindruckend, dass die Lehren eines jüdischen Wander-Rabbis durch seine größtenteils ungebildeten Jünger so glaubhaft weiter gegeben werden konnten, dass sie drei Jahrhunderte später zur vorherrschenden Religion im römischen Reich wurden. Und es trägt zu meinem Glauben bei, dass die Botschaft Jesu vom Zusammenhang von Gottes- und Nächstenliebe trotz aller Skandale in der Kirchengeschichte und zumal am päpstlichen Hof bis heute ihre motivierende Kraft nicht eingebüßt hat.

All dies hindert mich jedoch als Sozialwissenschaftler nicht, nach Erklärungen für den Erfolg wie auch für den Traditionsabbruch zu suchen, der heute nicht nur die katholische, sondern auch die evangelische Kirche in Deutschland erfasst hat, und den es in dieser Form beispielsweise in den Vereinigten Staaten und einigen anderen sich modernisierenden Gesellschaften nicht gibt. Der historische Erfolg des römischen Christentums wie auch seiner Spaltungen hängt eng mit dem allgemeinen Schicksal Europas zusammen, das einen legitimen Gegenstand der Geschichts- und Sozialwissenschaften darstellt. Ich weigere mich deshalb auch, den Heiligen Geist oder die Vorsehung für das praktische Verschwinden großer christlicher Kirchen wie der syrischen, der nestorianischen, oder der ägyptischen verantwortlich zu machen, die über ein Jahrtausend geblüht haben und schließlich das Opfer chinesischer Expansion und eines radikalisierten Islams wurden (Jenkins 2010). Das machtvolle Überleben allein der römischen Kirche gründet vielmehr zu einem guten Teil im römischen Erbe und in der vergleichsweise geschützten geographischen Lage, aber natürlich auch in der erfolgreichen Allianz von Religion und Politik.

6.3 Strukturkrise

Die soziologische Perspektive führt deshalb zu einem tiefer liegenden Aspekt der Kirchenkrise, der, wenn überhaupt, meist nur indirekt oder aspekthaft angesprochen wird. Es geht um die gegenwärtige Form der römischen Kirche selbst, um ihre historisch gewachsene Organisation und die damit verbundene Mentalität. Und um die in der Debatte um das Theologenmemorandum aufgeworfene Frage, ob die Kirche sich heute selbst im Wege steht.

Eine Beantwortung dieser Frage hängt unvermeidlich von kirchenpolitischen Vorentscheidungen ab. Wer das I. Vatikanische Konzil für das bisher letzte Wort einer geistgeleiteten Kirche ansieht, wird sie anders beantworten als diejenigen, die im II. Vatikanischen Konzil das Wirken göttlichen Geistes vermuten, wie es auch die Konzilsväter selbst geglaubt und deshalb auch Kompromissen zugestimmt haben, die nicht ihrer persönlichen Auffassung entsprachen.

Mit dieser Vorentscheidung verbunden ist zwar nicht denknotwendig, aber de facto eine zweite, ob man nämlich die Kirche als eine von den historischen Veränderungen wesenhaft unabhängige, in sich notwendig gleich bleibende Größe ansieht, oder aber sie als an der Menschheitsgeschichte Teilhabende und sich in ihr stets Erneuernde versteht, »bis sie durch das Kreuz zum Lichte gelangt, das keinen Untergang kennt« (Lumen Gentium 10) Jesus Christus hat dieser zweiten Auffassung nach »sich aus Juden und Heiden ein Volk berufen, das nicht dem Fleische nach, sondern im Geiste zur Einheit zusammenwachsen und das neue Gottesvolk bilden sollte« (ebd. 9). Auch wenn das Konzil sein Augenmerk im Wesentlichen auf den geistigen Charakter des in der Geschichte der Menschen pilgernden Gottesvolkes legt, negiert es damit nicht, dass »dem Fleische nach« die Kirche an den Peripetien der jeweiligen »Weltzeit« teil hat. Die real existierende Kirche bedarf einer fortgesetzten Reinigung, um die Sehnsucht »nach der kommenden Stadt« nicht aus den Augen zu verlieren.

Die folgende Kritik an der Kirche ist nicht neu, sie wird – wenngleich meist aspekthaft – von zahlreichen Theologen und vermutlich auch Ordensleuten und Bischöfen geteilt. Ich sehe im wesentlichen zwei Komplexe hinsichtlich derer sich die römische Kirche heute im Wege steht: *Eine Tendenz zur fortgesetzten Zentralisierung und ein ungeklärtes Verhältnis zu Fragen der menschlichen Geschlechtlichkeit.* Beide Themenkreise sind Gegenstand der im Memorandum der Theologen aufgestellten Reformagenda, und sie verschärfen sich in ihren Wirkungen m.E. gegenseitig, vor allem hinsichtlich des Pflichtzölibats im Weltklerus (vgl. Fischer 2011). Kardinal Kasper ist in seiner Antwort fast ausschließlich auf den zweiten Problemkreis eingetreten: Zölibat, Frauenordination, Anerkennung gleichgeschlechtlicher Lebensgemeinschaften. Als in diesen und anderen Fragen der Sexualethik unbedarfter Beobachter finde ich es bedrückend, welchen zentralen Stellenwert diese Fragen in den neueren kirchlichen Auseinandersetzungen einnehmen. Es ist schwer bestreitbar, dass gerade hier humanwissenschaftliche Erkenntnisse vorliegen, die zwar vielfach libertinistisch überhöht werden, aber dennoch eine ernsthafte Auseinandersetzung von Seiten der kirchlichen Autoritäten verdienen. Das kirchliche oder zum mindesten vatikanische Urteil scheint mit Bezug auf die Sexualethik in einer frühneuzeitlichen Morallehre befangen, als deren Entstehungskontext die allgemeine Sozialdisziplinierung und der an Kraft gewinnende Rationalismus auszumachen sind (vgl. Kapitel 7).

Vom zweiten Problemkomplex, der fortgesetzten *Zentralisierungstendenz der römischen Kirche*, sei ausführlicher die Rede. Ich spreche bewusst von der römischen und nicht der katholischen Kirche, und zwar nicht nur, weil die römische Kirche nie die ganze (*kat holon*) Christenheit repräsentiert hat. Die römische Kirche ist vom vorchristlichen römischen Denken tief geprägt worden und hat den Reichtum der griechischen Kirchenväter kaum rezipiert. Man sollte nicht vergessen, dass der einflussreichste lateinische Kirchenvater, Augustinus, der primären Sprache christlicher Glaubensquellen, nämlich des Griechischen, kaum mächtig war. Für die »lateinische Kultur (war) kennzeichnend eine klare Vorstellung von Ordnung, die wesentlich als Rechtsordnung aufgefasst wurde, hierarchisch strukturiert war und Autorität nur für das Amt zuließ. Die Möglichkeit von Einheit war an eine solche Ordnung gebunden, die, wie auch Wahrheit allgemein, durch den Rückgriff auf Geschichte und Tradition begründet wurde. ... Die Verbindung zwischen ›richtiger‹ Tradition und Amt war im Osten keineswegs anerkannt« (Martin 2010: 11).

Von besonderem Einfluss für die lateinische Kirchenstruktur wurde das hierarchische und juridische Denken der Römer, das sich endgültig erst *nach der Trennung von Byzanz* im Jahre 1054 mit der gregorianischen Reform durchsetzte, übrigens ebenso wie der Pflichtzölibat des Weltklerus. Beides, die Interpretation kirchlicher Ordnung als Hierarchie und ihre vom römischen Recht beeinflusste Ausformung haben kaum ein biblisches Fundament, sondern sind Ausdruck eines zunehmenden Herrschaftswillens des Bischofs von Rom. Nach dem Wegfall von dessen weltlicher Machtbasis im Prozess der Einigung Italiens verschob das erste Vatikanische Konzil diesen Herrschaftsanspruch ins Geistige und Innerkirchliche. Vorbereitet durch die Konkordatspolitik des Kardinals Consalvi nach der Liquidation der geistlichen Fürstentümer, und getragen von einer religiösen Aufbruchstimmung der Katholiken in vielen Ländern Europas, gelang es auf diese Weise dem Papsttum, seinen unumschränkten geistlichen Herrschaftsanspruch über die lateinische Kirche zu konsolidieren und erstmals weitgehend gegenüber staatlichen Einflüssen und lokalen Traditionen durchzusetzen. Die Schaffung des Codex Juris Canonici (CJC) in den ersten beiden Jahrzehnten des 20. Jahrhunderts gab dieser Herrschaft auch eine rationale, den postnapoleonischen Rechtssystemen ähnliche Form, ohne allerdings die weitere rechtsstaatliche Entwicklung zur richterlichen Kontrolle von hoheitlichen Akten mitzumachen.

Das II. Vatikanische Konzil ergänzte den päpstlichen Jurisdiktionsprimat durch den Gedanken der »Communio hierarchica« von Papst und Bischöfen, vergaß dabei aber weitgehend die Orden, welche während Jahrhunderten die wesentliche Stütze des christlichen Vollkommenheitsanspruchs gewesen waren. Nunmehr sollten die Bischöfe sich vergleichbaren sittlichen Anforderungen stellen, die »Vermönchung des Weltklerus« (Fischer 2011: 31), also die von den übrigen christlichen Kirchen abweichende Formung des Weltklerus nach dem mönchischen Vorbild, kommt damit an ihr Ende, *und damit auch das besondere Charisma der Orden.* Die zunehmende Instrumentalisierung der Orden für die diözesane Seelsorge ebnet den Unterschied zwischen Welt- und Ordensklerus weiter ein und verstärkt die Einförmigkeit der römischen Kirche.

Diese natürlich viel zu knappe Skizze einer tausendjährigen Entwicklung müsste durch eine Geschichte der römischen Kurie ergänzt werden, die zunehmend zum Apparat der römischen Zentralisierung geworden ist, und zwar vor allem seit dem II. Vatikanischen Konzil. Durch die Betonung der bischöflichen Kompetenzen und die Schaffung des Instituts der Bischofssynode wie auch der regionalen Bischofskonferenzen wollte dieses Konzil zwar ein Gegengewicht zu den zentralistischen kurialen Ansprüchen schaffen, doch hat sich das Gewicht des hierarchischen Denkens in den kirchen*rechtlichen* Regelung der neuen Institute sowie der Kontrollansprüche der Kurie und Rechenschaftspflichten der Bischöfe wiederum durchgesetzt (vgl. Lüdecke 2007a). Die bereits erwähnte »Kölner Erklärung« von 1989 mit dem Titel »Wider die Entmündigung – Für eine offene Katholizität« macht diese Intensivierung römischer Einflüsse sehr deutlich. Die im gleichen Jahr von Rom vorgeschriebene »Professio Catholica« bindet die Theologen nicht nur an die dogmatischen Glaubenswahrheiten, sondern auch an das »ordentliche und allgemeine Lehramt« des Papstes. Dabei ist die Argumentationsfigur des ordentlichen Lehramtes überhaupt erst 1856 von einem deutschen Jesuiten geprägt worden und fand durch denselben Eingang in den päpstlichen Argumentationshaushalt (vgl. Wolf 2010). Nicht zu übersehen für die Stärkung des römischen Zentralismus ist ferner die technische Verbesserung der Kommunikationsmittel, wodurch der Radius möglicher Problembearbeitung stark erweitert wird. Eine Änderung dieser Grundtendenz, die sich aus dem hierarchischen Denken in Kategorien von (geistlich legitimiertem) Befehl und Gehorsam ergibt, wäre nur durch *strukturelle Reformen im Sinne des Subsidiaritätsprinzips* möglich (vgl. 9.3). Bisher hat die Kirche allerdings die Anwendung des Subsidiaritätsprinzips auf sich selbst abgelehnt, das sie spätestens seit der Enzyklika »Quadragesimo Anno« als Gestaltungsprinzip politischer und sozialer Verhältnisse empfiehlt. Grundsätzlich wäre jeder Papst auf Grund seines Jurisdiktionsprimats berechtigt, eine Einschränkung der kurialen Kompetenzen und deren Delegation, beispielsweise an regionale Bischofskonferenzen anzuordnen.

Allerdings ist unübersehbar, dass die schon von Hegel analysierte Dialektik des Verhältnisses von Herr und Knecht auch für das Verhältnis von Papst und Kurie gilt: Beide sind voneinander abhängig. Das wurde zuletzt deutlich bei der Maßregelung des Wiener Kardinals Schönborn durch Papst Benedikt XVI., weil jener es gewagt hatte, den einflussreichen Kurienkardinal Sodano öffentlich zu kritisieren (vgl. Friedrich 2010). Johannes XXIII. hat sich aus seiner Abhängigkeit von der Kurie durch die Einberufung des II. Vatikanischen Konzils befreit. Johannes Paul I. scheint daran gestorben zu sein, und der polnische Johannes Paul II. hat seine Aufgabe in weltkirchlicher Präsenz gefunden und die immer noch italienisch geprägte Kurie weitgehend sich selbst überlassen. Lediglich der oft unterschätzte Paul VI. hat den Kampf mit der Hydra gewagt, die er aus langen Jahren der Zugehörigkeit zur Kurie bestens kannte. Das sind allerdings nicht mehr als persönliche Impressionen; das Verhältnis von Päpsten und Kurie ist im Einzelnen wenig geklärt.[71]

Die Folgen des römischen Zentralismus für die Weltkirche sind allem Anschein nach nicht einheitlich. Vor allem für Weltgegenden, in denen das Christentum unterdrückt wird, ist der starke weltkirchliche Halt in der Regel hilfreich. Für die komplexeren Verhältnisse in den modernisierten Gebieten der Erde erscheint dagegen das herrschende Kirchenverständnis zunehmend als belastend. Die eindimensionale Überordnung von römischem Zentrum, Diözesen und Gläubigen lässt die »Complexio oppositorum« vermissen, die noch Carl Schmitt als besondere Stärke der katholischen Kirche diagnostiziert hatte (vgl. Schmitt 1923) und deren Attraktivität für unterschiedliche Persönlichkeiten und soziale Milieus mit begründete. Aus organisationssoziologischer Sicht liegt der Mangel einer absolutistischen, d. h. keinerlei ›Checks and Balances‹ unterworfenen und daher inappellablen Hierarchie im *Fehlen institutionalisierter Lernfähigkeit und damit auch Reformfähigkeit.*[72] Das einzig lernfähige Element scheint die Person des jeweiligen Papstes zu sein, dem es zusteht, die behäbigen Routinen der Kurie zu durchbrechen, beispielsweise bei der raschen Wiederbesetzung des Bistums Augsburg nach der mühseligen Abdankung Bischof Mixas. Aber die Problemverarbeitungsfähigkeit eines einzelnen Menschen bleibt noch beschränkter als die der ihn unterstützenden Organisation, auch wenn er Papst ist. Ob und wo der Heilige Geist hier seinen Platz hat, bleibe dahin gestellt.

6.4 Glaubenskrise

Abschließend sei eine Dimension der Kirchenkrise angesprochen, die durch die Entgegnung Kardinal Kaspers auf das Memorandum der Theologen zu Recht ins Zentrum der Diskussion gerückt ist. Kasper fragt: »Glauben die Unterzeichner im Ernst, dass die Kirchenverfassung eine existentielle Frage der Menschen ist? Ist es nicht eher so, dass die Kirchenkrise eine Folge der Gotteskrise ist?« (Kasper 2011b).

Zunächst ist festzuhalten, dass der ursprünglich von Johann Baptist Metz ins Gespräch gebrachte Topos der *Gotteskrise* missverständlich ist und der gesamten christlichen Tradition widerspricht. Denn Gott existiert ihr zufolge unabhängig von menschlichem Glauben und kann deshalb auch nicht in einer Krise sein, wohl dagegen der Gottesglaube. Mit der Rede von einer Gotteskrise wird eine quasi schicksalshafte oder gar durch den Rückzug Gottes ausgelöste Wendung suggeriert, an der die Kirche nichts ändern könne. Wenn dagegen von einer *Krise des Gottesglaubens* die Rede ist, so ist es schon weit wahrscheinlicher, dass die Kirchen als geschichtliche Träger dieses Glaubens damit etwas zu tun haben. Und das entspricht sowohl dem jesuanischen Missionsauftrag als auch dem Selbstverständnis gerade der römisch-katholischen Kirche.

Es ist schwer zu bestreiten, dass in der öffentlichen Wahrnehmung die konfessionellen Kirchentümer, allen voran die katholische Kirche, an religiöser Autorität verloren haben. Die Aura der Heiligkeit, welche im Gefolge des Ultramontanismus die Kirche und den Papst umgab, ist geschwunden. Das II. Vatikanische Konzil versprach noch einmal Hoffnung, dass die Kirche den von ihr verkündeten Heilswillen Gottes selbst zu verkörpern vermöge. Und das persönliche Charisma von Johannes Paul II. hat den sich ereignenden Glaubensschwund noch einmal überdeckt. Die theologische Kraft und die intellektuelle Redlichkeit des gegenwärtigen Papstes haben zum mindesten nicht dieselbe Fernwirkung. Erst spätere Generationen werden beurteilen können, ob hier die Grundlagen für ein erneuertes Gottesverständnis gelegt werden. Denn eines ist sicher: Der halb-magische Gottesglaube unserer Väter, das Sakramentsverständnis als ›opus operatum‹ und die Vorstellung, dass Gott die Geschicke dieser Welt unabhängig vom Tun der Menschen lenke, wird sich nicht wieder herstellen lassen. Auch die ontologische Metaphysik im Gefolge Platons hält der geschichtlichen Kritik unserer Existenz m.E. nicht stand. Die Gottesbotschaft durch Jesus Christus muss neu ausgesagt werden in einer Welt, deren Aporien in den Folgen eines *materialistischen* Weltbildes liegen. Die katholische Kirche versteht sich als sichtbares Zeichen für das anbrechende Reich Gottes, aber sie wird nicht mehr als solches verstanden. Wer die Strukturfragen der katholischen Kirche thematisiert, insbesondere die traditionellen Mechanismen einer Immunisierung des römischen Selbstverständnisses gegen die Geschichte, nimmt den Heilswillen Gottes mit seiner Kirche ernst und hält auch größere Veränderungen nicht für ausgeschlossen. *Die Frage steht im Raum, ob eine absolutistisch geführte Klerikerkirche im Horizont einer auch religiösen Weltvergesellschaftung dem Willen Gottes für unsere Zeit noch entspricht.*

Aus einer soziologischen Perspektive auf die Christentumsgeschichte bietet sich die Metapher der *Häutungen* an: Stets erneut hat sich das Christentum in bestimmten kulturellen und sozialen Kontexten inkulturiert und ist in seinen Sozialformen durch sie mit geprägt worden. Und mit deren Vergehen ist es genötigt, das Zeitgebundene auch ihrer Formen zu reflektieren, sie abzustoßen und eine neue, passende ›Haut‹ zu entwickeln.[73]

Offensichtlich steht das Christentum heute wieder vor Herausforderungen des sozialen Wandels, die sich je nach Konfession und regionalen Umständen allerdings unterschiedlich darstellen. Das Christentum ist eine komplexe Größe und manifestiert sich hauptsächlich auf drei sozialen Ebenen: einer kulturellen, einer institutionell-organisatorischen und einer personenbezogen-interaktiven Ebene. Und der gegenwärtige Traditionsabbruch ist aus soziologischer Sicht wesentlich durch das Auseinandertreten, die Entkoppelung dieser drei Ebenen bedingt (hierzu ausführlicher Kaufmann 2011a: 116 ff.).

Dabei steht für die hier in Frage stehende römische Kirche die institutionell-organisatorische Ebene im Mittelpunkt. Es entspricht ihrem Selbstverständnis, dass sie den *wahren Glauben* ›besitzt‹, was immer solch ein Eigentumstitel bedeuten mag. Und es ist ja auch nicht zu bestreiten, dass das soziale Substrat, die konkrete Trägerschaft der christlichen Botschaft, von alters her sich als ›Kirche‹ benannte und dass alle die verstreuten ›Kirchen‹ im Bewusstsein der Forderung Jesu nach ihrer Einheit als Kirche im Singular (vgl. Eph. 4, 1–6) leben. Die römische Kirche nun glaubt, diese Einheit in sich repräsentieren zu können, obwohl sie nie das gesamte Christentum umfasste, sondern als »Patriarchat des Okzidents« selbst nur ein Teil der die Grenzen des römischen Reiches schon in der Spätantike weit überschreitenden patriarchalen Struktur war.

Im Unterschied zum ersten Jahrtausend hat im Gefolge des formellen Schismas zwischen Rom und Byzanz (1054) das römische Papsttum für sich Herrschaftstitel beansprucht und partiell durchgesetzt, die von den übrigen Christen nicht anerkannt werden. Die Spaltungen unter den Christen wurden dadurch und durch immer neue Exkommunikationen ›häretischer‹ Bewegungen vertieft. Der Titel ›Vicarius Christi‹, welcher ursprünglich allen Priestern als den zur Feier des Messopfers Befugten zugesprochen worden war, hat sich auf die Person des Papstes verengt. Nach dem Wegfall der weltlichen Herrschaftsbefugnisse hat das I. Vatikanische Konzil die Kirche als klerikale Organisation verfestigt und in seiner hierarchischen

Spitze sakralisiert. Die 1983 in Kraft getretene Revision des im CJC gebündelten römischen Kirchenrechts hat den zentralistischen, hierarchischen Charakter der römischen Kirche weiter verstärkt. Die zunehmende Bedeutung der Massenmedien führt dazu, dass die kulturelle Präsenz des Christlichen sich immer stärker in den römischen Ereignissen manifestiert: Der Papst repräsentiert die katholische Kirche heute in bisher nie da gewesener Weise, auch wenn ein Großteil der ihm zugeschriebenen Entscheidungen im Rahmen der unübersichtlich organisierten Kurie so vorbereitet werden, dass der Papst sie nur billigen oder zurückweisen kann. Ähnliches gilt in kleinerem Format für das Verhältnis von Bischöfen zu ihren Generalvikariaten. Überall herrscht ein Entscheidungs- und oftmals auch Zeitdruck. Im Unterschied zu rechtsstaatlichen Systemen gibt es gegen derartige Entscheidungen keine Appellations- und Revisionsinstanzen.

Dieser *organisatorische Charakter der katholischen Kirche* tritt heute stärker in Bewusstsein und trägt zur Entfremdung der mehr oder weniger Gläubigen bei. Während die älteren Generationen noch in einer kirchlich mit geprägten Lebenswelt aufgewachsen sind, in der der Vikar oder Pfarrer wichtiger waren als der Generalvikar oder Bischof; und wo Papst und Rom weit weg waren und somit zur Projektionsfläche religiöser Gefühle werden konnten, dominiert heute bei den Jüngeren eine medial vermittelte Kirchenwahrnehmung, in der Kirche nicht mehr primär für die in Wort und Sakrament vermittelte Gottesbeziehung, sondern bestenfalls noch für zentral repräsentierte moralische Autorität steht.

Gleichzeitig scheint sich der Gottesglaube zu verselbständigen und zu verdünnen. Viele glauben, ohne Kirche auskommen zu können, ohne deshalb auf Religiosität verzichten zu müssen. Das religiöse Feld wird breiter und unschärfer, ohne deshalb zu verschwinden. Im Gegenteil: Auf Weltebene ist ein religiöses Feld sogar erst im Entstehen. Die Kirchen haben das kulturelle Monopol für Religion verloren und wirken manchmal ratlos angesichts der zunehmenden Diffusion des Göttlichen in unserer Kultur. Was bewirkt, dass das Anziehende, ja Faszinierende der christlichen Gottesverheißung sich anscheinend immer weniger mit den religiösen Virulenzen unserer Kultur verbindet? Haben die Kirchen damit wirklich nichts zu tun? Ist die sogenannte Gotteskrise somit kein Symptom der Kirchenkrise, wie Kardinal Kasper meint?

7. Kapitel:
Vom Umgang mit Sünde in der Kirche – eine soziologische Betrachtung

»Sünde« ist ein Wort der Kirchensprache. Hier hat es seine zentrale Bedeutung als Verfehlung gegen göttliche Gebote erhalten. Zwar strahlt seine Bedeutung in säkularisierter Form aus, bis hin zur »süßen Sünde« der Werbesprache, aber es gibt keine ernst zu nehmenden Bedeutungen außerhalb der christlichen Tradition. Der sprachgeschichtliche Befund zeigt, dass erst das Neue Testament mit der Wortgruppe *hamartia* (= Verfehlung, Sünde) und *hamartanein* (= sündigen) eine vereinheitlichende Terminologie eingeführt hat, sodass der zu verhandelnde Sachverhalt deutlicher hervortritt.[74] Historisch greifbar wird er vor allem im Umgang der christlichen Gemeinden und später der Kirche mit dem als Sünder qualifizierten Menschen, also in den Formen der Buße und ihrer Begründung.

Eine Unterscheidung von ›Sünde‹ und ›Schuld‹ findet sich in der alten Tradition nicht. Sie wird bedeutsam erst in dem Maße, als die Spannung zwischen den objektiven und den subjektiven Merkmalen der Sünde in den Vordergrund tritt. Mit der Verallgemeinerung der Individualbeichte, welche auf dem Vierten Laterankonzil (1215) als mindestens alljährliche Praxis vorgeschrieben wurde, stieg auch der Bedarf nach einer Systematisierung und schließlich Verrechtlichung des kirchlichen Umgangs mit Sünde. Das führte zur Ausdifferenzierung von Moraltheologie und Kirchenrecht. Hiervon muss ausführlich die Rede sein, denn damit tritt die Regulierung von Sünde und Sündenvergebung in einen unmittelbaren Zusammenhang mit der Kirchenentwicklung im 2. Jahrtausend. Auch wenn der Sündenbegriff gemeinchristlich ist, so spielt er doch nirgends eine so große Rolle wie im lateinischen Patriarchat. Insbesondere nachdem mit dem ›großen Schisma‹ von 1054 die ohnehin lockeren gemeinchristlichen Bande auch de jure gelöst worden waren, entwickelte sich das ›Patriarchat des Abendlandes‹ zur ›römisch-katholischen Kirche‹, welche bald mit einem Universalanspruch auf Wahrheit und geistliche Herrschaft auftrat.[75] In diesem Kontext sollte dem Sündenbegriff eine zentrale Rolle zuwachsen.

Die soziologische Sichtweise auf Sünde fragt nach den sozialen Wirkungen, welche durch das Deutungsmuster ›Sünde‹ in konkreten historischen Kontexten ausgelöst werden. Sie betrachtet demzufolge das Deutungsmuster einerseits im Zusammenhang seiner kirchlichen Entstehung und Veränderung, andererseits in seinen Wirkungen auf die Gläubigen und auf ›außerkirchliche‹ Zusammenhänge. Der katholische Soziologe begibt sich damit auf ein schwieriges Feld, dessen Abgrenzung bereits umstritten ist: Was heißt ›Kirche‹, und wie ist ihr Gegenüber aufzufassen, von dem her die Soziologie Kirche beobachtet? Was für die Kirche ›Wahrheit‹ bedeutet, ist dem Soziologen ›Selbstbeschreibung‹. Die Soziologie steht notwendigerweise im Horizont der Aufklärung und der von ihr ausgelösten Reflexionsschübe. Maßgebliche Kräfte in der katholischen Kirche glauben nach wie vor an die Vermittelbarkeit von Glaube und Vernunft. Die Soziologie lenkt das Augenmerk auf die Spannungen zwischen Selbstverständnissen und Fremdverständnissen als Elementen dieses Vermittlungsprozesses.

Die Konzeption des uns heute bekannten Bußsakraments beruht auf Voraussetzungen aus älteren Entwicklungen, die selektiv aufgenommen oder zurückgewiesen wurden. Hiervon muss zunächst die Rede sein.[76] Im Zentrum stehen sodann die mit dem 12. Jahrhundert einsetzenden Entwicklungen, welche zum bis heute vorherrschenden Konzept von Sünde und Sündenvergebung geführt haben. Die Vorstellungen über die Sünde und insbesondere den Sünder sind von kontextuellen Vorstellungen über das Verhältnis von Gott und Mensch und weiteren, eher pragmatischen Vorstellungen abhängig, auf die ebenfalls verwiesen wird. Abschließend ist auf die spezifischen Konflikte hinzuweisen, in die eine Sündentheorie und Bußpraxis geraten ist, welche ihre frühneuzeitlichen, d. h. in barocken Vorstellungen von Herrschaft und Gehorsam und in rationalistischen Vorstellungen von Kasuistik und Mathematik verwurzelten Elemente nicht wirklich reflektiert und so in Widerspruch zu den moralischen Intuitionen einer freiheitlichen Gesellschaft gerät.

7.1 Sünde als zwischenmenschliche und öffentliche Angelegenheit in den frühen christlichen Gemeinden

Es fällt uns heute schwer, sich in den hohen Grad an Emotionalität und Leidenschaftlichkeit einzufühlen, welche das zwischenmenschliche Leben in früheren Zeiten prägten; zwar nicht im Alltag, aber in Ausnahmesituationen, die jederzeit aufbrechen konnten. Erst mit der Sozialdisziplinierung im Zuge der Entstehung der Neuzeit wuchs allmählich die Selbstkontrolle, und gleichzeitig haben sich die sozialen Beziehungen versachlicht.[77] Solche Emotionalität hat auch den Umgang der frühen Christen miteinander ausgezeichnet; sie wurde im Lichte der Botschaft Jesu geprägt und oft charismatisch überhöht. Jesu Lehre ging es um eine grundlegende Veränderung der Lebensweise, um eine Abkehr von der Sündhaftigkeit und die Suche nach Vollkommenheit. »Christlich galt für die Lebensführung nur eine einzige und ausschließliche Instanz: der persönlich begegnende Gott, und das begründete den personalen Charakter auch der Ethik. Konkret war es die Nachfolge Jesu, die als sittliche Norm an die Stelle gesetzlicher Einzelvorschriften trat« (Angenendt 2000: 616). Mit der Taufe wird von alters her die Vergebung aller vorher begangenen Sünden verbunden. Die ersten Gemeinden lebten in der Naherwartung der Wiederkunft Christi und entwickelten daher ein Selbstverständnis, zu dem die wechselseitige Hilfe, auch zur stets erneuten Umkehr (*Metanoia*) im Sinne der Aufforderung Jesu gehörte (vgl. insb. Mt 18, 15–20). Die frühchristlichen Gemeinden betrachteten es deshalb als ihre Aufgabe, die Sündhaftigkeit des einzelnen (nicht die einzelne Tat) durch wechselseitige Bekenntnisse zu überwinden. »Bei diesem nicht-amtlichen Bußverfahren geht es nicht um einen Richterspruch, sondern um einen Versöhnungsdialog« (Klär 1991: 59).

Mit dem Schwinden der Naherwartung trat das Problem in den Vordergrund, dass auch getaufte Christen trotz Ermahnungen weiterhin gegen Gottes Gebote verstießen. Die ersten christlichen Gemeinden sind aus dem Judentum heraus gewachsen und übernahmen damit selbstverständlich auch dessen Ethos, das uns vor allem in den zehn Geboten überliefert ist. Zu den gravierendsten Sünden zählten Gottlosigkeit bzw. Abfall vom Glauben, Mord und Unzucht. Sie wurden zunehmend als Ausschlussgründe aus den ja noch recht überschaubaren Gemeinden verstanden, wobei sich unterschiedliche

Formen und Grade der öffentlichen Wiederversöhnung mit der Gemeinde ausbildeten (vgl. Bußriten II. ›Zweite Buße‹, LThK 2: 841–842). Vor allem im Westen und unter dem Einfluss des lateinischen Rechtsdenkens wurden diese öffentlichen Bußverfahren zunehmend reglementiert, wobei grundsätzlich nur eine einmalige Wiederversöhnung zugelassen wurde (vgl. Klär 1991: 87–117).

Die erste reichsweite Christenverfolgung unter dem Kaiser Decius (249–251) rückte die Frage des Umgangs der Gemeinden mit den Apostaten ins Zentrum, wobei sich die Auffassungen derer gegenüber standen, die »den Ernst der in der Taufe getroffenen Glaubensentscheidung auch in ethischem Handeln zum Ausdruck gebracht sehen wollten und daher für eine rigorose Verfahrensweise mit Sündern votierten«, während »die anderen an die grenzenlose Vergebungsbereitschaft Gottes erinnerten und sich für eine milde Bußpraxis aussprachen« (›Bußsakrament‹, LThK 2: 845–856, 846). Die Erklärung des Christentums zur *religio licita* im Edikt von Mailand des Kaisers Konstantin (313) und der darauf folgende Zustrom der Menschen zur Taufe führte zu einer Veralltäglichung des Christentums im Römerreich. Die von tiefen Überzeugungen und charismatischen Erfahrungen geprägten Impulse der eng durch ihren minderheitlichen Glauben zusammen gehaltenen frühchristlichen Gemeinden und ihre regionalen Netzwerke mutierten zu einer reichsweiten Kirche, für deren Zusammenhalt zunächst vor allem der Kaiser durch die von ihm einberufenen und geleiteten Konzilien sorgte. Die rigorose Forderung einer nur einmal im Leben möglichen öffentlichen Buße und Sündenvergebung verlor in diesem Kontext ihren ursprünglichen Sinn als Wiederversöhnung mit der Gemeinde und wurde zunehmend ins Vorfeld des Lebensendes verschoben, also für die individuelle Erlangung des ›ewigen Lebens‹ instrumentalisiert. Noch Augustinus sprach sich für die Einmaligkeit christlicher Buße aus, doch verlor der alte öffentliche Bußritus in der Spätantike zunehmend an Bedeutung. Einflussreich wurde in diesem Zusammenhang die verdinglichende Weltauffassung der germanischen Völker: »Es ist in den zwei Jahrtausenden der Kirchengeschichte an keiner Stelle ein größerer Umbruch sowohl im religiösen Denken wie in den entsprechenden Einrichtungen erfolgt, als es in den fünf Jahrhunderten zwischen dem Ausgang der Patristik und dem Beginn der Scholastik der Fall ist.«[78]

7.2 Ost und West

Die alte Christenheit lebte und dachte selbstverständlich in der ›koine‹, dem in nahezu dem ganzen römischen Reich und darüber hinaus verbreiteten hellenistischen Griechisch, welches als *lingua franca* fungierte. Die bedeutenden Konzilien der alten Christenheit fanden im byzantinischen Teil des Reiches statt. Das Christentum hat seine ursprüngliche Denkform weder im Aramäischen, der mutmaßlichen Sprache Jesu, noch im Lateinischen, der Sprache des Okzidents, gefunden, sondern im Gemeingriechischen, das bis zur Mitte des 6. Jahrhunderts dominierte.

Eine Ausnahme bildete das Christentum in Nordafrika, wo das Lateinische Verkehrssprache war. Von dort stammten Tertullian und Augustinus, welche nachhaltig das westliche Sünden- und Bußverständnis geprägt haben. Während Tertullian zweisprachig war,[79] ging Augustinus die Kenntnis der griechischen Sprache weitgehend ab. Berücksichtigt man den prägenden Einfluss von Augustinus auf die mittelalterliche Theologie, so wird deutlich, dass allein durch die Sprachgrenze ein Kulturverlust mit Bezug auf die griechische Tradition eintrat, und dass die Verständigung zwischen ›Griechen‹ und ›Lateinern‹ immer schwieriger wurde. Das lateinische Christentum ist ein aus dem Griechischen übersetztes Christentum, wobei die Vulgata, die Bibelübersetzung des Hieronymus, das Nadelöhr bildete, das erst durch die neuzeitliche Bibelkritik und Exegese in etwa beseitigt wurde. Und es inkulturierte sich in einem Kontext, der weniger von philosophischen Ideen als vom Rechtsdenken bestimmt wurde.

Tertullian (ca.160 – nach 220) gilt als Hauptvertreter eines rigoristischen Christentums, das verbreitete Praktiken des Umgangs mit Sündern als Laxheit geißelte. Seine bis ins 6. Jahrhundert viel gelesenen, aber dann päpstlicherseits indizierten Schriften hatten maßgeblichen Einfluss auf die lateinische Bußpraxis im Sinne der einmaligen öffentlichen Buße. Bleibend beeinflusst hat Tertullian die lateinische Kirchenentwicklung durch seine stark rechtlich geprägte Argumentationsweise hinsichtlich der Kirchenordnung: »Besonderen Einfluss hat die lateinische Kultur auf ihn ausgeübt. Dazu gehört die Verbindung von Ordnung der Kirche, Einheit, Tradition und Sukzession ebenso wie die juristische Prägung der Sprache und des Denkens und die Benutzung von Institutionen des römischen Privatrechts, in denen der Glaube als Sache, als Besitz angesehen wird. Zentrale Begriffe Tertullians wie *auctoritas* und *disciplina* haben kein adäquates Pendant im Griechischen« (Martin 2010: 30). Diese rechtsförmige Betrachtungsweise von Glaubenssachverhalten prägte in der Folge auch die abendländische Auffassung von Sünde und Buße.

Kulturell wurden Sündenauffassung und darauf aufbauend die Praxis von Beichte und Buße wesentlich durch die *pessimistische Anthropologie des Augustinus* (354–430) legitimiert. Auf ihn geht die Lehre von der Erbsünde zurück: »Bei ihm findet sich erstmals die Vorstellung, mit den Folgen der Adamssünde gehe zugleich der damit verbundene Schuldzustand … auf die ganze adamitische Menschheit über.« Sie »macht die adamitische Menschheit zu einer ›massa damnata‹. Folgen der Erbsünde sind ewige Verdammnis, leiblicher Tod, Konkupiszenz, Unwissenheit und der Verlust der Freiheit zum Guten (gegen die Pelagianer)« (›Erbsünde‹, LThK 3: 743–749, 745). Teile dieser augustinischen Lehre wurden auf der (lateinischen!) Synode von Karthago (418) als im Glauben verbindlich erklärt und damit für die westliche Kirche und ihr Sündenverständnis wegleitend.

Das grundlegende Element der Erbsündenlehre, nämlich die Erlösungs- und Heilsbedürftigkeit des Menschen, ist eine gemeinchristliche Vorstellung, welche unmittelbar an den Kreuzestod Jesu Christi und dessen Heilssinn anknüpft. In der Ostkirche wird diese Botschaft jedoch anders, und in ihren Konsequenzen weit Hoffnung spendender ausgelegt: »Gott ist Mensch geworden, um den Menschen zu vergöttlichen« kann als Kurzformel eines zentralen Elements der griechischen Vätertheologie gelten. »Die Vergöttlichung des Menschen (theosis, theopoiesis) ist der seit dem 3. Jahrhundert in der griechischen Theologie verwendete Schlüsselbegriff zur Beschreibung der göttlichen Heilsökonomie und damit auch der zentrale Begriff der gegenwärtigen orthodoxen Soteriologie« (›Vergöttlichung‹, LThK 10: 664–667, 665). Dem entsprechend unterscheiden sich auch die Lehren von der Gnade: Die östliche Auffassung liegt zweifellos näher bei den urchristlichen Vorstellungen einer Berufung des Menschen zur Heiligkeit als die Vorstellung eines zur Sünde verdammten Menschen, der nur durch den kirchlich vermittelten Gnadenschatz das Heil erlangen kann, wie sie sich im Gefolge von Augustinus in der mittelalterlichen Kirche ausbildete. »Gnade bezeichnet (scil. im Westen) nicht mehr das Ganze des Heils, sondern Gottes Handeln am einzelnen Menschen in

Überwindung von dessen versklavter Freiheit. Gnade ist nicht mehr Heil, sondern Mittel zum Heil« (›Gnadenlehre‹, LThK 4: 794–796, 794). Dem entsprechend hat sich in der Ostkirche kein kirchliches Beichtwesen ausgebildet; die Sühne für die Sünden wird eher als Heilmittel denn als Strafe verstanden.

Als Folge des Zusammenbruchs des weströmischen Reiches wuchs dem Bischof von Rom eine zentrale Stellung nicht nur als Nachfolger des Heiligen Petrus, sondern auch als Nachfolger der römischen Kaiser zu, während in Byzanz dem Kaiser die Oberaufsicht über die Kirche verblieb. Träger des ›Christusimpulses‹,[80] also der unbedingten, über die alltägliche Existenz des Menschen hinausweisenden Kraft der christlichen Botschaft, wurde im Osten im Wesentlichen das *Mönchtum*. Dieses entwickelte sich ab dem 3. Jahrhundert, etwa ein Jahrhundert vor dem Westen. Das wenig regulierte östliche Mönchtum orientierte sich vor allem an den biblischen Grundsätzen und entwickelte Formen der wechselseitigen Ermunterung und Ermahnung, aber auch der geistlichen Führung, die häufig mit der Forderung nach einem Bekenntnis der Sünden verbunden wurde (vgl. Klär 1991: 101 ff.).

7.3 Der Siegeszug der Individualbeichte im Westen

Diese später so genannte Mönchsbeichte oder Laienbeichte (die Mönche blieben im 1. Jahrtausend meistens Laien) soll über das möglicherweise unter dem Einfluss des ägyptischen Mönchtums entstandene iro-schottische Mönchtum mit dessen Mission im nördlichen Kontinentaleuropa auch hierhin gelangt, jedoch in der Folge durch die romorientierten Missionsbewegungen verdrängt worden sein.[81] Gesichert ist jedenfalls, dass die vor allem nördlich der Alpen verbreitete sog. *paenitentia taxata*, eine frühe Form der Privatbeichte bei Mönchen oder Priestern, aus einer Verallgemeinerung der Mönchsbeichte im keltischen Raum hervorgegangen ist. Es waren also zunächst die dort das kirchliche Leben dominierenden Klostergemeinschaften bzw. deren Äbte, welche das Gewicht von Sünden in der Form von Sündenstrafen definierten, vor allem Fasten, Kasteiungen und gute Werke.

Den Anstoß zur Entwicklung der sich unter Ausschluss der Öffentlichkeit vollziehenden Individualbeichte bildete das Interesse am eigenen Seelenheil der sich als Sünder verstehenden Gläubigen. Da die Pastoral der römischen Kirche die Neigung des Menschen zur Sünde betonte, *spielte das Sündenbewusstsein im Westen eine weit größere Rolle als in den übrigen Patriarchaten.* Im Anschluss an die altchristliche Praxis, Märtyrer und Bekenner um ihre Fürbitte bei Gott zu bitten, wurde im Mittelalter Mönchen eine größere Vollkommenheit und damit die Fähigkeit unterstellt, anderen Menschen die Sündenlast zu erleichtern. Dies geschah meist durch Gebet und die Auferlegung von Bußen aller Art. Im Unterschied zur gemeinschaftlich verfassten und damit in etwa der sozialen Kontrolle unterliegenden Mönchsbeichte entstand mit dem Verhältnis zwischen Mönch/Priester einerseits und Laie andererseits eine asymmetrische und durch ihren individuellen Charakter unkontrollierbare Beziehung, die alle Voraussetzungen zur missbräuchlichen Ausübung einer zugesprochenen geistlichen Macht in sich trug. So kann man die noch wenig geordneten und uns teilweise skurril anmutenden, oft peinlich genaue Listen von Fragen an verschiedene Poenitentengruppen und kasuistische Bußtarife enthaltenden Beichtbücher als einen Fortschritt in Richtung auf ein kirchlich geordnetes und moraltheologisch untermauertes Beichtwesen ansehen (vgl. Mahoney 1987: bes. 6 f. und 15).

»Seit dem 8. Jahrhundert wird der Priester zum Adressaten des Sünders, der seine Schuld beichten will. Somit wird die Tarifbuße ›entmöncht‹, klerikalisiert und gleichzeitig veramtlicht« (Klär 1991: 170). Die karolingischen Reformen griffen auf antike Vorbilder zurück und suchten auch die öffentliche Beichte und Buße wieder zu restaurieren, die ausschließlich in die Gewalt der Bischöfe gehörte. Vom 8. bis ins 12. Jahrhundert dauerte die Auseinandersetzung zwischen der strengen, grundsätzlich nur einmal zu vollziehenden öffentlichen Beichte und der Individualbeichte an, für die bald häufigere Vollzüge empfohlen wurden. Während im öffentlichen Bußverfahren die Versöhnung erst nach Ableistung der sühnenden Buße gewährt wurde, brachte es die interaktive Form der Privatbeichte mit sich, dass Bußwerke erst nach dem Versöhnungsritual zu leisten waren. Dies gab Anlass zur Schaffung des Ablassinstituts, mit dem Sühneleistungen nachträglich von Bischöfen oder Päpsten erlassen werden konnten.

Ab dem 11. Jahrhundert wurde die individuelle Beichtform als Sakrament bezeichnet und um 1150 in die dann aufkommende Siebenzahl der Sakramente einbezogen. Von da an geriet sie mit ins

Zentrum der frühscholastischen Theologie und bekam auch kirchenrechtliche Potenz, indem auf dem Vierten Laterankonzil (1215) der alljährliche Empfang des Bußsakramentes zusammen mit demjenigen der Eucharistie allgemein vorgeschrieben wurde (vgl. Klär 1991: 175 ff.; Ohst 1995). Mit der *Sakramentalisierung der Beichte* wurde die asymmetrische Beziehung zwischen Poenitenten und Poenitentiar endgültig aus dem Bereich des persönlichen Charismas in denjenigen des Amtscharismas verschoben.[82] Es wurde sogar ausdrücklich festgehalten, dass die Absolution auch durch einen unwürdigen Priester wirksam sei, weil ja die Kirche als Ganze hinter dem Sakrament stehe – eine frühe Form der Schaffung von ›Systemvertrauen‹.[83]

Für unseren Argumentationszusammenhang bemerkenswert ist eine Veränderung der Absolutionsformeln bei der Individualbeichte: Ursprünglich wurde die Absolution von den Gebeten des Mönches oder Priesters erwartet, die diese *für* den Poenitenten an Gott richteten. Ab dem 11. Jahrhundert finden sich statt dieser »deprekativen« auch »indikativische« Absolutionsformeln, bei denen *der Priester selbst* im Namen Gottes die Sünden nachlässt: »Ego te absolvo ...«. Diese Form setze sich ab dem 13. Jahrhundert durch und wurde schließlich im Konzil von Trient »zur alleinigen sakramentalen ›Form‹ des Bußsakraments erklärt« (Herbert Vorgrimler, zit. nach Klär 1991: 163). Diese Entwicklung ist Ausdruck eines gewandelten Verständnisses von Kirche und Jenseitsglaube.

7.4 Die Beichte als Ausdruck eines kirchlichen Herrschaftsanspruchs

Auch wenn das Sündenbekenntnis seinem Ursprung und seiner fortdauernden kirchlichen Legitimation nach vor allem eine Methode der Versöhnung mit Gott darstellt, brachte seine Institutionalisierung als kirchlich verwaltetes Sakrament Nebenwirkungen hervor, die durch weitere Entfaltungen in Anspruch und Selbstbeschreibung der Kirche verstärkt wurden.

Der nachhaltigste Impuls ging von der Emanzipation des Papsttums und genereller der kirchlichen Einrichtungen aus der Oberhoheit ›weltlicher‹ Herrscher aus. Genauer gesagt entstand allerdings die Unterscheidung zwischen ›Spiritualia‹ und ›Temporalia‹ erst in der Auseinandersetzung um die Investitur der Bischöfe und Äbte, welcher im Konkordat von Worms (1122) ihre Lösung dergestalt fand, dass geistliche Fürsten ihr Lehen vom Kaiser, ihre Weihe aber vom Papst erhalten sollten. In der Folge dieses von Eugen Rosen-stock-Huessy (1987[4]/1951) als »Erste Abendländische Revolution« bezeichneten Investiturstreits entwickelten sich die päpstlichen Machtansprüche, aber auch die kanonistischen und administrativen Möglichkeiten der Kirche weiter. Sie erreichten im Pontifikat von Innozenz III. (1198–1216) ihren eindrücklichen Höhepunkt. Indem Innozenz den päpstlichen Titel *Vicarius Christi* einführte, eine Bezeichnung, die ursprünglich allen Priestern und Bischöfen als zur Feier des Messopfers Befugten zukam, *sakralisierte er den päpstlichen Herrschaftsanspruch* in einer Weise, die an Absolutheit nicht mehr zu überbieten war. Unter ihm wurde die jährliche Beichte zu einer kanonischen Pflicht aller erwachsenen Gläubigen und damit auch zu einem *Modus der Unterwerfung unter die Macht der Kirche,* an der nun kein Weg mehr vorbei zu Gott führte. »Hier ist echte, durchgreifende Gesetzgebung intendiert, die das Verhalten jedes einzelnen Christen leiten und normieren will«, und sie wurde »in ganz Europa durchgesetzt« (Ohst 1995: 33). Auch die sozialhistorische Forschung zeigt, dass diese Gesetzgebung auch mit Nachdruck durch den Klerus und gelegentlich auch durch weltliche Autoritäten durchgesetzt wurde (vgl. Hahn 1982: insb. 409 ff.; Dinzelbacher 2001: insb. 46–51). Den historischen Kontext dieser Klerus und Laien gleichermaßen beeinflussenden *Disziplin* bildeten die ›Ketzerbewegungen‹ der Katharer, Waldenser u. a.m. Das juristische Korrelat wurde der Inquisitionsprozess, in dem das Geständnis des Täters an die Stelle älterer ›Beweisformen‹ (z. B. durch Eideshelfer oder Gottesurteile) trat. So geriet die Beichte in der frühen Neuzeit auch in den Kontext von Inquisition und Folter.

Unterstützende Motive für die Akzeptanz und Form der Beichte gingen von einer theologischen Neuerung aus, die der Sozialhistoriker Jacques Le Goff als »Die Geburt des *Fegefeuer*s« bezeichnet hat. Die Jenseitsvorstellungen der alten Kirche kreisten um die Unterscheidung von Himmel und Hölle, von Rettung und Verdammnis. Zwar gab es schon damals Fragen und Spekulationen über das allgemein geglaubte Leben nach dem Tode, die sich mit dem Bild einer Reinigung durch Feuer verbanden, aber die Vorstellung eines ›dritten Ortes‹ zwischen Himmel und Hölle entstand erst im letzten Viertel des zwölften Jahrhunderts, ausgehend von Paris und Cîteaux, dem Stammkloster der Zisterzienser (vgl. Le Goff 1981: 227–229). Erst diese vor allem durch Dante popularisierte Vorstellung, dass die weder verdammten noch gleich seligen Toten an einem Reinigungsort auf das Jüngste Gericht warteten, gab dem *Ablasswesen* jenen Schub, der es zum Herrschafts- und Finanzierungsinstrument der Päpste werden ließ. Denn seit dem 13. Jahrhundert wurde es möglich, Ablassleistungen auch bereits Verstorbenen zuzuwenden. Damit wurde das Ablasswesen völlig von der Beichte getrennt und sozusagen in die Merkantilisierung der entstehenden Geldwirtschaft eingebaut.

Der Umgang der Kirche mit der Sünde hatte damit ihre institutionelle Form gefunden, die sodann auf dem Konzil von Trient unter Ablehnung reformatorischer Infragestellungen im Wesentlichen bestätigt wurde, und in dieser Form zum mindesten bis zum Zweiten Vatikanum nicht mehr in Frage gestellt worden ist.[84] Die Kirche definiert, was Sünde ist, und sie tut dies in kasuistischer und legalistischer, ja zeitweise sogar inquisitorischer Weise (vgl. Prosperi 1993). Der Erfahrungshorizont des Poenitenten bleibt ausgeklammert. Allenfalls wird sein Nichtwissen und die Unfreiheit seines Willens als sündenmindernd anerkannt.

Diese Position und die ihr entsprechende Beichtpraxis erhielten nach dem eher laxen 18. Jahrhundert im 19. Jahrhundert erneut Auftrieb durch die Neuscholastik und deren päpstlich erklärte Verbindlichkeit für die Theologenausbildung. Diese wachsende Rigorosität hatte ihre Parallele in der zunehmenden Tabuisierung der Sexualität im nicht-katholischen, insbesondere angelsächsischen Bürgertum, was die revolutionäre Wirkung der Sexualtheorie von Sigmund Freud im 20. Jahrhundert erklärt.

7.5 Komplexität und Freiheit

Ein wichtiges Spannungsfeld der moralischen Reflexion wurde das Verhältnis von Tat und Gesinnung. Während in der frühen Kirche beide Elemente zusammen gesehen wurden, reduzierte sich im Frühmittelalter das Sündenverständnis auf die Tatseite; so sehr, dass auch unbeabsichtigte oder ohne Sündenbewusstsein begangene Taten als Sünde galten. Die dadurch entstehende Unsicherheit war geeignet, das Heilsbedürfnis der Gläubigen noch zu steigern. Gegen diese Einseitigkeit betonte der Frühscholastiker Petrus Abaelardus (1079–1142) die *Intention* des Handelnden als entscheidendes Merkmal eines guten oder bösen Verhaltens, und seither ist die Spannung zwischen subjektiver Moralität und objektiver Moral eine nicht mehr zu eliminierende Herausforderung der moralischen Reflexion (historisch gesättigte Darstellung bei Mahoney 1987: 175–258).

Was den Soziologen an Abaelard fasziniert, ist nicht nur der programmatische Titel eines seiner Hauptwerke: »Erkenne Dich selbst«, sondern der Ausgangpunkt seiner Fragestellung: Sündigen Heiden, die Christen töten, weil sie dies für gottgefällig halten? Und er beantwortet sie mit Nein. Abaelard bezieht hier eine Außenperspektive mit Bezug auf seine Kirche, die im Zeitalter der Kreuzzüge recht singulär gewesen sein dürfte. Analytisch ausgedrückt: Abaelard zieht alternative Situationen des Handelnden in Betracht, die in den ›objektiven‹, d. h. kulturgebundenen Normen als abartig hingestellt oder überhaupt ignoriert werden. Dies ist symptomatisch für das 12. Jahrhundert, in dem auf vielen Gebieten neue Möglichkeiten aufbrechen oder neue Differenzen wie die Unterscheidung von ›spiritualia‹ und ›temporalia‹ formuliert oder gar institutionalisiert werden. Technisch formuliert: Die Komplexität der Gesellschaft nimmt mit dem erneuten Aufkommen der Städte und der Intensivierung des überregionalen Verkehrs zu. Und: ›Stadtluft macht frei‹! Dies war ein durchgängiger Trend der Entwicklung im Zweiten nachchristlichen Jahrtausend, auch wenn säkulare Soziologen meist erst die Zeit nach der Reformation (ebenfalls ein Komplexitätsschub!) ins Auge fassen. Das 12. Jahrhundert bildet hier tatsächlich eine Wasserscheide, ab der nicht nur Politik und Religion, sondern auch Wirtschaft und Wissenschaft ihre Ausdifferenzierung und Verselbständigung beginnen (vgl. Berman 1991 [engl. 1983], Kapitel 2; Kaufmann 1989a: 70–88, bes. 77–81).

Korrelativ zur Entstehung erster Organisationen, der Verbreitung der Geldwirtschaft und einer Rezeption des rationaleren Römischen Rechts als Grundlage der komplexeren Gesellschaft veränderten sich die Auffassungen vom Menschen. Er wurde nun nicht mehr bloß als Teil eines sozialen Ganzen, sondern *als Individuum mit einem eigenen Gewissen* aufgefasst. Damit geriet die Moral in eine Spannung zwischen ihren durch kirchliche Anleitung verrechtlichen Formen und den moralischen Intuitionen der Individuen, die sich umso mehr auseinander entwickelten, je vielfältiger die Erfahrungsfelder der Menschen wurden.[85]

Diese Spannung brach bei Martin Luther (1483–1546) in einen Gegensatz auf: Der Einzelne wurde zum Sucher eines »gnädigen Gottes«, unabhängig von den Sakramenten der Kirche. Umso deutlicher betonte die römisch-katholische Kirche in Trient die Wirksamkeit der Sakramente aus der Kraft der göttlichen Gnade, *ex opere operato*. Zwar wurde das Mitwirkungserfordernis des Poenitenten in der Form von Bekenntnis und Reue betont, der sich damit jedoch einem allein kirchlich definierten Verfahren zu unterwerfen hatte. Der Poenitent blieb somit *Objekt* der kirchlichen Heilssorge. Reformbemühungen bezogen sich allein auf die Qualifikation des Klerus, und wiederum waren es vor allem *die Orden*, welche in der Beichtpastoral vorangingen.

Innerhalb und zwischen den Orden wurden denn auch die großen *theologischen Streitigkeiten* ausgetragen: Der Gnadenstreit – vorzugsweise zwischen Dominikanern und Jesuiten, »in dem es um das Verhältnis von göttlicher Gnadenwirksamkeit und menschlicher Freiheit ging« (›Gnadenstreit‹, LThK 4: 797–798, 797); und der Probabilismusstreit, bei dem es um die Freiheitsgrade menschlicher Entscheidung, näherhin um die Frage ging, wann es in Zweifelsfällen erlaubt sei, sich gegen eine vorherrschende Meinung zu entscheiden (vgl. Mahoney 1987: 135–143). Besonders dieser zweite, für die Entwicklung der moralwissenschaftlichen Reflexion zentrale Streit lässt den Zusammenhang mit der wachsenden Komplexität – der Gesellschaft wie der konkreten Handlungssituationen – deutlich werden. Denn Zweifelsfälle treten vor allem auf, wo unterschiedliche Handlungsmaximen in Konkurrenz treten, weil mehrere Referenznormen und/oder Wirkungsketten in Betracht gezogen werden können.

In beiden Streitfällen hat die Kirche übrigens auf eindeutige Entscheidungen zugunsten einer Partei verzichtet und lediglich extremen Positionen eine Absage erteilt.[86]

7.6 Moraltheologie: Die Verwaltung der Todsünden

Die Unterscheidung von schwereren und leichteren Vergehen gegen Gottes Gebot ist alt, aber die prägnante Unterscheidung von schweren oder Todsünden und lässlichen Sünden sowie die Verknüpfung dieser Unterscheidung mit der Gnadenlehre und der Beichtpraxis wurde erst auf dem Tridentinum lehramtlich vollzogen (vgl. H. Weber 1973). Von da an galt der mit einer Todsünde Belastete als ausgeschlossen von der göttlichen – und das heißt konkret kirchlichen – Gnadenordnung; sofern er ohne Versöhnung mit der Kirche starb, war ihm die Hölle gewiss.[87]

Ein wesentliches Anliegen des Tridentinischen Konzils war die Verbesserung der Qualifikation der Priester, und in diesem Zusammenhang kam der Qualifikation als Beicht›vater‹ (!) eine zentrale Rolle zu. Im Hinblick darauf entwickelte sich die theologische Disziplin der *Moraltheologie* seit Ende des 16. Jahrhunderts, und zwar auf zwei Ebenen: Als »Zweiheit von ins grundsätzliche gewendeter Spekulation und pragmatischer Aufschlüsselung von das … Subjekt betreffenden Einzelfragen«, wobei für beide Gebiete wichtige Traditionsbestände aufgenommen und verarbeitet wurden (vgl. ›Moraltheologie‹, LThK 7, 462–467, 465). Für die Praxis des Beichtvaters wichtig war vor allem die Frage, wann er es mit einer schweren Sünde zu tun hatte. Hierfür mussten Voraussetzungen beim Poenitenten (Sündenbewusstsein, freier Wille) und als objektive Voraussetzung eine Handlung oder auch nur Einstellung hinsichtlich einer »materia gravis«, vorliegen. Die Kirche hielt an der ursprünglichen Auffassung fest, dass jede Sünde primär eine Sünde gegenüber Gott und seinen Geboten sei, wobei sie für die Auslegung dieses Kriteriums allerdings die alleinige Interpretationshoheit beanspruchte.

Inhaltlich weist das Ethos des Christentums eine hohe Kontinuität auf, auch wenn die Verstöße nach Ort und Zeit z.T. unterschiedlich gewichtet wurden. Es bestand stets ein unterschwelliger Austausch mit den wirtschaftlichen und sozialen Umständen sowie den moralischen Urteilen der jeweiligen kulturellen Kontexte, beispielsweise beim Zinsverbot[88] oder der Religionsfreiheit (vgl. Böckenförde 2007). Dies kann hier nur an einem aktuellen, kirchlicherseits noch umstrittenen Beispiel verdeutlicht werden, der Haltung zur menschlichen *Sexualität*.

Ehebruch und Unzucht (porneia) gehören zu den schon biblisch klar verurteilten Verhaltensweisen, die von der gesamten Tradition als schwerwiegend angesehen wurden. Das frühe Christentum profilierte sich geradezu durch sein strenges Sexualethos gegenüber seiner heidnischen hellenistischen Umwelt, aus deren Verhalten sich der Inhalt von ›porneia‹ unschwer ergeben haben dürfte. Im lateinischen Christentum wurde auch hier Augustinus einflussreich, welcher das Menschengeschlecht als Folge der Erbsünde durch Lust und Unwissenheit verdorben ansah (vgl. Mahoney 1987: 44–48). *Concupiscentia* wurde in der Folge auf sexuelle Lust hin zugespitzt und diese selbst als ›Verunreinigung‹ (*pollutio*) stigmatisiert.[89] Dies wurde zur Prämissse für die rationalistische Moral, welche im Gefolge des Tridentinums und unter dem Einfluss der Faszination für die mathematischen Wissenschaften sich in der Form einer juristisch anmutenden Kasuistik und ›Sündenmathematik‹ entwickelte (vgl. hierzu Kleber 2005: bes. 82–86).

Die Konsequenzen bis in jüngste Zeit seien an zwei Standardwerken der Moraltheologie verdeutlicht, die zum mindesten bis zum Zweiten Vatikanischen Konzil verbreitet waren und, soweit erkennbar, nach wie vor die römische Auffassung wiedergeben.

Nachdem er den Unterschied zwischen lässlichen Sünden und Todsünden (*materia gravis*) entwickelt hat, unterscheidet Gustav Ermecke im Anschluss an Joseph Mausbach »bei dieser objektiven Schwere das *peccatum mortale ex genere* von dem *peccatum mortale ex genere toto*. Bei ersterem ist trotz der Wichtigkeit des Gesamtgutes, etwa der Rechtsordnung oder des guten Namens, eine parvitas materiae im Einzelfalle möglich; bei letzterem aber handelt es sich um einheitliche und unteilbare Objekte, bei denen die Verletzung in jedem Falle schwer ist (z. B. Unglaube, Meineid, Gotteshass)« (Mausbach/Ermecke 1959: 340, Hervorhebung im Original). Wenige Seiten später heißt es bei der Behandlung der sog. sieben Hauptsünden: »Unkeuschheit (›Fleischeslust‹, luxuria) ist das ungeordnete Streben nach sinnlichem Genuss im Bereich des Geschlechtlichen. Unkeuschheit ist ein peccatum ex toto genere grave« (ebenda: 353f., Zitat 354). Bemerkenswert ist, dass nur bei dieser Hauptsünde eine Bejahung schwerer Sündhaftigkeit ohne jede Ausnahme und ohne nähere Begründung behauptet wird. Sie wird auch auf den Bereich des »Nichthindern oder Nichtentfernen verbotener sinnlicher Lust« ausgedehnt: »… ein solches Verhalten (ist) im allgemeinen als lässlich sündhaft anzusehen. Eine Ausnahme bilden jedoch die Regungen der Wollust (delectatio venerea), weil sie in besonderer Weise in das Leben des leiblichen Organismus übergreifen und dann auch leicht die Gefahr der Willenszustimmung nach sich ziehen. Daher ist die … *Zulassung* starker sexueller Versuchungen ohne vernünftigen Grund schwer sündhaft« (ebenda: 350).

Praxisnäher formuliert das weit (auch international) verbreitete Handbuch von Heribert Jone: »Jede direkt gewollte geschlechtliche Lust ist außerhalb der Ehe immer eine schwere Sünde. Das gilt auch, wenn die Lust noch so unbedeutend und kurz ist« (1961: 181). Die Pollution (hier verengt auf Masturbation) ist als direkt gewollte »immer schwer sündhaft« und gilt als »Sünde *contra naturam*«; die ungewollte nächtliche Pollution dagegen »ist keine Sünde« (ebenda: 185 f.). Man fragt sich, was hier für ein Naturbegriff vorliegt. Aber soweit sie nicht direkt auf göttliches Recht rekurriert, beruft sich die katholische Kirche in ihrer Morallehre in Auseinandersetzung mit ihren Kritikern auf ein von ihr allein authentisch ausgelegtes Naturrecht (vgl. Kaufmann 1973b, sowie weitere Beiträge in diesem Band).

Diese Fixierung auf eine kasuistische Sexualmoral, aber auch genereller die Tradition einer juridisch angehauchten Moralkasuistik hat in neuerer Zeit den Widerspruch von zahlreichen Moraltheologen auf sich gezogen (wegweisend Böckle 1977; Auer 1984). So hält Karl-Wilhelm Merks fest: »Anders als in den meisten andern Bereichen vertritt die Morallehre der Kirche in der Sexualmoral eine deontologisch-absolut argumentierende Auffassung vor Normen. … Das kann aber nicht gut gehen, weil es unserem Grundverständnis von Moralität allgemein, und von verantwortlich gestalteter Sexualität im Besonderen entgegensteht« (Merks 2011: 15). Die herkömmliche Sexualmoral legt den Focus auf den Samenerguss und darauf hinführende Handlungen bzw. Umstände – die weibliche Sexualität kommt nur in Analogie zur männlichen in den Blick, nicht jedoch auf die Kontexte – z. B. von Liebe, Abhängigkeit oder Gewalt. Damit verpasst sie das Humanisierende, das der christlichen Moral doch in vielen Zusammenhängen, nicht zuletzt der Ehe, auch zukommt. Hubertus Lutterbach unterscheiden zwischen einem »neutestamentlichen ethisch-intentionsorientierten« und einem »religionsgeschichtlich ursprünglicheren und in der Christentumsgeschichte seit mittelalterlicher Zeit dominanten kultischen

Reinheitsverständnis.« Er plädiert dafür, die Sexualmoral wiederum auf die ethische Reinheit zu gründen, welche auf die Person und nicht das Verhalten im Einzelfall abhebt (Lutterbach 2008: 108).

Besonders spitzt sich der Konflikt bei der Frage der Geburtenregulierung zu, wo die kirchliche Ehelehre einerseits von der Fixierung auf die Zeugung abgerückt ist, aber gleichzeitig an einer kasuistischen Behandlung der Methoden der Empfängnisverhütung (materia gravis!) festhält; dies hat tiefgreifend zur Entfremdung vieler katholischer Paare von den Lehren ihrer Kirche und zum Zusammenbruch der Beichtpastoral beigetragen.[90]

Karl-Wilhelm Merks fasst die Grundlagen der kirchlichen Lehre zur Sexualität kritisch wie folgt zusammen: »Negative ›Verdächtigungs‹-Anthropologie, abstraktes Naturrechtsdenken, Autoritätsdominanz, Stil einer Gesetzesethik, Marginalisierung des Gewissens, Wirklichkeitsferne mit der Folge zunehmender Wirkungslosigkeit« (Merks 2011: 19). Und Stephan Goertz hält fest: »Eine freie Selbstverpflichtung des Individuums auf das erkannte Gute *als* das Gute, also Moralität im Sinne Kants, wird als Idee ausdrücklich zurückgewiesen. Aus einem solchen Denksystem muss eine besondere Wertschätzung des Gehorsams gegenüber moralischen Gesetzen und gegenüber den sie aufstellenden und durch Sanktionen schützenden Autoritäten resultieren« (2010: 136).

Ansätze zu einer Neuorientierung beziehen sich vor allem auf die Anerkennung der Personwürde eines jeden Menschen: Es »gilt damit … keine andere Norm als die Grundnorm der unbedingt zu achtenden Würde eines jeden Menschen. Sexualität ist nicht jenseits von Autonomie zu normieren. … Ein solche Sexualmoral erfüllt Ansprüche an eine konsistente Begründung auf der Basis der Personwürde und gilt für alle sexuellen Beziehungen« (Goertz 2010:138). Soll die Sexualität allerdings nicht der Beliebigkeit subjektiver Urteile anheim gegeben werden, muss der Begriff der Personwürde und damit derjenige der Verantwortung qualifiziert werden. In diesem Sinne argumentiert Merks für eine »*Beziehungsethik*«: Das ›Wesen‹ der Sexualität besteht nicht allein in ihrem organischen Substrat sondern »wird im umfassenden Sinn erst verstanden, wo es in seiner relationalen Qualität menschlicher Existenz gesehen wird« (Merks 2011: 30).

Deutlich wird hier die Tendenz, Moral als christliche Vollkommenheitsethik und Lehre vom gelingenden Leben deutlich von der juridischen Betrachtungsweise abzukoppeln. Die Verselbständigung der Moral gegenüber dem Recht wurde schon durch Kant begründet, konnte sich aber im Zeitalter des Antimodernismus in der Kirche nicht durchsetzen. Offensichtlich sind die Versuche einer Neubegründung der Moraltheologie wiederum von den Normen und Idealen in den außerkirchlichen Kontexten mit beeinflusst; sie streben eine Inkulturation des Christentums im Horizont eines personalistischen Ethos an.

7.7 Soziale Folgen

Im Vorangehenden wurde die soziologische Perspektive eher implizit eingesetzt: Die Entwicklung der Auffassungen über ›Sünde‹ wurde aus ihren sozialen Kontexten rekonstruiert. Abschließend ist nun expliziter nach den sozialen Folgen der kirchlichen Sündenlehre und Bußpraxis zu fragen.[91]

Für die ursprüngliche Praxis der öffentlichen Buße ist anzunehmen, dass sie ein wirksames Instrument der Abgrenzung *und* Integration der frühen Christengemeinden war. Es handelte sich hier um eine mehr oder weniger formalisierte Form sozialer Kontrolle, deren religiöse Begründung weitgehend evident war. Nach der Konstantinischen Wende wurden die kirchlichen Verhältnisse unübersichtlicher, sodass auch die soziale Kontrolle nicht mehr in gleichem Maße greifen konnte. Die Buße dürfte sich nunmehr nur noch auf öffentlich bekannt werdende Abweichungen bezogen haben. In der Spätantike verlor sich dem entsprechend ihr sozial integrativer Charakter, und sie wurde zum Heilsinstrument am Lebensende. Insoweit das christliche Ethos herrschte, dürfte der Bußpraxis dennoch weiterhin eine individuell disziplinierende Wirkung eigen gewesen sein.

Die öffentliche Bußform wurde von den germanischen ›Barbaren‹ nicht akzeptiert. Dagegen entwickelten sich Formen der privaten und interaktiven Sündenbewältigung, welche allmählich die Form der sakramentalen Beichte annahmen, mit den Elementen: Gewissenserforschung, Sündenbekenntnis, Reue, Absolution und nachträgliche Buße. Sozialhistoriker und Soziologen sehen in diesem *Zwang zur Selbstthematisierung* in der Beichte ein zentrales Element der »deutlich im 12. Jahrhundert zu verortenden ›Entdeckung des

Individuums«« (Dinzelbacher 2001: 41). »Die im 12. Jh. ablaufenden Neuformulierungen des Schuldbegriffs verändern die Auffassung von der Tatverantwortung fundamental und schärfen diese neuen Auffassungen über die Beichte ein« (Hahn 1982: 409). Die Einführung der Pflichtbeichte durch das Vierte Laterankonzil ist ein »Vorgang, der in seiner Wirkung nicht hoch genug eingeschätzt werden (kann). ... Zu Armut, Keuschheit und Gehorsam, zu Fasten, Beten und Wallfahren wurde der reuige Sünder im Beichtstuhl angehalten; von einer Spiritualität für Laien, die bei Sonnenaufgang aufs Feld gingen und bei Sonnenuntergang todmüde ins Bett fielen, konnte keine Rede sein« (Blickle 2008: 115 f.).

Inwieweit die Auferlegung der Beichtprozeduren und ihre Begründung zur Erleichterung der Menschen beitrug, oder ob sie die Menschen eher in der Angst hielten, bleibt umstritten; sie dürfte je nach Umständen und Frömmigkeit unterschiedlich gewirkt haben. Dass vor allem die frühe Neuzeit ein Zeitalter der Angst gewesen ist, hat Jean Delumeau (1985) eindrücklich dargestellt. Die kollektiven Ängste hatten viele Ursachen, von der Umklammerung durch den Islam bis zu Pest, Krieg und Hunger. Aber sie wurden auch durch den Glauben an böse Mächte und nicht zuletzt durch eine Schuldkultur mit bestimmt, die ursprünglich durch die Erbsündenlehre des Augustinus, näherhin jedoch durch die Spannung zwischen Sündigkeit des Menschen und göttlichem Heilsversprechen virulent wurde, und dies nicht nur im Katholizismus (Delumeau 1983).[92]

»Unbestreitbar dürfte es nach dem vorgelegten Material sein, dass der allen Katholiken seit dem 13. Jahrhundert auferlegte Zwang zur jährlichen Beichte eine bedeutende Komponente für die Genese der typisch europäischen Mentalität gewesen ist, deren charakteristischstes Merkmal wohl jener Zug zum Individuellen darstellt, der die abendländische Kultur von den sonstigen traditionellen Hochkulturen unterschieden hat« (Dinzelbacher 2001: 60). Doch diese mit Angst und Seelenqualen erreichte *Individualisierung* vollzog sich in einem theologischen und philosophischen Kontext, der den Menschen gleichzeitig Personqualitäten und Freiheitsperspektiven eröffnete. Das von Anfang an auf den Mitmenschen bezogene Personverständnis entwickelte sich aus der Theologie der Trinität (vgl. Oeing-Hanhoff 1988). Die »Metaphysik der Freiheit« nimmt ihren Anfang bei der Unterscheidung des Alexander von Hales (1185–1245) zwischen drei Arten des Seins: Ens natrurale, ens rationale und ens morale. »Das personale Sein wird also zwar durch die besonderen Merkmale des Naturhaften und Vernunfthaften mitkonstituiert, seine eigentliche Bestimmung aber erhält es durch die ›Würde‹, die im ›moralischen Sein‹ begründet liegt, und das heißt nach der scholastischen Begrifflichkeit: in der Freiheit selbst« (Kobusch 1993: 25).

Das europäische Zeitalter der Angst endete in der zweiten Hälfte des 17. Jahrhunderts. Die Staatenordnung des Westfälischen Friedens und die Niederlage der Türken vor Wien (1683) bildeten den politischen Kontext für ein optimistischeres Menschen- und Weltbild, das im »Zeitalter des Fortschritts« des 19. Jahrhunderts kulminierte. Die Metaphysik der Freiheit beseelte auch die europäische Aufklärung, welche nur in Frankreich atheistisch, sonst aber durchaus von einer evangelischen Christlichkeit inspiriert wurde. Die katholische Kirche hielt sich abseits bis feindselig. Erst das II. Vatikanische Konzil hat dem Freiheitsgedanken auch in der Kirche Geltung verschafft.

Dies hat sich allerdings bis heute auf das kirchliche Sündenverständnis bestenfalls indirekt ausgewirkt. Symptom der andauernden Inkongruenz zwischen einer im Barockzeitalter entstandenen Morallehre und der ›brüderlichen‹ Moralität der Person als Mensch unter grundsätzlich freien und gleichen Menschen war in den letzten Jahrzehnten der Zusammenbruch der Beichtpastoral. Das Öffentlich-Werden von auch unter Klerikern verbreitetem Missbrauch von Kindern und Jugendlichen[93] und seine langjährige kirchliche Vertuschung[94] hat zudem das Vertrauen der Katholiken in die überlegene Moralität ihres Klerus nachhaltig erschüttert. Die Koordinaten des traditionellen Sündendiskurses sind verschwunden. Das kirchliche Ethos des Gehorsams hat bisher keine überzeugende Synthese mit dem modernen Ethos der Freiheit gefunden.

7.8 Zusammenfassung

›Sünde‹ ist der Name für alle Arten von kirchlich definierten Verfehlungen gegen Gott, gegen das Kirchenrecht, gegen die Moral oder gegen den Nächsten. Auch wenn es ein gemeinchristliches Ethos im Anschluss an biblische Vorgaben gibt, so spielten die kirchlichen Definitionen von ›Sünde‹ nur in der lateinischen Kirche eine zentrale Rolle, und hierauf hat sich diese Darstellung konzentriert. Die Motive für derartige Definitionen waren unterschiedlich und ließen sich teilweise durch die sozialen Kontexte erklären. Damit sei nicht in Frage gestellt, dass das zentrale Motiv des Gehorsams gegen göttliche Gebote eine Richtschnur abgab, die in den Morallehren der Kirche, wenn nicht immer wegweisend, so zum mindesten legitimierend wirkte. Aber es bleibt die Frage, warum die Sündenperspektive auf das menschliche Leben und mit ihr verbunden die Verfahren der Buße in der lateinischen Kirche eine derartige Prominenz gewonnen haben, dass sie eine geradezu kulturrevolutionäre Potenz entwickelten. Zu ihrer Beantwortung wurden einige Argumente genannt. Das lateinische Christentum hat in der Verbindung mit dem römischen Recht und einer wachsenden Autorität des Papsttums Energien entwickelt und Spannungen zwischen Gott und Welt aufgebaut, welche die Menschen über ihre bisherige ›condition humaine‹ hinaustrieben und durch die eine Entwicklungsdynamik hin zur Moderne und durch diese hindurch ausgelöst wurde. Das Interesse am Heil oder einem ›gnädigen Gott‹ erwies sich als Katalysator grundlegender Wandlungen, die bald von politischen und ökonomischen Interessen genutzt und verstärkt wurden. Das Christentum entwickelte insbesondere im Mönchtum Formen der Askese, welche eine Voraussetzung (nebst anderen) für das Erwerbsethos des Kapitalismus bildeten (vgl. Weber 1934: 536–573).

Im Zuge der Modernisierung ist das christliche Ethos keineswegs verblasst, aber es hat andere Virulenzen entwickelt, als die im Schema von Befehl und Gehorsam verharrende römisch-katholische Moral. Zwar ist es der katholischen Moraltheologie gelungen, in vielen Bereichen (z. B. in der Sozial-und Wirtschaftsethik) Anschluss an die neuzeitlichen Veränderungen zu gewinnen, doch präsentiert sie im Bereich der Sexualethik Rigiditäten, die ihre Glaubwürdigkeit nachhaltig in Frage stellen. Gerade weil es sich um die Körperlichkeit des Menschen unmittelbar betreffende Sachverhalte handelt, geht die kasuistische Betrachtungsweise am existentiellen Erfahrungshorizont der Menschen vorbei. Dieser ist weit eher anschlussfähig an eine ebenfalls auf christlichem Grund gewachsene Metaphysik der Freiheit, der in der Morallehre das Bemühen um eine an der Personalität des Menschen orientierte Moral entspricht. Damit werden biblische Ideen von wechselseitiger Hilfe zur moralischen Entwicklung sowie von Freiheit und Selbstbestimmung wieder aufgenommen (vgl. Striet 2011; Pröpper 2012).

8. Kapitel:
Kirche als Lehr- und Lerngemeinschaft

Das Thema »Sensus Fidelium – Kirche als Lern- und Lehrgemeinschaft«[95] ist durchaus geeignet, das Interesse eines kirchlich engagierten Soziologen zu erwecken. In gewisser Hinsicht bedeutet bereits diese Formulierung des Problems eine Rezeption soziologischer Einsichten in den theologischen Kontext, denn es wird damit verdeutlicht, dass sowohl das Entstehen eines gemeinsamen Glaubensbewusstseins als auch die wirksame Weitergabe des einmal gefundenen Glaubenskonsenses auf soziale Vorgänge des Lehrens und Lernens angewiesen sind.

Zwei Gegenpositionen sind hier denkbar: Zum einen eine legalistische Perspektive, welche davon ausgeht, dass der Inhalt des Glaubens sich nach Art von Rechtssätzen verbindlich formulieren lasse und allein durch seine Gültigkeit die Zeiten zu überdauern vermöge. Zum anderen eine spiritualistische Perspektive, welche die Aneignung des Glaubens ausschließlich als geistgewirkten, gnadenhaften Vorgang versteht, der sich zu allen Zeiten unter den zum Glauben Berufenen ereignet. Beide Standpunkte werden auch in jüngerer Zeit innerhalb des Katholizismus vertreten: Der legalistische vor allem von Seiten römischer Kirchenbehörden, der spiritualistische im Rahmen charismatischer Bewegungen, aber auch von all denjenigen, welche im persönlichen Gewissen allein die letzte Instanz des Glaubensurteils behaupten. Auch Papst Benedikt XVI. scheint einer spiritualistischen Perspektive zuzuneigen.

8.1 Die konstitutive Sozialdimension des Glaubens

Das Problem, um das es in diesem Zusammenhang geht, wird seit urchristlicher Zeit mit dem griechischen Wort ›paradosis‹ bzw. dem lateinischen ›traditio‹ bezeichnet, und es handelt sich hierbei um eine eigentümlich christliche Sinndeutung (Kampling 1991: 169 ff.). Humanwissenschaftlich gesprochen geht es dabei um die Frage, wie es das Christentum geschafft hat, seine ursprüngliche Botschaft durch die wechselhaften Jahrhunderte hindurch zu bewahren und in jeder Zeit wirkmächtig zur Geltung zu bringen. Die legalistische Auffassung sieht die kirchliche Institution als den alleinigen Garanten einer unverfälschten Weitergabe des Glaubens durch die Jahrhunderte; die spiritualistische Auffassung sieht im Wirken eines ›Heiligen Geistes‹ in den Personen und ihren Glaubensakten das entscheidende Moment des Glaubens zu allen Zeiten. Die Auffassung von Kirche als Lehr- und Lerngemeinschaft stellt dagegen das Problem der Vermittlung zwischen dauerhaften Institutionen und sterblichen Personen ins Zentrum der Glaubenstradierung und versteht diese als historischen und sozialen Prozess, ohne damit das Gewicht der überlieferten Tradition oder das Wirken des göttlichen Geistes in Frage zu stellen.

Wenn ich den Prämissen und Regeln meines Faches treu bleiben will, so bietet allerdings auch diese dritte Position keinen unmittelbaren Einstieg in eine gemeinsame Diskussion. Die Soziologie ist nun einmal entstanden im Horizont neuzeitlichen Wissenschaftsverständnisses, für das die Gottesfrage irrelevant geworden ist: *Etsi Deus non daretur*. Ich muss also versuchen, über Glauben in ungläubiger Weise zu sprechen, ohne doch die Möglichkeit auszuschließen, dass dieser Glaube etwas zum Ausdruck bringt, das die Prämisse des Diskurses selbst in Frage stellt.

Für den Soziologen bedeutet ›Glauben‹ vor allem *Kommunikation*, und zwar auf kirchlicher wie individueller Ebene. Was auch immer man im einzelnen unter Glauben verstehen mag – den Inhalt der Heiligen Schrift, die von bestimmten Religionsgemeinschaften für verbindlich gehaltene Lehre, die unterschiedlichen gruppenspezifischen Auffassungen (z. B. ›Theologenglaube‹ vs. ›Köhlerglaube‹), die Gegenstände persönlicher Frömmigkeit, die Motive individueller Heilssuche – dass Glaube nicht einfach sprachlose Empfindung oder bildhaftes Symbol ist, sondern sich nur in kommunikativen Akten zwischen Menschen aktualisieren kann, dürfte auch guter und zumal katholischer Theologie entsprechen. »Im Anfang war das Wort« (Joh 1,1), und ›der Name‹ des Vaters sei geheiligt. Gott existiert in menschlicher Sprache.

Kommunikation prägt die soziale Wirklichkeit so sehr, dass beispielsweise die besonders konsequente soziologische Theorie von Niklas Luhmann Kommunikation als den eigentlichen ›Stoff‹ der sozialen Wirklichkeit ansieht und daher als Grundelement einer Theorie sozialer Systeme bestimmt: Soziale Systeme bestehen aus sinnhaften Kommunikationen und sonst gar nichts (Luhmann 1984: 191 ff.). In der radikalen Luhmann'schen Perspektive wäre von »Glaube *als* Kommunikation« zu sprechen, doch würde damit dessen kulturell-historische Grundlage wie auch das individuelle Erleben ausgeklammert und der Vorwurf eines soziologistischen Reduktionismus nicht unberechtigt. Für den Theologen muss Glaube mehr sein als Kommunikation, aber Glaube ist notwendigerweise auch Kommunikation, und diese konstitutive Sozialdimension des Glaubens ist es, auf die im folgenden allein Bezug genommen wird. Es ist dies auch die Dimension, auf welche die Formel vom »übernatürlichen Glaubenssinn des ganzen Volkes« sich bezieht, worunter das Zweite Vatikanische Konzil die Irrtumslosigkeit der »Gesamtheit der Gläubigen« versteht, wenn sie »ihre allgemeine Übereinstimmung in Sachen des Glaubens und der Sitten äußert«.[96] ›Glaubenssinn‹ ist eine Sache der Kommunikation, weil sich darin die allgemeine Übereinstimmung äußern muss.[97]

Für den Soziologen stellt sich nun allerdings die Frage, wer zur »Gesamtheit der Gläubigen« gehört, welche in LG 12 mit dem Augustinus-Zitat »von den Bischöfen bis zu den letzten gläubigen Laien« umschrieben wird. Aus der Perspektive der legalistischen Auffassung liegt es nahe, hierunter jeden zu verstehen, der die Sakramente der Taufe und Firmung empfangen hat, und aus bundesrepublikanischer Perspektive wäre hinzuzufügen: wer bereit ist, die konfessionsspezifische Kirchensteuer zu zahlen. Aus der spiritualistischen Perspektive, welche im erwähnten Text von Lumen Gentium dominiert, ist der Glaubenssinn »vom Geist der Wahrheit geweckt und genährt« und äußert sich im unverlierbaren Festhalten des »einmal den Heiligen übergebenen Glauben(s)«. Aber durch den Glaubenssinn dringt das Gottesvolk auch »mit rechtem Urteil immer tiefer in den Glauben ein und wendet ihn im Leben voller an«; in dieser Formel scheint die kommunikative Perspektive der Kirche als Lehr- und Lerngemeinschaft auf, welche allerdings in der Folge nicht weiter entfaltet wird.

8.2 Modernisierung, Traditionsabbruch und kommunikativer Dissens als Kontext

Für die Analyse der gegenwärtigen innerkirchlichen Probleme erscheint die Problemformel ›Sensus Fidelium‹ jedoch als zu harmonisch. Sie vermag nämlich keine Kriterien dafür bereit zu stellen, wie eine Situation zu beurteilen ist, in der über bestimmte Aspekte der kirchlichen Lehre oder Praxis Meinungsverschiedenheiten auftauchen, die weder auf bloße Missverständnisse noch auf eine offensichtliche Abkehr bestimmter Personen oder Gruppen von der kirchlichen Gemeinschaft zurückzuführen sind. Wie auch der historische Befund zeigt (Beinert 1994), ist der Begriff des Glaubenssinns als Indikator eines Konsenses und nicht des Dissenses entstanden. Es bedeutet daher eine erhebliche Verschiebung seiner Bedeutung, wenn man ihn etwa zur Legitimation einer von der lehramtlichen Auffassung abweichenden theologischen oder volkskirchlichen Auffassung verwenden will. Die gegenwärtige Situation innerkirchlicher Dissense muss im Hinblick auf die umstrittenen Themenbereiche z. B. der Ehe- oder Kirchenauffassung als Fehlen eines einheitlichen Glaubenssinnes qualifiziert werden, was aber die Fragestellung nicht recht weiterführt.

Im Ansatz treffender erscheint demgegenüber die Thematisierung des Verhältnisses von Tradition und Rezeption (vgl. Beinert 1991b; Wiederkehr 1991). Die gegenwärtige Situation des katholischen Glaubens in Westeuropa scheint mir kommunikationstheoretisch durch das Nicht-mehr-Gelingen der Vermittlung von Tradition und Rezeption interpretierbar, und zwar in zwei zu unterscheidenden Hinsichten.

Einerseits als *Traditionsabbruch*: die Weitergabe eines konfessionsspezifischen kirchlichen Glaubens als Gestalt sozialer Identifikation an die nachfolgenden Generationen scheint immer weniger zu gelingen. Dieses Phänomen lässt sich anhand von Umfragedaten in den meisten Ländern Westeuropas und neuerdings auch Mitteleuropas beobachten: von Zeitpunkt zu Zeitpunkt und von Alterskohorte zu Alterskohorte sinken die Indikatoren der Kirchenverbundenheit und der religiösen Einstellungen.[98] Noch eindrücklicher wirkt der historische Vergleich (vgl. Klöcker 1991). Das Phänomen des Traditionsabbruchs betrifft die verschiedenen Konfessionen in Europa in ähnlicher Weise und führt zu einem rückläufigen Anteil der Getauften an den nachwachsenden Generationen sowie – insbesondere unter den deutschen staatskirchenrechtlichen Bedingungen – zu einer steigenden Rate der Kirchenaustritte.

Andererseits als *kommunikativer Dissens*: während der Traditionsabbruch die Kirchendistanzierten betrifft, betrifft der kommunikative Dissens in besonderer Weise die Kirchenverbundenen. Es handelt sich um die punktuelle Nicht-Rezeption bestimmter kirchlicher Lehren, die aus der Sicht bestimmter Gläubiger als unplausibel oder sogar als im Widerspruch zu akzeptierten Wertüberzeugungen stehend erfahren werden. Dieses zweite Phänomen dürfte heute unter Katholiken ausgeprägter auftreten als unter Protestanten, weil im Protestantismus die Verbindlichkeit kirchlicher Lehren weniger akzentuiert ist – und demzufolge auch der Widerspruch.

Eine präzise Unterscheidung der hier als ›Traditionsabbruch‹ und ›kommunikativer Dissens‹ bezeichneten Phänomenbereiche ist im Sinne einer »Unterscheidung der Geister« im Horizont fortgeschrittener Modernität sowohl theologisch und kirchenpolitisch notwendig als auch soziologisch bedeutsam. Die Unterscheidung trifft sich nämlich mit derjenigen von ›Abwanderung‹ und ›Widerspruch‹, welche A. O. Hirschman (1974) zur Differenzierung von Reaktionsweisen auf die Leistungsminderung von Organisationen eingeführt hat. Wie Hirschman zeigt, werden diese beiden Strategien im Regelfalle unter unterschiedlichen Bedingungen gewählt; ›Abwanderung‹ ist nicht einfach als stärkere Form von ›Widerspruch‹ zu begreifen. ›Kommunikativer Dissens‹ muss als Phänomen begriffen werden, das sich innerhalb der Gemeinschaft der Glaubenden ereignet, während ›Traditionsabbruch‹ als Einflussverlust des Christentums und als Substanzverlust der ›Gemeinschaft der Glaubenden‹ auf andere Weise ernst genommen werden muss. Die Wahrnehmung innerkirchlicher Kritik als Vorstufe zu Entfremdung und Abständigkeit, wie sie vom ekklesiozentrischen Weltbild her naheliegt, stellt im Regelfall eine soziologisch verkehrte Diagnose dar.

Zur Verwischung der Differenz zwischen diesen beiden Phänomenen trägt der Umstand bei, dass Kirchendistanzierte in Befragungen über innerkirchlich kontroverse Themen in der Mehrzahl für von der offiziellen Kirchenlehre abweichende Meinungen optieren, Dissens also statistisch mit Entfremdung von der Kirche korreliert.

Aber nur ein Bruchteil auch der Kirchenverbundenen stimmt bei Meinungsbefragungen völlig mit der offiziellen Kirchenlehre überein.[99] Die Inkongruenz von kirchlicher Lehre (*fides quae*) und individueller Gläubigkeit (*fides qua creditur*), oder ›Priesterreligion‹ und ›Volksreligion‹, ist jedoch beileibe nicht erst ein Phänomen der Gegenwart, sondern muss für die längsten Epochen der Kirchengeschichte als der Normalfall vermutet werden. Wie J. Delumeau (1977) gezeigt hat, beginnt ein ernsthaftes Bemühen um eine religiöse Bildung des Volkes im Sinne der kirchlichen Lehre erst in nachreformatorischer Zeit (siehe auch Dülmen 1989: 50–69), und sie setzt zu ihrer Effektivierung die Verbreitung des Buchdruckes voraus, der sich ebenfalls in dieser Epoche durchsetzt.

Der Protestantismus setzte schon früh auf die Familie als Ort von Schrift, Lesung und Gebet und prägte auf diese Weise einen neuen Typus volkskirchlicher Hochreligion. Trotz der gegenreformatorischen Anstrengungen gelang eine vergleichbare wechselseitige Durchdringung von Priesterreligion und Volksreligion im Einflussbereich der katholischen Kirche erst im 19. Jahrhundert (vgl. Gabriel 1991b: 211 ff.). Diese Entwicklung stand im Kontext der spannungsreichen Auseinandersetzung zwischen der Kirche und den entstehenden Nationalstaaten und führte zur Formierung des Katholizismus als tendenziell alle Schichten umfassender religiös-sozialer Bewegung der Katholiken, die ihre Identität in der Treue zu Papst und Kirche fand (vgl. Gabriel/Kaufmann 1980). Mit dem allmählichen Verlust des Bewegungscharakters blieben im 20. Jahrhundert verfestigte konfessionelle Sozialmilieus mit eigener ›katholischer Weltanschauung‹ zurück, ähnlich dem sozialistisch geprägten Arbeitermilieu oder demjenigen des bildungsbürgerlichen Protestantismus. In denjenigen Ländern Europas, in denen die Gegenreformation den Protestantismus weitgehend ausgerottet hatte, entstand dagegen laizistische Sozialmilieus, deren Orientierung sich vor allem aus Gedanken der französischen Aufklärung speiste und ausgesprochen antiklerikale Züge annahm. Liberalismus und Konservatismus als die dominanten politischen Richtungen des 19. Jahrhunderts polarisierten in erster Linie die bürgerlichen Sozialmilieus des Protestantismus bzw. des Laizismus, wirkten sich aber auch im Katholizismus einiger Länder Europas aus. Insgesamt aber war die Entwicklung des Katholizismus von bemerkenswerter Eigenständigkeit; sie ging allerdings mit einer weitgehenden kulturellen Isolierung der Katholiken mit Bezug auf vorherrschende Entwicklungen einher. Man kann deshalb für diese Epoche von einer katholischen Subkultur sprechen, welche zahlreiche, die Kirchenbindung stützende soziale Milieus überwölbte (siehe 4.2).

Die starke Geschlossenheit des Katholizismus zwischen dem Ersten und dem Zweiten Vatikanum und der daraus resultierende hohe innerkatholische Konsens waren somit das Resultat einer Doppelbewegung: einerseits des Druckes der herrschenden protestantischen oder laizistischen Kultur und andererseits des Sogs einer innerkirchlichen Abgrenzungsstrategie, welche im Wesentlichen durch die Sakralisierung der kirchlichen Ämterstruktur und das katholische Naturrechtsdenken legitimiert wurde.

Schon in der Zeit zwischen den beiden Weltkriegen wurden Aufweichungserscheinungen der katholischen Subkultur deutlich, doch brachten die Kriegs- und Nachkriegsjahre mit der Bildung bedeutender christlicher Volksparteien unter katholischer Führung dem Katholizismus einen außerordentlichen Einflussgewinn und politischen Erfolg. Dies war aber nur um den Preis einer pragmatischen Öffnung der Katholiken zur allgemeinen Kultur hin zu stabilisieren, eine Entwicklung, die durch das Zweite Vatikanische Konzil dann auch kirchenoffiziell legitimiert wurde.

Diese Öffnung wurde auch durch eine Veränderung der Kommunikationsbedingungen der Katholiken gefördert: kriegsbedingte Fluchtbewegungen und wirtschaftsbedingte Wanderungen führten in der Nachkriegszeit zu einer zunehmenden räumlichen Vermischung der Konfessionen; die zunehmende Rationalisierung der überwiegend katholischen Wirtschaftsbereiche von Landwirtschaft und Handwerk baute sozio-kulturelle Distanzen zur Modernisierung ab; und die wachsende Bedeutung der konfessionsunabhängigen Massenmedien, insbesondere des Fernsehens, brachte Katholiken fast zwangsläufig in Kontakt mit anderen Wirklichkeitsauffassungen. So verschwand allmählich die scharfe Grenze zwischen dem Katholizismus und seiner Umwelt, und katholische Sinngehalte mussten sich zunehmend in Konkurrenz zu anderen im Rahmen einer sich pluralisierenden Kultur bewähren. Die Konfessionszugehörigkeit verlor zunehmend ihren sozial kontrollierenden Charakter, und eine allgemeine Liberalisierung trug den mit der allgemeinen Wohlstandssteigerung zunehmenden Möglichkeiten – insbesondere auch für die Frauen – Rechnung.

Es ist diese Konstellation, welche sowohl den zu beobachtenden Traditionsabbruch als auch das Anwachsen kommunikativer Dissense soziologisch verständlich macht. Der Traditionsabbruch betrifft dabei nicht den Katholizismus allein, sondern alle im 19. Jahrhundert etablierten sozio-kulturellen Milieus. An die Stelle homogener, auf politischer Ebene konfligierender weltanschaulicher Gruppen scheint – erst recht seit dem Zusammenbruch des Sozialismus in Osteuropa – eine neue kulturelle Konstellation zu treten, in der auf kultureller Ebene eindeutige Orientierungsmuster verschwinden und auf der Ebene der Lebensführung die Notwendigkeit der Individualisierung und das Aufkommen neuer Lebensstile betont wird (vgl. Müller 1992). Für diese kulturelle Konstellation hat sich der Begriff ›Postmoderne‹ eingebürgert, obwohl es sich eher um eine Radikalisierung der in der Modernisierung angelegten Entwicklungstendenzen handelt (siehe Kapitel 2).

8.3 Glaubenssinn: Sensus fidei und Consensus fidelium

Die nachfolgenden Überlegungen stehen im Horizont dieser hier natürlich nur anzudeutender Zeitdiagnose. Dieser Horizont einer unübersichtlichen, scheinbar grenzenlosen, in Wirklichkeit aber multiperspektivischen und zunehmend reflexiver werdenden Kultur, in der trotz entgegenstehendem Anschein nicht »alles möglich« ist, kontrastiert in besonders auffallender Weise mit dem überkommenden Verständnis eines ekklesiozentrischen Katholizismus. Es ist daher nicht überraschend, dass die Rezeption dieser Tradition in ihrer Gesamtgestalt bei den jüngeren Generationen, die unter den Plausibilitätsstrukturen der fortgeschrittenen Moderne aufwachsen, nicht mehr gelingt. Im katholischen Raum ist nach den großartigen Aufbrüchen des Zweiten Vatikanischen Konzils eine doppelte Reaktion zu bemerken, die zu einer Polarisierung tendiert: Einerseits eine *doktrinäre Rigidisierung*, die mit einer Engführung des Glaubensverständnisses einhergeht. Sie sucht den Ausweg aus der desorientierenden Situation in einer Verstärkung der traditionellen Formen der kirchlichen Bindung und inhaltlicher Glaubensverkündigung.[100] Andererseits die *Legitimierung des innerkirchlichen Pluralismus* und der Versuch, die Glaubwürdigkeit des Christlichen im Horizont wesentlicher Wertorientierungen der Moderne – Freiheit, Gewissen, Partizipation, Zustimmung, Lernen, Offenheit, usw. – zu begründen.

Die Spannung zwischen diesen beiden Kirchenauffassungen reicht bis in die tiefsten Schichten der Dogmatik, wobei die erste Richtung christologisch, die zweite pneumatologisch argumentiert. Der Umstand, dass ein Gegeneinander-Ausspielen dieser theologischen Grundorientierungen sich jedoch vom trinitarischen Glaubensverständnis her im wörtlichen Sinne radikal verbietet (vgl. Congar 1982), macht auch die Grenzen einer solchen innerkirchlichen Polarisierung sichtbar. De facto ist die pluralistische Situation im nachkonziliaren Katholizismus bereits eingetreten, de jure wird sie unter Berufung auf ein hierarchisches Kirchenverständnis zu negieren versucht. Diese Spannung ist unhintergehbar, es fragt sich nur, wie sie am besten produktiv bewältigt wird.

Der »*Glaubenssinn*« ist der ›communionalen‹, pneumatologischen Richtung der Ekklesiologie unschwer zuzuordnen. Sie impliziert eine dialogische Kirchenstruktur, in der alle – Kirchenleitung, Theologen und gläubige Laien; Kirchen der ersten, zweiten und dritten Welt, usw. – als das eine Gottesvolk voneinander lernen, und zwar unter den Prämissen von Schrift und Tradition, die im Horizont der neuen kulturellen Plausibilitäten neu angeeignet werden sollen.[101] Die Rede vom Glaubenssinn verweist in diesem Zusammenhang auf eine spezifische Urteilskraft in Glaubensdingen, welche durch die innerkirchliche Kommunikation in den an ihr Beteiligten geweckt wird und als Ausdruck des Wirkens des Heiligen Geistes verstanden wird. Die Kirche erscheint hier als eine universale Kommunikationsgemeinschaft, in der über die Glaubwürdigkeit bestimmter kirchlichen Auffassungen und Interpretationen im Sinne eines auf Konsensbildung ausgerichteten Prozesses verhandelt wird. Die Kritik am juridisch-hierarchischem Kirchenverständnis ist von dieser Position aus nicht zufällig, sondern konstitutiv mit ihr verbunden. Indem das hierarchische Kirchenverständnis das Problem der Rezeption auf die Gehorsamsbereitschaft reduziert, werden schon die Voraussetzungen eines offenen innerkirchlichen Kommunikationsprozesses, nämlich die Anerkennung der Rezeptionsbedürftigkeit negiert (vgl. Pottmeyer 1991a). Das Postulat des Glaubenssinnes beruht auf der Möglichkeit wechselseitiger Lernprozesse in der Kirche und will diese historisch immer schon gegebene Realität auf den Begriff bringen (vgl. Waldenfels 1985).

In LG 12 ist vom »Glaubenssinn des ganzen (scil. Gottes-)Volkes« die Rede, »der vom Geist der Wahrheit geweckt und genährt wird« und sich »als allgemeine Übereinstimmung in Sachen des Glaubens und der Sitten äußert.« Die neuerliche Rede vom Glaubenssinn im Zuge der communionalen Theologie beinhaltet dem gegenüber charakteristische Akzentverschiebungen. Der Glaubenssinn wird bemüht, um den Tradierungsprozess des Glaubens im Horizont tiefgreifender kultureller Veränderungen offenzuhalten für Lernprozesse, im Rahmen derer die Rezeption des tradierten Glaubens zum Gelingen gebracht werden soll. Im Horizont der angedeuteten Schwierigkeiten ist dieses Gelingen aber eine offene Frage.

Von daher scheint es zweckmäßig, das Problem der religiösen Urteilskraft von demjenigen des Konsensus »in Sachen des Glaubens und der Sitten« analytisch zu trennen. Diesen Schritt tut Herbert Vorgrimler (1985), wenn er zwischen »sensus fidei« und »consensus fidelium« unterscheidet. Für eine soziologische Rekonstruktion der mit dem Glaubenssinn angesprochenen Probleme erscheint dieser Schritt unverzichtbar, und wohl auch für eine angemessene kirchliche Wahrnehmung der gegenwärtigen Tradierungskrise. Das als kommunikativer Dissens bezeichnete Problem verschiedener Glaubensauffassungen resultiert ja aus dem Umstand, dass die religiöse Urteilkraft gläubiger Katholiken zu unterschiedlichen Schlussfolgerungen in Fragen gelangt, die zumindest vom kirchlichen Lehramt nicht als zweitrangig eingestuft werden.[102] Eine realistische Auffassung des Programms der Communio-Theologie wird in Betracht zu ziehen haben, dass nicht nur die Legitimität, sondern auch das Ausmaß und die Reichweite unterschiedlicher Auffassungen in der katholischen Kirche zunehmen werden. Wie bereits erwähnt, ist dies lediglich im Vergleich zur Situation zwischen dem Ersten und Zweiten Vatikanischen Konzil ein neues Phänomen, nicht aber im Vergleich zum Rest der Kirchen- und Christentumsgeschichte. Was jedoch neu sein dürfte, ist das Gewicht, das den individuellen Auffassungen in Glaubensfragen zugemessen wird. Dies ist eine unmittelbare Folge des erwähnten Individualisierungstrends; ein vergleichbares Gewicht des individuellen Urteils konnte sich unter den sozialen Voraussetzungen früherer Jahrhunderte nicht entwickeln. Neu ist ferner die intensive Öffentlichkeit der Dissense, welche durch die Massenmedien hergestellt und gleichzeitig dramatisiert wird.

Die Vorstellung von Kirche als Kommunikations- oder gar als Lehr- und Lerngemeinschaft ist aus soziologischer Sicht äußerst anspruchsvoll, und man kann eigentlich nur staunend vor der Tatsache stehen, in welchem Ausmaß es der katholischen Kirche tatsächlich gelungen ist, in der ersten Hälfte des 20. Jahrhunderts ein nahezu weltweites Netz der Verständigung aufzubauen, das seine Feuerprobe im Zweiten Vatikanischen Konzil auf eindrucksvolle Weise bestanden hat. Der unerwartete Verlauf des Konzils, die von ihm freigesetzte Arbeits- und Kommunikationsbereitschaft, die Breite und Tiefe des behandelten Stoffes und das hohe Maß an Innovation im Rahmen eines auf Einmütigkeit zielenden Verständigungsprozesses bei knapper Zeit und beschränkter Dauer stellen ein Beispiel gelungener weltweiter Verständigung dar, das seinesgleichen sucht. Ein besonders charakteristisches Moment ist die hochgradige Bereitschaft aller Beteiligten zur Verständigung, welche im geringen Bruchteil an Nein-Stimmen in den Schlussabstimmungen über nahezu alle Konzilsdokumente zum Ausdruck kommt. Die Einheit von Weltepiskopat und Papst, die das Konzil in seinen Dokumenten aussagt, prägte auch seine Praxis, deren Konsequenz ein seither im Rahmen der Bischofssynoden kaum mehr gelungenes Überspielen der vatikanischen Kontrollstrukturen war (Levillain 1970).

Die Komplexität dieses realen Prozesses, in dem sich Kirche als Lehr- und Lerngemeinschaft eindrücklich dokumentierte, übersteigt bei weitem das, was sich beim gegenwärtigen Wissensstand mit soziologischen Mitteln rekonstruieren lässt. Dennoch lassen sich einige soziale Bedingungen dieses Erfolges plausibel machen: die Herausgehobenheit und statusmäßige Homogenität der Konzilsteilnehmer, die weitgehende Abschottung des konziliaren Prozesses von Außeneinflüssen, die gleichzeitige Offenheit für eine Vielzahl von Beratern und Experten, die kluge Art der Wahrnehmung päpstlicher Autorität durch Paul VI., vor allem aber die unter den Teilnehmern verbreitete Überzeugung vom Beistand eines göttlichen Geistes, der die Einheit der Kirche will. Diese Vorstellung ist in besondere Weise geeignet, ein hohes Maß an individuellem Engagement mit einem hohen Grad an Flexibilität, Solidarität und Konsensbereitschaft zu verbinden. Wir können auch sagen, die Beteiligten bezogen sich auf einem gemeinsamen Denkhorizont, der sich gerade dadurch auszeichnete, dass er Ankerpunkte auch für unerwartete Entwicklungen bot.

8.4 Kommunikationstheoretische Analyse

Wenn wir religiöse Verständigungsprozesse kommunikationstheoretisch begreifen wollen, dürfen wir uns nicht mit dem einfachen informationstheoretischen Modell der Beziehungen zwischen einem Informationen gebenden Sender und dem sie aufnehmenden Empfänger begnügen.[103] Die Verständigung dreht sich hier nie um einzelne Gesichtspunkte – die man z. B. wie Antworten auf einzelne Katechismusfragen zitieren könnte. Es geht vielmehr um komplexe Vorstellungen, die in Worte gefasst als Text erscheinen. Die Produktion und das Verständnis komplexer Texte ist stets von ihrem Kontext abhängig, dessen Auslegung die Interpretation des Textes im erheblichen Maße mit bestimmt. In kommunikationstheoretischer Sicht sind Texte nie eindeutig, sondern sie werden stets in Akten der kontextabhängigen Interpretation verstanden. Deshalb verändern sich notwendigerweise das Verständnis und der Stellenwert kirchlicher Aussagen in Raum und Zeit je nach ihrem kulturellen und sozialen Kontext.

Kontexte lassen sich grundsätzlich artikulieren als Verknüpfung von Elementen eines strukturierten Wissensvorrats mit Elementen eines gegebenen Textes.[104] Obwohl dabei grundsätzlich immer weitergehende Verknüpfungen möglich sind, setzt Verständigung stets einen rational nicht voll begründbaren Abbruch der Kontextuierung voraus.[105] Die Grenze des im konkreten Zusammenhang bestimmbaren Kontext und weiterer unbestimmten Sinnverweisungen lässt sich im Anschluss an Alfred Schütz als *Horizont* bezeichnen, wobei die Erfahrung der als ungenügend erfahrenen Textinterpretation zur Erweiterung des Kontextes und damit zu neuen Horizontauslegungen führt (Schütz/Luckmann 1975:29 ff.). Je komplexer ein Text oder Gegenstand, desto vielfältiger die möglichen Kontexte seiner Interpretation, welche aber insoweit doch zur Verständigung tendiert, als die Beteiligten den Text vor dem Hintergrund ähnlicher Horizonte betrachten. Verfügbare Denkhorizonte sind von der Struktur des Wissensvorrats (Sprachbeherrschung, Allgemeinwissen, ggf. spezialisiertes Sonderwissen) der Beteiligten und ihren Relevanzstrukturen (Wertorientierungen, Motive) abhängig.

Angewandt auf die theologische Vorstellung von Kirche als Lehr- und Lerngemeinschaft ergibt sich aus dieser kommunikationstheoretischen Perspektive, *dass ein Consensus fidelium nur zu erwarten ist, insoweit der sensus fidei der Beteiligten große Ähnlichkeiten im Wissensvorrat und den Relevanzstrukturen aufweist.*

Ein kollektiver Wissensvorrat liegt in idealisierter Form in dem vor, was kirchlicherseits als ›Tradition‹ bezeichnet wird. Um an der Kommunikationsgemeinschaft ›Kirche‹ als kompetenter Dialogpartner teilnehmen zu können, ist also eine gewisse Vertrautheit mit wesentlichen Elementen dieses kollektiven Wissensvorrats unerlässlich. Allerdings übersteigt der kollektive Wissensvorrat aufgrund seiner Komplexität notwendigerweise jeden individuellen Wissensvorrat; jedes Individuum kann also den kollektiven Wissensvorrat nur selektiv übernehmen, und zwar nach Schütz grundsätzlich auf drei Weisen:

a) als »Übernahme des monothetischen Sinns der Auslegungsresultate und der Einstellungen Anderer«;

b) »im polythetischen Nachvollzug der Auslegungen und Motivierungen Anderer«;

c) in zwar »sozial bedingten Situationen, aber ›eigenständigen‹ polythetischen Vorgängen und ohne unmittelbaren Bezug auf Auslegungen und Motive Anderer« (Schütz/Luckmann 1975: 258).

Diese Unterscheidungen bezeichnen unterschiedlich komplexe Formen des individuellen Lernens, wobei die ›höheren‹ Formen des Lernens »genetisch die größere Rolle spielen und die Voraussetzung für die Aneignung ›sozialisierter‹ Relevanzen (d. h. des Typs (a), F.-X. K.) sind« (ebenda: 260). Die monothetische Übernahme von Glaubenssätzen und anderen Traditionselementen, wie sie dem Rezeptionsmodell des Gehorsams entspricht, führt also nicht zu einer wirkmächtigen religiösen Sozialisation. Die »gehorsame« Übernahme bestimmter Glaubenswahrheiten setzt vielmehr den Aufbau einer entsprechenden kirchlich-religiösen Relevanzstruktur voraus, welche erst die Motive zur Übernahme konkreter Lehren schafft und selbst nur in polythetischen Prozessen »eigenständiger« (c) oder »empathischer« Art (b) gewonnen werden können.[106] Man wird also für traditionale Verhältnisse einen geringeren Grad an persönlich verbindlicher Religiosität annehmen müssen, als sie in der Gegenwart bei ›gläubigen‹ Menschen unterstellt werden darf. Darauf deutete bereits das Kapitel 1 einleitende Beispiel der in Paris arbeitenden Bretonen hin.

8.5 Sozialisationstheoretische Perspektive

Dies führt uns zu der offensichtlich zentralen Frage nach der Entstehung von Relevanzstrukturen oder Einstellungen. Sie sind das Ergebnis sedimentierter Erfahrungen, also ein habitueller Wissensbesitz, der mit bestimmten Motiven und typischen Erwartungen verbunden ist (vgl. Schütz, 1971: 88; Schütz/Luckmann 1975: 223 ff.). Relevanzstrukturen von der Komplexität und Dauerhaftigkeit einer kirchlich-religiösen Einstellung sind in der Regel das Ergebnis einer Vielzahl sedimentierter Erfahrungen, für die sich der Begriff ›religiöse Sozialisation‹ eingebürgert hat (vgl. hierzu recht umfassend die Beiträge in Stachel 1979; Kaufmann/Stachel 1980).

Relativ unproblematisch scheint religiöse Sozialisation dort zu verlaufen, wo das Primärmotiv des religiösen Interesses bereits durch Identifikation mit religiösen Eltern, d. h. durch Vorbildlernen erworben wird.[107] Dies geschieht nicht abstrakt, sondern durch die Selbstverständlichkeit religiöser Praxis in der Familie. Hinzu kommen müssen allerdings weitere ›religiöse‹ Erfahrungen, d. h. Erfahrungen in einem kulturell, – d. h. dem Allgemeinwissen entsprechend – als religiös definierten Kontext. Wo regelmäßige Sozialkontakte mit kirchlichen Repräsentanten oder Erfahrungen religiöser Art im Kontext der Gruppe Gleichaltriger mit einer gewissen Dichte anfallen und emotional positiv besetzt sind, dürfte ihre Sedimentierung allmählich zum Aufbau einer stabilen kirchlich-religiösen Relevanzstruktur führen, welche die erwachsene Persönlichkeit auch dann noch prägt, wenn sie nur okkasionell angesprochen wird. Es scheint also im Regelfalle auf das Sozialisationsarrangement, das Verhältnis verschiedener Bezugsgruppen im Sozialisationsprozess und die mit ihnen verbundenen (oder eben fehlenden) Erfahrungschancen in puncto Kirche und Christentum anzukommen, inwieweit sich eine kirchlich-religiöse Relevanzstruktur und ein entsprechender individueller Wissensvorrat, also ein ›sensus fidei‹ bildet. Wahrscheinlich kann zwar in Ausnahmefällen das Fehlen einer religiösen Sozialisation im Kindes- und Jugendalter durch spezifische Erfahrungen kompensiert werden, aber es ist zu vermuten, dass dies nur in vergleichsweise seltenen Ausnahmesituationen – beispielsweise beim Versagen bisheriger Daseinsorientierungen oder aufgrund der Begegnung mit vorbildhaften, ›charismatischen‹ Menschen – tatsächlich geschieht. Hier kann dann von ›Bekehrung‹ gesprochen werden.

Im Anschluss an William James (1997, engl. 1902) führt Hans Joas (1977) die Entstehung verbindlicher Werte auf ›starke Erfahrungen‹ zurück, die wir als Verknüpfung von emotionaler Erschütterung mit bestimmten inhaltlichen Deutungsmustern verstehen können. So kann es sich z. B. um Erfahrungen des Schönen oder des Schrecklichen, um Verletzungen des Gerechtigkeitsgefühls oder ernste Bedrohungen handeln. Was davon ›hängen bleibt‹, ist vom erfahrbaren Deutungskontext abhängig. Dieser kann christlich-religiös sein, muss es aber nicht.

Das heute zu beobachtende Phänomen des religiösen Traditionsabbruchs lässt sich daher in erster Linie als Folge eines veränderten Sozialisationsarrangements erklären. Es muss damit gerechnet werden, dass in Westeuropa ein zunehmender Teil der nachwachsenden Generationen von Haus aus nicht mehr mit den primären Motiven ›versorgt‹ wird, welche kirchlich-religiöse Sachverhalte überhaupt als relevant erscheinen lassen. Die aktuellen Maßnahmen zur Reduktion kirchlicher Präsenz im Nahraum der Familien, seien sie durch Priester- oder Geldmangel begründet, verstärken das Problem (siehe 6.2). Unter Umständen mag das im Einzelfall noch im Kindergarten, der Schule oder der Kindergruppe nachholbar sein, aber beim Ausfall eines entsprechenden elterlichen Interesses sind auch entsprechende Kontakte mit religiös motivierten Erzieherinnen und Erziehern unwahrscheinlich. Kirchliche Glaubensverkündigung hat bisher stets auf einer religiösen Primärsozialisation aufgebaut, die heute nur noch bei einem eingeschränkten Kreis der Bevölkerung vorausgesetzt werden kann.

Aber selbst dort, wo die familialen Voraussetzungen einer religiösen Sozialisation katholischer Prägung gegeben sind, muss damit gerechnet werden, dass die religiösen Relevanzen in einen anders strukturierten Wissensvorrat ›eingelagert‹ werden, als in früheren Generationen. Dies hängt mit dem veränderten Stellenwert von ›Kirche‹ und ›Religion‹ in Gesamtgebiet der Kultur zusammen: in kirchlich institutionalisierter Form ist die ›Religion‹ zu einem mehr oder weniger isolierten Sinnbezirk neben anderen geworden, dem eine besondere Auszeichnung fehlt. Von dieser kirchlich verfassten Religion hat sich jedoch unter dem Einfluss der Religionswissenschaften eine inhaltsarme allgemeinere Vorstellung von ›Religion‹ getrennt, welche im wesentlichen eine Leerstelle bezeichnet, die als gemeinsame, verbindende oder identitätsstiftende postuliert wird, aber sich eben nicht mehr in allgemein verbindlicher Weise definieren lässt (Kaufmann 1989a: 59–69). Welche Bedeutung konkret den kirchlich-religiösen Relevanzen im Motivationshaushalt der Zeitgenossen zukommt, erscheint in wachsendem Maße von biographischen Umständen und den in diesem Zusammenhang prägenden Sozialbeziehungen und Erfahrungen abhängig. In den vorherrschenden Kulturmustern ist jedoch die Alltagsrelevanz explizit christlicher Sinnbestände nahezu verschwunden. Die Inkulturation des Christentums scheint in der postmodernen Kultur noch nicht gelungen.

8.6 Typen der Kirchenbindung

Dennoch wäre es verfehlt, wollte man von einer völligen Individualisierung der Religiositätsmuster ausgehen (so tendenziell Luckmann 1980). Realitätsnäher scheint die Vorstellung, dass sich auch in postmodernen Situationen Affinitäten und soziale Ähnlichkeiten herausbilden, welche aus dem Zusammenwirken strukturierter Soziallagen und biographischer Entwicklungsverläufe resultieren und häufig als Milieus bezeichnet werden (vgl. Müller 1992). In diesem Sinne unterscheidet Karl Gabriel fünf »fest umrissene ›Sektoren‹ innerhalb der katholischen Tradition« welche »als neue Sozialform einen pluralen Katholizismus begründen«: (1) einen fundamentalistischen Sektor, dessen Vertreter »die Struktur des klassischen modernen Katholizismus zwischen 1850 und 1950 mit seinem offiziösen, hierarchisch gestützten Fundamentalismus« wiederherstellen wollen; (2) einen expliziten und interaktiven Sektor derjenigen Katholiken, »die ihren Glauben institutionsnah leben und durch die regelmäßige Teilnahme am kirchlichen Interaktionsgefüge absichern … Die bekundete starke Bindung an die Kirche ... geht einher mit Autonomieansprüchen in der eigenen Lebensführung und Distanznahme gegenüber kirchlichen Normansprüchen«; (3) einen Sektor diffuser, unbestimmter Katholizität, dessen Glaubensformen einer »gesellschaftlich erzeugten, massenkulturellen Sozialform der Religion« entsprechen. Die Orientierung am kirchlichen Angebot ist hier hoch selektiv »nach eigenen Kriterien der Plausibilität und Nützlichkeit für die Lebensbewältigung«; (4) den Sektor der hauptberuflich im Kirchendienst tätigen Kleriker und Laien, »deren Bindung an die Kirche eine formale Dimension besitzt« und die »mit ihrem beruflichen Lebensschwerpunkt im kirchlichen System verankert sind«. Sie fühlen sich in der Regel auch als Angehörige eines der übrigen Sektoren, befinden sich aber durch ihre existentielle Abhängigkeit von der kirchlichen Hierarchie in einer spezifischen Soziallage mit zum Teil eingeschränkten, zum Teil aber auch erweiterten Handlungsmöglichkeiten. (5) Den Sektor neuer christlicher Bewegungen, welche »als innovative Reaktionen auf den reflexiv gewordenen Modernisierungsprozess« interpretierbar sind. Sie beruhen auf »Wahlvergemeinschaftung« und versuchen, die Alltagsrelevanz ihres Glauben in reflektierender und gemeinschaftsbezogener Form wiederherzustellen, sei es in der Form einer Lebensbewältigung auf der Basis geistlich-religiöser Kommunikation (neue geistliche Bewegungen), sei es in der Form einer prophetischen Solidarität mit von der Modernisierung in besonderem Maße negativ betroffenen Gruppen (Basisinitiativen). (Gabriel 1992: 177–192, alle Zitate ebenda).[108]

Diese Einteilung ist heuristisch fruchtbar, da sie zum einen auch den Beteiligten erkennbare typologische Unterschiede der Kirchenmitgliedschaft thematisiert, darüber hinaus aber dieselben als unterschiedliche Reaktionsmuster auf das Aufbrechen der katholischen Subkultur interpretiert. Auch wer sich in seinem religiösen Relevanzgefüge von mehreren dieser Sektoren angesprochen fühlt, wird nicht umhinkönnen, ihre reale Koexistenz im Sinne eines pluralistischen Arrangements anzuerkennen, dem gegenüber schließlich nur die Option der Abstoßung oder des Versuchs zur Verständigung bleibt.

Für alle fünf Sektoren ist charakteristisch, dass eine gewisse Bezugnahme auf das kirchliche Leben und kirchliche Äußerungen erhalten bleibt; ein Mindestmaß an kirchlich-religiöser Einstellung kann also vorausgesetzt werden. Das gilt auch für den Sektor der diffusen Katholizität; die ihr zuzurechnenden Katholiken zeigen, insbesondere im Zusammenhang mit Lebenswenden, Festtagen oder religiösen Massenveranstaltungen – wie z. B. Katholikentagen oder Weltjugendtreffen –, eine ausdrückliche Teilnahmebereitschaft, deren kommunikative Qualität allerdings meist unbestimmt bleibt. Hiervon zu unterscheiden ist der von Gabriel nicht erwähnte Sektor der religiös Indifferenten, welche zwar getauft sind, aber jegliches Interesse an kirchlich bezogener Kommunikation verloren haben. Das schließt selbstverständlich nicht aus, dass auch in dem Bereich der kirchlich Indifferenten christentumsbezogene Relevanzen vorhanden sind, insbesondere solche, die als »implizites Christentum« auch in die allgemeinen Wertorientierungen der herrschenden Kultur eingelassen sind. Indifferenz gegenüber kirchlichen Kommunikationsangeboten bedeutet auch nicht notwendigerweise religiöse Indifferenz, wenn man einen breiteren Religionsbegriff zugrundeliegt.[109] Die postmoderne »Wiederkehr von Religion« zeigt vielmehr Phänomene einer diffusen, flottierenden oder vagabundierenden Religiosität, welche sich etwa als politische Leidenschaft – beispielsweise innerhalb von sozialen Bewegungen – oder auch als Nachfrage nach Angeboten psychologischer Selbstvergewisserung, mystischer Selbstfindung oder okkulter Orientierung äußern kann.

Die gesellschaftliche Verfassung von ›Religion‹ ist in der Postmoderne also vieldeutiger und diffuser geworden. Das färbt auch auf die innerkirchliche Kommunikation ab, an der die Angehörigen der unterschiedenen fünf Sektoren in unterschiedlichem Maße teilnehmen. Die theologische Rede von der Kirche als Lehr- und Lerngemeinschaft wird nicht umhin kommen, zu der Frage Stellung zu nehmen, woran ein ›sensus fidei‹, also eine religiöse Urteilskraft zu erkennen sei, welche zur Teilnahme an der kirchlichen Kommunikation befähigt. Eine völlige Offenheit dieser Kommunikationssituation würde nicht nur das katholische, sondern jedes auf einem inhaltlichen Glauben beruhende Kommunikationssystem überfordern. Es geht also m. a. W. heute nicht mehr nur um eine »Öffnung der Kirche zur Welt«, wie sie Papst Johannes XXIII. vor dem Horizont einer damals überaus stabil erscheinenden Identität des Weltkatholizismus vom Zweiten Vatikanum gefordert hat. Zum mindesten in der westlichen Welt ist diese Öffnung weitgehend erfolgt, mit Konsequenzen einer innerkirchlichen Pluralisierung, die nun in Konflikt mit dem allzu einfach gewordenen

Kirchenmodell des 19. Jahrhunderts geraten ist. Die Vorstellung von Kirche als Lehr- und Lerngemeinschaft erscheint in dieser Perspektive als Entwurf einer neuen, flexibleren kollektiven Identität, die der gesteigerten Komplexität der herrschenden Kultur entgegenkommt. Aber vermutlich sind nicht alle Menschen oder Christen zum ›Freiheitskünstler‹ geboren.[110] Das Gewicht der Tradition ist nicht nur eine Last, sondern auch ein Schwergewicht, das dem ›Schiff Petri‹ bei schwerem Seegang Halt verleihen kann.

8.7 Eine Herausforderung an die Kirchen

Die Vermutung ist nicht unbegründet, dass das abendländische Christentum seit der Abwehr des Islam noch nie so existenziell herausgefordert wurde wie durch die gegenwärtige Situation der entfalteten Moderne. Aber die Herausforderung ist grundsätzlich anderer Art; die Distanzierung von den Kirchen ereignet sich in einem Klima nicht der Feindseligkeit, sondern der allgemeinen Zustimmung zur Religion. Es ist jedoch eine indifferente, keine engagierte Akzeptanz von Religion. »Religion muss sein, die Menschen brauchen das« erwies sich in der erwähnten Umfrage unter Führungskräften als das religionsbezogene Item mit der höchsten Zustimmungsquote. Deutlich wurde in dieser Untersuchung die sinkende Relevanz religiöser Themen im Einstellungsspektrum der Führungskräfte, je jünger sie waren. Wo die religiöse Bindung fehlt, wächst eine opportunistische Haltung, die das eigene Ich zum höchsten Maßstab der Verbindlichkeit nimmt (Kaufmann/Kerber/Zulehner 1986: 271 ff., 281 ff.). Goethe's Sentenz »Wer Wissenschaft und Kunst besitzt, hat auch Religion. Wer beides nicht besitzt, der habe Religion« dürfte das religiöse Kriterium eines wachsenden Teils der gebildeten Bevölkerung treffen. Damit verbindet sich gleichzeitig die Einschätzung, dass kirchlich verfasste Religion den Problemen der Zeit weniger gewachsen sei als andere Formen des Umgangs mit der Wirklichkeit.[111]

Es gibt keinen klaren Gegner mehr, gegen den man zu Felde ziehen und die Reihen schließen könnte. Darin unterscheidet sich die gegenwärtige Situation von der Frühmoderne. Der Gegner ist in uns allen, die wir uns noch als Christen begreifen, ebenso präsent wie in unserer Umwelt, er hat kein klares Gesicht, sondern seine Konturen verlieren sich im Übermaß des Möglichen, auf das wir uns dennoch für unsere Lebensführung angewiesen halten. Ganz abgesehen von der konkreten Gestalt des Christlichen in der modernen Gesellschaft ist festzuhalten, dass in einer Welt der immer vielfältigeren und differenzierteren Optionen jede einzelne Option, also auch die religiöse, an relativem Gewicht verlieren muss. Vorgegebenes erscheint in dieser Situation tendenziell als Einschränkung, wenn nicht als Zwang. Wahlfreiheit wird zur dominierenden Maxime, welche auch die stille Distanzierung von den nicht gewählten Möglichkeiten legitimiert.

Für die Bezeichnung des Gegners bietet sich jedoch ein vertrauter biblischer Name an: *Baal-Zebub*, der ›Gott der Fliegen‹, das Zerstreuende des Übermaßes an Möglichkeiten! Und die Botschaft des Neuen Testamentes weiß auch das Gegenmittel: Der Schatz im Acker, die kostbare Perle (Mt 13, 44–46), die Auskunft an den reichen Jüngling (Mt 19, 21), also Konzentration: »Nur eines tut not«. Aus sozialwissenschaftlicher Sicht ist festzuhalten, dass unter den hier skizzierten Bedingungen die Opportunitätskosten, d. h. das Ausmaß des notwendigen Verzichtes auf andere Möglichkeiten mit Bezug auf jede Entscheidung wachsen, und das gilt natürlich besonders für eine existentiell religiöse Entscheidung. Andererseits ist nicht von der Hand zu weisen, dass angesichts der zunehmenden Orientierungslosigkeit eine solche Heil versprechende Letztentscheidung wieder an Attraktivität gewinnen kann. Dies kann sich in einer Neigung zum Fundamentalismus ausdrücken, aber der Glaube an die unendliche Liebe Gottes kann auch zu befreienden existenziellen Entscheidungen führen, zu einer angesichts der Vielfalt der Möglichkeiten balancierenden Identität von hohem Einfühlungsvermögen, reflektiertem Verhältnis zu den Anforderungen der Mitmenschen, Kompromissfähigkeit und Fähigkeit zur Aufrechterhaltung grundlegender, identitätsbestimmender Lebensorientierungen.[112]

Zusammenfassend lässt sich die Herausforderung an die kirchliche Glaubensvermittlung unter den Bedingungen der Spätmoderne auf die Frage bringen, ob und gegebenenfalls wie es der Kirche als Gemeinschaft der Glaubenden gelingt bzw. gelingen kann, neue Mitglieder aus den nachwachsenden Generationen zu rekrutieren, und zwar so, dass diese ihrerseits bereit sind, die christliche Tradition weiter zu vermitteln. Dies setzt, wie gezeigt wurde, den Aufbau religiöser Relevanzstrukturen voraus, was dann kirchlicherseits häufig als Entscheidung zum Glauben interpretiert wird. Während seit der Konstantinischen Wende die Tradierung des Christentums stets durch politische und soziale Kontrollmechanismen gesichert war, zuletzt durch diejenigen des ›Katholischen Milieus‹ (vgl. Kaufmann 1993b: 101–128), müssen wir davon ausgehen, dass heute die Bedeutung der durch Erziehung und soziale Kontrolle auferlegten religiösen Relevanzen deutlich zugunsten derjenigen zurücktritt, *die vom Individuum in polythetischen Prozessen der religiösen Sinnfindung selbst aufgebaut werden.* Der Aufbau derartiger religiöser Relevanzstrukturen vollzieht sich dabei im Rahmen eines Prozesses von Identitätsentwicklung, zu dem Glaubenserfahrungen im günstigen Falle selbst beitragen können. Da es sich um einen biographischen Prozess der Sedimentierung einer Vielzahl von religionsbezogenen Erfahrungen handelt, erweist sich schon von daher die Unmöglichkeit, ihn z. B. durch ein curriculares Programm des Religionsunterrichts oder einen Weltkatechismus zu steuern.

8.8 Glaubenstradierung als Prozess auf mehreren Ebenen

Was bleibt angesichts einer gesellschaftlichen Situation, in der Glaube zunehmend nur noch in der Form freier Annahme überhaupt die Chance hat, über die Generationen hinweg weiter vermittelt zu werden, an kirchlichen Handlungsmöglichkeiten? Diese Frage hat in der neueren Ekklesiologie bemerkenswerte Beachtung gefunden.[113] ›Kirche als Lehr- und Lerngemeinschaft‹ kann nicht ein unvermittelt einheitlicher, sondern nur ein institutionell gegliederter, strukturell mehr oder weniger fragmentierter Sozialzusammenhang sein. Eine juridisch verfestigte Kirche mit einem hohen Bürokratieanteil und einem verengten Traditionsverständnis ist aus sich heraus nicht in der Lage, jene Orte religiöser Erfahrung bereit zu stellen, ohne die der Aufbau eines *sensus fidei* und damit die Teilnahme an der kirchlichen Kommunikationsgemeinschaft gelingen kann. Kirche ohne »kommunikative Praxis« (H.-J. Höhn) oder »kommunikative Sozialmilieus« (M. Kehl) erscheint unter den spätmodernen Bedingungen zum Scheitern verurteilt. Kommunikative Sozialmilieus in der Kirche setzen aber heute Gleichberechtigung von Klerus und Laien sowie offene Verfahren der Entscheidungsfindung unter Beteiligung der hierarchisch nachgeordneten Ebenen voraus.

Die Spannung zwischen ›Systemintegration‹ und ›Sozialintegration‹ (J. Habermas) stellt jedoch ein allgemeines Problem spätmoderner Gesellschaften dar, und es genügt keinesfalls, eine Vermittlung dieser beiden Prinzipien bloß zu postulieren. Es lassen sich gute Gründe dafür anführen, dass das Christentum bereits von seinem Glaubensverständnis her stärker als andere Deutungssysteme der Moderne darauf angelegt ist, gemeinschaftlich strukturierte Handlungs- und Erfahrungsräume zu legitimieren. Eben deshalb erscheint auch das stark verrechtlichte und bürokratisierte Erscheinungsbild der Kirchen in Deutschland in besonderer Weise kontraproduktiv (vgl. Kaufmann 1982; 1979: 136 ff., 181 ff.). Im Falle der katholischen Kirche kommt der hohe Zentralisierungsgrad und die innerkirchliche Vernachlässigung des gerade von dieser Kirche vertretenen sozialethischen Prinzips der Subsidiarität erschwerend hinzu (vgl. Kapitel 9 und 10). Die Lösung dieses Problems kann zwar nicht in der einseitigen Betonung kleiner Gemeinschaften liegen, aber auch nicht in der bloßen Behauptung einer Groß-Gemeinschaftlichkeit, wie dies aus der Perspektive einer spiritualistischen Communio-Theologie naheliegt. *Nur ein Kirchenverständnis, das den institutionell-juridisch-organisatorischen Charakter von Kirche ebenso ernstnimmt wie den biblischen Auftrag, sichtbares Zeichen des Reiches Gottes zu sein, und das bereit ist, die damit angedeutete Spannung als Gestaltungsauftrag zu begreifen, kann in dieser Situation weiterführen.*

Offenkundig ist der zunehmende Ausfall von ›Gemeinschaftlichkeit‹ im Erfahrungshorizont der meisten Kirchenmitglieder, was selbstverständlich Solidarisierungsphänomene in Teilen der Kirche – beispielsweise innerhalb des Episkopats oder der Priesterschaft eines Bistums – nicht ausschließt. Das spezifische Problem scheint jedoch darin zu bestehen, wie die mit Gemeinschaftsbildungen regelmäßig verbundene Abschließungstendenz mit der theologischen und praktischen Anforderung einer Öffnung auf größere – mitmenschliche, kirchliche oder gesellschaftliche – Zusammenhänge hin vermittelt werden kann. Effektive Solidarität oder Gemeinschaftlichkeit ist nämlich aus soziologischer Sicht an überschaubare Gruppengrößen gebunden (vgl. Kaufmann 1984: 158–184. Siehe auch 13.2). Kirche als Lehr- und Lerngemeinschaft ist also nur denkbar als Vernetzung einer Vielzahl von kleinen, überschaubaren Gemeinschaften durch Mehrfachmitgliedschaften einzelner Kirchenmitglieder. Das weithin sichtbare Gemeinschaftsphänomen des Zweiten Vatikanischen Konzils stellte selbst eine durch Kommissionen, Arbeitskreise und informelle Zirkel hoch vernetzte Struktur kleiner Gemeinschaften dar, welche erst die Funktionsfähigkeit der ›Großgemeinschaft Konzil‹ sicherstellte. Und dies geschah nicht von selbst, sondern nur durch eine formale Struktur, welche die Vielfalt der gemeinschaftlichen Aktivitäten in ein einigermaßen erwartbares Verhältnis zueinander setzte.

All dies blieb jedoch noch auf der obersten, gesamtkirchlichen Ebene. Kirche als Lehr- und Lerngemeinschaft muss jedoch über diese oberste Ebene hinaus als ein gleichzeitig auf mehreren organisatorischen Ebenen ablaufendes Phänomen gedacht und praktiziert werden. Im Anschluß an die eindringliche Analyse von S. Wiedenhofer (1991) werden in der folgenden Übersicht diese Zusammenhänge in stark vereinfachenden Weise dargestellt:

Soziale Ebenen der Glaubensvermittlung

Ebenen der Kirchlichkeit	Typische Formen der Glaubensvermittlung	Modus der Stabilisierung	Erforderliche soziale Prozesse
Gesamtkirche	Autoritative Entscheidung	Repräsentation	Universalisierung von Deutungsmustern
Bischöfliche Teilkirche(n) (Diözese, Regionalkirche)	Authentische Glaubensverkündigung	Inkulturation	Typisierung kollektiver Erfahrungen Professionalisierung
Ortsgemeinde (Pfarrei, Dekanat)	Gottesdienst, Sakramente, Katechese	Ritualität	Gemeinschaftsbildung Aktualisierung von Symbolen
Familie, Basisgemeinde, religiöse Gemeinschaft	Gläubige Lebenspraxis, alltägliche Glaubenspraxis	Habitualisierung Vorbildlernen	Interaktion Sozialisation

189

Glaubensvermittlung im Sinne von Tradition und Rezeption vollzieht sich auf und zwischen verschiedenen Ebenen sozialer Wirklichkeit, die hier in Anlehnung an die Grundstruktur des katholischen Kirchenaufbaus bezeichnet werden. Jeder dieser Ebenen kommt eine spezifische Aufgabe in der Glaubensvermittlung zu, die sich nicht ohne Verlust an Wirksamkeit auf eine andere Ebene verlagern lässt. Auf der gesamtkirchlichen Ebene liegt der entscheidende Beitrag zur Glaubensvermittlung in der autoritativen Entscheidung von Glaubens- und Strukturfragen, soweit der weltkirchliche Zusammenhang betroffen ist. Hier werden wesentliche Voraussetzungen einer kollektiven Identität des Weltkatholizismus geschaffen und vor allem repräsentiert, denn gerade im Zeitalter weltweiter Kommunikationen neigen Massenmedien dazu, ihre Aufmerksamkeit gesamtkirchlichen Ereignissen stärker zuzuwenden, wodurch diese auch eine größere Bedeutung für die Lokalkirchen und individuellen religiösen Einstellungen erhalten als in früheren Zeiten. Aus diesem Grunde steigen heute die Glaubwürdigkeitszumutungen an das kirchliche Zentrum enorm: Glaubwürdig erscheinen dabei autoritative Äußerungen nur insoweit, als sie die herrschenden Wertorientierungen und Grundsätze der Moralität respektieren. Deshalb wirkten sich die Missbrauchsskandale besonders verheerend aus (siehe 6.1). Je mehr Entscheidungen zentralisiert werden, desto wahrscheinlicher entstehen hier Konflikte, ganz abgesehen von den zusätzlichen Konflikten und Fehlern, welche aus mangelnder Wahrnehmung der jeweiligen Situation in den betroffenen Kirchengebieten durch den Vatikan resultieren.

Aus der Sicht der ›Basisgläubigen‹ vermag aber die Gesamtkirche den Glauben nur zu repräsentieren, nicht glaubhaft zu verkündigen. Dem stehen bereits Sprachprobleme entgegen, aber auch der ausschließlich massenmediale Charakter dieser Verkündigung. Wirkungsvolle Glaubensverkündigung setzt die Wahrnehmung der Glaubwürdigkeit der verkündenden Personen voraus, und diese ist am ehesten bei persönlicher Bekanntschaft gegeben. Persönliche Begegnung mit ›authentischen‹ Repräsentanten von ›Kirche‹ ereignet sich für die meisten Kirchenmitglieder heute (wenn überhaupt) nur auf der ortsgemeindlichen Ebene, sollte aber nach kirchlichem Selbstverständnis auf der Ebene der Diözesen als den eigentlichen Ortskirchen geschehen; die sind jedoch meist zu groß und zu anonym. Die einzelne Pfarrei wäre offensichtlich überfordert, sollte sie für alle im Erfahrungshorizont ihrer Gläubigen auftauchenden Fragen angemessene Auslegungen selbst entwickeln. Sie ist deshalb auf das diözesane, oder zum Teil auch bereits überdiözesane Informationsnetz angewiesen. Die Relevanz des Glaubens muss im Erfahrungshorizont der Gläubigen ausgelegt werden, und dies setzt Prozesse der Inkulturation voraus, welche am ehesten auf der Ebene von Diözesen oder nationalen Diözesanverbänden wie z. B. Bischofskonferenzen zu leisten sind.

Realistischerweise wird man davon ausgehen müssen, dass heute die Erfahrung einer kirchlichen Gemeinschaft für die meisten Gläubigen am ehesten auf Massenereignissen wie Katholikentagen oder Papstbesuchen, allenfalls auf der ortsgemeindlichen Ebene, aber vielfach nur in noch kleineren Gemeinschaften möglich ist. Zum mindesten in Deutschland scheinen die Pfarreien für die alltägliche Lebensführung vielerorts kaum mehr relevant. Dies steht in auffallendem Kontrast zum US-amerikanischen Katholizismus, wo die Pfarreien vielfältige Einrichtungen betreiben und überwiegend in der Lage sind, einen erheblichen Teil der Pfarreimitglieder auch außerhalb der Gottesdienste durch praktisches Engagement zu involvieren. Das hat auch mit dem unterschiedlichen Finanzierungsmodus zu tun: Das deutsche Kirchensteuerrecht entbindet die Pfarreien von der Finanzierung ihrer Aufgaben, aber es lässt ihnen auch geringere Freiheiten.

Umso wichtiger wäre die Habitualisierung des Alltags im Kontext religiöser Relevanzen durch kleinere Gemeinschaften wie die Familie oder auch Netzwerke von Familien, aber natürlich auch spezifisch unter religiösen Gesichtspunkten entstehende Gemeinschaften. Defizite der Glaubensvermittlung sind auf dieser Ebene heute besonders offensichtlich; der Traditionsabbruch ist vor allem auf die Erosion der alltäglichen religiösen Gewohnheiten und die Verdrängung der religiösen Relevanzen aus dem Alltag zurückzuführen.

Unter dem Aspekt von Kirche als Lehr- und Lerngemeinschaft ist zunächst festzuhalten, dass sich auf jeder der genannten vier Ebenen spezifische Erfahrungen machen lassen, und daher unterschiedliche Arten von Lehr- und Lernprozessen ablaufen. Ein zentrales Problem, das von der Communio-Ekklesiologie aber nur ungenügend thematisiert wird, betrifft die *Vermittlung zwischen diesen Ebenen*. Angesichts der auf Klerikalität und Hierarchie beruhenden Kirchenstruktur besteht die Gefahr, dass ein Erfahrungsaustausch lediglich »auf den Dienstwegen« stattfindet und die einzelnen Gemeinschaften innerhalb der Kirche aufeinander zu wenig hören.[114] Hiergegen sind verschiedene ›Heilmittel‹ denkbar: eine stärkere Vernetzung der verschiedenen Gemeinschaften, die Einrichtung von Berichts- und Anhörungspflichten, das Erfordernis an vorgesetzte Ebenen, ihre Entscheidungen zu begründen, die Beachtung des Subsidiariätsprinzips, usw. Unter den gegebenen Bedingungen besteht die Gefahr, dass sich auf verschiedenen Ebenen (Kurie, Bischofskonferenz, diözesane Gremien, Vereine) Eigendynamiken entwickeln, die auf die Prozesse auf den übrigen Ebenen zu wenig Rücksicht nehmen. So notwendig einerseits klare Strukturen für eine Weltkirche sind, so problematisch können diese Strukturierungen auch werden, wenn die dadurch geschaffenen partikularen Solidaritäten untereinander keine genügende Kommunikation aufrechterhalten. Das gilt in besonderer Weise angesichts der Überzentralisierung des gegenwärtigen katholischen Kirchensystems. Der Druck des hierarchischen Prinzips verhindert weithin eine komplementäre Kommunikation »von unten nach oben«, wie sie für die Vorstellung einer Kirche als Lehr- und Lerngemeinschaft konstitutiv wäre.

Es versteht sich von selbst, dass diese Skizze eine soziologisch informierte Einseitigkeit aufweist, welche dem Gesamt der kirchlichen Vollzüge nicht gerecht wird. Ausgehend von der gegebene Übersicht könnte man diese beispielsweise weiter differenzieren nach den von H.-J. Höhn unterschiedenen vier kirchlichen Grundvollzügen – Diakonia, Martyria, Koinonia und Leiturgia (vgl. Höhn 1985: 148 ff.). In vorliegendem Zusammenhang kam es mir vor allem darauf an, den Mehrebenen-Charakter der kirchlichen Prozesse, d. h. *die prinzipielle Unvertretbarkeit der verschiedenen Ebenen sowie das Erfordernis ihres Zusammenwirkens,* ins Bewusstsein zu heben. Auf diese Weise sollte die allzu einfach klingende Vorstellung von »Kirche als Lehr- und Lerngemeinschaft« mit einer etwas komplexeren Analytik ›aufgeladen‹ werden. Auch dies kann nur als Aufforderung verstanden werden, sich der weit größeren Komplexität der realen Zusammenhänge im kirchlichen Handeln zu stellen und ihr situatives Gewicht in Reflexion und Entscheidung zu berücksichtigen. Obwohl die Gesamtkomplexität kirchlicher Wirklichkeit überwältigend ist, gibt es dabei keinen Grund zu Resignation; denn es steht nie das Ganze, sondern nur ein Ausschnitt, und in der Regel ein recht bescheidener Ausschnitt des Ganzen zu entscheidungsabhängiger Gestaltung an. Der Glaube an eine göttliche Macht, über die wir nicht verfügen können, mag eine Hilfe sein in Entscheidungssituationen, deren Tragweite unser Erkenntnisvermögen übersteigt. Aber die Verantwortlichen sollten sich hüten, ihre je eigenen Präferenzen mit dem Wirken dieser Macht zu verwechseln.

9. Kapitel:
Römischer Zentralismus: Entstehung – Erfolg – Gefahren

9.1 Historischer Rückblick

»Römischer Zentralismus«, das ist zunächst ein kirchenpolitisches Schimpfwort, dessen sich vor allem diejenigen gerne bedienen, die sich von römischen Entscheidungen oder auch Nicht-Entscheidungen (z. B. hinsichtlich der Zulassung von Frauen zu kirchlichen Ämtern) eingeschränkt oder sonstwie negativ betroffen fühlen. »Römischer Zentralismus« ist aber auch eine sachlich zu rechtfertigende Bezeichnung für das institutionelle Ergebnis eines tausendjährigen kirchengeschichtlichen Prozesses: Die weitgehende Konzentration alltäglicher und grundsätzlicher kirchlicher Entscheidungsbefugnisse im Bereich der römischen Kurie, wie sie sich erst im Laufe des 19. und 20. Jahrhunderts entwickelt hat.

9.1.1 Die Verdrängung der Geschichtlichkeit

Die grundlegende Voraussetzung und Grenze des römischen Zentralismus ist die unangefochtene und uneingeschränkte dogmatische, rechtliche und disziplinäre Dominanz des Bischofs von Rom über alle anderen Bischofssitze, also der seit dem Hochmittelalter beanspruchte und auf dem Ersten Vatikanum durch das Unfehlbarkeitsdogma überhöhte *Jurisdiktionsprimat des Papstes*. Bekanntlich hat das Zweite Vatikanische Konzil versucht, die aus der historischen Situation um 1870 verständlichen Einseitigkeiten dieser Lehre durch eine Kirchenvorstellung zu ergänzen, welche die universale Kirche als Gemeinschaft von Teilkirchen versteht und daher dem Bischofskollegium – in Analogie zum Verhältnis zwischen dem Apostelkollegium und Petrus – eine korrelative Funktion zur Leitungsaufgabe des Papstes zuspricht. Wie Hermann Josef Pottmeyer gezeigt hat, ist dies jedoch nur ansatzweise gelungen. Er führt dies im wesentlichen auf zwei Gründe zurück: Erstens das Fortwirken einer »maximalistischen

Interpretation des Ersten Vatikanums« und zweitens »die Befürchtung der Kurie, … ihre bisherige Mitregierung mit dem Papst zu verlieren wie sie mit dem Zentralismus verbunden ist.« Joseph Ratzinger, damals Konzilstheologe und nicht Papst, sprach plastisch »vom ›Schreckgespenst des Congubernium‹ (d. h. der Mitregierung der Bischöfe A.d.V.), das an der Kurie umgehe« (Pottmeyer 1999: 99f.). Wir müssen deshalb zunächst die geschichtliche Entwicklung zur Apotheose des Zentralismus auf dem Ersten Vatikanum zu verstehen suchen.

Eine solche *historische* Herangehensweise war der römischen Theologie damals fremd, sie gehört vielmehr in den Horizont jenes »Modernismus«, vor dem sich die Kirche nach damaliger Auffassung zu bewahren habe. Dieser ›Antihistorismus‹ diente aus heutiger Sicht vor allem einer Immunisierung gegenüber geschichtlichen Tatsachen im Sinne eines zeitlosen, ›ewigen‹ Kirchenverständnisses. Deshalb sei betont: Ein Primatsanspruch Roms über die anderen Bischofssitze wurde erst ab dem 5. Jahrhundert unter Berufung auf Petrus als ersten Bischof von Rom und seine besondere jesuanische Berufung erhoben. Diese petrinische Tradition des römischen Stuhles ist zudem historisch ungesichert, zumal sich ein monarchisches Bischofsamt selbst erst im Laufe des zweiten Jahrhunderts herausgebildet hat (vgl. Schimmelpfennig 1996: 2 ff.).[115] Aber sie wurde – wie viele andere, heute als Fälschungen oder Verfälschungen anerkannte Dokumente zur Begründung päpstlicher Ansprüche – geschichtlich auf Dauer wirksam. Es gibt keine andere Autorität auf dieser Erde, die sich durch die Jahrhunderte hindurch so kontinuierlich erhalten und ihren Einfluss ausweiten konnte. Im ersten Jahrtausend blieb allerdings ein *kommuniales Kirchenverständnis* dominant. »Der römischen Kirche und ihrem Bischof kam zwar ein besonderes Ansehen aber kein jurisdiktioneller Vorrang zu« (Pottmeyer 1999: 23). Erst im zweiten Jahrtausend hat die kirchliche Dynamik eingesetzt, welche zum heutigen römischen Zentralismus geführt hat.

9.1.2 Patriarchat und Universalkirche

Was den Jurisdiktionsprimat betrifft, so sind zwei Dimensionen der Frage zu unterscheiden: (1) Die universalkirchliche und (2) die patriarchale Funktion des Bischofs von Rom. Die auf dem ersten Konzil von Nizäa (325) unter Nachhilfe des Kaisers Konstantin formulierte universalkirchliche *Patriarchatsverfassung* sprach den *Patriarchatssitzen* für ihre jeweiligen Gebiete oberste Jurisdiktionsrechte zu. Das war schon eine fortgeschrittene Verfestigung der ursprünglich weit vielfältigeren und meist synodalen Strukturen christlicher Vergemeinschaftung, und zwar auf der Basis des bis heute formgebenden Römischen Rechts. Sie beinhaltet bereits die Zentralisierung der rechtlichen Kernkompetenzen, insbesondere eine Überordnung der Patriarchen über die übrigen Bischöfe ihres Gebietes, die einzusetzen oder gegebenenfalls abzuberufen ihnen zustand. Untereinander standen die Patriarchen jedoch im *Verhältnis der Gleichordnung*, unter zunehmender Anerkennung eines Ehrenvorranges des römischen Sitzes.

Sowohl die frühmittelalterlichen Auseinandersetzungen zwischen Rom und Byzanz als auch der Umstand, dass die Kernräume der frühen Christenheit seit dem 7. Jahrhundert zunehmend vom Islam überrannt worden und damit einflusslos geworden sind, haben dazu geführt, dass dieser Unterschied zwischen der patriarchalen und der universalkirchlichen Gewalt des Bischofs von Rom im Laufe der Geschichte immer weniger gesehen wurde. Die Verfestigung des päpstlichen Führungsanspruchs im 11. Jahrhundert ging mit der endgültigen Kirchentrennung zwischen Rom und Byzanz einher. Die Zuständigkeit und der Einfluss der römischen Kurie beschränkten sich somit faktisch von jeher auf den Einflussbereich der sogenannten abendländischen oder lateinischen Kirche, die jedoch im Zuge der kolonialen Expansion Europas weltweit geworden ist. Erst Papst Johannes Paul II. hat den Unterschied zwischen Universalepiskopat und Patriarchatsrechten wieder ins innerkirchliche Bewusstsein gebracht, indem er in seiner Enzyklika »Ut unum sint« einen Aufruf an alle Christen richtete, nach einer neuen ökumenischeren Interpretation des universalkirchlichen »Petrusamtes« zu suchen. Sein Nachfolger, Benedikt XVI., hat dagegen bereits in seinem ersten Pontifikatsjahr ausdrücklich auf den Titel »Patriarch des Abendlandes« verzichtet. Dies erscheint als eine Art Geschichtspolitik, um den Rückgriff auf die fernere Vergangenheit zu erschweren.

Aus der Unterscheidung von Papsttum und Patriarchat folgt allerdings auch, dass ein ökumenischer Konsens unter den christlichen Kirchen (welche auch immer man dazu zählen mag), hinsichtlich einer Neuformulierung des universalkirchlichen Petrusamtes nicht notwendigerweise Konsequenzen für die Jurisdiktion des römischen Bischofs als Patriarch des Abendlandes haben würde. Allenfalls indirekte Wirkungen dürften erwartet werden, sofern im ökumenischen Dialog bestimmte Entwicklungen in der lateinischen Kirche als mit dem gemeinkirchlichen Verständnis unvereinbar erscheinen sollten. Angesichts der Unbestimmtheit weiterer ökumenischer Entwicklungen sei im Folgenden ausschließlich von den Strukturen der lateinischen Kirche die Rede.

9.1.3 Der Investiturstreit und seine Folgen

Was das Verhältnis Roms zu den Bischofssitzen seines Patriarchats betrifft, so zeigt die Geschichte ein eng mit den politischen Konjunkturen verbundenes Auf und Ab der Machtverhältnisse, das hier nicht zu skizzieren ist. Ab Karl dem Großen bis zum sogenannten Investiturstreit, galten der herrschenden Praxis gemäß geistliche Ämter als kaiserliche Lehen. Deshalb waren es auch die deutschen Kaiser, welche sich um die Mitte des 11. Jahrhunderts um die Wiederherstellung der innerkirchlichen Autorität des in römischen Adelsfehden verkommenen Papsttums kümmerten. Dies hatte allerdings unerwartete Konsequenzen, als im Jahre 1075 der der cluniazensischen Bewegung nahestehende Papst Gregor VII. den Spieß umdrehte und behauptete, die Kaiserwürde sei ein Lehen des Papstes, und nicht umgekehrt. Bei der Begründung ihrer Ansprüche beriefen sich Gregor und seine Nachfolger in wesentlichen Punkten auf Dokumente, die *heute* allgemein als Fälschungen (wie die sog. Konstantinische Schenkung) oder als Verfälschungen (wie die pseudo-isidorischen Dekretalen) anerkannt sind. Damals brach ein europaweiter, teils blutig ausgetragener Konflikt zwischen Kaiser und Papst – der sogenannte Investiturstreit – aus, welcher erst 1125 durch das Konkordat von Worms mit einem zukunftsweisenden Kompromiss beendet worden ist: Von nun an sollte die Übertragung der geistlichen Gewalt an Bischöfe und Äbte in der Form der *Weihe* dem Papste, die Übertragung der weltlichen Gewalt in der Form des *Lehens* dagegen dem Kaiser vorbehalten bleiben. Dass damit die Konflikte nicht aus der Welt geschafft waren, sei lediglich erwähnt, aber sie bekamen nun eine neue Struktur: Geistliche und weltliche Gewalten schufen sich ihre eigenen Rechtssysteme und agierten in Konkurrenz zueinander

Die Theorie einer Differenz und gleichzeitiger Koexistenz von geistlicher und weltlicher Gewalt stellte eine weltgeschichtliche Innovation dar, welche maßgeblich für die allmähliche Trennung von Kirche und Staat und den Gesamtprozess des »abendländischen Sonderweges« (Max Weber) der Rationalisierung und Modernisierung wurde. Denn alle bisherigen Gesellschaftsstrukturen kannten nur eine hierarchische Spitze, nicht deren zwei. Schon im Hochmittelalter wurde somit die Anerkennung päpstlicher Suprematie in geistlichen Angelegenheiten mit dem Verzicht auf weltliche Gewalt ›erkauft‹ und damit gleichzeitig eine spirituelle Reform der Kirche eingeleitet. Dennoch war das Konkordat von Worms im Vergleich zu den vorangehenden Verhältnissen »ein Kompromiß, der einen Sieg des Papsttums bedeutete« (Pottmeyer 1999: 23). Parallel veränderte sich das Kirchenverständnis in einem juridischen Sinne: Zunehmend wurde die Kirche unter Wiederaufnahme römisch-rechtlicher Vorstellungen als ›*Korporation*‹ verstanden, für die eine monarchische Führung als zweckmäßig angesehen wurde.

In der Folge vermischten sich die Interessen und Gewalten vielfach erneut, denn bis zur Industrialisierung waren die Rechte an Grund und Boden die zentrale Grundlage wirtschaftlichen Reichtums und politischer Macht. Bis zur französischen Revolution und den napoleonischen Enteignungen des Kirchenguts blieben die höheren kirchlichen Ämter weitestgehend in der Hand des Adels und damit unter dem Einfluss der jeweiligen regionalen Mächte bzw. der entstehenden Nationalstaaten. Dem Papst kam außerhalb seines unmittelbaren Herrschaftsbereichs im Kirchenstaat im Wesentlichen nur eine geistliche Autorität und diplomatischer Einfluss zu, und auch diese waren vor allem im 18. Jahrhundert auf einem Tiefpunkt angelangt. Erst der europaweite Verlust der Kirchengüter und die kluge Konkordatspolitik Pius VII. und seines Kardinalstaatssekretärs Consalvi brachten die modernen, auf religiöse Themen konzentrierten und verselbständigten Kirchenstrukturen hervor, die nun genauer betrachtet werden sollen.

Mit der europaweiten Enteignung des Kirchengutes durch oder nach Napoleon entfielen die bisherigen wirtschaftlichen Interessen an der Besetzung kirchlicher Ämter, und die politischen Interessen verschoben sich vom Machtgewinn zur Loyalitätssicherung. Die mittlerweile von ihrer Bindung an Grund und Boden befreite Bevölkerung musste nun mit anderen Mitteln zur politischen Loyalität angehalten werden, und hierzu schien auch die Religion dienlich zu sein. Mehr noch: Angesichts ihrer meist antiliberalen Haltung erhofften sich die meisten Fürsten im Zeitalter der Restauration eine moralische Disziplinierung der Bevölkerung mit Hilfe der Kirche, der deshalb besondere Wertschätzung entgegengebracht wurde. Mit Bezug auf die kirchliche Gliederung und die Besetzung der Bischofssitze reichte nun den meisten Souveränen ein Veto-Recht gegen unliebsame kirchliche Entscheidungen, eine größere innerkirchliche Autonomie widersprach nicht mehr der Staatsräson. So gelang es dem vatikanischen Staatssekretär Consalvi und seinen Nachfolgern, im Laufe des 19. und 20. Jahrhunderts mit den meisten europäischen Staaten staatskirchenrechtliche Verträge, die sogenannten Konkordate, auszuhandeln, welche einen dominierenden Einfluss, wenn nicht gar die ausschließliche Enscheidungsmacht der römischen Kurie hinsichtlich der Bischofswahlen sicherstellen. Ältere Rechte, wie sie beispielsweise gegen die Ernennung von Bischof Haas zum Koadjutor mit Nachfolgerecht in Chur geltend gemacht wurden, werden von Rom – wie nicht nur dieser Fall zeigt – ungern honoriert und am liebsten abgeschafft. Das kuriale Ideal ist hier eindeutig die durch keinerlei lokale Mitspracherechte beeinträchtigte römische Entscheidung, ein klassisches, genauer das *strategisch zentrale Beispiel* dessen, was hier als römischer Zentralismus bezeichnet sei.

9.1.4 Katholizismus

Die nunmehr erreichte und immer nachdrücklicher beanspruchte Suprematie des Papsttums äußerte sich auch in Glaubenssachen. Die Dogmatisierung der Unbefleckten Empfängnis Marias durch Pius IX. war die erste dogmatische Entscheidung, die von einem

Papst unabhängig von einem Konzil vorgenommen wurde. Ihren Gipfel erreichte dieses Suprematiestreben mit der Dogmatisierung päpstlicher Unfehlbarkeit durch das Erste Vatikanische Konzil (1870). Die Neuartigkeit dieser Lehre bestätigt das Standardwerk von Pottmeyer, demzufolge »die Entwicklung der Lehre von der päpstlichen Unfehlbarkeit im 19. Jahrhundert innerhalb von 70 Jahren von fast allgemeiner Ablehnung bis zu ihrer Dogmatisierung führte« (Pottmeyer 1975: 346).

Dies verweist auf politische und soziale Umstände, die im 19. Jahrhundert zu einer grundlegenden Veränderung des Kirchenverständnisses geführt haben. Dabei glaubte das Papsttum, sich gemeinsam mit den konservativen Kräften gegen die nationale, liberale und demokratische Bewegung behaupten zu müssen, was die ohnehin latenten Spannungen im Verhältnis von Kirche und Staat vielerorts explosiv werden ließ. Die Überhöhung päpstlicher Autorität in den konziliaren Erklärungen von 1870 ist aus dieser Situation zu verstehen. Sie wäre aber nicht wirksam geworden ohne die *gleichzeitige religiöse Bewegung*: Das Aufleben der Massenfrömmigkeit, insbesondere auch der Herz-Jesu und der Marienverehrung, die Gründungswelle religiöser Kongregationen und die Verlebendigung der klassischen Orden bei gleichzeitiger Expansion der Weltmission, die endliche Durchführung der Dekrete des Konzils von Trient über die Residenzpflicht der Bischöfe und die Priesterausbildung, und nicht zuletzt die ›Verbürgerlichung der Kirche‹, welche am deutlichsten in der Verdrängung des Adels von den Bischofssitzen zum Ausdruck kommt; schließlich die zunehmende politische und soziale Formierung der Katholiken mittels des bürgerlichen Vereins- und demokratischen Parteiwesens, all dies deutet auf eine historisch einmalige Mobilisierung der Katholiken hin, welche weitgehend parallel auf den Gebieten der Theologie, der Diakonie und der Seelsorge, im Episkopat, bei Klerus und Laien sich vollzog. Ein wesentliches Moment dieser Bewegung wurde die *Papstfrömmigkeit*, vor allem nach dem Verlust des Kirchenstaates – von ihren Gegnern gerne als Ultramontanismus beschimpft. Und so entstand eine weit mächtigere internationale Bewegung als die etwa gleichzeitige Internationale der Arbeiterbewegung, nämlich der Katholizismus (vgl. auch 4.2).

Der Katholizismus ist also eine typisch moderne und höchst erfolgreiche, komplexe Sozialform gewesen, die wohl zum letzten Mal

geistliche und weltliche Elemente menschlichen Lebens zu einer
selbstverständlichen Einheit zu verknüpfen wusste, wobei Freiwillig-
keit und Fremdbestimmung so sehr Hand in Hand gingen, dass das
hierarchische Moment der katholischen Kirche im Normalfall überhaupt nicht als Last, sondern eher als Heil und geistige Sicherheit
verheißendes Geschenk erschienen. Das Kirchenlied:

»Ein Haus voll Glorie schauet weit über alle Land,
auf festem Stein erbauet, von Gottes Meisterhand.
Gott wir loben Dich, Gott wir preisen Dich,
O lass im Hause Dein, uns ganz geborgen sein«

gibt dieser Einheit verbürgenden Einstellung sprechenden Ausdruck.
Das katholische Kirchenbewusstsein wurde so eine Konkurrenz zum
Nationalismus, und man könnte das zitierte Kirchenlied angesichts
seiner mitreißenden Melodie auch als »Katholische Marseillaise« bezeichnen!

9.1.5 Unfehlbarkeit und Jurisdiktionsprimat

Bis zum endgültigen Verlust des Kirchenstaates im Jahre 1870 unterschied sich die päpstliche Kurie nur graduell von anderen europäischen Fürstenhöfen. Leopold von Ranke (1834/36), der als erster
die administrativen Verhältnisse des Kirchenstaates seit der Reformation unter die Lupe genommen hat, machte bereits deutlich, wie sehr
es von der Einstellung des jeweiligen Papstes abhing, ob sich die
kirchlichen Verhältnisse stärker in eine geistliche oder – dies war
eher der Normalfall – in eine weltliche Richtung entwickelten. Nach
der Niederlage Napoleons wurde die Restauration im Kirchenstaat in
administrativer Hinsicht als Rückkehr zu Praktiken des Ancien Ré-
gime durchgeführt, die ihm den Ruf eintrugen, »einer der korruptes-
ten und am schlechtesten regierten Staaten Europas« zu sein (Schimmelpfennig 1996: 297).[116] Erst unter Pius X. wurden mittels einer
Kurienreform (1908) und durch die Kodifizierung des in Jahrhunderten wildwüchsig entstandenen Kirchenrechts (in Kraft seit 1917)
die Konsequenzen aus dem Verlust weltlicher Herrschaft gezogen
und eine strukturelle Modernisierung der katholischen Kirche eingeleitet. Positivierung des Rechts und Professionalisierung bzw. Bürokratisierung der Verwaltung sind auch im politischen Bereich die

zentralen Elemente einer Verselbständigung und Rationalisierung des Staatswesens gewesen, und seit der Gegenreformation verstand sich die Kirche in Analogie und Konkurrenz zum Staate als *societas perfecta*, als eine ›vollkommene Gesellschaft‹ im Sinne des alten aristotelischen Begriffs der Autarkie bzw. Selbstgenügsamkeit. Im 19. Jahrhundert bildete dann der Souveränitätsbegriff die Klammer, mit der die Kirche sich als dem Staate ebenbürtig und gleichberechtigt erweisen wollte, und zur Legitimierung dieser Souveränität dienten auch das Dogma der Unfehlbarkeit:

»Die Behauptung der päpstlichen Unfehlbarkeit geschah … in der Absicht, den päpstlichen Jurisdiktionsprimat zu stärken, auch und gerade auf dem Gebiet der Lehrdisziplin. Es ging darum, ein wirksames Mittel zu haben, um die Einheit und Geschlossenheit der Kirche herzustellen. … Die Übernahme des Souveränitätsbegriffs geschah im Zusammenhang der Behauptung der Eigenständigkeit der Kirche gegenüber dem absoluten Souveränitätsanspruch des Staates. Die Kirche ist der ›souveräne‹ von jeder weltlichen Macht unabhängige ›Staat Gottes‹, weil sie (scil. mittels der Unfehlbarkeit des Papstes) den Zentralpunkt in sich selbst findet« (Pottmeyer 1975: 351, 353).

So passte nunmehr alles zusammen: Göttliche Legitimation eines zentralen, monokratischen kirchlichen Leitungsamtes, umfassende Gesetzgebungskompetenz für die gesamte Kirche, eine dem römischen Recht entlehnte, für dirigistische Eingriffe geeignete Rechtsauffassung, zentralisiertes Ernennungsrecht der Bischöfe, und eine vergleichsweise effiziente Zentralverwaltung, welche als Gehilfin des Papstes ihm die faktische Leitung der Weltkirche erst ermöglicht. Die katholische Kirche erschien erst jetzt als die gottgewollte, streng hierarchische Institution, in der Glaube Gehorsam und Gehorsam Glaube bedeutet. Und angesichts klarer Weisungen und eines stark verbesserten Zugangs zu den sakramentalen Heilsmitteln ermöglichte dieses System ein Ausmaß an Sicherheit und Geborgenheit, das derjenigen früherer kleinräumiger autarker Gemeinschaften nicht nachsteht. Allerdings unter einer Bedingung, nämlich dem »Glauben an die eine, heilige katholische Kirche«, und um diesen Glauben zu erleichtern, schlossen sich die Katholiken eng unter zumeist geistlicher Führung und indirekt unter derjenigen des Papstes zusammen.

9.2 Vorteile des römischen Zentralismus

Betrachtet man die Entwicklung des europäischen Katholizismus im 19. Jahrhundert, die von ihm ausgehende weltweite Mission und das wachsende Ansehen des Papsttums seit dem Verlust des Kirchenstaates bis heute, wo rund eine Milliarde Menschen und damit mehr als die Hälfte aller Christen der römisch-katholischen Kirche zugehören, so wird man dies wohl als erfolgreich bezeichnen dürfen. Zwar ist der Anteil der Christen und auch der Katholiken an der Weltbevölkerung im 20. Jahrhundert leicht gesunken; betrachtet man jedoch die unterschiedliche demographische Dynamik der einzelnen Erdteile, also das Stagnieren der Bevölkerung im traditionell christlichen Europa und das Bevölkerungswachstum in den von anderen Weltreligionen dominierten Erdteilen, so ist die Bilanz erstaunlich positiv, übrigens auch für andere christliche Kirchen und für den Islam.

Setzt man diese Milliarde Katholiken in Beziehung zu den 1740 Mitarbeitern der römischen Kurie (vgl. Reese 1998: 152), größenmäßig also etwa der Verwaltungsstab einer deutschen Großstadt, so kann man bei einer pauschalen Betrachtung von der Leistungsfähigkeit dieser Zentralverwaltung nur beeindruckt sein. »Keep the center small«, diese Managementweisheit scheint der älteste und größte ›Global Player‹ seit langem zu beherzigen. Im Vergleich zu gleich qualifizierten italienischen Angestellten scheinen die meisten vatikanischen Angestellten übrigens gut gestellt zu sein, da sie zahlreiche Vergünstigungen genießen und kaum gekündigt werden können. Dem entsprechend ist allerdings die Erneuerungsrate des Personals gering, was sich als ein zusätzlich beharrendes Moment auswirken dürfte (vgl. ebenda: 290 ff.).

Derartig pauschale Urteile sind jedoch wenig aussagekräftig. Fragen wir genauer, welche Vorteile die Zentralisierung der Entscheidungsbefugnisse bei der römischen Kurie mit sich bringen, Vorteile natürlich nicht für die Macht der Kurie, sondern für die Erfolgschancen der Kirche.

Zunächst, und dies gehörte auch zu den Standardargumenten für den Jurisdiktionsprimat und die päpstliche Unfehlbarkeit, erleichtert es eine derartige Struktur außerordentlich, die Einheit und Einheitlichkeit der kirchlichen Verhältnisse und des Glaubens aufrecht zu erhalten. Angesichts der Bedrohung, in die die katholische

Kirche durch den Verlust ihrer wirtschaftlichen und politischen Machtbasis geraten war, und angesichts der partikularistischen Tendenzen, in die nationalstaatliche Entwicklungen die Kirche zu drängen suchten, bot die Aktualisierung und Radikalisierung des hierarchischen Anspruchs einen gangbaren Ausweg, welcher in der abendländischen Kirche schon durch das hierarchische Denken der Römer und erst recht seit dem Hochmittelalter angelegt war. Im Zeitalter der Auseinandersetzungen zwischen der Kirche und dem zumeist noch nicht demokratisierten Staat lag diese Lösung zudem nahe. Im absolutistischen Staat des 18. und weithin auch noch des 19. Jahrhunderts wurde die Souveränität ja im Fürsten, nicht im Volk verankert. Ähnlich wie der Nationalstaat durch die Einheit von Staat und Recht sowie durch Bildungswesen und Militär erst ein gemeinsames Nationalbewusstsein zu schaffen und zu stabilisieren hatte, sah sich auch die katholische Kirche in ihrem staatsanalogen Selbstverständnis gefordert, die innere Einheit organisatorisch und überzeugungsmäßig herzustellen, nachdem die Trägheit der feudalen Strukturen den Zusammenhang nicht mehr trug.

Sodann: Liegen in der Positivierung des Rechts und der Bürokratisierung der Beziehungen zwischen Zentrum und Peripherie stabilisierende und vielfach auch rigidisierende Momente, so bedeutet die völlige ›Gottunmittelbarkeit‹ des Papstes, seine rechtliche Freiheit von allen institutionellen Rücksichten grundsätzlich ein dynamisierendes Moment. *Der Papst kann jederzeit Entscheidungen seiner Administration unwirksam machen und dem ›Schiffchen Petri‹ eine neue Richtung geben,* wie z. B. durch Johannes XXIII. in besonders eindrücklicher Weise geschehen. Vor allem in Ausnahmesituation kann die ungehinderte Entscheidungsfähigkeit des Papstes rasche Reaktionen ermöglichen, die im Rahmen synodaler oder gar demokratischer Strukturen unmöglich wären. Innerhalb des römischen Zentralismus gibt es somit ein statisches und ein dynamisches Moment, die wechselseitig aufeinander angewiesen sind, und durch deren Zusammenspiel auch eine gewisse Flexibilität gesichert wird.

Ferner bedeutete die selbstverständliche Einheitlichkeit des katechismusmäßig standardisierten Glaubens, der Amtssprache (Latein), des Ritus, der Moral und der Organisationsstrukturen in der Kirche einen ungeheuren Vorteil im Zusammenhang mit der Mission. Die Missionare hatten nicht nur Überzeugungen, sondern Lebensformen anzubieten, bis hin zur ›Missionarsstellung‹! Lebensformen überdies, die aufgrund der ihnen zugrundeliegenden europäischen Zivilisation und des mit ihnen verbundenen caritativen Ethos auch in plausibler Weise demjenigen der Eingeborenen überlegen erschienen. Allerdings ist hier sogleich hinzuzufügen, dass dies offensichtlich nur für diejenigen Weltregionen gilt, die nicht bereits von einer anderen Hochreligion und der mit ihr verbundenen Kultur geprägt waren, wie dies vor allem für Asien charakteristisch ist. Nimmt man es genauer, so haben sich die Erfolge der christlichen Mission fast ausschließlich in Gebieten mit einer traditionell naturreligiösen und meist schriftlosen Kultur ereignet. Weder im islamischen noch im buddhistischen oder hinduistischen Einflussbereich hat das Christentum mehr als Achtungserfolge erringen können.

Doch kehren wir nach Europa zurück. Hier barg die Konkurrenz zwischen zwei sich gleichermaßen als souverän verstehenden Autoritäten auf demselben Territorium natürlich erheblichen Konfliktstoff. Selbst wenn beide Seiten die Prinzipien des erwähnten Wormser Konkordats, mit dem der Investiturstreit beendet wurde, respektiert hätten, so blieben doch genügend Angelegenheiten, die sogenannten ›res mixtae‹ wie etwa Bildung, Ehe und Familie oder Armenfürsorge, bei denen die Unterscheidung zwischen geistlich und weltlich kein klares Kriterium liefert. Tatsächlich gingen die Konflikte noch weit tiefer, vor allem im weltanschaulichen Bereich, weil die katholische Kirche entschieden Front gegen liberale und demokratische Reformen machte. Betrachtet man die teilweise erbitterten Auseinandersetzungen zwischen Kirche und Staat aus soziologischer Perspektive im Rückblick, so war der Widerstand der Kirche gegen staatliche Omnipotenzansprüche eine der wirksamsten Kräfte einer Staatsbegrenzung und damit einer Liberalisierung der ›bürgerlichen Gesellschaft‹. Das lag so zwar nicht in der Absicht päpstlicher Politik. Aber ähnlich, wie das Ende des Investiturstreites – sozusagen hinter dem Rücken der Beteiligten – die Differenzierung von geistlicher und weltlicher Gewalt einleitete, stabilisierte der Widerstand des römischen Zentrums gegen nationale Vereinnahmungen der katholischen Religion die politische Unabhängigkeit von Religion überhaupt. Zu diesem Widerstand wären die evangelischen Landeskirchentümer und wohl auch die episkopalistischen Varianten des Katholizismus kaum imstande gewesen. Gerade heute, im Zeitalter der beginnenden Globalisierung, haben wir vielleicht wieder mehr Verständnis für *eine transnationale Bewegung, die sich dem nationalistischen Druck nicht beugt.* Der heute fast vergessene Papst Benedikt XV., welcher während des Ersten Weltkriegs die Kirche leitete, beeindruckt im Rückblick durch seine vereinsamende Entschiedenheit, mit der er sich trotz des Druckes unterschiedlicher nationaler Katholizismen einer Parteinahme verweigerte und eben dadurch die Autorität der Kirche erhöhte.

Schließlich ist auch nicht zu übersehen, dass der hohe Zentralisierungsgrad kirchlicher Entscheidungen sich vor allem in *Situationen der Kirchenverfolgung* bewährt hat, wie sie im 20. Jahrhundert ja besonders häufig vorgekommen sind: Mitten in Europa, im nationalsozialistischen Deutschland, im kommunistischen Ostblock, in China und anderen asiatischen Staaten und nicht zuletzt in Teilen Afrikas. Nirgends (vielleicht mit Ausnahme Chinas) ist es gelungen, willfährigen kirchlichen Gegenhierarchien Legitimität zu verschaffen. Zudem erschweren die weltweiten Vernetzungen der Kirche die Geheimhaltung von Verfolgungen. Man mag es bedauern, dass sich die römische Kirche nicht mit gleichem Einsatz um die Veröffentlichung der Judenverfolgungen und anderer Grausamkeiten gegenüber Minderheiten bemüht hat, mit dem sie gegen die Verfolgung ihrer eigenen Angehörigen protestierte. Das spricht jedoch nicht gegen die Öffentlichkeitswirksamkeit der Struktur selbst.

Zusammenfassend lässt sich somit festhalten, dass die organisatorische Zentralisierung der katholischen Kirche in weltgeschichtlicher Perspektive als eine durchaus erfolgreiche Anpassungsstrategie an die Modernisierung der politischen und gesellschaftlichen Verhältnisse zu beurteilen ist. Die Romzentrierung der Katholiken erlaubte es ihnen, dem politischen Druck nationaler Vereinnahmungen besser zu widerstehen, was ihnen im Wilhelminischen Deutschland der Kulturkampfzeit ja auch den Verdacht eingetragen hat, sie seien »vaterlandslose Gesellen«.

Man vergesse nicht, dass die Aufklärung eine internationale Weltordnung sich zum Ziel gesetzt hatte, wie sie am eindrücklichsten in Immanuel Kants Traktat »Zum ewigen Frieden« formuliert ist. Die Aufklärung stand insoweit im Horizont des christlichen Weltmissionsauftrags, der ja auch zur Legitimierung der kolonialen Expansion Europas hatte herhalten müssen. Die römische Kirche hat als einzige bereits im 19. Jahrhundert den Status eines ›Global Player‹ erreicht, um den sich heute Großunternehmen und Staaten immer noch bemühen. Sie hat sich als transnationale Autorität in zwei Weltkriegen bewährt, und nach dem Zweiten Weltkrieg die Internationalisierung der Kurie einige Jahrzehnte vor der Internationalisierung der Konzernvorstände durchgeführt. Die Transnationalität des Katholizismus hat einen wesentlichen Beitrag zur Verselbständigung von Religion als gesellschaftlichem Teilsystem geleistet und bietet heute, im Zeitalter faktischer Globalisierung als einzige der Weltreligionen das Modell eines global handlungsfähigen Akteurs, der unter Papst Johannes Paul II. auch vielfältige Initiativen zum ökumenischen Dialog ergriffen hat. Alles in allem eine eindrückliche Bilanz!

9.3 Versagen des Zentralismus

Im »Haas-geschädigten« schweizerischen oder liechtensteinischen Katholizismus dürfte die Frage nach den *Gefahren* des römischen Zentralismus den populärsten Aspekt unseres Themas ausmachen. In der Tat ist der »Fall Haas« ein Schulbeispiel für das Versagen des römischen Zentralismus, und zwar auf mehreren Ebenen: Was die Personenkenntnis, was die Rechtskenntnis und was die Kenntnis der pastoralen Situation betrifft (vgl. Gut 2000).

9.3.1 Sakrales Selbstbewusstsein

Möglicherweise war die Ernennung des Koadjutors Haas mit dem Recht der Nachfolge allerdings nicht auf ein primäres Versagen der Bischofskongregation, sondern auf einen souveränen Entscheid des Papstes zurückzuführen, falls (wie behauptet wurde) der frühere Bischof von Chur, Vonderach, einen unmittelbaren ›Draht‹ zu ihm aufzubauen vermochte. Eine ähnlich souveräne Entscheidung wurde im übrigen im Falle des ehemaligen Wiener Erzbischofs Groer vermutet, der wegen sexueller Verfehlungen zurücktreten musste. Sollten diese Vermutungen zutreffen so hätten wir es eher mit dem typischerweise vormodernen Fall autokratischer Herrschaftsausübung zu tun, nicht mit der für moderne Verhältnisse charakteristischen bürokratischen

Herrschaft. Die außergewöhnlichen Persönlichkeiten, welche im 20. Jahrhundert auf den päpstlichen Stuhl gewählt worden sind, sollten nicht darüber hinwegtäuschen, dass die autokratische Regierungsform der katholischen Kirche, welche nicht einmal ein Verfahren der Ersetzung eines krank oder altersschwach gewordenen Papstes außer seinem eigenen Amtsverzicht kennt, *auf einem frühneuzeitlichen Entwicklungsstand stehen geblieben* ist. Berücksichtigt man die Ehrentitel »Eure Heiligkeit« oder »Heiliger Vater«, obwohl nach biblischem Zeugnis beide Titel Gott vorbehalten bleiben sollen, so wird deutlich, dass sogar das Mittelalter in der Kirche noch nicht vorbei ist: Der von Papst Innozenz III. im 13. Jahrhundert zuerst erhobene und vom Zweiten Vatikanischen Konzil bestätigte Anspruch, der Papst sei Stellvertreter Gottes auf Erden, lässt sich mit der Form bürokratischer Herrschaftsausübung nicht plausibel verbinden, welche das heutige päpstliche Regiment prägt, und erst recht nicht mit der Kirchenwahrnehmung der Gläubigen. Die autokratisch-bürokratische Regierungsform entspricht keineswegs früh- oder gar urchristlichen Verhältnissen, und ihr sollte deshalb entgegen dem römischen Selbstverständnis auch kein Ewigkeitswert zugesprochen werden.[117]

Angesichts der Beschränktheit menschlicher Urteilsfähigkeit ist im säkularen Bereich die dort im absolutistischen Zeitalter ebenfalls verbreitete Autokratie längst durch das Prinzip der Gewaltenteilung bzw. durch ein System wechselseitiger Kontrollen ersetzt worden. Wenn die römische Kirche immer noch auf derartige institutionelle »Checks and Balances« zur Kompensation menschlicher Irrtumsanfälligkeit glaubt verzichten zu können, so kommt darin wohl ein sakrales Selbstbewusstsein zum Ausdruck, das heute immer weniger zu überzeugen vermag und in der Praxis von Fehleinschätzungen und Fehlentscheidungen sich selbst dementiert. Auch die römische Kirche ist ja mit der wachsenden Komplexität und Undurchschaubarkeit der Welt in ähnlicher Weise konfrontiert wie alle anderen modernen Einrichtungen auch. Als weltweit agierende Institution ist sie mit einer besonders breiten Heterogenität der politischen und sozialen Verhältnisse konfrontiert, sodass sie damit rechnen muss, *dass einheitliche Regeln und Maßnahmen ›vor Ort‹ höchst unterschiedliche Wirkungen entfalten können.* Und in dem Maße, als regionale oder lokale Kirchen ein eigenes Selbstbewusstsein und damit verbundene Aktivitäten entfalten, dürfte deren Reglementierung

ohne nähere Kenntnis der lokalen Umstände zunehmend demotivie-
rend wirken. Derzeit kann man z. B. in Deutschland eine zunehmende »innere Emigration« des Klerus beobachten, und auch die Attraktivität des Priestertums scheint auf einen Tiefpunkt gesunken.
Die Auseinandersetzung um die katholische Schwangerschaftsbera-
tung in Deutschland und erst recht die jüngste Diskussion über sexuellen Missbrauch haben zu einem weiteren Legitimitätsverlust der
römischen Kirchenleitung in Deutschland geführt (vgl. Kaufmann
2011a: 154 ff.).

9.3.2 Die unkontrollierbare Herrschaft der Kurie

»Bürokratie« gilt heute vielfach als Schimpfwort; und doch bildet sie
die Grundlage der komplexen modernen Sozialverhältnisse, nicht
nur im Staate, sondern auch in allen übrigen hoch organisierten Le-
bensbereichen, auch in der Kirche. Die Kritik der Bürokratie nährt
sich aus der Umständlichkeit ihrer Prozeduren, ihrer Langsamkeit, ihrer Undurchschaubarkeit für Außenstehende und ihrem übrigens eher
seltenen Versagen im Einzelfall. Der Soziologe Max Weber hat als wesentliche Merkmale von Bürokratie die Regelgebundenheit des Handelns, die Schriftlichkeit (und damit Nachprüfbarkeit) aller Vorgänge,
die Fachlichkeit oder Professionalität des grundsätzlich hauptamtlichen Personals, eine klare Zuständigkeitsordnung sowie die hierarchische Organisationsstruktur hervorgehoben. Diese Bestimmungs-
merkmale gelten auch heute noch, allerdings mit der Ergänzung, daß
funktionsfähige Bürokratien neben dieser formalen Operationsweise
sich auch informeller Koordinationsformen bedienen, die sich der ge-
wünschten Kontrollierbarkeit aller Vorgänge entziehen. Nicht zuletzt
deshalb sind externe Kontrollen wichtig, um die Rechtmäßigkeit,
Zweckmäßigkeit und Wirksamkeit des Verwaltungshandelns wenigsten im Großen und Ganzen zu gewährleisten.

Seit der Kurienreform von Papst Pius X. gehören zur *päpstlichen
Kurie* nur noch diejenigen päpstlichen Büros, die sich auf die Leitung
der Universalkirche beziehen, während die Verwaltungen des Vati-
kanstaates und der römischen Diözese ausgegliedert sind.[118] Heute
besteht die Kurie im wesentlichen aus dem Staatssekretariat (vergleichbar einer Mischung aus Bundeskanzleramt und Außenministe-

rium), drei Gerichtshöfen, neun Kongregationen mit jurisdiktionellen Befugnissen (in etwa Ministerien vergleichbar), und elf ›Räten‹ mit überwiegend programmatisch-interpretierenden Aufgaben (Reese 1998: 157 ff.). Die Leitung dieser sogenannten Dikasterien ist regelmäßig einem Kardinal vorbehalten; sie umfassen im Übrigen sowohl ein Kollegialorgan als auch Büros, die die Beratungen des Kollegialorgans vorbereiten und dessen Beschlüsse umsetzen. Die Kollegialorgane bestehen aus 21 bis 67 Mitgliedern, die vom Papst persönlich ernannt werden. Sie sind also nominell sehr groß, sodass die Weichen für die Entscheidungen meist schon in den vorbereitenden Büros gestellt werden. Etwa ein Drittel aller Kongregationsmitglieder und ein Viertel der Mitglieder der Räte ist hauptamtlich im Vatikan beschäftigt, der Rest stammt aus der Weltkirche, zumeist handelt es sich um Bischöfe bzw. Kardinäle. Im Folgenden konzentriere ich mich auf die *Kongregationen* als dem neben dem Staatssekretariat wichtigsten Teil der Kurie. Vor allem im Bereich der Kurienkardinäle herrscht eine erhebliche Ämterkumulation, d. h. sie sind gleichzeitig Mitglieder mehrerer Kongregationen, während deren auswärtige Mitglieder meistens aus praktischen Gründen nur sporadisch an den Sitzungen ihrer Kongregation teilnehmen können. Trotz der Öffnung der Kongregationen zur Weltkirche hin *bleibt damit ein Übergewicht der Kurie gewahrt.* Wichtige Beschlüsse der Kongregationen werden dem Papst vorgelegt und von ihm genehmigt. Den direktesten Zugang zum Papst und damit den höchsten Einfluss schienen unter Johannes Paul II. der Kardinalstaatssekretär Sodano sowie die Vorsitzenden der Kongregation für Glaubensfragen, (Kardinal Ratzinger) und der Kongregation für die Bischöfe zu haben. Dass der Papst in der Lage ist, die Aktivitäten der Kurie tatsächlich zu kontrollieren, erscheint angesichts der Vielfalt und Komplexität aller Aufgaben als nahezu ausgeschlossen.

Trotz der Öffnung der Kongregationen für außerrömische Mitglieder gewinnt man aus Reeses Buch den Eindruck, dass die Kurie nach wie vor auf ihre inneren Verhältnisse konzentriert ist, zumal die Arbeitsteilung bestenfalls für Insider durchschaubar ist. Es kommt hinzu, dass die Informationen aus der Weltkirche vornehmlich über die Botschafter des Papstes bei den Staaten, also über die Nuntiaturen laufen; die Nuntiaturen sind dem Staatssekretariat unterstellt. *Die Ortsbischöfe,* welche nach kirchlicher Lehre mit dem Papst die Kirche leiten sollen, ja auch ihre nationalen Zusammenschlüsse in der Form der Bischofskonferenzen, *haben nur einen peripheren Status mit Bezug auf die Kurie.* Alle innerkirchliche Kontrolle, beispielsweise auch die Genehmigung größerer diözesaner Bauvorhaben, läuft über Rom. Die nationalen Bischofskonferenzen haben recht eingeschränkte Zuständigkeiten, und Rom behält sich ein Prüfungsrecht für alle Beschlüsse vor, das praktischen einem Vetorecht gleichkommt (Reese 1998: 50). Es wundert daher nicht, dass Ortsbischöfe ihr Verhältnis zu den Büros der römischen Kurie häufig als dasjenige von Bittstellern erfahren. Zur Illustration seien hier Auszüge aus dem Brief eines außerhalb Europas residierenden Bischofs veröffentlicht, der mich in Reaktion auf mein Buch ›Kirchenkrise‹ erreicht hat:

»Ich teile Ihre Ansicht, dass die Zentralisierung der römisch-katholischen Kirche fortschreitet und ihre oft fragwürdigen Blüten treibt. Da ich seit meinem Amtsantritt als Bischof von Amtes wegen ziemlich viel mit dem Vatikan zu tun habe, fällt mir allerdings Folgendes auf: Der römische Kurienapparat ist bei Weitem nicht so effizient und koordiniert, wie viele Außenstehende meinen. Manche Entscheidungen werden auf die lange Bank geschoben oder gar nicht erst gefällt. Die Zusammenarbeit und gegenseitige Information zwischen den Dikasterien, Räten und Sekretariaten lässt mehr als nur zu wünschen übrig. Entscheidungen des Papstes zu wichtigen ad-hoc-Fragen »draußen in der Welt« werden manchmal nicht ausgeführt, weil sie im Kompetenzengerangel hängen bleiben.

Aus eigener Erfahrung weiß ich, dass nicht wenige Gläubige (vom normalen Gottesdienstteilnehmer bis zu höheren Chargen) sehr schnell nach »Rom« rekurrieren, das der Versuchung nicht immer widerstehen kann, darauf einzugehen. Das hat einerseits sicher mit der Tendenz zu tun, dass ein Verwaltungszentrum eher positiv reagiert auf das Gefühl, gebraucht zu werden, anstatt sich gegen die Überforderung zu wehren. Anderseits spielt hier die moderne Kommunikationstechnik eine zentralisierende Rolle, die kaum aufzuhalten ist (es sei denn durch die nicht mehr zu bewältigende Fülle von Nachrichten). Ich spüre dies schon in meiner eigenen bischöflichen Tätigkeit. Wie oft muss ich Gläubige an die zuständigen Pfarrer weisen mit der Bemerkung ›Bevor Sie an den Bischof rekurrieren, bitte ich Sie, die Frage dem zuständigen Pfarrer vorzulegen‹.

Schließlich kommt erschwerend hinzu, dass – es sei mit allem Respekt gesagt – nicht alle Kurienämter kompetent besetzt sind. Viele Kurienbeamte leben auch in der irrigen Annahme, schon alles zu wissen, weil sie einen Haufen Berichte gelesen haben. Die Kenntnis aus Erfahrung vor Ort ist oft/meist nicht gegeben. Ich habe das gerade hier … erfahren: Die wenigen Kurialen, die einmal hier gewesen sind und einen wenn auch nur kurzen Einblick in die Situation gewinnen konnten, gingen – von einer Ausnahme abgesehen – mit einer völlig anderen Meinung wieder zurück.
Bei den Nuntien hängt es sehr stark von der Person ab. Ich habe Nuntien erfahren, die in echter Empathie in die regionale Situation auch eine echte Hilfe waren, während es andere gibt, die von ihrem elfenbeinernen Turm aus beobachten, ohne eine wirkliche Kenntnis der Situation zu erlangen. Die negativen Folgen sind dann jeweils bald spürbar.«[119]

Was hier nur kurz zu skizzieren war, wundert den Soziologen nicht. Alle Organisationen und erst recht Organisationsnetzwerke wie die Ministerialorganisation eines Landes oder die römische Kurie tendieren dazu, sich primär um ihre inneren Angelegenheiten zu kümmern, ihre Kompetenzen zu wahren, Aufstiegsgelegenheiten ihrer Mitglieder wahrzunehmen, usw. Natürlich kümmern sie sich auch um die ihnen zugewiesenen Aufgaben, und nach Reese wird man den meisten Büros des Vatikans durchaus Kompetenz und Leistungsbereitschaft zuerkennen dürfen, aber *die Art der Aufgabenerledigung orientiert sich stärker an den internen, als den externen Verhältnissen*, die als Organisationsumwelt diffus, unbeherrschbar und daher grundsätzlich als Störfaktor erscheinen. Aus einer übergeordneten Perspektive wird die Existenz derartiger Organisationen jedoch mit ihren Leistungen für bestimmte Umwelten legitimiert, *es ist also ihre Aufgabe, sich ›stören‹ zu lassen, und ihre Wirksamkeit ist davon abhängig dass sie nachdrücklich genug gestört und auf die Bedürfnisse derjenigen hingewiesen werden, um derentwillen sie da sind.* Im Bereich der säkularen Staatsentwicklung wurden deshalb vielfältige Methoden und Instanzen zusätzlich zur internen Verwaltungskontrolle geschaffen: Parlamentarische Verwaltungskontrollen, Verwaltungsgerichtsbarkeit, Rechnungshöfe, Ombudsleute, Audits und Evaluationen, und nicht zuletzt die Kontrolle durch die Öffentlichkeit, welche auch von einzelnen Betroffenen mobilisiert werden kann. Wenn der öffentliche Sektor in entwickelten Staaten einigermaßen zufriedenstellend funktioniert, so ist dies auf diese Vielfalt von untereinander kaum systematisch koordinierten Kontrollen zurückzuführen, welche in ihrer Gesamtheit eine Art *Resonanzraum für Verwaltungsfehler* darstellen (hierzu zahlreiche Beiträge in: Kaufmann 1991).

Was nun die römische Kurie betrifft, so scheint man dies alles für überflüssig zu halten, denn es gibt praktisch keine externe Verwaltungskontrollen, und die offiziell wie auch informell eingeforderte Geheimhaltung aller wichtigen Vorgänge lässt auch eine Mobilisierung von Öffentlichkeit nur als oppositionelle, um nicht zu sagen revolutionäre Handlung zu. Die Geheimhaltung ist besonders belastend in disziplinarischen Angelegenheiten wie der Erteilung des ›Nihil obstat‹ bei der Ernennung von Theologieprofessoren – und neuerdings insbesondere bei Theologieprofessorinnen! Man könnte – ironisch gesagt – vermuten, dass die römische Kurie sich verhält, als ob sie an einer Unfehlbarkeit des Papstes partizipiere, die in dieser Form ja nicht einmal päpstlicherseits je beansprucht worden ist. Wenn aber bürokratisches Handeln typischerweise durch Binnenorientierung, rigide Regelorientierung, mangelnde Bereitschaft, zu antworten, und fehlende Offenheit für die Bedürfnisse seiner Adressaten zu charakterisieren ist, *dann ist es sowohl der Effizienz und Wirksamkeit als auch den pastoralen Zielsetzungen der Kirche abträglich, wenn die Hilfsorgane des Papstes sich unter Berufung auf dessen Autorität gegen jede Außenkontrolle immunisieren.*

Der ekklesiologische Status der römischen Kurie ist weitgehend ungeklärt. Ihr Status ist ein rein positiver, kirchenrechtlicher und bürokratischer. Es hängt angesichts des Jurisdiktionsprimats des Papstes allein von ihm ab, inwieweit er willens und angesichts seiner auch vorhandenen Abhängigkeit von der Kurie überhaupt in der Lage ist, die Verteilung der Kompetenzen und die verfahrensmäßigen Widerspruchsmöglichkeiten im Sinne einer stärkeren Beteiligung der »störenden Umwelt«, nämlich der Weltkirche, zu ändern. In dem Maße, als die Aura des Papsttums schwindet, und auch die Gläubigen und den Glauben Suchenden die Faszination der Gotteskunde unmittelbarer erkunden, wird der historisch kontingente und instrumentelle Charakter bestehender Kirchenstrukturen immer deutlicher hervortreten. Ein Insistieren auf deren Sakralität dürfte zunehmend die

Glaubwürdigkeit der kirchlichen Botschaft selbst in Frage stellen. Nach meinem Eindruck gewinnt das Gottesbewusstsein seine Plausibiliät heute weit stärker aus einer ›negativen Theologie‹, welche Gott als den ›ganz Anderen‹, in unseren immanenten Erfahrungen nur bruchstückhaft oder indirekt Zugänglichen erfährt (vgl. hierzu Rentsch 2000). Wenn der Christ der Zukunft nach dem Diktum von Karl Rahner nur noch einer sein wird, der etwas von Gott ›erfahren‹ hat, so gewinnt das Erscheinungsbild der Kirche heute einen vieldeutig ambivalenten Charakter, im Rahmen dessen die autokratisch-bürokratische Dimension zunehmend als Ärgernis empfunden wird.

9.3.3 Gegengift: Das subsidiäre Denken

Dagegen gibt es keine Patentrezepte, aber immerhin ein bewährtes, auch von der Kirche anerkanntes und für den weltlichen Bereich seit langem propagiertes Prinzip, nämlich das *Subsidiaritätsprinzip.* Ihm zufolge sind Entscheidungskompetenzen zu delegieren, solange auf niedrigeren Entscheidungsebenen die Fähigkeiten vorhanden sind, die eigenen Probleme zu lösen. Das schließt ein Eingreifen höherer Ebenen nicht aus, gestattet es aber nur als Ausnahme und in begründeten Fällen. Das Subsidiaritätsprinzip dreht die Beweislast um, wie Oswald von Nell-Breuning treffend bemerkt hat (vgl. Nell-Breuning 1957: 225): Die höheren Instanzen haben zu begründen, warum sie in die Kompetenzen der niedrigeren Instanzen eingreifen, nicht die niedrigeren Instanzen haben die Berechtigung ihrer Wünsche zu begründen. Vieles was heute in Rom kontrolliert und entschieden wird, könnte bei einer Aufwertung der nationalen Bischofskonferenzen als neue Mittelinstanzen der Kirche im Regelfalle effektiver und in der Regel sachgerechter entschieden werden (vgl. Müller/Pottmeyer 1989, sowie Kapitel 10). Das schließt eine Aufhebung derartiger Entscheidungen in *begründeten* Ausnahmefällen durch die römischen Zentralinstanzen nicht aus, (z. B. im Falle politischen Drucks seitens einzelner Regierungen). Eine Selbstbegrenzung der praktischen Entscheidungsbefugnisse des Papstes und erst recht seiner Kurie würde den Jurisdiktionsprimat, also die höchste Kompetenz zur Gesetzgebung, nicht in Frage stellen. Es würde sich vielmehr um eine den komplexen Verhältnissen der heutigen Welt angemessenere Form der Ausübung des Jurisdiktionsprimats handeln.

Alle Großorganisationen haben heute mit dem Problem der wachsenden Heterogenität und Komplexität ihrer Umwelt zu kämpfen. Auch die katholische Kirche bleibt davon nicht ausgenommen. Organisationstheoretiker empfehlen in dieser Situation die interne Differenzierung von Organisationen im Hinblick auf bestimmte Umweltsegmente und die Dezentralisierung der Entscheidungsbefugnisse, um möglichst zweckmäßiges Handeln ›vor Ort‹ zu ermöglichen. Eben dies ist auch der Sinn des Subsidiaritätsprinzips, das jedoch darüber hinaus auch einen ontologischen Primat des jeweils kleinsten Lebenskreises postuliert. Warum soll dies allein in der Kirche nicht gelten?

10. Kapitel:
Die Bischofskonferenz im Spannungsfeld von Zentralisierung und Dezentralisierung

Der vorliegende Entwurf eines kirchenamtlichen Dokuments über den theologischen und juridischen Status der Bischofskonferenzen[120] ist bereits von seinen Ausgangspositionen und Fragestellungen her wenig geeignet, das Augenmerk auf die *sozialen* Verhältnisse der Kirche zu lenken, deren Ordnung durch das Institut der Bischofskonferenzen seit dem Zweiten Vatikanischen Konzil zunehmend mitbestimmt wird. Bereits der Titel verdeutlicht es: Bischofskonferenzen erscheinen als theologisches und juridisches, nicht jedoch als organisatorisches Problem – und das ist insoweit nicht einmal falsch, als man von den Kriterien einer kirchlichen Ordnung her denkt, wie sie sich im Rahmen des seit dem »großen Schisma« (1054) eingeschlagenen Sonderweges der lateinischen Kirche entwickelt haben.[121]

Charakteristisch für dieses Denken ist die weitgehende *Verrechtlichung der sozialen Dimension des katholischen Christentums,* wie sie sich zunächst in den kanonistischen Theorien des Hochmittelalters ausformuliert hat. Die Entwicklung einer expliziten theologischen Lehre von der Kirche seit dem Anfang des 19. Jahrhunderts vernachlässigte zunächst die rechtliche und soziale Gestalt der Kirche weitgehend und ermöglichte gerade durch diese Abstinenz den Fortbestand eines kanonistischen Positivismus und eine *unvermittelte Dualität der kanonistischen und der theologischen Kirchenauffassung,* deren Überwindung eines der wesentlichen Ziele des Zweiten Vatikanischen Konzils gewesen ist. In der dogmatischen Konstitution über die Kirche *Lumen Gentium* tritt die Rechtsgestalt der Kirche allerdings noch auffallend in den Hintergrund, ausdrücklich thematisiert wird das Problem lediglich in der »nota explicativa praevia« im Zusammenhang mit der Lehre vom Bischofsamt. Kirchenrechtlich relevante Überlegungen und Schlussfolgerungen aus der Kirchenkonstitution finden sich dagegen in zahlreichen anderen Dokumenten des Konzils, so für das hier in Frage stehende Problem vor allem im Bischofsdekret *Christus Dominus.* Die grundlegende Frage, inwieweit sich aus dem theologischen Charakter von Kirche als »communio«

auch Grenzen der Gestaltungsfreiheit des Kirchenrechts und damit Kriterien für die Wahrnehmung des päpstlichen Jurisdiktionsprimats ableiten lassen, blieb allerdings unerörtert.

Eine überzeugende Vermittlung zwischen Ekklesiologie und Kirchenrecht lässt sich allerdings vermutlich überhaupt nicht in Form allgemeiner Grundsätze und Begriffe leisten. Die Doppeldeutigkeit zentraler Begriffe wie »corpus« (Leib bzw. Körperschaft) oder »communio« (geistig-gnadenhafte bzw. soziale Gemeinschaft) erweist diese Formeln lediglich als problemanzeigende Begriffe.[122] Die Spannung zwischen der Kirche als sakramentalem Geheimnis und der Kirche als historisch gewachsener Rechts- und Sozialform des Christentums muss vielmehr als *konstitutives* Moment eines Kirchenverständnisses, das unter den Bedingungen einer pluralistischen Kultur noch Glaubhaftigkeit beanspruchen kann, erkannt und ernstgenommen werden. Diese Spannung impliziert keineswegs die Unabhängigkeit der sakramentalen und der sozialen Dimension von Kirche, sondern im Gegenteil die Vorstellung eines *wechselseitigen Bezugs,* der nicht mehr durch die Unterscheidung von unveränderlichem Wesen (jure divino) und kontingenter historischer Form (jure humano) aufgelöst werden kann. Ihr zufolge realisiert sich die göttliche Stiftung vielmehr nur in den variablen (aber nicht beliebigen!) geschichtlichen Formen, über deren theologische, juridische und soziale Angemessenheit das kirchliche Amt zu wachen und das ›Volk Gottes‹ sich zu verständigen hat.

Aus der Sicht eines katholischen Laien, dem seine soziologische Vorbildung und eine von ihr angeleitete Beschäftigung mit der Geschichte des abendländischen Christentums die Einladung zur Beteiligung an diesem innerkirchlichen Gespräch eingetragen hat, erweist sich eine Erörterung der mit dem Institut der Bischofskonferenzen verbundenen Probleme nur dann als der Sache angemessen, wenn die theologische und juristische Betrachtungsweise durch eine sozialwissenschaftliche *ergänzt* wird.

10.1 Bischofskonferenzen als intermediäre Instanzen

Bischofskonferenzen sind ein neuartiges Element der organisatorischen und sozialen Struktur im Jurisdiktionsbereich des abendländischen Patriarchats, und sie haben seit ihrer Anerkennung durch das letzte Konzil und ihrer Verankerung im neuen CIC, insbesondere aber auch infolge ihrer praktischen Zweckmäßigkeit große Bedeutung gewonnen. Möglicherweise erklärt gerade die fehlende historische Tradition die Anpassungsfähigkeit des Instituts: Bischofskonferenzen entstanden zunächst als rechtlich ungeregelte freiwillige Zusammenkünfte der Bischöfe eines bestimmten Staates. Auch heute organisieren sich die Episkopate überwiegend auf nationalstaatlicher Ebene sowie im Kontext weiterer politischer Strukturvorgaben. Dagegen liegen die Gebiete älterer intermediärer Kircheninstanzen, z. B. der Kirchenprovinzen und Metropolitansitze, heute oft zu politischen Grenzen quer, und die Veränderung von Bistums- wie auch von Grenzen der Kirchenprovinzen erweist sich trotz entsprechender Empfehlungen in *Christus Dominus* Ziff. 22 ff. und 40 wenigstens in den alten Regionen der Christenheit als äußerst schwierig. Insoweit als staatlich verfasste Nationalgesellschaften heute den dominierenden Typus abgegrenzter Kommunikationsbereiche und der kollektiven Identifikation darstellen, wird schon von daher ein gewisser Sog deutlich, die Kirchen dieses Gebietes in einer einheitlichen Perspektive wahrzunehmen. Und es entspricht auch praktischer Klugheit, wenn die Kirche in der Wahrnehmung ihrer pastoralen Aufgaben sich der bestehenden Strukturen sozialer Kommunikation bedient.

Gemäß römisch-katholischem Selbstverständnis besteht die Kirche gleichzeitig als Universalkirche unter der Leitung des Papstes und als Ortskirche unter der Leitung des Bischofs. Diese beiden Instanzen gelten als unaufgebbare Elemente der Kirchenverfassung, doch zeigte sich schon früh, dass mit der Ausbreitung der Kirche die kirchliche Einheit nur durch die Schaffung weiterer intermediärer Instanzen gewährleistet werden konnte. Die Kirchengeschichte kennt zahlreiche verschiedene Formen permanenter (z. B. Patriarchate, Kirchenprovinzen) und von Zeit zu Zeit sich konstituierender (z. B. Regionalkonzilien, Bischofssynoden) Mittelinstanzen. Bischofskonferenzen stellen also lediglich einen neuen Organisationstypus zur Lösung des alten kirchlichen Problems der Vermittlung zwischen Orts- und Universalkirche dar. Bischofskonferenzen sind deshalb auch keine bloßen Zweckgebilde. Weil intermediäre Vergemeinschaftungsformen regionaler Kirchen für die Evangelisation notwendig sind, müssen sie trotz ihrer historisch wandelbaren Formen ihren Gründen nach als Ausdruck göttlich gewollter communio ecclesiarum und als regional begrenzte Form bischöflicher Kollegialität verstanden werden.[123]

Was die Bischofskonferenzen von anderen intermediären Instanzen unterscheidet, ist ein gewisses Maß an *Selbstorganisation*, also der Umstand, dass die Initiative von den Diözesen bzw. den Bischöfen eines bestimmten Landes oder einer bestimmten Region selbst ausgeht und lediglich römischer Approbation bedarf. Insofern stellen die Bischofskonferenzen ein sichtbares Zeichen der gewachsenen Kollegialität der Bischöfe dar, die als ein wesentliches dynamisierendes Moment der nachkonziliaren Kirche gelten darf.

Bei der Lektüre des hier in Frage stehenden römischen Textentwurfes fällt zunächst auf, dass die eben betonte Vermittlungsfunktion kaum Gegenstand der Überlegungen ist. Bischofskonferenzen werden als »bevorzugtes Organ der Einheit, Koordinierung und gegenseitigen Zusammenarbeit der Bischöfe einer Nation oder eines bestimmten Gebietes« bezeichnet, als »wirksames Werkzeug zur Sicherstellung der notwendigen Aktionseinheit der Bischöfe«, das »den Erfordernissen unserer Zeit« entspreche. Auch wenn diese Erfordernisse nicht näher genannt werden, ist der Einschätzung selbst zuzustimmen: Mit den Bischofskonferenzen schaffen sich die Kirchen eines bestimmten Gebietes ein Handlungszentrum auf dem Niveau der jeweiligen politischen Organisation, das damit in besonderem Maße geeignet ist, nach Ort und Umständen verschiedene Aufgaben zu übernehmen, durch welche die Einzeldiözesen entweder überfordert wären, oder die sich schon von der Natur der Aufgabe her primär auf dem überdiözesanen Niveau politisch verfasster Kommunikationsstrukturen stellen. Insoweit handelt es sich überwiegend um Aufgaben, die nicht primär der inneren Kirchenverwaltung, sondern der *Kommunikation zwischen Kirche und Gesellschaft* dienen. In diesem Zusammenhang geht der römische Textentwurf insbesondere auf die Frage der Ausübung des bischöflichen Lehramtes im Verhältnis von Einzelbischof und Bischofskonferenz ein. Hierbei handelt es sich zweifellos um ein wichtiges Problem, das aus der Spannung zwischen konkreter, zumeist historisch gewachsener Kirchenorganisation und bestehenden Sozialstrukturen resultiert. Wie auch aus den den Entwurf abschließenden Fragen hervorgeht, wird befürchtet, dass aus der Sicht der Gläubigen die Stellung des Einzelbischofs zugunsten derjenigen der (vornehmlich nationalen) Bischofskonferenz abgewertet werde. Bei der Beurteilung dieser Frage gilt es zu beachten, dass entsprechende Einschätzungen weniger eine Folge innerkirchlicher Kompetenzverschiebungen als eine solche der gesellschaftlichen Wahrnehmung von Kirche sind. Insbesondere politische Autoritäten, aber auch die öffentliche Meinung, welche heute im wesentlichen durch die zumeist auf nationaler Ebene organisierten Massenmedien repräsentiert wird, nehmen Kirche auf *deren* Kommunikationsebene wahr: Was ein einzelner Bischof sagt, hat nur dann Chancen, Thema massenmedialer Vermittlung zu werden, wenn es »Neuigkeitswert« hat, und das bedeutet praktisch: wenn es vom Üblichen abweicht, etwas Außerordentliches betrifft; dabei bemisst sich der Neuigkeitswert typischerweise nach ganz anderen als nach innerkirchlichen Kriterien, z. B. der Skandalträchtigkeit. Stellungnahmen eines Bischofskollektivs, insbesondere von nationalen Bischofskonferenzen können dagegen bereits aufgrund ihres institutionellen Gewichts mit größerer Beachtung rechnen. An diesem Beispiel lässt sich zeigen, wie sehr die Wahrnehmung der pastoralen Aufgaben mit bestehenden sozialen Kommunikationsstrukturen rechnen muss, die sich durch kirchliche Maßnahmen kaum verändern lassen.

Die Bischofskonferenzen haben jedoch nicht nur die Aufgabe gegenseitiger Konsultation und pastoraler Koordinierung, sondern unter genauer umschriebenen Bedingungen auch Kompetenzen zur *Rechtsetzung*, d. h. der Herstellung bindender Entscheidungen. Auch wenn diese Kompetenzen enger gefasst sind als diejenigen der Partikularkonzilien, so wird damit doch deutlich, in welchem Maße die Bischofskonferenzen zu konstituierenden Momenten der Kirchenorganisation, also zu intermediären Instanzen geworden sind. Daraus folgt, dass der römische Textentwurf den Status der Bischofskonferenz allzu einseitig nur im Verhältnis zu den Ortsbischöfen, nicht jedoch im Verhältnis zu anderen intermediären Instanzen und zur römischen Kurie erörtert. Die Vermittlung von Ortskirche und Universalkirche bzw. dem lateinischen Patriarchat[124] vollzieht sich ja gleichzeitig durch mehrere Einrichtungen: neben den Bischofskonferenzen durch die päpstlichen Nuntiaturen, die obligatorischen Bischofsbesuche *Ad limina Apostolorum* im Vatikan, in gewisser Hinsicht auch durch die römische Bischofssynode und eine Vielzahl eher informeller Kanäle. Vor allem im Vorfeld der Beratungen über das Bischofsdekret wurde deutlich, dass die Strukturen dieser Vermittlungsaufgabe von vielen Bischöfen als problematisch angesehen wurden, was seinen allerdings abgeschwächten Niederschlag auch noch in Ziffer 9 und 10 von *Christus Dominus* findet.[125]

Aus organisationstheoretischer Sicht ist es offenkundig, dass intermediäre Instanzen notwendigerweise in einer Doppelbeziehung nach oben und nach unten stehen. Diese kann unterschiedlich ausgestaltet sein. Dem römischen Textentwurf scheint es in erster Linie darum zu gehen, die Bischofskonferenzen jedes irgendwie gearteten hierarchischen Anspruchs zu entkleiden, soweit ihnen ein solcher nicht ausdrücklich zugesprochen wird. Herausgestellt wird vor allem die Hilfsfunktion gegenüber den Einzeldiözesen, von einer Hilfsfunktion für den Heiligen Stuhl ist nicht die Rede, obwohl eine solche sowohl organisationstheoretisch zu erwarten als auch empirisch zu beobachten ist. Es ist allerdings nicht zu übersehen, dass sich die römischen Organe häufig stärker ihrer Nuntiaturen als der Organe der Bischofskonferenzen bedienen, um sich über nationale und örtliche Verhältnisse zu informieren. Die Aktivitäten der Nuntiaturen, denen offiziell die Vertretung des Heiligen Stuhls bei den Regierungen zukommt, nehmen häufig bezüglich der nationalen Kirchen eine Art nachrichtendienstliche Funktion an, die in seltsamem Kontrast zur Theologie einer *communio hierarchica* zwischen Papst und Ortsbischöfen steht. Wenn päpstliche Nuntien formell als Bischöfe längst aufgelöster Diözesen den gleichen Status wie die Ortsbischöfe besitzen, so kommt darin eine *Fiktion* zum Ausdruck, die zweifellos nicht dem Sinn von Kirche als communio ecclesiarum und der apostolischen Kollegialität entspricht.

Dies ist allerdings nur *ein* Aspekt eines viel weiterreichenden ›blinden Flecks‹ des gegenwärtigen kirchlichen Selbstverständnisses: Die Organe des Heiligen Stuhls, also die päpstliche Kurie wie auch die Legaten, sind kein Thema der Ekklesiologie, und auch ihr Verhältnis zu den Ortsordinarien und deren Zusammenschlüssen in den Bischofskonferenzen ist wenig geklärt. Sie partizipieren ihrem Selbstverständnis nach an der hoheitlichen Gewalt des Papstes, insofern sie sich ausschließlich als Hilfsorgane seines Leitungsamtes verstehen. Diese

staatsanaloge Konstruktion wird jedoch in dem Maße theologisch fragwürdig, als die Komplexität der kirchlichen Leitungsaufgaben ihnen
de facto eine zunehmende Handlungsautonomie beschert und den
Ortsbischöfen eine de facto-Abhängigkeit von administrativen Verfahren und häufig undurchschaubaren Entscheidungsvorgängen er-
wächst, die mit dem Grundgedanken einer *communio hierarchica* zwischen Papst und Bischofskollegium in Konflikt gerät. Derartige
Erfahrungen sind insbesondere dort häufig, wo infolge ungeklärter
oder umstrittener Kompetenzen mehrere Dikasterien beteiligt sind.

Die Vermutung ist daher nicht von der Hand zu weisen, dass die
Empfehlungen der römischen Bischofssynode von 1985, es solle (1)
der theologische Status der Bischofskonferenzen und insbesondere
die Frage ihrer Lehrautorität geklärt und vertieft begründet werden,
und es solle (2) geprüft werden, inwieweit und in welchem Sinne das
Subsidiaritätsprinzip auch auf die innerkirchliche Ordnung anwendbar sei, auch die erfahrbaren Spannungen zwischen zentralistischen
Methoden der Problembearbeitung und den vielfältigen, situativ bedingten Erfahrungen und Problemdeutungen vor Ort reflektieren.

10.2 Zur Bedeutung von Kompetenzfragen und Kommunikations-strukturen in der Kirche

Der römische Textentwurf weist auf drei »mögliche Gefahren« hin,
um deren Vermeidung sich die Bischofskonferenzen selbst bemühen
sollen:

»a) sich in bürokratische Entscheidungsstrukturen zu verwan-
deln, die die Möglichkeit der einzelnen Bischöfe, die eigenen Gedanken auszudrücken und gründlicher mit den Mitgliedern zu überlegen, einschränken und glauben machen, die einzelnen Bischöfe
wären bloß ihre ausführenden Organe.

b) Mit dem Gewicht häufiger Entscheidungen, vor allem ihrer
ständigen Organe und bei ihnen vorhandenen Kommissionen, die
psychologische Freiheit der Bischöfe tatsächlich einzuschränken, die
sich so veranlasst sehen könnten, die Bischofskonferenzen als eine
Art Super-Regierung der Diözesen zu betrachten und ihr die eigene
Berechtigung und Verpflichtung zu opfern, in Gemeinschaft mit der
eigenen Priesterschaft die Probleme ihrer Einzelkirche zu lösen.

c) Kirchliche Stellen entstehen zu lassen, die eine ungeziemende Autonomie gegenüber dem Apostolischen Stuhl beanspruchen und sich damit diesem und seinen lehrmäßigen und disziplinären Weisungen entgegenstellen.«

Hiermit werden zweifellos reale Möglichkeiten beschrieben, von denen jedoch zum mindesten die ersten beiden in gleicher Weise Gefahren der römischen Kurie thematisieren. Auch die Gefahr einer »ungeziemenden Autonomie« ist für römische Dikasterien keineswegs auszuschließen, wenn man als Adressaten solcher »Unziemlichkeit« nicht die vage, die Kurie tendenziell mit einschließende Formulierung »Apostolischer Stuhl«, sondern den Inhaber des Petrus-Amtes wählt, dessen spezifische, geistvermittelte Autorität wohl kaum bruchlos auf die Dikasterien zu übertragen ist. Insbesondere müsste hier deutlicher unterschieden werden zwischen jenen Materien, die aufgrund des spezifischen Petrus-Amtes die Leitung und die Einheit der Kirche als ganzer unter dem Gesichtspunkt ihres apostolischen Auftrages betreffen und jenen Materien, die sich aufgrund praktischer Bedürfnisse oder auch nur geschichtlicher und kirchenrechtlicher Vorgaben zum Gegenstand innerkirchlicher Entscheidungen entwickelt haben.[126] In diesem für die alltägliche Kirchenerfahrung weit einflussreicheren Bereich, der nur einen indirekten Bezug zu den zentralen Aufgaben der Verwaltung der Sakramente und der Verkündigung des Wortes haben, erhebt sich vor allem die Frage nach der angemessenen Kompetenzverteilung zwischen den verschiedenen organisatorischen Einheiten der Kirche.

Die im fraglichen Textentwurf angesprochenen »möglichen Gefahren« stellen also nicht ein Spezifikum der Bischofskonferenzen, sondern ein Problem der gesamten modernen Kirchenstruktur dar. Die Entwicklung der Kommunikations- und Organisationsmittel erlaubt heute auch der Kirche ein Maß an organisatorischer Komplexität, das in früheren Epochen praktisch unmöglich, ja undenkbar war. Da die organisatorische Komplexität sowohl das Phänomen der Hierarchie als auch die sozialen Beziehungen im Sinne wachsender Unpersönlichkeit verändert, sind diese gesellschaftlich induzierten Veränderungen auch theologisch, insbesondere ekklesiologisch bedeutungsvoll: ›Communio‹ *als erfahrbare Gemeinschaft wird im Gefolge dieser Entwicklungen immer unwahrscheinlicher*, soweit nicht spezifische Vorkehrungen getroffen werden.

Wenn es richtig ist, dass »die Kirche ... als göttliche Institution zugleich eine Institution menschlicher und christlicher Freiheit und als solche Modellcharakter besitzen (muß)«, wenn also das soziale Erscheinungsbild von Kirche sichtbares Zeichen ihrer Communio-Struktur sein soll, stellt ihr zunehmender Organisationsgrad eine erhebliche Herausforderung an Selbstverständnis und Kirchenpraxis dar (Kasper 1987: Sp. 330).

Das spezifisch Neue an der gegenwärtigen Situation lässt sich am ehesten im historischen Rückblick erkennen. Zwar kannte schon das Römerreich vergleichsweise schnelle und gesicherte Verkehrswege, was der Ausbreitung des Christentums und der Erhaltung seiner Einheit grundsätzlich förderlich war. Dennoch blieb der Kontakt zwischen weiter entfernten Ortskirchen auf außerordentliche Anlässe beschränkt, und dementsprechend hat man sich den faktischen Einfluss des Bischofs von Rom außerhalb der ökumenischen Konzilien als sehr beschränkt vorzustellen. Die Fragmentierung der Kirchenstruktur verstärkte sich mit der Desorganisation des weströmischen Reiches: Die Konzilien des Mittelalters, ja noch das Tridentinische Konzil, versammelten regelmäßig nur einen Bruchteil des jeweiligen Weltepiskopats. Der Anspruch auf eine einheitliche Leitung der Kirche, wie er von den Päpsten seit dem Hochmittelalter erhoben wurde, musste sich schon aus rein praktischen Gründen auf das Grundsätzliche oder zum mindesten Außerordentliche, insbesondere die Doktrin, beschränken. Auch der im Vergleich zu den entstehenden Territorialstaaten frühe Ausbau eigener Verwaltungsstrukturen (Kongregationen) vermochte daran nichts Grundsätzliches zu ändern. Erst die technisierten Verkehrs- und Kommunikationsmittel der Neuzeit haben die Möglichkeiten einer weitgehenden organisatorischen Einheit der Kirche eröffnet: Die überregionalen Kontakte werden zur Routine, immer größere Informationsmengen werden bewegt und immer detailliertere zentrale Regulierungen sowie die Kontrolle ihrer Einhaltung werden grundsätzlich möglich.

Dementsprechend hat z. B. das Zweite Vatikanische Konzil in quantitativer wie in organisatorischer Hinsicht alle bisherigen Dimensionen gesprengt: Ein Drittel aller je von ökumenischen Konzilien verabschiedeten Texte stammt vom letzten Konzil, und zwar auch, wenn man den Vergleich nur auf die im engeren Sinne dogmatischen Texte beschränkt (vgl. Laarhoven 1983). Mehr als 2500 stimmberechtigte Konzilsväter nahmen am Konzil teil, das seinen enormen Arbeitsumfang innerhalb von nur drei Jahren und zwei Monaten erledigte. All dies wäre ohne die Vielzahl moderner Organisationsmittel unmöglich gewesen.

Dennoch brachte das Konzil eine außerordentliche und tiefgreifende *Gemeinschaftserfahrung* für die teilnehmenden Bischöfe, in welcher das Prinzip der Kollegialität und die Communio-Struktur von Kirche soziale Gestalt annahmen. Der Wille des Konzils ging dahin, solche Gemeinschaftlichkeit der Konsensfindung zum Strukturprinzip kirchlicher Kommunikation zu erheben.

Dieser Gedanke wird auch im vorliegenden Textentwurf der römischen Bischofskongregation aufgenommen, wenn die Bedeutung der Vollversammlung der Bischöfe gegenüber den ständigen Organen und Ausschüssen der Bischofskonferenz betont wird: »Bei der Vorbereitung, Einberufung und Durchführung der Versammlung muss jedem Mitglied der Bischofskonferenz die konkrete Möglichkeit geboten sein, die eigene Meinung zu den diskutierten Themen vorzutragen und sie in einem vertiefenden Dialog mit der der anderen Bischöfe zu klären.« Hier wird also *ein spezifischer Stil von Kommunikation und Beratung gefordert,* der sich von den tendenziell unpersönlichen Formen arbeitsteiliger, bürokratischer Organisationen grundsätzlich unterscheidet. Und es werden auch (zu Recht!) Vorkehrungen wie qualifizierte Mehrheiten, ja der Vorrang des Konsenses vor der Mehrheitsentscheidung gefordert, um dem gemeinschaftlichen Charakter der Bischofskonferenz größeres Gewicht zu verleihen.

Nun ist allerdings offensichtlich, dass es sich hier um ein vergleichsweise sehr *zeitaufwendiges Verfahren* handelt. Zwar lässt sich auch solch kollegiale Form der Entscheidungsfindung durch die Bildung von Ausschüssen und von Kommissionen unter Hinzuziehung von Experten bei kluger Personalauswahl und fairen Verfahrensvorschriften rationalisieren, wie nicht zuletzt die großartige Organisationsleistung des Zweiten Vatikanischen Konzils beweist. Diese war allerdings nur möglich dank dem enormen Einsatz einzelner Konzilsväter, Kommissionssekretäre und Experten, die aus eigenem Antrieb und nicht selten unter Inkaufnahme von Differenzen zu vorgegebenen Richtlinien in kreativer Weise tätig wurden. Indem die beiden Konzilspäpste von den ihnen zustehenden Einflussmöglichkeiten sparsamen Gebrauch machten und weit eher durch inhaltliche Beiträge,[127] als durch Empfehlungen oder gar Weisungen auf den konziliaren Prozess Einfluss nahmen, indem sie insbesondere den Einfluss der permanenten kurialen Organe auf den konziliaren Prozess minimierten, haben sie eben jene Kreativität erst ermöglicht, die vielfach auch als Walten des Heiligen Geistes interpretiert wird.[128]

Dennoch ist offenkundig, dass auch für die Kirche und ihre Amtsträger das eherne Faktum von der *Knappheit der Zeit* gilt. Und es gilt weiterhin, dass kollegiale Formen der Konsensfindung unter Anwesenden nur dann gelingen können, wenn sie thematisch ausreichend eingegrenzt und hinsichtlich der Zahl der Themen so beschränkt werden, dass sie den Aufmerksamkeitsspielraum der Beteiligten nicht allzu sehr überfordern. Wenn auch bekanntermaßen nie alle Beteiligten eines Gremiums sich mit den Details aller anstehenden Themen befassen können und dies im Regelfall im Hinblick auf tragfähigen Konsens auch nicht müssen, so bedarf es doch zumindest eines gewissen Ausmaßes an Zeit, Interesse und Aufmerksamkeit, um sich hinsichtlich grundlegender Aspekte eines Problems seiner eigenen Meinung zu vergewissern. Dies wiederum wird durch öffentliche Debatten derjenigen Mitglieder eines Gremiums erleichtert, die mit einer bestimmten Thematik enger vertraut sind und häufig bereits an vorbereitenden Gremien mitgewirkt haben. Das Maß ihrer Autorität bzw. des ihnen entgegengebrachten *Vertrauens* ist dabei in der Meinungsbildung häufig ausschlaggebend.

Kollegialorgane werden also in ihrer Entscheidungsfähigkeit leicht überfordert. Und unter dem Gesichtspunkt einer qualifizierten Kollegialität, für die Konsensprozesse und nicht bloße Verfahren der Mehrheitsentscheidung charakteristisch sind, tritt eine solche Überforderung noch weit leichter ein. *Wenn man also Kollegialität bzw. gemeinschaftliche Beratungsformen intakt halten will, so ist eine Zentralisierung von Entscheidungen nur in recht beschränktem Umfange möglich.* Je zentraler ein Gremium, desto vielfältiger sind die Themen, die ihm grundsätzlich zur Entscheidung vorgelegt werden können. Umso wichtiger ist es demzufolge, dass es sich auf die wichtigsten Fragen beschränkt, für die eine zentralisierte Entscheidungsfindung tatsächlich unverzichtbar erscheint. Die wichtigsten Fragen dieser Art sind dann gerade die *Regeln, nach denen andere, nachgeordnete Gremien für die Behandlung bestimmter Probleme als zuständig erklärt werden* und die allgemeinen Grundsätze, nach denen sich deren Arbeit zu richten hat. Endlich bedarf es zu einer zweckmäßigen Koordination zwischen unterschiedlichen Gremien auch einer Regel, unter welchen Bedingungen bestimmte Ergebnisse nachgeordneter Gremien wiederum vor das übergeordnete Gremium gebracht werden können und müssen.

Damit ist ein Grundprinzip moderner Organisation angesprochen, nämlich die *Hierarchisierung von Entscheidungen.* Denn es erweist sich immer wieder als außerordentlich effektiv, wenn es gelingt, sich auf Grundsätze zu einigen, welche als übergeordnete Entscheidungsprämissen für eine Vielzahl von Einzelentscheidungen dienen, welche dann nachgeordneten Gremien oder Stellen überlassen bleiben können. Was hier zunächst am Beispiel kollegialer Bearbeitung gezeigt wurde, gilt natürlich in noch stärkerem Maße für die bürokratische Problembearbeitung: Hier wird durch klare Über- und Unterordnungsverhältnisse sowie die durch ein differenziertes System arbeitsteilig zusammenwirkender Kompetenzzuschreibungen versucht, die erfolgreiche Koordination einer Vielzahl von Aufgaben und Leistungen zu ermöglichen. Im modernen Staat hat insbesondere die Unterscheidung von legislativen und administrativen Problemen zu einer recht erfolgreichen *Kombination kollegialer und bürokratischer Problembearbeitung* geführt:

Während für legislative Akte, welche dann grundsätzlich als Entscheidungsprämissen für die ihnen subsumierbaren administrativen Akte gelten, das Kollegialprinzip (wenngleich zumeist in der abgeschwächten Form der Mehrheitsregel) gilt, haben sich für administrativ definierte Probleme vor allem hierarchisch-bürokratische Bearbeitungsformen durchgesetzt.

Unter dem Gesichtspunkt der Maximierung effektiver Problembearbeitung, also der Ermöglichung eines Höchstmaßes an Entscheidungen pro Zeiteinheit, ist das *bürokratische Prinzip* zweifellos effektiver als das kollegiale. Seit seiner Erfindung im alten China und seiner Fortentwicklung in der. entstehenden Staaten der Neuzeit hat es sich als hocheffektives Regierungsinstrument erwiesen. Allerdings setzt seine Wirksamkeit dreierlei voraus:

1. Klare Führung und eindeutige hierarchische Leitung, d. h. die nachgeordneten Stellen müssen möglichst klare Handlungsvorgaben erhalten. Das setzt eine hohe Fähigkeit der hierarchischen Spitze (sei sie monokratisch oder kollegial organisiert) voraus,

um Probleme zu erkennen, zu definieren und geeignete Problemlösungen vorzugeben.

2. Eine disziplinierte und fachkundige Verwaltung, welche allgemeine Gehorsamsbereitschaft mit spezialisierten Fähigkeiten zur Problembearbeitung je nach zugewiesener Kompetenz verbindet.

3. Das Wirkungsfeld bürokratischer Herrschaft muss deren Entscheidungen, sei es aus Machtlosigkeit, sei es aufgrund eines gewissen Legitimitätsglaubens *annehmen*. Ältere Herrschaftsverbände stützten sich in erster Linie auf Macht, weniger auf die Effektivität ihrer Regierung.[129] In modernen Staaten beruht der Legitimitätsglaube auf dem Grundgedanken der Demokratie und der Gewaltenteilung, die Stabilität bestimmter Regierungen dagegen weitgehend auf ihrer Fähigkeit zur Lösung anstehender politischer Probleme.

Die neuere politikwissenschaftliche Theorie und insbesondere auch die Organisationstheorie haben jedoch hervorgehoben, dass entgegen dem streng hierarchischen Modell moderne Wohlfahrtsstaaten *nach wesentlich komplexeren Gesichtspunkten* organisiert sind und funktionieren. Neben die Prinzipien der hierarchischen und kollegialen Steuerung ist insbesondere das Prinzip der Steuerung über Märkte getreten, demzufolge eine Vielzahl von grundsätzlich autonomen Einheiten sich wechselseitig über Angebot und Nachfrage von Tauschakten durch variable Preise steuern. Seiner Grundidee nach ist der Markt ein herrschaftsfreies Steuerungsmedium, doch ist nicht zu übersehen, dass in der Wirklichkeit heute Märkte vor allem die Koordination von selbst hierarchisch und bürokratisch strukturierten Organisationen (Wirtschaftsunternehmen) übernehmen.

Die außerordentliche Komplexität moderner Gesellschaft lässt sich nur durch die *Kombination unterschiedlicher Steuerungsformen* bewältigen, und nur insoweit ein solches Nebeneinander überhaupt geschichtlich gewachsen ist, haben sich Fortschritte der gesellschaftlichen Organisation in Richtung auf höhere Komplexität und Problemverarbeitungsfähigkeit ergeben.[130]

Was bedeutet dies alles für die Kirche? Auch sie steht vor dem unhintergehbaren Problem, wie sie die Kräfte ihres Klerus und der gläubigen Katholiken zu einem Zusammenwirken bringen kann, dergestalt, dass sie selbst *als sichtbares Zeichen des Heils* in einer Welt wirksam wird, die sich selbst immer stärker *in Differenz* zu ihrer religiösen Herkunft versteht. Dabei sind die sozialen Vorbedingungen und die Organisationsmittel von Land zu Land außerordentlich verschieden, und auch innerhalb ein und desselben Landes können die Bedingungen der Ausübung des pastoralen Auftrags der Kirche sehr unterschiedlich sein, z. B. zwischen Stadt und Land, unterschiedlichen ethnischen Bevölkerungsgruppen und verschiedenen sozialen Milieus. Auch wenn der Dienst an der Einheit oberste Richtschnur kirchlichen Handelns bleibt und sich auch in seiner pastoralen Ausprägung im Sinne wachsender Verständigungsmöglichkeiten zwischen häufig in Spannung oder gar Feindschaft lebenden Bevölkerungsgruppen manifestieren sollte, bleibt doch die unübersehbare Vielfalt der kulturellen und sozialen Bedingungen der Glaubensvermittlung ein *konstitutives* Element aller pastoralen Aktionen der Kirche. Und wenn auch festzuhalten ist, dass die Kirche durch ihr neues Selbstverständnis seit dem Zweiten Vatikanischen Konzil sich einen ausschließlich geistlichen Auftrag gegeben und dadurch einiges an politischem und ökonomischem ›Problemballast‹ abgeworfen hat, so bleibt doch die Aufgabe, wie die Einheit und die Vielfalt im weltkirchlichen Zusammenhang miteinander in Einklang zu bringen sind. Hierfür sind unter modernen Bedingungen *organisatorische Vorgaben und Entscheidungen von größter Bedeutung.*

Diese Fragen lassen sich aber noch weniger als im staatlichen Bereich unter dem Gesichtspunkt einer abstrakten Effektivität betrachten, wie sie vor allem den Steuerungsmodellen der Bürokratie und des Marktes entspricht. Beide Steuerungsformen bezahlen ihre vergleichsweise hohe Effektivität mit einer Anonymisierung der sozialen Beziehungen, einem Absehen von der Personalität des Menschen und den Bedingungen zwischenmenschlichen Dialogs, der durch die generalisierten Medien des Rechts und des Geldes ersetzt wird. *Für die Kirche stellt sich die* Frage, inwieweit sie sich in dieser Hinsicht den modernen Gegebenheiten anpassen kann, ohne gleichzeitig die spezifischen Momente ihrer eigenen Sozialgestalt, die ihrem geistlichen Auftrag entsprechen müssen, in Frage zu stellen. Aus steuerungstheoretischer Sicht ist dem die Steuerungsform der *Solidarität* am angemessensten, wie sie sich historisch in der synodalen Tradition verschiedener christlicher Kirchen findet (für das erste Jahrtausend vgl. Sieben 1989. Siehe auch Kapitel 12).

Aus sozialwissenschaftlicher Sicht bestehen die zentralen Aufgaben der Kirche im Erhalt der Einheit ihres Glaubens und in der Sicherstellung der Weitergabe dieses Glaubens von Generation zu Generation. Die Kirche ist also darauf angewiesen, immer neue Mitglieder zu gewinnen, d. h. sie von ihrem Glauben zu überzeugen, und zwar so, dass dieselben ihrerseits bereit und motiviert sind, diesen Glauben gegenüber Dritten zu bezeugen und durch dieses Zeugnis plausibel zu machen. Unter den gegenwärtigen gesellschaftlichen Bedingungen trägt der Akt der Glaubensannahme einen weit stärker freiwilligen Charakter und setzt im höheren Maße Überzeugungsprozesse voraus, als dies unter älteren gesellschaftlichen Bedingungen erforderlich war. Derartige *Überzeugungsprozesse* sind – was hier nur angedeutet werden kann – in weit stärkerem Maße auf personale, dialogische Sozialbeziehungen angewiesen als die sozio-kulturell verfestigten, gruppenmäßigen Tradierungsformen früherer Zeiten, welche auch noch unter den Bedingungen abgrenzbarer katholischer Subkulturen effektiv waren (vgl. Kaufmann/Stachel 1980. Siehe auch Kapitel 8).

Es entspricht also durchaus sozialwissenschaftlichen Einsichten, wenn das Zweite Vatikanische Konzil erklärt: »Es geht um die Rettung der menschlichen Person, es geht um den rechten Aufbau der menschlichen Gesellschaft. Der Mensch also, der eine und ganze Mensch, mit Leib und Seele, Herz und Gewissen, Vernunft und Willen steht im Mittelpunkt unserer Ausführungen. Die heilige Synode bekennt darum die hohe Berufung des Menschen, sie erklärt, dass etwas wie ein göttlicher Same in ihn eingesenkt ist und bietet der Menschheit die aufrichtige Mitarbeit der Kirche an zur Errichtung jener brüderlichen Gemeinschaft aller, die dieser Berufung entspricht« (*Gaudium et Spes* Ziff. 3). Das Konzil diagnostiziert die Folgen der Modernisierung auf die Lebensbedingungen der Menschen richtig, wenn es sagt: »So nehmen unablässig die Verflechtungen der Menschen untereinander zu und führt die ›Sozialisation‹ zu immer neuen Verflechtungen, ohne aber immer eine entsprechende Reifung der Person und wirklich personale Beziehungen (›Personalisation‹) zu fördern« (ebenda Ziff. 6).[131]

Aus diesen Hinweisen ergibt sich, dass die Glaubwürdigkeit der Kirche, aber auch die Effektivität ihrer Tradierungsprozesse entscheidend davon abhängt, inwieweit es ihr in ihrer Sozialgestalt gelingt, *das Moment der Personalität der Menschen erfahrbar zum Tragen zu bringen.* Insoweit sich die Kirche zur Rationalisierung ihrer Leitung auf anonymisierende Prozesse verlässt, wie sie im Rahmen moderner Staaten durch Verknüpfung von Rechtsordnung und Bürokratisierung die Regel geworden sind, gefährdet sie das Proprium ihrer Sozialgestalt, ihren möglichen kollektiven Zeugnischarakter und unter bestimmten Bedingungen auch ihre Fähigkeit zur Weitergabe des Glauben.[132]

10.3 Die Bedeutung des Subsidiaritätsprinzips für die Struktur der Kirche

Es scheint in diesem Zusammenhang bemerkenswert, dass die katholische Kirche in Reaktion auf die zentralistischen Übersteigerungen staatlicher Steuerungsansprüche ein Sozialprinzip formuliert hat, das nicht nur für die weltlichen, sondern auch für die kirchlichen sozialen Ordnungen hilfreich sein kann. Das zuerst in der Enzyklika *Quadragesimo Anno* (1931) von Papst Pius XI. formulierte ›Subsidiaritätsprinzip‹(Ziff. 79/80) vereinigt in sich Elemente des organischen Denkens, wie sie dem scholastischen Erbe entsprechen, mit Elementen des liberalen Denkens der Staatsbegrenzung und gewinnt gerade dadurch seinen zwischen traditionaler und moderner Gesellschaft vermittelnden Charakter (so Isensee 1968: 25). Auch wenn das Prinzip ursprünglich nur für den gesellschaftlichen Bereich formuliert wurde, so ist es doch seit Pius XII. von nahezu allen Päpsten als auch für die Ordnung des kirchlichen Bereiches im Grundsatz anwendbar erklärt worden (vgl. Barberini 1980; Komonchak 1988). Sein wesentlicher Inhalt lässt sich wie folgt zusammenfassen:

1. Das Individuum bzw. die menschliche Person und ihre Existenzmöglichkeiten sind Ziel oder Zweck aller sozialen Ordnung. Daraus folgt, dass alles, was der oder die einzelne aus eigener Kraft tun kann, nicht zum Gegenstand kollektiver Vorkehrung werden soll.
2. Was kleinere und untergeordnete soziale Einheiten bewirken und leisten können, darf nicht größeren und übergeordneten gesellschaftlichen Einheiten zur Aufgabe gemacht werden.
3. Umfassende gesellschaftliche Einheiten haben die Pflicht, den hierarchischen Aufbau der Gesellschaftsordnung in der Weise zu berücksichtigen, dass sie die Leistungsfähigkeit kleiner Einheiten

unterstützen, ohne ihnen ihre Aufgaben und Kompetenzen zu entziehen.

In der hier wiedergegebenen klassischen Formulierung ist das Subsidiaritätsprinzip nur als Richtschnur für soziale Verhältnisse geeignet, in denen *eindeutig* hierarchische Überordnungs- und Unterordnungsverhältnisse bestehen, wie dies dem Selbstverständnis der kirchlichen Amtsträger, insbesondere jedoch der römischen Kurie noch weitgehend entspricht. Im Zusammenhang mit der Stellungnahme zum Textentwurf der römischen Bischofskongregation ist daher diese Formulierung tauglich. Dennoch sei wenigstens kurz darauf hingewiesen, dass unter den Bedingungen gesteigerter gesellschaftlicher Komplexität, wie sie für Gesellschaften in der entfalteten Moderne charakteristisch ist, die Vorstellung eines durchgehend hierarchischen Aufbaus der Gesellschaftsordnung selbst obsolet wird. Hierarchische Verhältnisse finden sich nur noch innerhalb gesellschaftlicher Teilbereiche, also z. B. in der Armee, in der staatlichen Verwaltung und in der Kirche. Auch hier finden sich jedoch bereits häufig Verhältnisse, die nicht mehr eindeutig als solche der Über- oder Unterordnung interpretiert werden können, also z. B. das Verhältnis kirchlicher Zentralstellen zu den einzelnen Diözesen oder von Einrichtungen auf Dekanatsebene im Vergleich zu den einzelnen Pfarreien. Nicht selten ist es auch umstritten, ob bestimmte Probleme besser auf der einen oder anderen Ebene eines hierarchisch gedachten Zusammenhangs gelöst werden können.[133]

Geht man mit Oswald von Nell-Breuning dagegen von einer Interpretation des Subsidiaritätsprinzips als *Beweislastregel* aus (vgl. Nell-Breuning 1957: 225), so ist es auch unter vergleichsweise komplexen Sozialverhältnissen noch durchaus brauchbar: Es stellt dann nicht direkt eine Maxime der Kompetenzverteilung zwischen verschiedenen Verantwortungs- bzw. Steuerungsniveaus dar, sondern eine Regel, der zufolge die jeweils übergeordneten Instanz, welche bestimmte Kompetenzen gegenüber nachgeordneten oder dem Individuum näheren Instanzen beansprucht, die Notwendigkeit einer solchen ›Höherzonung der Kompetenzen‹ begründen muss, während die Vermutung für die Zuständigkeit des kleineren Lebenskreises spricht.

Das Subsidiaritätsprinzip begründet also die Vermutung, dass dezentrale, personnähere Lösungen gegenüber zentralisierenden und da-

mit fast notwendigerweise stärker anonymisierenden Verfahren und Lösungen sozialethisch vorzuziehen sind. Dies entspricht durchaus dem Modell einer Sozialgestalt von Kirche, wie es im Vorangehenden skizziert wurde.

Angesichts des theologisch begründeten hierarchischen Charakters der katholischen Kirche könnte eingewandt werden, dass hier wegen eines höheren Prinzips das Subsidiaritätsprinzip nicht zur Geltung kommen könne. Dieses Argument wird selten so direkt vorgetragen, findet sich aber implizit in den sehr weitgehenden Steuerungs- und Entscheidungsansprüchen der römischen Kurie wieder. Demgegenüber ist festzuhalten, dass der Jurisdiktionsprimat des Papstes nur bedeutet, dass ihm die letzte Entscheidung über die Kompetenzverteilung, also die *Kompetenzkompetenz* zusteht. Die Verteilung der Kompetenzen selbst jedoch ist eine Frage der Klugheit, der Regierungskunst und vor allem der Verantwortung gegenüber dem Auftrag der Kirche in dieser Welt. Diese Verantwortung impliziert nach dem Gesagten auch die Respektierung des Subsidiaritätsprinzips.

Berücksichtigt man den Umstand, dass alle weltlichen Formen absolutistischer Herrschaft, also von Herrschaft, bei der die Kompetenzkompetenz in die Hände des Staatsoberhauptes gelegt wird, zu besonders drückenden und Freiheiten der Person einschränkenden Formen des menschlichen Zusammenlebens geführt haben, wird man darüber hinaus in der zurückhaltenden und das Subsidiaritätsprinzip respektierenden Form kirchlicher Leitung, *also in einer Askese der Autorität,* ein Zeichen jenes spezifischen Unterschieds erblicken dürfen, durch den die Kirche in ihrer erfahrbaren Sozialgestalt Glaubwürdigkeit gewinnen kann.

In den hier in Frage stehenden Äußerungen des römischen Textentwurfs wird eine Beachtung des Subsidiaritätsprinzips im Verhältnis von einzelnem Bischof und Bischofskonferenz durchaus erkennbar. Allerdings ist dazu kritisch anzumerken, dass das Papier lediglich vom Verhältnis des Bischofs zur Bischofskonferenz, nicht jedoch von demjenigen der Diözese, also dem örtlich unter dem Bischof versammelten Volk Gottes spricht. Das ganze Dokument atmet sehr eine klerikale Auffassung des kirchlichen Zusammenhangs. Schwerwiegender ist jedoch ein zweiter Gesichtspunkt: Es wird in dem Text nirgends die Frage gestellt, *in welcher Form die nationalen*

Bischofskonferenzen die römische Kurie gemäß dem Subsidiaritätsprinzip von Aufgaben entlasten können. Wie bereits früher angedeutet, ist in dem Entwurf vom Verhältnis zwischen römischer Kurie und Bischofskonferenz überhaupt nicht die Rede. Damit wird das Problem jedoch in entscheidendem Maße verkürzt.

Betrachtet man die Kirchengeschichte der letzten Jahrhunderte, so lässt sie einen ähnlichen *Zentralisierungsprozess* erkennen, wie wir ihn im Bereich der staatlichen Gewalt beobachten können. Während jedoch im politischen Bereich die absolutistischen Staatsformen in allen fortgeschrittenen Staaten durch mehr oder weniger demokratische Formen der politischen Willensbildung, auf jeden Fall jedoch durch Verlagerung der Kompetenz auf eine vom Volk gewählte verfassunggebende Versammlung (oder gar einen Volksentscheid über die Verfassung) verlagert wurde, fehlt es *innerhalb* der katholischen Kirche weiterhin an einem solchen Korrektiv (siehe Kapitel 9).

Weitere Zentralisierungstendenzen ergeben sich insbesondere aus den zunehmenden technischen Möglichkeiten großräumiger Kommunikation und Informationsverarbeitung; es wird übergeordneten Instanzen rein technisch immer leichter möglich, größere Räume und Bevölkerungsgruppen zu kontrollieren. Als Beispiel sei lediglich das Problem der Personalselektion genannt: Hochschullehrer der Theologie z. B. bedürfen heute zu ihrer Ernennung einer Zustimmung Roms, und es wäre technisch durchaus möglich, mit Hilfe von elektronischer Datenverarbeitung einen Informationspool über alle wissenschaftlich arbeitenden Theologen zu schaffen und diesen auch mit entsprechenden Informationen über Lebenswandel, Orthodoxie der theologischen Lehre usw. zu versehen. Rein technisch würde dies die heute ja durchaus zeitraubenden und zu unerwünschten Verzögerungen führenden Verfahren abkürzen können. Es ist aber offenkundig, dass die Informationen, die in solchen Zusammenhängen gespeichert werden könnten, stets nur eine Auswahl darstellen, die von denjenigen gesteuert wird, welche die Informationen sammeln und bewerten. Der Prüfungsprozess ist schon heute weitgehend undurchschaubar, er würde sich aber im Falle des Einsatzes entsprechender Datenverarbeitungsmittel – welche heute von Jahr zu Jahr billiger und leichter handhabbar werden – noch weiter anonymisiert *und die Vertrauenswürdigkeit kirchlicher Instanzen weiter aushöhlen.*[134] Aber eine konventionelle Beurteilung dürfte angesichts der erfreulicherweise zunehmenden Zahl theologischer Fakultäten und Lehrstühle in der Welt die römische Zentrale immer mehr überlasten. Was spricht dagegen, diese Kompetenz grundsätzlich bei den Ortsbischöfen zu belassen und der römischen Zentrale lediglich das Aufsichtsrecht in Lehrfragen, also die Möglichkeit der Beanstandung offenkundiger Irrtümer zu überlassen?

Ebenso fragwürdig erscheint die Art und Weise, wie in manchen Ländern die Bestimmung der Bischöfe gehandhabt wird. So ist es zwar verständlich, wenn der Heilige Stuhl darauf hinwirkt, dass ältere Mitwirkungsrechte *des Staates* an der Entscheidung für die Benennung von Bischofsstühlen aufgegeben werden; sie entsprechen nicht mehr dem heute erreichten Stand der Entflechtung von Kirche und Staat. Das kann aber doch nicht heißen, dass damit die Mitwirkungsrechte der *Ortskirchen* und derjenigen Bischöfe, welche mit dem neuen Amtsinhaber in einem kollegialen Verhältnis zusammenarbeiten sollen, auf bloße Anhörungsrechte reduziert werden dürfen. Vielmehr ist es nunmehr erforderlich, *ihnen* stärkere Mitwirkungsrechte zuzugestehen, um das Vertrauensverhältnis vor Ort zu stärken und den Eindruck römischer Willkür, wie er beispielsweise bei Bischofsernennungen in Österreich und der Schweiz; aber auch im Erzbistum Köln entstanden ist, zu verhindern. Davon unberührt muss selbstverständlich das grundsätzliche Recht der Gesamtkirche bleiben, in Fällen offenkundiger Abweichung ganzer Orts- oder Regionalkirchen bzw. ihrer Leitung von den Grundsätzen des kirchlichen Lebens einschneidende Maßnahmen bis hin zur Amtsenthebung zu ergreifen. An diesen Beispielen wird das *Wirken des Subsidiaritätsprinzips* deutlich: Es fordert ein bestimmtes Maß an Vertrauen hinsichtlich der Rechtgläubigkeit und Klugheit der Ortskirchen und ihrer Zusammenschlüsse in Bischofskonferenzen. Nur im Falle erwiesener Abweichungen von Prinzipien des kirchlichen Lebens oder deutlich werdender Beschränkung der orts- und regionalkirchlichen Handlungsfreiheit, z. B. infolge politischer Einflüsse, sollten Eingriffsrechte des Heiligen Stuhls bestehen bleiben.

Die hier im Horizont des Subsidiaritätsprinzips vorgetragenen Überlegungen ließen sich auch organisationstheoretisch entwickeln: Angesichts der zunehmenden Quantität und Komplexität von Aufgaben und Entscheidungssituationen sind streng hierarchisch aufgebaute Organisationen tendenziell in ähnlicher Weise *überlastet,* wie dies oben am Beispiel einer Kollegialorganisation verdeutlicht wurde. Es muss mit wachsenden Verzögerungen und mit einer Qualitätsverschlechterung der Entscheidungen gerechnet werden, wo Zentralen mit Entscheidungszumutungen überlastet werden. Als bewährtes Mittel gegen solche Überlastungen der Entscheidungszentren hat sich die *Delegation von Kompetenzen* bewährt, wobei häufig noch zwischen dem Regelfall und einem Ausnahmefall unterschieden wird, um Einflussnahmen übergeordneter Instanzen nicht völlig auszuschließen. Dieser Ausnahmefall muss aber klar umschrieben und für die nachgeordneten Instanzen voraussehbar sein, *es darf keine willkürliche Zurücknahme delegierter Kompetenzen geben.* Wo Ausnahmefälle klar umschrieben sind, kann auch damit gerechnet werden, dass die höheren Instanzen gezielter informiert werden und sich auf wesentliche Entscheidungen konzentrieren können.

Diese hier nur anzudeutenden Grundsätze sind bereits ein Gebot der Klugheit im Bereich profaner Organisation, wo dem Grundsatz der Beachtung und Förderung der Personenwürde des Menschen geringeres Gewicht zugemessen wird als im Selbstverständnis der Kirche. Er müsste noch in weit höherem Maße für die Kirche gelten, wenn sie als sichtbares Zeichen des kommenden Reiches Gottes Glaubwürdigkeit beanspruchen will. Die heutigen Möglichkeiten technischer Zentralisierung von Entscheidungen führen in ihrer Konsequenz zu einem verbreiteten *Misstrauen*, das heute auch mit Bezug auf kirchliche Entscheidungen zuzunehmen scheint. Das entscheidende Moment ist dabei *die Intransparenz hochorganisierter Entscheidungsstrukturen und das Fehlen von Partizipationsmöglichkeiten.* Das sozialethische Prinzip der Subsidiarität, welches auf allen Ebenen kirchlichen Handelns, also z. B. auch auf der innerdiözesanen Ebene, Beachtung verdient, stellt ein Element christlicher Weisheit dar, dessen mangelnde Beachtung sich rächen kann.

Zentralistische Strukturen ändern sich aber in der Regel nicht von selbst. Sie verlieren vielmehr ihre Autorität infolge eigener Fehler und vermögen die Welt – oder in unserem Falle die Kirche – immer weniger zu bewegen. Und in dem Maße, als Bischöfe und Kleriker in einen Loyalitätskonflikt zwischen dem hierarchischen Zentrum einerseits und dem Glaubenssinn der Gläubigen andererseits geraten, werden sie gelähmt, verhalten sich zwar vielleicht noch loyal, doch haben ihre Worte und Taten immer weniger Überzeugungskraft.

Für einen wohlwollenden Betrachter der gegenwärtigen kirchlichen Entwicklungen ist es geradezu gespenstisch, in welchem Maße die katholische Kirche hierzulande in einer Zeit größter Umbrüche von Fragen der Empfängnisverhütung, des sexuellen Missbrauchs durch Kleriker und Auseinandersetzungen über Bischofsernennungen in Anspruch genommen wird. Der tiefere Grund für die zunehmenden Fehlleistungen des Römischen Zentrums liegt m. E. in der wachsenden Komplexität der gesellschaftlichen Verhältnisse, woraus immer häufiger unvorhersehbare Folgen weitreichender Entscheidungen resultieren.

Ein Umdenken müsste mit der Einsicht beginnen, dass auch die Individuen von solcher Komplexität grundsätzlich überfordert werden, so dass kirchliche Forderungen in der Konkurrenz der vielfältigen Lebensanforderungen um ihrer *Lebensdienlichkeit* willen gar nicht mehr ohne kulturspezifische und situationsspezifische Vermittlungen wirksam werden können. Die Bestandsprobleme von Individuen und Institutionen driften heute immer stärker auseinander. Beide stehen unter dem Zwang zu Entscheidungen und zum Verzicht auf alternative Möglichkeiten, womit sie nur auf ihre je verschiedene Weise fertig werden können. Für die Individuen bedeutet dies einen *Zwang zur Wahl,* der durch keine Tradition und kein umgreifendes christliches Ethos mehr aufgefangen wird. Ethische Entscheidungen müssen mehr und mehr auf biographische und situative Umstände bezogen bleiben. Nur ein Glaubensangebot, das nicht mehr auf Autorität und Tradition, sondern auf freie Zustimmung seitens der Angesprochenen setzt, gewinnt in solcher Situation die Chance, sich als glaubhaft zu erweisen.

11. Kapitel:

Theologie zwischen Kirche und Universität

Zur Debatte steht, ob und warum christliche – und zudem konfessionell geprägte Theologie an Universitäten gelehrt werden soll. Diese Frage wird aus mindestens drei verschiedenen Perspektiven gestellt:

1. Unter wissenschaftstheoretischen Gesichtspunkten stellt sich die Frage, ob Theologie nach dem heutigen Wissenschaftsverständnis noch als Wissenschaft gelten kann oder ob sie von ihren Prämissen, Vorgehensweisen und/oder Anwendungen her den Rahmen dessen sprengt, was jedenfalls im Kontext der modernen Universität als Wissenschaft gilt.

2. Unter wissenschaftspolitischen Gesichtspunkten stellt sich die Frage nach dem Interesse des säkularen Staates an der Finanzierung von Lehre und Forschung im Bereich konfessioneller Theologien. Die Frage stellt sich mit besonderer Schärfe im hier interessierenden Falle katholischer Theologie, insofern diese ihrem Selbstverständnis nach eine so weitgehende Kirchenbindung bejaht, dass sie nicht nur in epistemologischer, sondern auch in disziplinärer Hinsicht kirchlichen Kriterien einen Vorrang vor staatlichen oder wissenschaftlichen einzuräumen scheint.

3. Unter kirchlichen Gesichtspunkten stellt sich die Frage, ob die Aufgaben der Theologie im Kontext von sich selbst als säkular verstehenden wissenschaftlichen Einrichtungen unter staatlicher Kontrolle besser erfüllt werden können, oder ob es nicht dem Auftrag der Kirchen dienlicher wäre, die Theologie ausschließlich in kirchlichen Einrichtungen betreiben zu lassen.

Diese drei geläufigen Problematisierungen unterscheiden sich auf den ersten Blick grundlegend, es scheint kaum möglich, zwischen ihnen Verbindungen herzustellen. Gemeinsam ist ihnen lediglich die Fraglichkeit von Theologie als universitärem Fach, wofür jedoch ganz verschiedene Gründe vorgebracht werden. Aus soziologischer Perspektive ist die Heterogenität dieser Problematisierungen sehr verständlich, entsprechen sie doch der Perspektive von drei verschiedenen gesellschaftlichen Teilsystemen: Wissenschaft, Politik und Religion. Es gehört zu den grundlegenden Vorgängen der neuzeitlichen Gesellschaftsentwicklung, dass sich der in früheren Gesellschaftsformen vergleichsweise einheitliche Lebenszusammenhang nach spezifischen Gesichtspunkten ›funktional‹ differenziert und institutionell verselbständigt hat. Wie zu zeigen sein wird, hängen sowohl die prekäre Stellung als auch die spezifische Aufgabe neuzeitlicher Theologie eng mit diesen gesamtgesellschaftlichen Veränderungen zusammen, die ja auch den Charakter von ›Religion‹ und die Möglichkeiten von ›Kirche‹ grundlegend verändert haben.

In einem ersten Teil seien daher die Folgen neuzeitlicher Gesellschaftsentwicklung für Kirche, Religion und Theologie kurz skizziert. Im zweiten Teil sei sodann die Aufgabe katholischer theologischer Fakultäten genauer bedacht und deren prekärer Charakter im Spannungsfeld von Kirche und Universität verdeutlicht. Im abschließenden dritten Teil werden die kirchliche Bedeutung theologischer Fakultäten, ihre spezifischen Möglichkeiten, aber auch ihre Grenzen aus soziologischer Sicht bedacht.

11.1 Die Differenzierung von Religion, Politik und Wissenschaft

Niemand hat schärfer als Max Weber den Umstand ins Auge gefasst, dass die in ihrem Ausmaß nur mit der neolithischen Revolution des Sesshaftwerdens vergleichbaren Transformationsprozesse der Neuzeit sich zuerst im Kontext des abendländischen Christentums, genauer seiner protestantischen, insbesondere reformierten Tradition, entwickelt haben. Allerdings begann der abendländische Sonderweg weit früher, doch auch hier stoßen wir auf nachhaltige Wirkungen des Christentums: Die bis zur Kirchentrennung gehende Spannung zwischen Rom und Byzanz hatte zwar vorwiegend politische Gründe, aber diese Gründe hingen mit unterschiedlichen Auffassungen über das Verhältnis von Religion und Politik eng zusammen. Strukturell – und ebendies interessiert aus soziologischer Sicht – wurde die Differenz im Investiturstreit geschichtsmächtig, der im Ergebnis zu einer Aufsprengung des bis dahin auch im Westen dominierenden pyramidalen Denkens führte. In der Folge ermöglichte die Unterscheidung von geistlicher und weltlicher Gewalt die Verselbständigung des Politischen als gedanklicher Entwurf (Macchiavelli, Bodin, Hobbes) und als administrativer Infrastruktur des Absolutismus, eingeleitet durch die Verwaltungsreformen der Tudors und des Kardinals Richelieu.

Etwa zeitgleich mit dem Investiturstreit gewann die mittelalterliche Marktwirtschaft an Gewicht, und es entstanden die ersten Universitäten. Diese waren ebenfalls völlig neuartige Einrichtungen der diskursiven Wahrheitssuche, wobei Theologie und Rechtswissenschaft am Anfang stilbildend wurden. Die zunächst städtischen Einrichtungen des Marktes und der Universität entwickelten eigene Körperschaften und spezielle Regeln bzw. Kriterien des richtigen Handelns, die von Anfang an in Spannung zur überwiegend agrarisch geprägten Kultur standen. In dem Maße, wie die Stadtkultur mit der ihr eigenen Dynamik in der Aufklärung dominant wurde, geriet die ganzheitliche ländliche und die mit ihr eng verbundene katholische Kultur in den Geruch des Traditionalismus. Nicht von ungefähr waren es vor allem die Städte, die sich der Reformation geöffnet hatten und in der Folge einen tendenziell individualistischen Frömmigkeitsstil ausbildeten, für den das *forum internum* des Gewissens und nicht das *forum externum* der Kirche zur entscheidenden moralischen Instanz wurde. Dies ermöglichte in der Folge die zunehmende ideelle Verselbständigung von Wirtschaft (durch die von Adam Smith ausgehende Nationalökonomie) und von Wissenschaft (durch die Philosophie der Aufklärung), so dass heute zwischen den Legitimationen und Selbstdeutungsmustern dieser beiden Bereiche und demjenigen des Religiösen eine weitgehende Beziehungslosigkeit herrscht.

Insoweit immer mehr Lebensbereiche sich vom religiösen Regelungsanspruch emanzipierten, verschwand allerdings nicht das Christentum als solches, aber es fand nunmehr seinerseits einen *spezialisierten* institutionellen Ort in den *Kirchen,* die etwa parallel zur Entstehung des modernen Verwaltungsstaates den Charakter von rechtlich und organisatorisch geordneten religiösen Institutionen annahmen. Die Bedeutung und die Folgen des damit angedeuteten Formwandels bilden ein zentrales Thema der neueren Religionssoziologie, aber implizit natürlich auch der Theologie. War das Christentum im Mittelalter unbezweifelbar die ›Religion‹ des Abendlandes, nämlich das »*ultimum ac firmissimum vinculum societatis*« (Pufendorf), so kann dies für heute nicht mehr behauptet werden. Moderne Gesellschaften integrieren sich nicht mehr religiös, sondern primär politisch, auf der Basis von Verfassungen, in denen allerdings durchaus ein guter Teil des christlichen Ethos aufbewahrt ist, ohne noch als solches unmittelbar erkennbar zu sein. Für Max Weber, der in dieser Einschätzung nach neueren Forschungen stark von Friedrich Nietzsche beeinflusst war, konnte das Christentum nach der Aufklärung nur noch als religioide Schwundstufe von Religion weiter existieren. Es ist nach Max Weber die Tragödie der jüdisch-christlichen Tradition, dass sie dank ihrer säkularen Erfolge, nämlich der Entzauberung der Welt und der moralischen Disziplinierung der Menschen sowie der daraus hervorgehenden Rationalisierung der Lebensführung, sich selbst schließlich überflüssig macht (vgl. Tyrell 1993).

Allerdings läßt sich mit Karl Gründer fragen, »ob nicht etwas falsch wird, wenn man in Bezug auf das Christentum oder, eineinhalb Jahrtausende weitergreifend, die ganze jüdisch-christliche Tradition mit diesen ›jungen‹ Begriffen Religion und Religiosität agiert« (Gründer 1985: 282).

In der Tat hat der Religionsbegriff selbst im Zuge der Neuzeit charakteristische Veränderungen durchgemacht und ist unter dem konkurrierenden Einfluss von Religionswissenschaft und protestantischer Theologie zu einer schillernden Kategorie geworden, die sich einerseits ihrem Idealbild nach immer noch an der ›Christenheit‹ des Mittelalters orientiert, andererseits aber durch den Versuch einer Universalisierung sich weitgehend von gerade denjenigen Merkmalen entfernt hat, die das Spezifikum der jüdisch-christlichen (und der islamischen!) Tradition eines transzendenten Gottesglaubens ausmachen. Es ist zu vermuten, dass ›Religion‹ als umfassendes Sinnsystem einer Gesellschaft durch die Folgen der Modernisierung strukturell verunmöglicht worden ist, dass also moderne Gesellschaften gerade darin ihre gleichzeitige Stabilität und Dynamik finden, dass das ihnen Gemeinsame auf der *institutionalisierten Spannung unterschiedlicher Wertorientierungen* beruht, die in variablen Koalitionen (und natürlich mit-bedingt durch die wechselnden geschichtlichen Konstellationen) zu historischer Wirkmächtigkeit gelangen können. Die »Konkurrenz auf dem Gebiet des Geistigen« (G. Simmel) und damit verbunden ein nicht nur weltanschaulicher, sondern auch institutioneller Pluralismus sind zu konstitutiven Momenten moderner Gesellschaften geworden.

Vor allem die katholische Kirche hat sich sehr schwer getan, die Folgen der skizzierten, heute zumeist als ›Modernisierung‹ bezeichneten Transformationsprozesse zu akzeptieren. Zwar hatte die Liquidierung des Kirchengutes im Gefolge der napoleonischen Kriege auch die feudalen Strukturen des bisherigen Katholizismus beseitigt und damit die Voraussetzungen für seine Modernisierung im Sinne einer zentralistischen, rom-abhängigen Organisationsstruktur geschaffen. Aber der moralische Anspruch auf eine umfassende religiöse Regelung aller – auch der politischen, wirtschaftlichen und wissenschaftlichen – Einrichtungen wurde zunächst aufrechterhalten. Plausibel blieb dieser Anspruch allerdings nur innerhalb einer katholischen Subkultur, deren Grundlage die konfessionelle Homogenität weiter Gebiete Europas und ein ultramontaner Antimodernismus bildeten. Diese beiden Voraussetzungen lösten sich in der ersten Hälfte des 20. Jahrhunderts zusehends auf, und mit dem zunehmenden Einfluss des Fernsehens wurde es praktisch unmöglich, die Katholiken von den modernisierenden Einflüssen fernzuhalten. Die Moderne wurde nun zum Ernstfall für die katholische Kirche, nachdem sie rund zweihundert Jahre lang sich gesträubt hatte, sich konstruktiv mit diesen Entwicklungen auseinanderzusetzen. Das Zweite Vatikanische Konzil zog schließlich auch die gedanklichen Konsequenzen aus den tatsächlichen Entwicklungen und stellte das kirchliche Denken in vielerlei Hinsicht auf neue Grundlagen.

Ein Korrelat der oben skizzierten institutionellen Differenzierungsprozesse von Religion, Politik, Wirtschaft und Wissenschaft sowie der damit verbundenen organisatorischen Verselbständigung von Kirchen, Staaten, Unternehmungen und Universitäten (später entstandene Teilsysteme wie das Bildungs-, Gesundheits- oder Kunstwesen werden hier übergangen) ist der *strukturelle Zwang zur Individualisierung* von Lebenszusammenhängen und Bewusstseinsstrukturen. In dem Maße, in dem die Heterogenität der institutionalisierten Sinnzusammenhänge und die wachsende Vielfalt der sozialen Rollen sich auch in unterschiedlich orientierten sozialen Verkehrskreisen der Individuen niederschlagen, entstehen typischerweise Loyalitätskonflikte, die sich nur durch Verzicht auf eine Totalidentifikation mit bestimmten institutionellen Ansprüchen lösen las-

sen. Identität wird nun zunehmend nur noch als Individualität er-
lebbar, vor allem im Rahmen der individualistischen Kultur des Westens. Auch diese Individualisierung der Kultur hat christliche Ursprünge in der mittelalterlichen Lehre vom persönlichen Gewissen
und dem individuellen Heil der Menschen, doch ist inzwischen der
damit verbundene Anspruch der Personhaftigkeit als Ebenbildlich-
keit eines personalen Gottes weithin in Vergessenheit geraten (vgl.
Kaufmann 2011a: Kapitel 3). Allerdings entsteht heute mit der Krise
des emanzipatorischen Anspruches der Aufklärung in der ›postmodernen‹ Problemlage eine neue Suche nach ›Religion‹, nunmehr
allerdings im wesentlichen verstanden als Heilmittel für die Sinn-
und Orientierungskrisen der von der Komplexität der Verhältnisse
überforderten Individuen. Inwieweit dieses ›religiöse Bedürfnis‹ mit
den kirchlich profilierten Sinnangeboten des Christentums vermittelt werden kann, scheint eine der zentralen religionssystematischen
und pastoralen Fragen der Gegenwart zu sein. Auf jeden Fall spricht
alles dafür, dass ein primär institutionelles Religionsverständnis, welches die selektiven sozialen Bedingungen einer Tradierung der ›Botschaft‹ vernachlässigt, in einen zunehmend schärferen Gegensatz zu
den individuellen Voraussetzungen religiöser Erfahrung und christlicher Bekehrung gerät (vgl. Döring/Kaufmann 1981).

Diese grobe Skizze mag genügen, um zu verdeutlichen, dass
der gesellschaftliche Formwandel der westlichen, in ihrer Entwicklungsdynamik vom lateinischen und reformatorischen Christentum
nachhaltig *mitgeprägten* Gesellschaften auf die soziale und kulturelle Verfassung des Christentums und damit auf die Formen und
Plausibilitäten seines Glaubens *zurückgewirkt* hat. Daraus lassen
sich Schlussfolgerungen für die Aufgaben der Theologie ziehen.

11.2 Aufgaben der Universitäts-Theologie

Theologie im modernen Sinne ist erst im Kontext der abendländischen Universität entstanden, deren Stil sie gleichzeitig nachhaltig
geprägt hat (vgl. insbesondere Seckler 1981; Kasper 1982). Nicht
zuletzt das Postulat eines einheitlichen wissenschaftlichen Wahrheitsbegriffs, welcher der Idee einer universitas litterarum zugrunde
liegt, ist theologischen Ursprungs. Die Aufgaben der Theologie ha-

ben sich daher mit denjenigen der Universität gewandelt. Waren die Universitäten in der frühen Neuzeit vor allem Orte des gelehrten Disputs und ihre Fakultäten nicht selten auch autoritative Instanzen der Konfliktschlichtung, so wurden ihnen im Zuge der Entwicklung des sie patronierenden Fürstenstaates zunehmend Aufgaben der Vorbereitung auf öffentliche Ämter und später noch allgemeiner Aufgaben der Vorbereitung auf akademische Berufe zugesprochen (vgl. Stichweh 1991). Im Maße dieser Indienstnahme der Universität für praktische Zwecke verschob sich auch der Ort des prominenten wissenschaftlichen Diskurses in besondere Einrichtungen wie die Akademien. Es war das besondere Verdienst der Humboldtschen Universitätsreform, den wissenschaftlichen Diskurs nach dem Prinzip der Einheit von Lehre und Forschung wiederum in der Universität zu verankern und damit auch das weitgehend staatseigene deutsche Universitätssystem von allzu engen Nützlichkeitsgesichtspunkten freizustellen, wie dies für die alten, weitgehend staatsunabhängigen Universitäten in Oxford und Cambridge charakteristisch geblieben war.

Wenn die Theologie bei dieser Universitätsreform nicht entsprechend dem Vorschlag Fichtes aus dem Kanon der Wissenschaften ausgeschlossen wurde, so war dies wohl weniger auf die von Schleiermacher vorangetriebene Begründung ihres Platzes im Konzert der nachaufklärerischen Wissenschaft, sondern vor allem auf ihren politisch-administrativen Stellenwert zurückzuführen: Insoweit als die Kirchenhoheit beim Landesherrn lag oder die Universitäten unter kirchlicher Kontrolle standen, brachten es die zunehmenden Anforderungen an die Ausbildung des Klerus mit sich, dass den theologischen Fakultäten ein unbestrittener Platz im Universitätssystem eingeräumt wurde. Im Einflussbereich des Calvinismus mit seinem völlig anderen Verhältnis zum Staat und erst recht im Einflussbereich eines freidenkerischen Liberalismus oder des atheistischen Sozialismus dagegen fehlt es an einer entsprechend universitären Stellung der Theologie.

Für den hier besonders interessierenden Fall der katholisch-theologischen Fakultäten stellt das deutsche Modell eine besondere Herausforderung, aber vielleicht auch eine zukunftsweisende Lösung dar. In großen Teilen der Welt existieren katholisch-theologische Fakultäten nur an ›katholischen‹ Universitäten, d. h. solchen, die entweder unter maßgeblichem kirchlichem Einfluss entstanden sind, oder aber einer zumindest mittelbaren kirchlichen Oberaufsicht unterstehen. Die der Enteignung der katholischen Kirchengüter in der napoleonischen Ära folgende Konkordatspolitik und die besonderen Umstände der Beendigung des evangelischen Staatskirchentums in Deutschland haben schon in der Weimarer Republik und erst recht in der Bundesrepublik Deutschland zu einer im internationalen Vergleich einmalig starken staatskirchenrechtlichen Stellung der *beiden* großen Konfessionen geführt, die sich auch in der unangefochtenen Stellung der Fakultäten im System der deutschen Universität niederschlägt (vgl. Hollerbach 1982). Diese starke institutionelle Stellung hat auch qualitative Konsequenzen: Lehre und Forschung sind vergleichsweise stark verwissenschaftlicht, und der internationale Einfluss der deutschen Theologie (beider Konfessionen!) ist sehr beachtlich, wahrscheinlich weit stärker als der deutsche Einfluss in den meisten übrigen Wissenschaftsgebieten. Gleichzeitig profitiert die institutionelle Unabhängigkeit der theologischen Fakultäten vom herrschenden Universitätsrecht, so dass trotz der kirchenvertraglich festgeschriebenen Mitwirkungs- und Anerkennungsrechte der Kirchen der Status der Professoren im Vergleich zu demjenigen an katholischen Universitäten weit unabhängiger erscheint. Dasselbe gilt mutatis mutandis für die Studierenden, von denen nur ein in den letzten Jahrzehnten deutlich abnehmender Teil sich noch unmittelbar auf das Priestertum vorbereitet. Es ist die notwendige Folge dieser kirchenunabhängigen Institutionalisierung von theologischer Forschung, Lehre und Berufsvorbereitung, dass sich das Glaubenswissen in unmittelbarer Auseinandersetzung mit profanen Sinnsystemen zu bewähren hat, deren eigener geschichtlicher Hintergrund von der Wahrheitssuche *etsi Deus non daretur* geprägt worden ist. Dies führt mit einer gewissen Zwangsläufigkeit zu Spannungen, und zwar sowohl zu Spannungen zwischen Glauben und Wissen bei denjenigen, die beides miteinander zu verbinden trachten, als auch zu Spannungen zwischen Theologie und Lehramt, und zwar insbesondere mit der in ganz anderen Kategorien denkenden römischen Kurie.[135]

Aber auch an den sogenannten katholischen Universitäten haben sich die Gewichte in den letzten Jahrzehnten verschoben. In dem Maße, wie im allgemeinen Wissenschaftssystem die katholizismuskritischen oder antiklerikalen Vorbehalte zurückgetreten sind, hat sich auch das Verhältnis in den katholischen Universitäten gegenüber der allgemeinen Wissenschaftsentwicklung entkrampft, doch fördert diese Öffnung das Eindringen säkular geprägter Denkstile auch in die katholischen Universitäten. Die Abschottung der Katholiken in einer katholischen Subkultur ist eben nur so lange plausibel, wie sie durch die Erfahrung der Feindseligkeit der herrschenden Kulturmuster unterstützt wird; insofern war der Antiklerikalismus die beste Stütze des Klerikalismus. Der Prägnanzverlust der konfessionellen Grenzen kann aber dann zu einem Identitätsverlust führen, wenn nicht neue Legitimationsmuster den Gläubigen die Bewältigung der offeneren Situation erleichtern.

Ebendies ist aus soziologischer Perspektive eine große Leistung des Zweiten Vatikanischen Konzils gewesen. Seine Lehren haben in vielfältiger Weise der sich wandelnden Stellung von Kirche und Christentum im Zuge der Modernisierung Rechnung getragen. Das gilt nicht nur für die Anerkennung der relativen Autonomie weltlicher Sachbereiche und der damit verbundenen Wissenschaften, sondern auch für die Entwicklung einer eigenständigen theologischen Ekklesiologie, die den christlichen Laien als vollwertiges Mitglied der Kirche mit eigenem Weltauftrag ernst nimmt und gleichzeitig die Kirche als komplexe Einheit zwischen Ortskirchen und Universalkirche neu bestimmt. Damit wurde die im 19. Jahrhundert gewachsene kirchenrechtliche Hierarchisierung und Zentralisierung der Organisationsstrukturen theologisch relativiert. Natürlich wird damit weder die soziologische noch erst recht nicht die theologische Bedeutung der konziliaren Ekklesiologie angemessen charakterisiert, aber es ist dies der hier interessierende Aspekt.

Wie Kasper zeigt, hat das Konzil »sich zum Thema Theologie und ihrem Verhältnis zum Lehramt eigentlich nur sporadisch geäußert«, doch haben die Fortentwicklung der *Communio-Ekklesiologie* sowie seitherige päpstliche Aussagen die notwendige Differenzierung und Komplementarität von kirchlichem Leitungs- und Lehramt einerseits und den Aufgaben der wissenschaftlichen Theologie andererseits deutlich herausgearbeitet (vgl. Kasper 1982: 28 ff.). Anhand dieser Studie lässt sich nachvollziehen, wie diese erst sehr allmählich hervortretende und zunächst umstrittene Unterscheidung als kircheninterner Differenzierungsprozess zu verstehen ist, der aus soziologischer Sicht eine notwendige Antwort auf die funktionalen Differenzierungsprozesse in der Gesamtgesellschaft darstellt.[136] Wenn im kirchlichen Selbstverständnis den Bischöfen gleichzeitig das Hirten-, das Lehr- und das Leitungsamt zukommt, so bedeutet dies, dass ihnen eine integrierende Leistung (der ›Dienst der Einheit‹) für die ausdifferenzierten kirchlichen Funktionen zugesprochen wird, welche etwa als Diakonie, Liturgie bzw. Pastoral und diskursive Reflexion gekennzeichnet werden können. Die Ausdifferenzierung dieser Funktionen hat mit dem Umstand zu tun, dass die christlichen Deutungsmuster nicht mehr den gesamtgesellschaftlichen Zusammenhang durchdringen, wie dies für die mittelalterliche Christenheit charakteristisch war. Vielmehr sind die Kirchen selbst der organisatorische Kern eines gesellschaftlichen Teilsystems geworden, das notwendigerweise im Austausch mit seiner sozialen Umwelt steht, die ihrerseits den Kirchen recht unterschiedliche Leistungen abverlangt. Sie lassen sich aus kirchlicher Sicht in den Funktionen der Diakonie, der Glaubensverkündigung und Seelsorge sowie der Glaubensbegründung und Glaubensauslegung zusammenfassen.

Auch wenn Glaubensbegründung und Glaubensauslegung heute als Aufgabe der Bischöfe verstanden werden, so ist doch nicht zu übersehen, dass für die Erfüllung dieser Aufgabe die Bischöfe in erheblicher Weise auf die professionelle Theologie angewiesen sind. Denn das Amt des Bischofs umfasst so viele Rollensegmente und seine Ausübung ist im Regelfalle so zeitraubend, dass eine theologische Fortbildung nur bei besonders qualifizierten Personen stattfindet. Während in der mittelalterlichen Kirche die Theologen noch als Teilhaber am kirchlichen Lehramt verstanden wurden, sind sie heute auf die Rolle des Beraters und Zuträgers reduziert, welche mit derjenigen eines Universitätslehrers nur lose verbunden ist.

Die Aufgabe theologischer Fakultäten ist eine doppelte: Sie haben einerseits *Professionalisierungsaufgaben,* indem sie Personal für den kirchlichen Dienst in allen Funktionen vorbereiten. Sie haben andererseits *Legitimationsaufgaben,* indem sie die Sache des christlichen Glaubens vor dem Forum menschlicher Vernunft rechtfertigen. Diese zweite Aufgabe ist durch das Zweite Vatikanische Konzil wesentlich erleichtert worden. War für die mittelalterliche Gesellschaft der christliche Glaube selbstverständlich, so hatten die Folgen von Reformation und Gegenreformation bereits zu einer Spaltung des christlichen Wahrheitsanspruches geführt, dem die Aufklärung vor allem in den ehemals katholischen Ländern die Legitimität absprach, während die Aufklärung im evangelischen Kontext weniger radikale Züge annahm. Im 19. Jahrhundert konnte sich das katholische Denken nur noch subkulturell behaupten, während es im Gefolge des Zweiten Vatikanischen Konzils erneut auch für die breitere gesellschaftliche Kommunikationsgemeinschaft zu einem ernst zu nehmenden Partner geworden ist. Aber diese »Öffnung der Kirche zur Welt« hat zweifellos auch neue interne Probleme geschaffen. Sie werden in der heutigen Priester- und Theologenausbildung besonders offenkundig, und so ist es nicht ganz überraschend, wenn sich besorgte Kirchenführer fragen, ob die Offenheit der Theologenausbildung nicht mancherorts zu weit getrieben werde.

11.3 Die kirchliche Bedeutung einer universitären Verankerung der Theologie

Was zur Zeit des Konzils nicht vorausgesehen werden konnte, war der unmittelbar folgende Modernisierungsschub, dem vor allem die jüngeren Generationen mit der Studentenbewegung und ihren kulturellen Folgewirkungen ausgesetzt wurden. Hier führte die Entprofilierung der Konfessionen zu einer Entprofilierung der kirchlichen Mitgliedschaft selbst. Religion ist öffentlich zur Privatsache geworden und scheint individuell in der Konkurrenz der privaten Optionen einen recht variablen, aber in jedem Fall subjektivierten Stellenwert zu gewinnen. Das fordert das katholische Kirchenverständnis weit stärker als das evangelische heraus. Wie kann unter diesen Umständen die Kirche als sichtbare Glaubensgemeinschaft ihre Identität bewahren?

Im Kontext dieser Fragestellung sind wohl neuere Überlegungen zu verstehen, die Priesterausbildung aus den theologischen Fakultäten auszugliedern und sie in eigens hierfür zu schaffende oder auszubauende Priesterseminare zu verlegen. Die entscheidende Differenz zwischen beiden Ausbildungsformen liegt auf zwei Ebenen: Zum einen würde dadurch nicht nur der Kontakt unter den Priesteramtskandidaten intensiviert, sondern auch der Kontakt mit anderen Theologiestudenten und -studentinnen sowie mit dem universitären und studentischen Milieu überhaupt unterbrochen. Zum zweiten würde die Ausbildung weit unmittelbarer und ausschließlich in kirchlichem Kontext erfolgen, der Einfluss der profanen Denk- und Wertsysteme würde damit automatisch gefiltert und nur in theologisch vorgeordneten Formen an die Seminaristen herangetragen.

Aus soziologischer Sicht kommt diesem Konzept auf den ersten Blick durchaus eine gewisse Plausibilität zu: Eine Institution, welche ein Höchstmaß an Loyalität ihren Ideen, Normen und Führungskräften gegenüber erzeugen will, tut gut daran, die Mitgliedschaftsregeln so auszugestalten, dass sie ein starkes Überwiegen der Innenbeziehungen gegenüber den Außenbeziehungen sicher stellen. Stellt man sich den Klerus als eine mit Korpsgeist beseelte geistliche Elite vor, so spricht vieles dafür, zum mindesten in der Initiations- und Ausbildungsphase ein möglichst dichtes Interaktionsmilieu zu schaffen und den Einfluss konkurrierender Sinndeutungen zu minimieren. Eben darauf beruhte u. a. der kollektive Erfolg des europäischen Katholizismus zwischen dem Ersten und dem Zweiten Vatikanischen Konzil, und es scheint dies gegenwärtig die Strategie der Personalprälatur *Opus Dei* zu sein. Angesichts der zunehmenden Komplexitätssteigerung der Lebensbezüge und der damit verbundenen Orientierungsschwierigkeiten scheint zudem eine derartige Vereinseitigung der Welterfahrung gerade für manche junge Menschen nicht unattraktiv, wie die verschiedenen Spielarten des Fundamentalismus belegen.[137]

Aus soziologischer Sicht kann eine solche soziale Strategie so lange erfolgreich sein, wie davon auszugehen ist, dass die in solchen initiatorischen Zusammenhängen erworbenen Loyalitäten und aufgebauten kognitiven Strukturen *sich auch auf Dauer* zu *bewähren vermögen*.[138] Insoweit es an einer Unterstützung durch die weitere soziale Umwelt und deren kulturelle Orientierungen mangelt, setzt dies zum mindesten eine Fortsetzung des engen Interaktionszusammenhangs voraus, wie uns dies einerseits aus manchen Sekten, andererseits aus den Orden, insbesondere den monastischen Orden bekannt ist. Allerdings: Soweit es sich nicht um kontemplative, sondern um diakonische Orden handelt, insoweit also nicht nur ein religiöser Auftrag, sondern auch ein Weltauftrag wahrgenommen wird, können auch hier Spannungen zwischen religiösen und profanen Wert- und Wissenssystemen auftreten, die sich nicht immer durch bloßen geistlichen Gehorsam auflösen lassen.

Dennoch waren und sind die *Orden* diejenige religiöse Lebensform, welche sich in der lateinischen Kirche am besten bewährt hat. Das Zweite Vatikanische Konzil hat jedoch den Orden auffallend wenig Beachtung geschenkt und stattdessen die Bischöfe und damit den Weltklerus als die repräsentativen Träger des kirchlichen Vollzugs in den Vordergrund gestellt. Das Konzil hat damit auf eine Form geistlicher Existenz gesetzt, der historisch nur untergeordnete Bedeutung zukam und deren Qualitätssteigerung seit dem 19. Jahrhundert gerade ihrer zunehmenden theologischen Ausbildung, also ihrer *Professionalisierung*, zuzuschreiben ist. Gleichzeitig handelt es sich beim Weltklerus um eine Lebensform, die weit stärker an den Tendenzen der Modernisierung (einschließlich der damit verbundenen Individualisierung) teilhat und damit den Spannungen zwischen kirchlich-religiösem Anspruch und profaner Weltwirklichkeit weit unmittelbarer ausgesetzt ist. *Soll diese Lebensform unter den gegenwärtigen Bedingungen erfolgreich institutionalisiert werden, so setzt dies gerade in der Initiationsphase die konsequente Auseinandersetzung* mit *dieser Spannung und nicht deren möglichsten Ausschluss voraus.* Die Einübung des Umgangs mit dieser Spannung und die Stabilisierung einer priesterlichen Identität setzt allerdings auch hier gewisse *Formen der vita commmunis* voraus, die sich aber durchaus mit einer universitären Ausbildung vereinbaren lassen.

Eine ganz andere Frage ist es, inwieweit die theologischen Fakultäten bzw. deren lehrende Mitglieder die Spannung zwischen ihrem Glauben, ihrer Bindung an den kirchlichen Kontext und der universitären Verfassheit ihres Tuns auch als *Medium der geistigen und existentiellen Auseinandersetzung* für ihre Studenten erfahrbar machen. Dies ist kein bloßes Problem der Priesterausbildung, sondern gilt für die Theologieausbildung generell. Theologie kann, wie alle Geisteswissenschaften, keine bloße Textwissenschaft sein, sondern bedarf um ihrer Lebendigkeit willen bei denjenigen, die sie betreiben, eines unmittelbaren Gegenstandsbezugs, hier also der wie auch immer gearteten religiösen Praxis und Glaubenserfahrung. Wer im Kontext unterschiedlicher Fachwissenschaften verkehrt, dem bleiben die Unterschiede nicht nur der Argumentationsweise, sondern auch der Interaktionsstile nicht verborgen, ein *hidden curriculum* sozusagen, durch das möglicherweise die Studenten nicht weniger geformt werden als durch die vermittelten Inhalte. Auch wenn die *Vorbildwirkung* akademischer Lehrer im Massenbetrieb moderner Universitäten unterzugehen droht – und außerdem in den vorherrschenden Deutungsmustern der Dozenten als Zumutung abgetan werden dürfte –, es gibt dafür keinen wirklichen Ersatz, und dies am wenigsten in einem Fach, dessen Gegenstand nicht irgendein sachliches Verhältnis, sondern der Mensch in seiner Beziehung zu Gott ist.

Es mag somit gute Gründe geben, nach neuen Sozialformen christlichen Lebens Ausschau zu halten, die auch die geistliche Orientierung des Priester- und Theologennachwuchses in der gegenwärtigen, tendenziell vereinzelnden Universitätssituation zu unterstützen vermögen. Aber es gibt m. E. keinerlei gute Gründe, die nach innen gerichtete Professionalisierungsfunktion und die nach außen gerichtete Legitimationsfunktion der wissenschaftlichen Theologie auseinanderzureißen. Beide würden dadurch letztlich geschwächt.

Man wird sich darüber klarwerden müssen, dass die Ausgliederung der Priesterausbildung aus den theologischen Fakultäten den Verzicht auf die Institutionalisierung katholischer Theologie im Rahmen der Universitäten und mit hoher Wahrscheinlichkeit auch im Rahmen des öffentlichen Wissenschaftssystems überhaupt zur Folge hätte. Zwar könnte im deutschen Kontext noch auf das Erfordernis der Religionslehrerausbildung hingewiesen werden, doch stünde zu befürchten, dass die Trennung der Priester- und Religionslehrerausbildung (von anderen theologischen Berufen ganz zu schweigen) der letzteren gerade aus kirchlicher Sicht schlecht bekäme. Das kirchliche Interesse an den theologischen Fakultäten würde mit der Ausgliederung der Priesterausbildung nahezu zwangsläufig sinken, und es wäre damit zu rechnen, dass die kirchennahen Theologen sich an den Seminaren, die weniger kirchengebundenen bei den Universitäten konzentrieren. Die Entwicklung des Religionsunterrichts zu bloßer Religionskunde und die Umstrukturierung der theologischen in religionswissenschaftliche Fachbereiche wäre wahrscheinlich nur eine Frage der Zeit. Das gelegentliche Interesse evangelischer-theologischer Fakultäten und auch religionswissenschaftlicher Fachbereiche an katholischer Theologie könnte deren *wissenschaftlichen* Stellenwert nicht allein aufrecht erhalten; zum einen schon aus quantitativen Gründen, weil mehr als ein oder zwei katholische Theologen pro Fachbereich würden kaum gebraucht würden. Aber auch der qualitative Charakter der katholischen Theologie an der Universität würde sich verändern; von einem lebendigen und wissenschaftlich schöpferischen Sozialzusammenhang zu einem bloßen Studienobjekt .[139]

Die katholische Theologie würde damit faktisch ihren Status als Wissenschaft im gesellschaftlichen Verständnis verlieren und auf das Niveau eines esoterischen Sonderwissens wie die Naturheilkunde oder die astrologische Menschenkunde herabgestuft. Der Verzicht auf katholische theologische Fakultäten stellte einen symbolischen Akt dar, dessen kulturelle Folgewirkungen kaum überschätzt werden können. Umgekehrt würde – unabhängig von allen wissenschaftstheoretischen Begründungen – die neue Institutionalisierung der katholischen Theologie an den Universitäten der ehemals sozialistischen Länder per se als Ausdruck der kirchlichen Sendung verstanden, zur öffentlichen Verhandlung der die menschliche Existenz betreffenden Fragen auf der Basis vernünftiger Einsicht beitragen zu können. Angesichts des prominenten Stellenwerts der Wissenschaften in der modernen Gesellschaft würde der Verzicht hierauf einem Verzicht auf den Anspruch der Wahrheitsfähigkeit des Vertretenen gleichkommen.

In diesem Zusammenhang sei wenigstens ein kurzer Seitenblick auf die Frage *gesellschaftlicher* Legitimität der Theologie geworfen. Es wurde einleitend auf die »Tragödie der Religion« in der Sicht Max Webers hingewiesen und gezeigt, dass moderne Gesellschaft trotz ihrer Säkularisierung dem Religiösen durchaus einen Platz einzuräumen geneigt ist. Einen Platz allerdings, wo Religion mit Bezug auf zentrale Lebensbereiche eher marginal ist und allenfalls als Auffangnetz zweiter (oder letzter) Ordnung für die auf andere Weise nicht zu bearbeitenden Probleme, als »Kontingenzbewältigungspraxis« für die ›Restrisiken‹ fungiert (Lübbe 1986: 149 ff.).

Einmal abgesehen davon, dass diese oder auch andere Funktionszuschreibungen dem religiösen Selbstverständnis notwendigerweise inkongruent sind, stellt sich die Frage, aufgrund welcher Kraft der Religion derartige Leistungen zugetraut werden. Die aufklärerische Religionskritik verortete diese Kraft zunächst in der Macht und List der Priester, sodann in der projektiven Psyche der Menschen oder allenfalls in einem esoterischen Glauben, der der Prüfung durch die kritische Vernunft nicht standhalte. Und da gleichzeitig an der ursprünglich theologischen Vorstellung einer einzigen Wahrheit festgehalten wurde, fiel die Religion aus dem Wahrheitsbegriff der sich selbst begründenden kritischen Vernunft notwendigerweise heraus. Hier hat sich die Diskussionslage insofern geändert, als neuere wissenschaftstheoretische und wissenssoziologische Einsichten den notwendigerweise voraussetzungsvollen Charakter auch der wissenschaftlichen Erkenntnis und den bloß zirkulären Charakter aller Vergewisserungen menschlicher Vernunft herausgearbeitet haben. Mehr und mehr erscheint die erfahrungswissenschaftliche Rationalität nur noch als eine unter mehreren Sozialformen des Wissens mit einem eingeschränkten Gültigkeitsbereich. ›Postmodernes‹ – oder genauer: das zur ›Abklärung der Aufklärung‹[140] gelangte – Wissen reduziert den Anspruch auf Einheit der Vernunft so weitgehend, dass er allenfalls noch als Utopie hinter allen Diskursen einer ›transversalen Vernunft‹ durchschimmert, soweit er nicht ganz aufgehoben wird (vgl. Welsch 1995). Damit entfallen die scheinbar apriorischen Gründe für eine Disqualifikation der Theologie als Glaubenswissenschaft, und die Debatte über die Gründe der Religion muss neu eröffnet werden. An ihr kann jedoch nur teilnehmen, wer Zutritt zu den Foren des öffentlichen Diskurses besitzt.

Wissenschaftliche Theologie hat somit heute nicht nur eine nach innen gerichtete, sondern wesentlich auch eine nach außen gerichtete *kirchliche* Funktion. Sie sichert die Präsenz des Christlichen in der modernen Gesellschaft im Bereich des Geistigen, zwar nicht allein, wie im Hinblick auf christliche Literaten, Künstler und Medienleute gehofft werden darf, aber doch allein in einer institutionell verfassten Weise. Das Sprechen *ad extra* und das Handeln *ad intra* unterliegt verschiedenen Kommunikationsbedingungen, doch ist es für die Glaubwürdigkeit des Christentums wichtig, dass beides sich nicht allzu weit voneinander entfernt. Die institutionelle in der Universität verfasste Theologie, welche selbstverständlich durch weitere theologische Einrichtungen ergänzt werden kann, scheint am ehesten geeignet, dieses spannungsreiche Verhältnis in sich auszutragen.

12. Kapitel:

Ist das Christentum zukunftsfähig?

Die drei abschließenden Kapitel stellen nicht mehr Vergangenheit und Gegenwart, sondern die Zukunft von Christentum und Kirche ins Zentrum der Aufmerksamkeit. Dabei sollten wir uns allerdings vergegenwärtigen: Die Zukunft bleibt ungewiss, und was uns Gurus und die Zukunftsforscher bieten, sind entweder Trend-Expolationen oder mehr oder weniger informierte Projektionen subjektiv ausgewählter oder im Rahmen von Expertenbefragungen gewonnener Einschätzungen, wenn nicht nur subjektive Verarbeitungen von massenmedialen Aktualitäten. Wenn solchen Einschätzungen ein gewisses Maß an Seriosität zukommen soll, so sollte ihr Autor seinen persönlichen Standort klären und die Rahmenbedingungen nennen, unter denen er seine Vorausschau für in etwa vertrauenswürdig hält. Denn jeder bleibt an seinen mehr oder weniger beschränkten Horizont gebunden.

12.1 Persönlicher Hintergrund

Ich komme aus der katholischen Diaspora, aus der Zwinglistadt Zürich. Ich habe deshalb nicht die frommen und unfrommen Selbstverständlichkeiten im Hinterkopf, die ein umfassendes katholisches Milieu vielen meiner Generationsgenossen noch vermittelt hat. Immerhin, auch ich war in meiner Erziehung ›kirchengeschädigt‹, und ich verdanke es glücklichen Umständen, dass mich dies meiner Kirche nicht entfremdet hat. Wenn in den letzten Jahren und zuletzt durch die Missbrauchsskandale die sakrale Aura der katholischen Kirche sich immer mehr verflüchtigt hat, hat mich das nicht sonderlich betroffen, sondern eher erleichtert. Ja, ich war seinerzeit tief beeindruckt von der nüchternen Ernsthaftigkeit der Totenfeier für Papst Paul VI., auf dessen schlichtem Holzsarg eine Bibel lag, in deren Seiten der Wind spielte. Der Konzilspapst Paul VI. war auch der Papst, der auf die dreifache Krone der Tiara verzichtet hat, und damit symbolisch auch auf die religiös-politischen Herrschaftsansprüche der Päpste seit dem Mittealter.

Was sagt das für mein heutiges Verhältnis zur römisch-katholischen Kirche? Ich sehe da viel Kritisches, aber das sah ich auch schon zu Zeiten Pius XII. so, und so kann ich mich für die heutigen Aufgeregtheiten sowohl der Traditionalisten wie auch der Fortschrittlichen nicht so recht erwärmen. Es ist gut, dass es Aufregung gibt, denn wenn der Glaube nicht mehr aufregt, ist er nicht mehr »Salz der Erde«. Aber Parteinahme ist meine Sache nicht. Aus meiner Sicht sind in der Welt wie in der Kirche Licht und Schatten eng beisammen, und pauschalisierende Urteile meistens falsch oder zum mindesten schief. Man muss schon recht genau zusehen, um zu einigermaßen tragfähigen Aussagen zu gelangen. Und in Kauf nehmen, dass sich das nicht so spannend liest wie Küng (2011) oder Matusseck (2011).

Wahrscheinlich passt diese persönliche Einstellung recht gut zur professionellen Aufgabe, in die ich – durchaus auch aus biografischen Gründen – allmählich hineingewachsen bin, nämlich mich als Sozialwissenschaftler unter anderem mit den sozialen Gegebenheiten des Katholizismus und der katholischen Kirche auseinander zu setzen (vgl. Einleitung, Abschnitt 1). Eigentlich hatte ich dieses Arbeitsgebiet schon vor einigen Jahren für mich ad acta gelegt, doch hat mich eine persönliche Erschütterung dazu gebracht, wieder in die Arena zu steigen: Es waren nicht die Missbrauchsskandale als solche, die mich erregten, so hässlich sie sein mögen, sondern die Arroganz und Scheinheiligkeit des Dekans des Kardinalskollegiums, Kardinal Sodano, der im Ostergottesdienst 2010 zu St. Peter den Papst glaubte ermahnen zu sollen, die (teils in der Tat hämischen) Kommentare der Weltöffentlichkeit mit Bezug auf dieses Thema nicht zu beachten.[141] Zur Erinnerung: Kardinal Sodano war ein vatikanischer Protektor der *Legionäre Christi*, deren Gründer posthum schwerwiegender sexueller Verfehlungen, unter anderem auch mit Jugendlichen, überführt wurde.

12.2 Zukunftsfähigkeit und Tradition

In welchen Horizont stellen wir uns, wenn wir nach der »Zukunftsfähigkeit« des Christentums fragen?[142] Was sind die angenommenen Rahmenbedingungen? Gewiss nicht der triumphalistische Horizont eines katholischen Kirchenverständnisses, demzufolge die Pforten der Hölle die auf den Fels Petri gebaute Kirche nicht überwinden werden. Dieses Bibelwort diente in unserer Jugend als Garantie für die Richtigkeit eines sich selbst als unwandelbar begreifenden Kirchenverständnisses, für das Zukunft kein Problem darstellte. Das II. Vatikanische Konzil hat mit seinem prägenden Bild vom *in der Menschheitsgeschichte wandernden Gottesvolk* das »Haus voll Glorie, schauend weit über alle Land« abgelöst, und wer wandert, auf den kommt manches zu: Erkennbares und noch nicht Erkennbares. Die Überlegungen dieses Buches wollen dazu beitragen, diese neue, dynamische Perspektive aus soziologischer Sicht gesellschaftsgeschichtlich zu unterfüttern.

Mit seiner Option für eine Zukunftsfähigkeit des Christentums – hier vor allem auf der Basis der im Zweiten Vatikanum reformulierten katholischen Tradition, ohne die Bedeutung der übrigen christlichen Traditionen und vor allem ihrer Wechselwirkungen zu negieren – stelle ich mich in einen Horizont, den viele Religions- und Kirchenkritiker als zu eng und gerade nicht als zukunftsträchtig ansehen werden. Auf einige Einwände wird in Abschnitt 14.1 eingegangen. Ganz grundsätzlich sei hier nur angemerkt, dass die meisten Theoretiker des Zeitgeistes auf Evidenzen aus relativ kurzen Zeiträumen rekurrieren und das anthropologische wie auch geschichtlich-politische Gewicht kultureller Traditionen m.E. unterschätzen. Die Christentumsgeschichte stellt zentrales kulturelles Kapital Europas dar, deren Bedeutung in der anstehenden Auseinandersetzung mit dem Islam und anderen Herausforderungen neu zu entdecken bleibt.

Das triumphalistische katholische Kirchenverständnis hatte sich im 19. Jahrhundert in Auseinandersetzung mit einem nicht weniger apodiktischen, weil fortschrittsgewissen Weltverständnis der ›aufgeklärten‹ Wissenschaften entwickelt. Dieser Vernunftglaube war in der Nachkriegszeit weniger ausdrücklich als bei der nachfolgende Generation der sogenannten 68er, die trotz ihrer Wissenschaftskritik den aufklärerischen Vernunftanspruch in radikalisierter Form erneuerten und sozusagen im Zeitraffertempo Aufklärung und Romantik miteinander verbanden. Die erneute Desillusionierung dieses fortschrittsgläubigen Vernunftanspruchs, prägnant verkörpert durch das von Niklas Luhmann 1967 angekündigte und in der Folge theoretisch durchgeführte Programm einer »Abklärung der Aufklärung« (1970), hat zu einer neuen, meist als ›postmodern‹ bezeichneten Lage unseres kulturellen Bewusstseins geführt, das auch nicht das letzte Wort der Geschichte sein wird. Als wichtigste Merkmale dieses Bewusstseins gilt die Betonung des konstruktiven Charakters aller kommunikationsrelevanten Wirklichkeit, die irreduzible Vielfalt der Wahrnehmungsperspektiven und daraus folgend die Problematisierung von Identität.[143]

Natürlich liegt ein weites Feld zwischen dem französischen Strukturalismus und Dekonstruktivismus, der autopoietischen Systemtheorie Luhmanns oder den ihr in diagnostischer Hinsicht verwandten Gesellschaftsanalysen angelsächsischer Autoren wie Anthony Giddens oder John W. Meyer, ganz zu schweigen von eher psychoanalytisch oder interaktionistisch inspirierten Diskussionen um die Probleme individueller und kollektiver Identität. Ihnen allen liegt jedoch die *Erfahrung des Zerbrechens eindeutiger und umfassender Referenz- und Orientierungsrahmen bei gleichzeitig bemerkenswerter Stabilität der konkreten partikulären Orientierungsperspektiven* zugrunde. Noch nie war das Alltagsleben im einzelnen so berechenbar und die Sekurität des Daseins grösser als heute in den wohlhabenden Regionen unserer Erde. Und doch mehrt sich gerade hier das Bewusstsein unkontrollierbarer Risiken und der Orientierungslosigkeit im Ganzen, das durch die sogenannte Globalisierung noch verstärkt wird. Das jeweilige Gegenwartsbewusstsein enthält das Moment seiner eigenen Vergänglichkeit. Eine immer deutlichere Differenz zwischen Gegenwart und möglichen, jedoch ungewissen Zukünften wird spürbar (vgl. Kapitel 2).

Die Fragwürdigkeit unserer Zukunft ist keine Folge einer chaotischen Situation, sondern im Gegenteil eine Konsequenz des hohen Ordnungsgrades der Wirklichkeiten, in denen wir leben. Die gesellschaftliche Entwicklung ist ja eine Geschichte zunehmender Organisationsfähigkeit und wachsender Kontrollfähigkeit der Menschen über die *natürlichen* Bedingungen ihres alltäglichen Zusammenlebens. Gleichzeitig ist jedoch die individuelle und organisatorische Autonomie gewachsen. Das Zusammenwirken beider Entwicklungen führt zu einer *wachsenden Kontingenz der zwischenmenschlichen Beziehungen und zu einer größeren Offenheit der gesellschaftlichen Entwicklungsmöglichkeiten.* An die Stelle umfassender Sozialgestalten, welche die Menschen eines bestimmten Raumes integrieren und ihnen die Entwicklung eines gemeinsamen Bewusstseins erleichtern, treten vielfältige offene, netzwerkartige Muster menschlicher Beziehungen. Menschliches Zusammenleben hat in den letzten Jahrhunderten zugleich an Festigkeit und Beweglichkeit zugenommen, doch seine Vollzüge sind zunehmend komplexer und daher für den einzelnen anonymer und unüberschaubarer geworden. Wir können wissen, dass die Schicksalsschläge, die uns treffen, innerweltliche Ursachen haben, die sich in der Regel grundsätzlich feststellen lassen. Die Kontingenz der Welt im einzelnen erscheint uns weniger denn je auf einen göttlichen Ratschluss zurückführbar. Und dennoch bleibt die Welt im Ganzen und die Dynamik ihrer Veränderung unbegreiflich. ›Evolution‹ ist nur ein Name, der uns diese Unbegreiflichkeit tragbar machen soll.

Die Metapher des »Raumschiffes Erde«, das ohne erkennbares Ziel durch das Weltall saust, könnte so zum Bild der vorherrschenden Bewusstseinslage werden, wären da nicht alle die wohlmeinenden Verantwortungsträger, die sich und anderen ihre Verantwortungsfähigkeit beweisen wollen. Aus dieser Spannung resultieren wunderliche und recht utopisch anmutende Zukunftsvisionen, die im wesentlichen das Bewusstsein in einigen Weltmetropolen bestimmen (vgl. Gross 2000). Doch die massenmediale Vernetzung verbreitet dieses Denken auch in weiteren Räumen.

In welchen Horizont stellen wir uns, wenn wir nach der »Zukunftsfähigkeit« des Christentums fragen? Es ist offenbar ein sehr weltlicher Horizont, der vom allgemeinen Bewusstsein der Ungewissheit der Zukunft bestimmt wird. Man könnte genauso gut nach der Zukunftsfähigkeit der Moderne, des internationalen Finanzsystems, des Liberalismus oder des Nationalstaates fragen.

Dennoch kommt ein besonderes Moment hinzu, wenigstens für Europa: Denn im Unterschied zu den übrigen genannten Größen scheint das Christentum in Europa im Laufe dieses Jahrhunderts tatsächlich an prägender Kraft und zunehmend auch an Mitgliedern schwächer geworden zu sein, und eine Fortsetzung dieses Trends steht angesichts der Alterung der Kirchenmitglieder wie des Klerus zu erwarten. Besonders deutlich ist in Deutschland ein eklatanter Abbruch religiöser Traditionen in beiden Konfessionen zu beobachten, der auch die Existenz der Kirchen in ihrer bisherigen Verfassung bedroht. Michael Ebertz hat in einer sehr detaillierten Analyse neuerer Umfragedaten gezeigt, wie sehr auch unter den konfessionell Gebundenen, ja sogar unter den kirchennahen und kirchlich aktiven Christen sich die religiöse Orientierung diversifiziert und die Verbundenheit mit der jeweiligen kirchlichen Tradition gelockert hat. Zunehmend scheinen es selbst innerhalb der kirchlichen Aktivitäten eher die auch im profanen Bereich angebotenen Aktivitäten der Caritas und der Freizeitgestaltung zu sein, welche unter den Kirchenmitgliedern Anklang finden. Und für die jüngeren Generationen stellt er fest: »Die persönliche Religiosität wird … immer weniger noch als christliche verstanden, löst sich also nicht nur aus traditionalen kirchlichen Bindungen, Glaubensvorstellungen und -praktiken, sondern sieht sich immer weniger auch in einem ›überkonfessionellen christlichen Traditionsstrom‹ verankert (vgl. Ebertz 1997: 71 f.). Für die katholische Kirche im besonderen, deren Mitglieder sich in der Vergangenheit diesen Erosionstendenzen gegenüber resistenter erwiesen hatte, diagnostiziert Ebertz heute einen akuten Nachwuchsmangel und eine zunehmende Vergreisung des Klerus sowie dessen sinkende persönliche Lebenszufriedenheit und Berufsmotivation.

In Deutschland und einigen anderen europäischen Staaten ist der Verlust konfessioneller Milieubindungen ein entscheidender Faktor für die sinkende Verbundenheit der Bevölkerung mit ihren Kirchen. Dabei erscheint als Folge des Verlustes der konfessionellen Milieubindungen der kirchliche Anspruch zunehmend als fremdbestimmend und im Widerspruch zu eigenen Autonomieansprüchen stehend. Dies könnte auch erklären, weshalb Eltern heute zunehmend darauf verzichten, ihren eigenen Glauben ausdrücklich an ihre Kinder weiterzugeben bzw. diese in den Kontext kirchlichen Glaubens einzuführen, und deren ›Glauben‹ statt dessen ausschließlich als eine Frage eigener späterer Entscheidung betrachten. Da prägende Wertorientierungen meist schon in der Kindheit erworben werden, entfällt damit ein wichtiges Moment der bisher dominierenden Tradierungsform des Christentums.

Aber auch die allgemeine Wohlstandssteigerung und die damit einhergehenden technologischen Fortschritte tragen zum Relevanzverlust der Kirchenzugehörigkeit bei. Die allgemeine Motorisierung und die Verbreitung des Fernsehens, die zunehmende Bildungsbeteiligung, die Einbeziehung auch der verheirateten Frauen in die außerhäusliche Erwerbstätigkeit, die Verkürzung der Arbeitszeiten und die wachsende Bedeutung des Tourismus führen zu einer alltäglichen Horizonterweiterung von bis dahin unvorstellbaren Ausmaßen. Immer größere Weltausschnitte und immer mehr Möglichkeiten werden dem einzelnen bewusst, und zugleich vervielfältigen sich die Möglichkeiten auch tatsächlich. Immer häufiger stellen sich Fragen der Lebensführung, auf welche die Traditionen der Herkunftsmilieus keine plausiblen Antworten beinhalten. Deshalb wächst der Einfluss der Gleichaltrigen, der Bildungseinrichtungen und der Massenmedien, zu Lasten der Herkunftsmilieus und ihrer hauptsächlichen Träger: Familie und Kirche.

Die Zukunft des Christentums scheint hier also im Sinne einer absehbaren, sozusagen durch Trend-Extrapolationen definierten Zukunft zum mindesten in Westeuropa fragwürdig geworden zu sein. Das ist das übliche Verfahren, mit dem seit Jahrzehnten Zukunftsforscher uns ein Bild der Zukunft zu zeichnen versuchen. Die Schwäche dieser Vorgehensweise liegt jedoch darin, dass Trends nichts erklären, sondern nur eine bestimmte Entwicklung der Vergangenheit dokumentieren, die selbst für die Vergangenheit erklärungsbedürftig ist. Stellt man dann fest, dass die Faktoren, welche für die Vergangenheit wirksam gewesen sind, mit hoher Wahrscheinlichkeit auch in absehbarer Zukunft wirken werden, und dass keine gegenläufigen Einflussfaktoren namhaft gemacht werden können, so kommt einer solchen Zukunftsprognose eine gewisse Plausibilität zu. Der Zukunftsforschung ist es jedoch bisher kaum jemals gelungen, wirkliche Trend-Brüche vorauszusagen, beispielsweise den Zusammenbruch des Ostblocks oder die wirtschaftliche Renaissance in Großbritannien unter Margret Thatcher. Die meisten längerfristigen historischen Prognosen stellen sich als falsch heraus. Das gilt insbesondere für kulturelle Mutationen. *Insofern beruht die Attraktivität der Frage nach der Zukunftsfähigkeit eines Sozialzusammenhangs eher auf unseren Hoffnungen und Befürchtungen als auf unseren Mitteln, sie zuverlässig zu beantworten.*

Die Frage nach der Zukunftsfähigkeit des Christentums irritiert somit aus mindestens drei voneinander unabhängigen Gründen: Sie ist zum einen unter Verweis auf die Offenheit und Unerkennbarkeit der Zukunft als im strengen Sinne unbeantwortbar zu bezeichnen. Sie setzt zweitens den für die Vergangenheit charakteristischen engen Zusammenhang zwischen ›Religion‹, ›Kirche‹ und ›Christentum‹ voraus; es spricht jedoch vieles dafür, dass sich eben dieser enge Zusammenhang gegenwärtig lockert. Schließlich beinhaltet die Frage eine ausschließlich weltliche Perspektive, deren glaubens- oder heilsgeschichtliche Deutung einer spezifischen theologischen Reflexion des Verhältnisses von Weltgeschichte, Kirchen- bzw. Christentumsgeschichte und Heilsgeschichte bedürfte. Denn trotz dieser aktuellen Trends bleibt die komplexe, jedes aktuelle Kirchenbewusstsein übersteigende zweitausendjährige Tradition der christlichen Strömungen eine Ressource, die für die Zukunft nicht gering geschätzt werden sollte. Sie umfasst weit mehr als die dogmatischen Streitigkeiten und Entscheidungen, welche gerne als für die Konfessionen identitätsprägend angesehen werden. Größere Tragfähigkeit für die Zukunft dürfte der Schatz der assoziationsreichen biblischen Erzählungen, die Gebete und Liturgien sowie die großartigen künstlerischen Glaubenszeugnisse besitzen; in Europa insbesondere der Architektur und Plastik sowie der religiös geprägten Musik: Vom Choral und den byzantinischen Liturgien bis zu Olivier Messiaen und Aarvo Pärt. Johann Sebastian Bachs Matthäus-Passion oder Anton Bruckners *Te Deum* lassen kaum einen verständigen Hörer kalt. Und auch neuere Medien verbreiten Glaubenszeugnisse, beispielsweise die Filme »Die große Stille« oder »Von Menschen und Göttern«, die der Sache Gottes dienlicher sein dürften als viele bischöfliche Hirtenbriefe.[144]

12.3 Inwiefern ist das Christentum handlungsfähig?

Die Bedeutung von Traditionen wird deutlicher, wenn wir die Frage nach der Zukunftsfähigkeit des Christentums nicht wie bisher in der objektivistisch-evolutionistischen, sondern in einer handlungstheoretischen Perspektive stellen. Denn *streng genommen gibt es Zukunft nur aus der Perspektive bestimmter Akteure*, die von ihrer eigenen Gegenwart ausgehend das hinter ihnen Liegende als Vergangenheit und das auf sie Zukommende als Zukunft bestimmen.[145] Wir orientieren uns an der Geschichtsphilosophie der Aufklärung, wenn wir die Menschheit als ein verallgemeinertes Subjekt denken, das ›Zukunft hat‹; und es gehört zur »Abklärung der Aufklärung« (N. Luhmann), eben dies als Projektion zu durchschauen. Die Zentralperspektive der aufklärerischen Geschichtsphilosophie reklamierte für den Menschen die göttliche Perspektive, welche sich zuerst das römische Papsttum in Stellvertretung Gottes glaubte zu eigen machen zu können. Das Zerfallen der menschheitsgeschichtlichen Vision der Aufklärung, welche ihrerseits die universalen Ansprüche der Theologie destruiert hatte, schafft zwar neuen Raum für religiöse Perspektiven, doch bleiben diese in ihren möglichen Geltungsansprüchen ebenso beschränkt wie alle anderen, z. B. wissenschaftlichen, ökonomischen oder politischen Perspektiven.

Es ist daher an der Zeit, gegenüber den universalistischen Theorien, welche unser Weltbild zu bestimmen suchen, die Perspektive der Akteure erneut stark zu machen. Hätten unsere Vorfahren ihre Existenz evolutionistisch verstanden, hätte sich menschliche Geschichte, die wir heute als ›Evolution‹ interpretieren, schwerlich so zugetragen. »Die Religionsphilosophie hat sich zu beteiligen an dem Prozess der Selbstaufklärung moderner Gesellschaften, deren merkwürdig gebrochene Evolution immer wieder das Auftreten von Religion und Mythos fördert. ... Und sie hat sich der Aufgabe zu stellen, den Zugang zu jenen Ressourcen von ›Sinn‹ und ›Mut zum Sein‹ (P. Tillich) freizuhalten, für die es keine ökonomischen und technischen Äquivalente gibt und die verhindern, dass der Mensch auf die Welt des Gegenständlichen und Zuhandenen festgelegt wird« (Höhn 1996: 19).

In handlungstheoretischer Perspektive bezeichnet Zukunftsfähigkeit das Ausmaß an Dispositionen und Fähigkeiten einer Person oder eines kollektiven Akteurs, sich einer ungewissen Zukunft zu stellen, die auf ihn zukommenden Herausforderungen und Chancen zu erkennen, eigene Ressourcen zu mobilisieren und gegebenenfalls erforderliche Entscheidungen bzw. interne Veränderungen vorzunehmen, um den Herausforderungen und Chancen der Umwelt im Sinne eigener Intentionen gewachsen zu sein.[146]

Allerdings hilft dies für unser Thema noch nicht direkt weiter. *Das Christentum ist kein kollektiver Akteur*, sondern ein sich auf einen gemeinsamen Ursprung in Jesus Christus beziehender vielfältiger Komplex institutionalisierter Glaubenstraditionen, deren Träger sich als ›Kirchen‹ bezeichnen, denen gemeinhin Handlungsfähigkeit zugeschrieben wird. Aber selbst wenn, wie im Falle der lateinischen Kirche, sich im Laufe der Jahrhunderte die Vorstellung eines handlungsfähigen hierarchischen Zusammenhangs durchgesetzt hat, dessen päpstliche Spitze sich als Stellvertreter Gottes auf Erden versteht, so wird dies den historisch feststellbaren Sachverhalten nicht voll gerecht. Religiöse Renaissancen gingen nur ausnahmsweise vom römischen Zentrum aus. Sie entwickelten sich auch nicht aus naturwüchsigen Trends, sondern aus dem Beispiel der Überzeugungskraft einzelner Persönlichkeiten oder religiöser Bewegungen: Das gilt vor allem von den Orden, aber ebenso von Martin Luther, Martin Luther-King oder – um ein zeitgenössisches außerchristliches Beispiel zu nennen: Mahatma Gandhi. Charakteristischerweise sind religiössoziale Bewegungen zunächst in unorganisierter oder schwach organisierter Form entstanden, beispielsweise als Bildung einer kleinen Gruppe – man denke an die Gründung des Jesuitenordens in Paris – oder auch schon an die Jüngerschaft des Rabbi Jesus!

Die nunmehr zweitausendjährige Geschichte des Christentums erscheint bei näherem Zusehen als ein höchst spannungsreicher Prozess, an dem vielfältige Akteure beteiligt waren. Zunächst dominierte die Mission der vermutlich aramäisch sprechenden Apostel und ihrer Schüler unter dem im ganzen Römerreich weit verteilten Judentum. Sie verbreiteten die Botschaft vom gekreuzigten und auferstandenen Rabbi Jesu als dem Messias. Aber von Anfang an wurden auch Nicht-Juden aufgenommen – ähnlich den unbeschnittenen Proselyten der jüdischen Diaspora. Diese ›Griechen‹ gewannen zunehmend an Einfluss, und mit ihnen die in sich selbst vielfältige hellenistische Kultur. Schon das antike Christentum war aufgrund seiner Offenheit für unterschiedliche Inkulturationen *pluralistisch*, wobei doch das *Streben nach Einheit* im Glauben lebendig blieb (vgl. Markschies 2006). So pflegten die Gemeindevorsteher überörtliche Kontakte (Synoden, Konzile), und bald bildeten sich auch hierarchische Strukturen hervorgehobener Bischofssitze mit koordinierender Verantwortung heraus, die Patriarchate.

Seit der ›Konstantinischen Wende‹ galt es die Einheit des Glaubens nicht mehr nur gegenüber dem kulturellen Pluralismus, sondern auch gegenüber politischen Interessen zu behaupten. Dies wurde in dem Maße unmöglich, als sich nach der Jahrtausendwende das römische Papsttum selbst zur politischen Größe entwickelte. Trotz der vom Islam ausgehenden Bedrohung kam es zu keiner Allianz zwischen dem römischen und byzantinischen Christentum, während das in Asien bis nach Peking und in Nordafrika verbreitete ›häretische‹ Christentum unterschiedlicher Schattierungen der Expansion von Chinesen und Islam ganz zum Opfer fiel (vgl. Jenkins 2010). Über die wichtigsten Akteure geben Dokumente Auskunft, welche eine Grundlage für die historische Forschung bilden.

Die Spaltung des lateinischen Christentums in der Reformation führte zu einer Konfessionalisierung Europas und zu Machtkämpfen um die konfessionelle Vorherrschaft, die den politischen Anspruch des Christentums delegitimierten und zur Voraussetzung für die Emanzipation der Aufklärung von den bestehenden kirchlichen Zusammenhängen wurden. Die Modernisierung führte in Europa schließlich zu einer weitgehenden Entkoppelung des primär von den konfessionalisierten Kirchentümern repräsentierten religiösen Bereichs von der übrigen, sich ebenfalls verselbständigenden Gesellschaftsbereichen der Wirtschaft, der Wissenschaft und der Politik, um nur die wichtigsten zu nennen.[147] In dem Maße als arbeitsteilige Organisationen entstanden, traten neben die individuellen auch kollektive Akteure, für die das im Hochmittelalter erneut rezipierte römische Recht die juristischen Formen lieferte.

Während der Nationalstaat im 19. und 20. Jahrhundert für diese sich tendenziell verselbständigenden Gesellschaftsbereiche noch einen Grenzen setzenden Rahmen bildete, führt im Übergang zu 21. Jahrhundert die sogenannte Globalisierung in neue, noch weitgehend offene geschichtliche Horizonte. Damit verschärft sich die Differenz zwischen den ausdifferenzierten Gesellschaftsbereichen, deren Organisationen zur Plausibilisierung ihrer Existenz nun immer deutlicher auf die Probleme ihrer eigenen Konstitution und auf die Regelung ihres Verhältnisses zu den übrigen Gesellschaftsbereichen verwiesen werden.

Wenn uns heute die Zukunft des Christentums und nicht beispielsweise die Zukunft des Katholizismus oder der katholischen Kirche als drängende Frage erscheint, so äußert sich darin zum einen jener ökumenische Impetus, der seit dem II. Vatikanischen

Konzil auch die römisch-katholische Kirche wieder erfasst hat. Die Dringlichkeit der Frage ergibt sich zum zweiten aber auch aus der wachsenden Nähe der übrigen Weltreligionen als Folge der Globalisierung. Dabei schrumpft nicht nur die Bedeutung räumlicher Distanzen, sondern es verallgemeinert sich auf Weltebene auch die Vorstellung eines ›religiösen Bereichs‹, dem nicht nur das Christentum, sondern alles, was als ›Religion‹ anerkannt wird, zugehörig erscheint (Kaufmann 2003a). Die räumliche und soziale Annäherung der Angehörigen unterschiedlicher Religionen als Folge von Internationalisierung und Globalisierung stimuliert – zum mindesten im Westen – die Erwartung einer religiösen Annäherung unter den Christen.

Diese letztgenannte Entwicklung steckt noch sehr in den Anfängen. Nicht zuletzt Papst Johannes Paul II. hat mit seiner Einladung der Repräsentanten großer Weltreligionen nach Assisi (1988) die Vision einer über das Christentum (und selbst die ›abrahamitischen‹ Religionen) hinausreichenden Ökumene der Weltreligionen gefördert. Es erscheint als eine noch offene Frage, inwieweit sich im Einflussbereich der asiatischen und afrikanischen Kulturen eine ähnliche Ausdifferenzierung von Religion wie in Europa und Amerika ereignen wird. Mit Bezug auf Judentum und Islam dürften dem vor allem Widerstände gegen eine zentralisierte Repräsentation entgegenstehen. Was die nicht abrahamitischen Religionen betrifft, so kommt eine noch tiefer greifende Schwierigkeit hinzu: Ihr Proprium liegt weit stärker in kultischen und verwandten Symbolhandlungen; der sprachlichen Codierung kommt nur geringe Bedeutung zu.[148] Insoweit als nicht-christliche Kultgemeinschaften jedoch im westlichen Kulturkreis an Bedeutung gewinnen, wird der Druck auf sie, sich als ›Religion‹ zu artikulieren, zweifellos zunehmen.

Um die mit dem Begriff der ›Zukunftsfähigkeit des Christentums‹ in der Handlungsperspektive verbundenen Herausforderungen angemessen zu begreifen, musste zunächst die Vorstellung stark gemacht werden, dass ›Religion‹, aber auch ›Christentum‹ keine handlungsfähigen Kollektivsubjekte, sind. Religion ist ein neuzeitlicher, im heutigen Sinne erst im Horizont der Aufklärung entstandener Begriff, der im Kontext einer immer realer werdenden Interdependenz der Welt sich zur Chiffre für das Gemeinsame einer Vielfalt von Kult- und Glaubensformen entwickeln könnte, aber bis

heute erst eine vornehmlich vom evangelischen Christentum geprägte westliche Projektion darstellt (vgl. hierzu Tenbruck 1993;
Matthes 1993). ›Christentum‹ dagegen meint einen durch eine gemeinsame Glaubensgeschichte konstituierten realen, jedoch in sich
fragmentierten kulturellen Zusammenhang konfessionalisierter Traditionen, die von sozialen Netzwerken individueller bzw. mehr oder
weniger organisierter kollektiver Akteure durch die Zeit weiterge-
geben werden. Letztere bezeichnen sich und die von ihnen als ihres-
gleichen anerkannten jurisdiktionell selbständigen Traditionsträger
als ›Kirchen‹. Der Prozess der Weitergabe beinhaltet eine kulturelle,
eine organisatorische und eine personelle Dimension (Kaufmann
2011a: 116 ff.), und mit Bezug auf diese drei Dimensionen wird hier
die Frage der Zukunftsfähigkeit des Christentums erörtert.

12.4 Tradition, Kirchenorganisation und Mitgliedschaft

Die gegenwärtige Herausforderung der christlichen Traditionen bezieht sich auf ihre *Tradierungsfähigkeit*. Ältere Gesellschaftsformen
bezogen ihre Stabilität aus Traditionen; es bestand ein enger Zusammenhang zwischen Vergesellschaftung, Kultur und personeller Zugehörigkeit. Menschliches Leben vollzog sich im Wesentlichen in der
Zugehörigkeit zu einem bestimmten Sozialzusammenhang, der
gleichzeitig als Träger von erinnertem Wissen und von symbolischen
Handlungen und instrumentellen Fähigkeiten fungierte und diese an
nachfolgende Generationen als bewährte Tradition weitergab. Seit
der Entstehung von Hochkulturen und größeren Reichen, deren Entwicklung mit dem Aufkommen von Schriftlichkeit verbunden war,
wurden die Sozialzusammenhänge zwar vielschichtiger und dynamischer, aber es dominierte weiterhin die Orientierung an Tradition,
die »Stabilisierung nach rückwärts« (Arnold Gehlen).
  Erst im Zuge des Übergangs zur Neuzeit, d. h. mit der Positivierung des Rechts und der Gewährleistung erhöhter Erwartbarkeit mit
den Mitteln formaler Organisation, gewannen die Menschen die Fähigkeit, sich mit Zukunft auseinanderzusetzen, d. h. auch Wandel in-
tentional zu gestalten (eine dem entsprechende Theorie gesellschaftlicher Entwicklung findet sich bei Parsons 1972). Nun erst wurde
Zukunft als Modus von Zeitlichkeit wahrgenommen und damit frag-

würdig. Seit der ›Querelle des Anciens et des Modernes‹ am Ende des 17. Jahrhunderts verlor sich die selbstverständliche Autorität der Tradition. Der im 19. Jahrhundert verbreitete Traditionalismus, dessen Ausläufer im katholischen Raum bis heute zu beobachten sind (vgl. Pottmeyer 1991b), war der auf lange Sicht untaugliche Versuch, die fraglose Autorität von Tradition wieder herzustellen.

Dennoch wäre es verfehlt, die Irrelevanz von Traditionen in der Moderne zu behaupten. Vielmehr bedingen die zunehmende Komplexität der Verhältnisse und die wachsende Zukunftsorientierung, dass Identitätsprobleme nur durch Rekurs auf die *eigene* Vergangenheit bearbeitet werden können. Individuen bestimmen sich selbst durch Rekonstruktion ihrer Biographie, und kollektive Akteure konstruieren ihre eigene Geschichte (Lübbe 1992). *Zukunftsfähigkeit setzt eine reflektierte Auseinandersetzung mit der eigenen Vergangenheit voraus. Identität wird nur noch als Vermittlung zwischen Vergangenheit und Zukunft, als reflektierte Zeitlichkeit der eigenen Existenz und damit als selbst bestimmte Wandlungsfähigkeit, als Verbindung von Tradition und Innovation möglich.*

Eben dies ist heute christlicher Theologie und Glaubensverkündigung zu empfehlen. Es gilt beispielsweise, sich mit dem Umstand auseinander zu setzen, dass die Formalisierung der kirchlichen Organisation, insbesondere die scharfe Unterscheidung zwischen Klerus und Laien im Katholizismus, im Kontext einer allgemeinen Tendenz zur Entkoppelung von Kultur, Organisation und Personen gravierende Folgen für die Kirchenmitgliedschaft entwickelt.[149] Solche Herausforderung kann jedoch nur zu erweiterten Perspektiven des Kirchlichen führen, wenn gleichzeitig der Deutungsraum des Christlichen unter breiterem Rückgriff auf die geschichtlichen Quellen erweitert wird (wegweisend Kasper 2011a).

Als Folge der ›Konstantinischen Wende‹ wurde die religiöse Orientierung von politischen, ökonomischen und sozialen Rücksichten mehr oder weniger überwuchert. Dass das Christentum dennoch den Untergang von Reichen und Wirtschaftsformen so erfolgreich überstanden hat, verdankt es der *zusätzlichen Ausdifferenzierung explizit religiöser Lebenszusammenhänge,* insbesondere in den Formen des Mönchstums und der Orden, welche die Virulenz des christlichen Anspruchs auch gegen die nivellierende Normalität einer christlich überformten Vergesellschaftung aufrecht erhielten. Im

Zuge der Modernisierung hat sich der religiöse Bereich erneut in der Form der organisierten Kirchen verselbständigt, diesmal allerdings ohne Bruch mit der gesellschaftlichen Normalität. Die Säkularisierung der Kirchengüter und die Trennung von Kirche und Staat haben zu einer Spiritualisierung des kirchlichen Anspruchs, zu einer Intensivierung der theologischen Reflexion und zu einer verstärkten Professionalisierung des nunmehr meist in einem arbeitsrechtlichen Verhältnis zu den organisierten Kirchentümern stehenden Klerus Anlass gegeben.

Die christlichen Vergemeinschaftungsformen in der westlichen Welt haben sich in unterschiedlichem Maße dem hier entwickelten Organisationsmodus angepasst. Vor allem die Großkirchen haben eine hauptamtliche Funktionärsschicht ausgebildet, während freikirchliche Vereinigungen häufig egalitärere, ehrenamtliche Strukturen entwickelt haben. Der gegenwärtige Plausibilitätsverlust großkirchlicher Glaubensformen resultiert nicht zuletzt aus der zunehmenden Differenzierung zwischen ›Beteiligten‹ (den Hauptamtlichen) und ›Betroffenen‹ (dem Kirchenvolk als Klientel), was dem christlichen Gemeinschaftsideal offenkundig widerspricht. Allerdings ist infolge der Auflösung konfessionalisierter Milieus auch die Bereitschaft stark zurückgegangen, an kirchlichen Vergemeinschaftungsformen teilzunehmen. Damit sinkt auch die sozialisatorische Fähigkeit kirchlicher Sozialzusammenhänge erheblich. Wo die Unterstützung der Familie und anderer unorganisierter, jedoch kirchlich orientierter Netzwerke fehlt, schwindet der lokale Gemeinschaftscharakter und demzufolge werden die Hauptamtlichen zunehmend als Repräsentanten der kirchlichen Organisation und nicht mehr als Elemente der eigenen Lebenswelt wahrgenommen. Diese Tendenz wird durch die aktuelle, durch Mangel an Geld und insbesondere Priestern bedingte Auflösung gewachsener Pfarreien weiter verstärkt.

Der Abbruch christlicher Glaubensvermittlung ist somit im wesentlichen auf das Brüchig-Werden sozialer Vermittlungen christlicher Sinngehalte im Amalgam lebensweltlicher Traditionen zurückzuführen (hierzu differenzierter: Gabriel 1991a). Der Traditionsabbruch bezieht sich also nicht auf das Christentum allein, sondern auf großräumige Prozesse der lebensweltlichen Traditionsbildung überhaupt. Diese Tendenz wird derzeit durch die zunehmende Medialisierung der Kommunikation noch verstärkt, welche allerdings auch neue Möglichkeiten spontaner Selbstorganisation bereitstellt. Die Lebensführung der individualisierten jüngeren Generationen folgt vielfältigen Maximen, die sich kaum mehr zu dauerhafte Verbindungen stiftenden, längerfristig wirksamen Traditionen verfestigen.

Dennoch verschwindet die religiöse Sinnsuche nicht. Es gibt vielfältige religoide Situationen in modernen Gesellschaften, die sich für eine religiöse Deutung anbieten (Kaufmann 1999c: 80 ff.). Die kulturellen Deutungen bleiben jedoch abstrakt, soweit sie nicht in sozialen Kommunikationszusammenhängen konkretisiert und handlungsrelevant werden. *Soziale Bewegungen,* wie wir sie im Bereich der Ökologie, der Kritik an der Atomenergie, aber auch mit Bezug auf soziale Probleme beobachten können, erscheinen dagegen als typische Form sozialer Vermittlungen kultureller Gehalte unter den diagnostizierten (post-) modernen Bedingungen. Unter dem Gesichtspunkt der Zukunftsfähigkeit des europäischen Christentums wäre somit zu fragen, unter welchen Bedingungen breitenwirksame religiös-soziale Bewegungen denkbar sind (Hochschild 1998).

12.5 Faszination und Bewährung als Merkmale religiöser Erfahrung

In kultureller Hinsicht erfordert Zukunftsfähigkeit des Christentums zunächst die Aufrechterhaltung der Plausibilität zentraler Glaubensbestände, also eine inhaltliche Kontinuität, die jedoch aus soziologischer Sicht durchaus mit Umakzentuierungen bzw. Reinterpretationen verbunden sein kann, ja unter Bedingungen kulturellen Wandels nahezu zwangsläufig zu Umakzentuierungen führen wird. Kultureller Wandel ist in der Kultur der Moderne erstmals legitim geworden. ›Zukunft‹ gewann hier eigenständigen Wert, was gleichzeitig einen Legitimitätsverlust der Vergangenheit erzeugte. Der Legitimationsverlust von Tradition ging mit einer ›Verweltlichung‹ der Kultur einher, und aus dieser Gleichzeitigkeit konnte der traditionalistische Verdacht entstehen, dass nur das Beharren auf dem Hergebrachten ein Widerlager gegen die Verweltlichung bilden könne. In dem Maße jedoch, als der Moderne ihr Fortschrittsoptimismus abhanden kommt, können komplexe Traditionen als Fundus von Deutungs- und Orientierungsmustern auf erneutes Interesse stoßen, ohne allerdings ihre frühere Autorität zurückzugewinnen.

Bekanntlich hat die mittelalterliche theologische Denkweise auch die säkularen Interpretationen menschlicher Würde und Autonomie, staatlicher Souveränität und des geschichtlichen Fortschrittsglaubens in der europäischen Aufklärung nachhaltig vorgeprägt. Deren Hoffnungen sind jedoch im Zuge der fortschreitenden Modernisierung nicht weniger zweifelhaft als das Christentum geworden: Das Grauen moderner Kriege, der bis zur technisch organisierten Vernichtung sich steigernde Hass ethnischer Gruppen, die Gefährdungen der Biosphäre und nicht zuletzt die Infragestellung menschlicher Autonomie selbst haben auch das säkulare Denken selbstkritischer und skeptischer werden lassen. Die Zukunft der Moderne erscheint zwar aus anderen, aber nicht weniger plausiblen Gründen gefährdet wie das Christentum.

In dieser Situation wird die Säkularisierung vielfach als *Transzendenzverlust* gedeutet und auch in öffentlichen Diskursen nach Wegen zu einer Wiedererschließung von christlichen Traditionsbeständen im Horizont einer durch die Religions- *und* Modernitätskritik gegangenen Bewusstseinslage gesucht (typisch Strasser 1998).[150]

Diese ›postmoderne‹ Konstellation führt zu anscheinend paradoxen kulturellen Anforderungen an das Christentum: Es soll sich in einer ›verweltlichten‹ Kultur plausibel machen, die dessen Prämisse, die Existenz einer welttranszendierenden Kraft (›Gott‹) in ihren eigenen Prämissen negiert. Dies hat Folgen für die Selbstdeutungen des Christentums, insbesondere in ihrer wissenschaftlich theologischen Form. Unter dem Einfluss der Humanwissenschaften entwickelt die Theologie einerseits eine weltbezogene Exegese und Hermeneutik des Christlichen, in der der transzendente Gott immer weniger vorkommt. Es gelingt bisher kaum, die heilsgeschichtliche mit der säkulargeschichtlichen Dimension menschlicher Existenz in allgemein glaubhafter Form zu vermitteln; in der Folge scheint sich die heilsgeschichtliche Perspektive selbst zu verflüchtigen. Damit verschwindet aber auch das religiöse Faszinosum, ohne das eine langfristige Plausibilität des Christentums schwer vorstellbar ist. Rückblickend erscheint auch das II. Vatikanische Konzil nicht frei vom rationalistischen Zeitgeist der sechziger Jahre gewesen zu sein: Die starke Betonung der bischöflichen Verantwortung, bei gleichzeitiger Vernachlässigung der Orden, aber auch die dem Eigenrecht kultischer Traditionen wenig Rechnung tragende Liturgiereform wären als Beispiele zu nennen.

Andererseits nimmt die Theologie gerade die Verflüchtigung bisheriger ontologischer Gottesvorstellungen und die daraus folgende Aporie zum Ausgangspunkt einer ›theo-logischen Spurensuche‹, welche neben der Tradition negativer Theologie auch die jüdische Exilserfahrung neu und gegenwartsbezogen interpretiert und »Wirklichkeitserschließung als Befreiung« interpretiert (Siller 1999, Zerfaß 1999). Allerdings setzt dies eine Mangelerfahrung oder Sehnsucht voraus, über deren originären oder abgeleiteten Charakter spekuliert werden darf.

Aus sozialwissenschaftlicher Perspektive erscheint das Problem der Handlungsautonomie oder *Entscheidungsfähigkeit* als zentraler Komplex in der entfalteten Moderne. In einer Welt des Überflusses an Möglichkeiten wird die Fähigkeit zur eigenbestimmten Auswahl ein wesentliches Moment eines befriedigenden Lebens. Wie aber gelangt ein Mensch, der in einer heterogenen Erfahrungswelt aufwächst zu solch autonomer, u.U. auch kreativer Entscheidungsfähigkeit? (Joas 1992). Sie setzt offenbar eine enttäuschungsresistente psychische Struktur voraus, die einer Person das Vertrauen in die Richtigkeit ihres Tuns gibt, also einen *Selbstvertrauen begründenden Glauben.*

Im Anschluss an die Theorie religiöser Erfahrung von William James (1997, engl. 1902) vertritt Hans Joas die These, dass die Entstehung solcher Glaubenskompetenz qualifizierte Erfahrungen von besonderer Verbindlichkeit voraussetzt, die er als *Erfahrungen von Selbstbindung und Selbsttranszendenz* bezeichnet (vgl. Joas 1997). Selbstverständlich werden die durch solche Erfahrungen ausgelösten Bindungen nicht als fremdbestimmt, sondern als tiefster Ausdruck des Eigenen erfahren. Sie vermögen einer Person eine ›widerstandsfähige Identität‹ zu vermitteln, die sich als Selbstbehauptung in den verschiedensten Lebenskontexten äußern kann. In der Regel dürften derartige ›prägende Erfahrungen‹ mit starken emotionalen Eindrücken einhergehen, wie sie heute am ehesten im Kontext mitmenschlicher, z. B. familiärer oder freundschaftlicher Beziehungen oder aber im Zusammenhang mit bedrohlichen Ereignissen zu machen sind.

Allerdings kommt es nicht nur auf die emotionale Qualität derartiger ›Erlebnisse‹ an, sondern ebenso auf die sie deutenden Sprach-

und Kulturmuster, welche ihnen erst Sinn und Bedeutung geben. Hier stellen christlichen Traditionen z. B. in der Form von Schriftworten oder Kulthandlungen, aber auch in familienreligiöser Form, nach wie vor ein wichtiges Reservoir an Deutungen bereit. Darüber hinaus ist auch mit der Entstehung innovativer kollektiver Deutungs- und Handlungsmuster zu rechnen, die aus den verschiedensten kulturellen Sphären stammen können.[151]

Religiöse Innovationen werden historisch wirksam, insofern sie Plausibilität, Sinnhaftigkeit für Dritte erzeugen. Zwei mögliche Wirkungsweisen lassen sich vorstellen: Entweder es geht von religiösen Innovationen eine *Faszination* aus, die möglicherweise gerade in ihrer Ungewöhnlichkeit, in ihrem die Alltagserfahrungen sprengenden Charakter besteht. Oder sie müssen ›sich bewähren‹, d. h. in einem irgendwie bestimmten Sinne problemlösend wirken, was nicht mit vordergründiger Zweckmäßigkeit gleichzusetzen ist. So ist es z. B. leicht verständlich, dass in der römischen Kultur, in der alternde Witwen einen elenden Platz in der Gesellschaft besaßen, eine Gemeinschaft, die gerade solchen Witwen spezifische Aufgaben zuwies, nicht nur für diese, sondern auch für andere Menschen anziehend wirken konnte, denen die Vernachlässigung der Witwen problematisch erschien. Vielleicht wurde aber die Stellung der Witwen auch erst durch die neue Problemlösung einem weiteren Kreise problematisch; denn viele Zustände werden ja erst dadurch zum Problem, dass man Alternativen für sie erkennen kann; die menschliche Natur scheint so gebaut, dass sie dazu neigt, das Unabänderliche auch zu rechtfertigen. Insofern können also die beiden Wirkungsweisen auch kombiniert auftreten: Der Exodus der frühchristlichen Mönche und ihr asketisches Leben waren zunächst eine geistliche Innovation, doch die entstehenden Mönchsgemeinschaften bildeten durch ihre schlichte Existenz eine Alternative, welche die verschiedensten Facetten des alltäglichen Lebens in Frage zu stellen geeignet waren. So dürfen von religiös motivierten Innovationen auch sozio-kulturelle Perspektivenverschiebungen erwartet werden, welche die Plausibilität dieser Innovationen in unvorhersehbarer Weise erhöhen und neue Bewährungshorizonte eröffnen.

Die säkulare Perspektive der Soziologie verschärft also die Paradoxie, die sich aus einer ›Verweltlichung‹ des Religiösen in der Form wissenschaftlicher Theologie ergibt, wenn sie darauf hinweist, dass die innovatorische Wirksamkeit des Christentums in der Regel von leidenschaftlichen Glaubens- und Handlungsformen ausgegangen ist. Nur ein »Glaube, der Berge versetzt« kann sich gegen die Trägheit von Institutionen und Gewohnheiten durchsetzen. Religiös-soziale Bewegungen von solcher Wucht können jedoch nur unter bestimmten kulturellen Prämissen entstehen, wie sie durch die »prophetischen- oder Heilandsreligionen« (M. Weber) geschaffen wurden. Nur wenn der religiöse Sinnzusammenhang die Distanzierung zu den Gegebenheiten der Welt – einschließlich der real existierenden Religion – legitimiert, vermag er Innovationen zu erzeugen.

Den Glauben an einen in der Geschichte wirksamen heiligen Geist, wie er z. B. den Prozess des Zweiten Vatikanums offensichtlich gesteuert hat, vermag auch der Soziologe als sozialen Tatbestand zu würdigen (vgl. 4.3.2). Das II. Vatikanische Konzil war ein ganz außerordentliches Phänomen hinsichtlich der Weise, in der hier die weltweite Großorganisation der römisch-katholischen Kirche von innen heraus in einem gewaltigen Kraftakt ihre geistigen Grundlagen erneuert hat. Dies gelang wahrscheinlich nur dank des Umstands, dass die Planungen der römischen Kurie einerseits durch einflussreiche Kardinäle blockiert wurden, dass aber andererseits die kreative Arbeit des Konzils sich in einer Vielzahl schwach organisierter Gruppen und Netzwerke ereignete, welche für neue Ideen und gruppendynamische Verstärkungsprozesse Raum boten. Dass diese vielfältigen und zunächst ja durchaus sehr kontroversen Auseinandersetzungen schließlich zu einem erfolgreichen Ende führten, war dann wiederum nicht nur auf die zweckmäßigen Verfahrensregelungen zurückzuführen, sondern auch auf ein verbindendes Moment, das selbst die Soziologie zu interessieren hat, nämlich *den Glauben der Konzilsväter, dass ihre Entscheidungen unter der Leitung des Heiligen Geistes stünden und dass es deshalb nicht um ihre private Meinung, sondern um ein kollektives Geschick gehe*, so dass nicht der eigene Erfolg, sondern der Erfolg des Ganzen ins Zentrum der Intentionen rückte. Offensichtlich enthält gerade das Christentum in seinen leitenden Deutungsmustern Elemente, welche der bloßen Verfolgung partikularer Interessen erhebliche Grenzen setzen und kollektives Handeln erleichtern. Darin liegt aus soziologischer Sicht ein erheblicher Potentialvorsprung gegenüber den Strukturen und Prozessen im Bereich sonstiger Großorganisationen oder selbst der demokratischen Willensbildung.

Gleichzeitig macht dieses Beispiel deutlich, dass die wissenschaftliche Theologie trotz des ihr immanenten antitraditionalistischen, ja vielfach rationalistischen Zuges als partikulares Element eines religiösen Innovationsprozesses durchaus hilfreich ein kann. Sie bedarf hierzu allerdings einer religiösen Einbindung, die sie schwerlich aus ihrem Wissenschaftscharakter selbst gewinnen kann (vgl. Kapitel 11). Das ist jedoch ein Problem nicht nur der Theologie. Auch die Sozialwissenschaften können praktisch wirksam werden nur, wo sie sich in den Horizont des Handlungsbereichs stellen, den sie gleichzeitig zu reflektieren beanspruchen.

Somit erweisen sich der Glaube an den ›Heiligen Geist‹, wie auch die ›Kreuzestheologie‹ einer weltlichen Erfolglosigkeit des Christentums aus soziologischer Sicht als bemerkenswerte kulturelle Faktoren einer ›Zukunftsfähigkeit‹ des Christentums, insofern als beide Sinnkomplexe das Durchhalten kontrafaktischer Erwartungen angesichts einer ungewissen Zukunft erleichtern und damit den Möglichkeitsraum des Unwahrscheinlichen offenhalten. *Es gehört somit zu den Eigenschaften der christlichen Botschaft, sozial unwahrscheinlichen Verhaltensweisen aufgrund einer entsprechenden glaubensmäßigen Kontextuierung Plausibilität zu ermöglichen.*

12.6 Kirchliche Strukturen und Selbstverständnisse als Hindernis für die Zukunftsfähigkeit des Christentums

Betrachten wir die Zukunftsfähigkeit des Christentums unter dem Handlungsaspekt, so geht es schließlich um die Frage, inwieweit die vorherrschenden organisatorischen Strukturen und die ihnen entsprechenden Selbstverständnisse heute einer kulturellen Plausibilität des Christentums im Wege stehen.

Bezogen auf die römisch-katholische Kirche erscheinen im wesentlichen drei Gesichtspunkte problematisch: Die immer noch zunehmende Romzentrierung der Entscheidungsstrukturen, die ungenügende Berücksichtigung des freiheitlichen Personverständnisses und das Verhältnis zu den übrigen christlichen Kirchen. Gerade in ihrem Zusammenwirken scheinen diese drei Defizite der gegenwärtigen katholischen Kirchenstruktur die Glaubwürdigkeit kirchlicher Verkündigung zunehmend zu erschüttern.

Im deutschsprachigen Raum haben in jüngerer Zeit Fehlbesetzungen von Bischofsstühlen (offensichtlich z. B. in Wien und Chur), aber auch die Auseinandersetzungen um Berufung von Theologieprofessoren und zuletzt der unselige Konflikt um die Schwangerschaftskonfliktberatung die Zweckmäßigkeitsgrenzen zentralistischer Entscheidungsprozeduren aufgezeigt (vgl. Eilers 2010). Ähnliches ließe sich aus vielen Teilen der Welt berichten. Die Kritik, der sich heute staatlicher Zentralismus ausgesetzt sieht, trifft in analoger Weise auch für die Ausübung der Kirchenleitung mittels einer zentralistischen Kurie zu. *Mit der wachsenden Komplexität der Zusammenhänge drängen sich mehrstufige Entscheidungsverfahren auf.* Aufgabe zentraler Entscheidungsinstanzen kann nur noch die Formulierung von allgemeinen Grundsätzen, nicht mehr jedoch deren Anwendung im Einzelfalle sein, welche regelmäßig situationsbezogene Abwägungsprozesse erfordert. Vielfach wird es zudem intermediärer Instanzen wie der Bischofskonferenzen bedürfen, um allgemeine Grundsätze für einen bestimmten kulturellen und politischen Raum zu konkretisieren (vgl. Müller/Pottmeyer 1989, sowie Kapitel 10). Das in der katholischen Soziallehre propagierte Subsidiaritätsprinzip verdient als Struktur- und Organisationsmaxime auch im kirchlichen Raum Beachtung (vgl. Pottmeyer 1989; Stegmann 1994).

Ein zweiter Gesichtspunkt kommt hinzu: Die nachrevolutionäre und nach-napoleonische Reorganisation der katholischen Kirche und die mit ihr einhergehenden Zentralisierungsprozesse vollzogen sich im Horizont der frühneuzeitlichen Souveränitätsauffassung, der es zunächst um die Legitimierung von Staatlichkeit, aber noch nicht um Demokratie und Freiheitsrechte ging. Das neuzeitliche Freiheitsverständnis ist jedoch durchaus eine Frucht des christlichen Personverständnisses (vgl. Kobusch 1993). *Das Fehlen bzw. die Kompetenzenlosigkeit partizipatorischer Kirchenstrukturen sowie das Fehlen von Appellationsmöglichkeiten derjenigen, die sich in ihren Rechten verletzt fühlen, stehen in offenkundigem Widerspruch zu den Minima eines rechtsstaatlichen Verständnisses menschlichen Zusammenlebens.* Dadurch verlieren die kirchlichen Verhältnisse vielfach an jener Plausibilität und Vertrauenswürdigkeit, deren es bedürfte, um die vielfach tastenden und für christliche Sinngebungen durchaus offenen Suchprozesse von Individuen und informellen Gruppen auf kirchliche Kontexte zu richten.[152]

Drittens: Die gemeinchristliche Tradition misst der *Einheit der Christen* im Anschluss an die berichteten Abschiedsreden Jesu (Joh 14–17) zentrale Bedeutung zu. Diese Einheitserwartung wird heute jedoch auch erneut aus dem gesellschaftlichen Raum an das Christentum gerichtet, insofern ›Religion‹ als spezifischer gesellschaftlicher Bereich ausdifferenziert wird. Aus gesellschaftlicher Sicht wird ›Religion‹ als vereinheitlichender Horizont des Daseins erwartet, und dies erfordert zum mindesten interreligiöse Kommunikation, ja sogar die Suche nach Gemeinsamkeiten in der Verschiedenheit. Gemeinchristliche Verpflichtung und gesellschaftliche Erwartungen treffen sich hier somit in neuer Weise, was nicht ohne kritische Folgen für das konfessionalisierte Selbstverständnis der Kirchen bleiben kann. *Die unversöhnte Verschiedenheit der christlichen Kirchen ist gleichermaßen ein christliches wie ein gesellschaftliches Ärgernis geworden.*

Vielen Theologen und Kirchenmännern dürfte der Hinweis auf latente gesellschaftliche Erwartungen kein entscheidendes Argument sein. Sie verstehen die Aufgabe der Kirche gerade in Differenz zu herrschenden gesellschaftlichen Vorstellungen. Dies sei hier auch nicht grundsätzlich in Frage gestellt. Aber eine soziologische Betrachtung der Kirchen- und Christentumsgeschichte zeigt doch eine fortgesetzte, vielleicht als dialektisch zu bezeichnende Wechselwirkung zwischen kirchlichen und gesellschaftlichen Entwicklungen. *Solche Wechselwirkungen setzen Eigendynamiken auf beiden Seiten voraus, es gibt keine einseitige Abhängigkeit.* Indem christliche Gemeinschaften sich an einem welttranszendenten und doch historisch wirksam gewordenen Gott orientiert haben, gewannen sie stets erneut widerständige und kreative Potentiale, die ihnen Einfluss auf ihre Umwelt verschafften. Umgekehrt blieben sie jedoch nicht unbeeinflusst von den ökonomischen und politischen Gegebenheiten sowie den kulturellen Strömungen ihrer Umwelt. Die Fragmentierung der christlichen Traditionen ist selbst Ausdruck derartiger Abhängigkeiten. Kirchliches Handeln vollzieht sich stets in konkreten historischen Situationen, und wenn diese heute eine Annäherung der Kirchen erleichtern, sollte dies eher als ›Zeichen der Zeit‹ denn als ›Versuchung des Zeitgeistes‹ gelesen werden.

Nach vorherrschender Auffassung standen bisher vor allem die Exklusivitätsansprüche der römischen Kirche einer »Einheit in Verschiedenheit« der vielfältigen Kirchentümer entgegen. Umso bemerkenswerter erschien die Initiative von Papst Johannes Paul II, die Frage nach der unverzichtbaren Funktion des Petrusamtes nicht nur innerkirchlich, sondern im ökumenischen Dialog zur Diskussion zu stellen (Enzyklika »Ut unum sint«, 25. Mai 1995). Hermann Josef Pottmeyer hat Angebot konstruktiv aufgegriffen, und zwar auf der Basis seiner langjährigen Beschäftigung mit der Entstehung des zentralistischen und absolutistischen Selbstverständnisses des Papsttums, wie es in den Definitionen des Jurisdiktionsprimats und der Infallibilität auf dem Ersten Vatikanum zum Ausdruck gekommen ist.

Zurecht betont Pottmeyer den kirchengeschichtlichen Ausnahmecharakter der nachrevolutionären Situation, welche den Horizont des zentralisierenden Papalismus bildete. »Der durchgehaltene Zentralismus seitdem ist nichts anderes als ein auf Dauer gestellter Ausnahmezustand« (Pottmeyer 1999: 136). Dieser Zentralismus war selbst traditionsfeindlich, auch wo er sich auf (papalistische) Traditionen beruft, die bis dahin eben nicht dem gemeinchristlichen Traditionsverständnis entsprachen. Er war jedoch zu seiner Zeit innovativ, allerdings in einer sich selbst verstärkenden Form, die auch vom Zweiten Vatikanum nicht überwunden werden konnte. Die absoluten Gehorsamsansprüche der in der Folge entstehenden römischen Steuerungsapparatur, die ja weder mit dem Papstamt identisch noch mit den päpstlichen Intentionen stets konform ist, stehen der Wirksamkeit innerkirchlicher Kommunikations- und Innovationsprozesse sozusagen strukturell entgegen. Denn in der Regel bewirken Innovationen eine Erweiterung des Möglichkeitsraums und erschweren damit zentralistische Steuerung (hierzu ausführlicher Kaufmann 1989e). Strukturreformen, die einen stärkeren Austausch zwischen ›Peripherie‹ und ›Zentrum‹ ermöglichen, insbesondere aber eine Dezentralisierung auch der Entscheidungskompetenzen im Normalfalle – und subsidiäre Eingriffsrechte übergeordneter Instanzen in definierten Ausnahmefällen – könnten hier hilfreich sein (vgl. Pottmeyer 1999: 140 ff.).

Noch gravierender stehen die derzeitigen organisatorischen Strukturen der römisch-katholischen Kirche dem ökumenischen Austausch und einer gleichberechtigten wechselseitigen Anerkennung der christlichen Kirchen im Rahmen eines kirchenübergreifenden *Communio*-Verständnisses entgegen (vgl. Hünermann 2000). In diesem Zusammenhang erscheinen noch tiefgreifendere Umstrukturierungen erforderlich. Dazu gehört in erster Linie eine deutliche Differenzierung zwischen den universalkirchlichen und den patriarchalen Aufgaben des Bischofs von Rom. Seit der endgültigen Trennung von den östlichen Kirchen mit der Eroberung Konstantinopels durch die Lateiner (1204) ist dieser Unterschied aus dem Bewusstsein der lateinischen Kirche praktisch verschwunden. Aus soziologischer Sicht könnte eine deutliche organisatorische Trennung der universalkirchlichen und der patriarchalen Aufgaben (zum mindesten auf der Ebene der Dikasterien) und eine Einbeziehung der übrigen zur Kirchengemeinschaft strebenden Kirchen in die praktische Erledigung der universalkirchlichen Aufgaben einen wichtigen Schritt darstellen. Darüber hinaus käme es darauf an, dem Gespräch zwischen den zur Kirchengemeinschaft strebenden Kirchen ein dauerhaftes Forum zu sichern, das sich seine eigenen Verfahren schafft.

Die vorstehenden Überlegungen betreffen das Verhältnis der Patriarchats- und Episkopalkirchen zueinander und im Verhältnis zum römischen Stuhl. Entsprechende Fortschritte der Ökumene würden zweifellos die Glaubwürdigkeit des Christentums in der westlichen Moderne erhöhen und könnten auch eine Voraussetzung (oder Begleiterscheinung?) weltweiter Religionsökumene werden. Damit wird allerdings die *zunehmende Entfremdung zwischen ›Amtskirche‹ und ›Laien‹* noch nicht wirklich angegangen. Das Selbstverständnis der lateinischen Kirche steht dem neuzeitlichen Verständnis einer menschengerechten Ordnung weithin entgegen: »Wo das Ganze dem Einzelnen schlechthin vorgeordnet wird, erhebt der moderne Mensch Widerspruch, weil dadurch die unableitbare, nicht mediatisierbare Würde des Einzelnen ... nicht respektiert wird. ... Dem gegenüber stellt der Jurisdiktionsprimat monarchischer Art ein Leitungsinstrument dar, das die Kirche nicht mehr eint, sondern in Polarisierungen führt. Er macht die Kirche in der Öffentlichkeit unglaubwürdig« (Hünermann 2000: 10). Insofern sich die Kirche als ein rechtlich geordnetes Ganzes versteht, erscheint die Gewährleistung von Verfahren der Interessenrepräsentation, vor allem aber die Gewährleistung von der Rechtsstaatlichkeit analogen Prinzipien wie einer unabhängigen kirchlichen Verwaltungsgerichtsbarkeit eine grundlegende Akzeptanzbedingung im westlichen Kulturraum. Mit Bezug auf andere Kulturräume mögen andere Gesichtspunkte noch dringlicher sein, etwa die Delegation von Regelungskompetenzen im Bereich von Ritus und Pastoral an Entscheidungsgremien, die mit den entsprechenden Verhältnissen vor Ort vertraut sind.

»Die Glaubwürdigkeit des Christentums wird vom Vatikanum II im Unterschied zu Vatikanum I nicht nur als Ergebnis einer argumentativen Vermittlung thematisiert, sondern als Aufgabe des tätigen Glaubwürdig-Werdens der Kirche und ihrer Glieder als Zeugen des Reiches Gottes« (Pottmeyer 1988b: 388). Die kirchliche Praxis wird somit als zeichenhaft für das Zeugnis vom Reiche Gottes verstanden. *Kirchliche Praxis vollzieht sich jedoch nicht allein auf der Ebene mitmenschlicher Zuwendung, sondern ebenso in den institutionellen Formen des Kirchenrechts, der Handhabung kirchlicher Verfahren und der Anerkennung oder Nicht-Anerkennung von Christen mit und ohne Amt als Repräsentanten ortskirchlicher oder funktionaler Belange.* Die Kirche in ihrer institutionellen Verfasstheit wird auch gesellschaftlich als Zeichen ihrer Botschaft wahrgenommen. Dies wurde an der weltweiten Aufmerksamkeit für das II. Vatikanische Konzil deutlich. Der Relevanz- und Plausibilitätsverlust kirchlicher Belange in den letzten Jahrzehnten hat wesentliche Ursachen in gesellschaftlichen Veränderungen, die sich ohne kirchliches Zutun, ja oft unter kirchlicher Kritik ereignet haben. Aber es würde doch zu kurz greifen, wollte man hierin die alleinige Ursache sehen. Sieht man von der charismatischen Gestalt von Päpsten wie Johannes XXIII. oder Johannes Paul II. ab, so bleibt eine weitreichende Verständnis- und Ratlosigkeit auf beiden Seiten, der kirchlichen wie der gesellschaftlichen. Hier wieder zu produktiveren Verständigungsmöglichkeiten zu gelangen dürfte nicht zuletzt von *institutionellen Reformen* abhängig bleiben. Zwar ist dem ehemaligen Vorsitzenden der Deutschen Bischofskonferenz zuzustimmen, wenn er sagte: »Wahre Reform beginnt im Übrigen nie beim anderen oder gar bei Strukturen und Organisationen. Man kann sie zwar von außen ändern, aber wahre Reform braucht zuerst Bekehrung« (Lehmann 2000: 48). Diese bei den Laien anzumahnen ist berechtigt, aber die Gegenfrage sei erlaubt, ob nicht gerade der erkennbare Wille zu Strukturreformen, also zum ›Bohren dicker Bretter‹, ein sichtbares Zeichen der ›Bekehrung‹ von Kirchenfürsten sein kann – in Rom und anderswo!

279

13. Kapitel:
Christentum und Solidarität unter den Herausforderungen des 21. Jahrhunderts

Dem Verfasser wird ein Drahtseilakt zugemutet: Vom Pfeiler des ihm einigermaßen zugänglichen Wissens über die Vergangenheit und Gegenwart einem sich im Nebel verlierenden Drahtseil zu folgen, an dessen Ende ein zweiter Pfeiler zu vermuten oder zum mindesten zu unterstellen ist: Dass nämlich zur Mitte oder am Ende des 21. Jahrhunderts Menschen auf unserem Planeten noch in einigermaßen vergleichbaren Verhältnissen zu leben in der Lage sind. Er hat als Balancierstange zwei miteinander verbundene Gewichte – »Christentum« und »Solidarität« – mit denen er sich zu wiederholten Malen beschäftigt hat. Und das ihn tragende Drahtseil? Ein bisschen Kompetenz und Fantasie, um Bekanntes, Wahrscheinliches, Vermutungen und Ahnungen aufeinander zu beziehen mit Bezug auf die Frage: Was kann das Christentum im 21. Jahrhundert zur Stärkung weltweiter Solidaritätspotentiale beitragen? Die Perspektive ist eine soziologische und damit skeptische, keine hoffnungsfroh-theologische. Natürlich wünsche ich mir, das sei nicht das letzte Wort, sondern es gelinge irgendwann eine christliche Synthese von Skepsis und Hoffnung.

13.1 Vier Herausforderungen

Welche langfristigen Entwicklungen sind für die kommenden Jahrzehnte bereits absehbar, durch die menschliche Solidarpotentiale unter Druck gesetzt werden? Ich beschränke mich auf Herausforderungen, die das Verhältnis der Weltregionen zueinander betreffen, und damit auch die spezifische Position des Christentums im Konzert der Weltreligionen und im Konflikt weltweiter Interessenlagen.

Die elementarste Herausforderung geht von den *Veränderungen in den natürlichen Bedingungen unserer Existenz* aus: Seit den jüngsten Klimaberichten können nur noch Unwissende oder Naiv-Gläubige daran zweifeln, dass unserem Planeten ohne gigantische solidarische Anstrengungen eine erhebliche Erwärmung bevorsteht, die zu Verschiebungen der Klimazonen und damit der basalen Existenzbedingungen führt. Regionen, die weit größer als einzelne Staaten sind, können an Wert verlieren oder gewinnen. Selbst wenn die Erderwärmung per saldo unseren Planeten nicht unwirtlicher machen sollte – schließlich war es auch schon in früheren Erdepochen wärmer als heute – ist mit massiven regionalen Verschiebungen der Lebenschancen zu rechnen. Daraus entstehen neue Disproportionalitäten, die beim Andauern der Globalisierungstendenzen sich in soziale und eventuell politische Konflikte transformieren werden.

Zum zweiten ist eine langfristige *Verknappung der Trinkwasserreserven* der Erde absehbar, auf die sich schon heute weitsichtige »Global Player« wie Nestlé und E.on einstellen und sich Reserven für zukünftige Gewinne sichern. Aus Indien wird berichtet, dass bisher frei zugängliche Wasserquellen in Privateigentum überführt werden, und die lokale Bevölkerung von diesem Zugang expropriiert wird. Man wird an Rousseaus berühmten Satz erinnert: »Der erste Mensch, der einen Zaun um ein Grundstück zog und erklärte: ›Dies ist mein‹, war der wahre Begründer der bürgerlichen (scil. privatkapitalistischen) Gesellschaft«. Genaueres ist bei Karl Marx im Kapitel über die ursprüngliche Akkumulation des »Kapitals« nachzulesen. Die gemeinsame Nutzung natürlicher Ressourcen wäre grundsätzlich solidaritätsförderlich.[153] Ihre Überführung in handelbare Waren schließt nicht nur die Mittellosen von ihrer Nutzung aus, sondern prämiert eigennützige Motive und Konkurrenzbereitschaft zu Lasten von Solidaritätsbereitschaft.[154] Obwohl dieser Prozess zunehmender Vermarktlichung ein Kernelement der kapitalistischen Modernisierung darstellt, geschieht im Falle des Trinkwassers etwas dramatisch Neues: Es geht um das Gut, das für die Menschen am lebensnotwendigsten ist, und sich nach unserem heutigen Wissensstand durch nichts substituieren lässt. Der Ausschluss von diesem Gut bedroht nicht nur die Würde, sondern schon das nackte Leben von Menschen in kurzer Zeit.

Drittens sind *demografische Veränderungen* absehbar, die zu neuen Disproportionalitäten führen: In den hoch entwickelten Teilen der Erde nehmen Zahl und Anteil der älteren Menschen infolge des Sterblichkeitsrückgangs und der niedrigen Fertilität bis zur Jahrhundertmitte dramatisch zu: Um 2000 mussten in Deutschland je 100

Personen im Erwerbsalter ihr Einkommen mit 43 Personen jenseits des Erwerbsalters teilen; unter gleich bleibenden Bedingungen werden es um 2050 95 Personen sein; Der Nachwuchsmangel dürfte auch zu erheblichen wirtschaftlichen Restriktionen führen (Kaufmann 2005). Außerhalb der im westlichen Sinne modernen Gesellschaften ist die Entwicklung sehr unterschiedlich: Ostasien schwenkt klar auf eine restriktive Bevölkerungsentwicklung ein, während vor allem in islamischen Ländern das Bevölkerungswachstum ungebrochen ist. Die Bevölkerungsentwicklung verändert auch die politischen Kräfteverhältnisse »langsam, aber gewaltig«.

Viertens wird der Prozess der *technischen Globalisierung* andauern, d. h. infolge der Verringerung der Transaktionszeiten und -kosten verlieren räumliche Distanzen ihre trennende Wirkung; es rücken sich die Menschen und ihre kulturellen wie ökonomischen Produkte immer näher. Das gilt auch für die *Weltreligionen*. Was sich in Deutschland als Auseinandersetzung um Minarette, Kopftücher oder Regeln für das Schlachten von Vieh äußert, ist Symptom eines weltweiten Prozesses. Jede Kultur hat ihre Eigenarten, die von den ihnen Angehörenden als identitätsprägend wahrgenommen werden, die aber mit denjenigen anderer Kulturen in Konflikt geraten, sobald die Kommunikation zwischen ihnen sich intensiviert. Der Anteil der Christen an der Weltbevölkerung wird sich im Übrigen aufgrund der unterschiedlichen Bevölkerungsdynamik ohne erhebliche missionarische Erfolge voraussichtlich verringern. Auf jeden Fall werden die Weltreligionen durch den Kulturkontakt und dic weltweite Medialisierung in *wachsende Konkurrenz* zueinander gelangen – und natürlich auch zu den säkularen Daseinsdeutungen.

Ich belasse es bei diesen vier »Megatrends«, denen sich zahlreiche weitere Langfristrisiken der herrschenden Zivilisation – und für sie – hinzuzufügen ließen. Im Hinblick auf das Leitthema »Christentum und Solidarität«[155] ist eine doppelte Problemstruktur festzuhalten: Es ist erstens mit großräumigen Verschiebungen der *Gelegenheitsstrukturen* zu rechnen, die auch die »modernisierten« oder »entwickelten« Gemeinwesen der Welt mit einer traditionell christlichen Bevölkerung nicht ungeschoren lassen. Zwar sind deren Chancen, die Existenz ihrer Bürger zu sichern, im Vergleich zu den Menschen in anderen Weltregionen vermutlich günstiger, aber vor allem die Bevölkerungsentwicklung läuft gegen sie. Mit den Risiken der vier Megatrends ließe sich mittels solidarischen Verhaltens der politischen Gemeinwesen vermutlich effektiver umgehen, als mittels Konkurrenzverhalten, aber infolge der ungleichen Verteilung von Risiken und Chancen ist eigennütziges und kurzfristig politischen Erfolg versprechendes Verhalten weit eher zu erwarten.

Zweitens: Die zunehmende ökonomische Interdependenz wird von sich intensivierenden Kontakten zwischen teilweise heterogenen *Kulturen* begleitet, welche insbesondere deren Religionen als Identitätskerne in Spannung, Konkurrenz, und eventuell Konflikt zueinander bringen können. Dabei ist zu berücksichtigen, dass kulturelle Konflikte, die sich auf Identitäten beziehen, zu den »unteilbaren Konflikten« im Sinne von A. O. Hirschman (1974) zählen. Während bei teilbaren Konflikten (z. B. Tarifverhandlungen) Kompromisse den Streit entschärfen können, sehen die Beteiligten bei unteilbaren Konflikten keine Spielräume für Kompromisse. Hier sind Kompromisse nur dadurch zu erzielen, dass besonders markante und unvermeidbare Konfliktpunkte zwischen Kulturen mit Bezug auf den Identitätskern mindestens einer Kultur marginalisiert werden. Der katholische Verzicht auf das »Extra ecclesia nulla salus« oder die Marginalisierung prekärer Traditionselemente, beispielsweise durch die Denkfigur einer »hierarchia veritatum«, mögen als Beispiele dienen. Eine Marginalisierung bestimmter Konflikte mit Bezug auf die Identität mehrere Kulturen mag dort gelingen, wo der Grundsatz der Pluralität von kulturellen Identitäten allseits akzeptiert wird und deren wechselseitige Anerkennung gelingt.

13.2 Solidarität und Solidarpotentiale – soziologisch

»Solidarität« ist zwar ein Lieblingsbegriff der katholischen Soziallehre geworden, doch kann man nicht behaupten, dass sie ihn in analytischer Hinsicht besonders vertieft hätte (Große-Kracht 2003; 2005: 96 f.). Die Begriffsgeschichte ist inzwischen weitgehend aufgeklärt (umfassend Stjernö 2005), lässt aber vor allem eine Vielfalt der Konnotationen und wenig Konvergenz des Sprachgebrauchs erkennen. Deutlich wird jedoch: »Solidarität« ist eine häufig emphatisch und meist normativ gebrauchte begriffliche Formel für das »gelingende« menschliche Zusammenleben. Bemerkenswerterweise wurde Solidarität als Norm von zahlreichen weltanschaulichen Richtungen für sich in Anspruch genommen, und sie ist im Unterschied zum verwandten Begriff der »Gemeinschaft« offener für komplexe Sozialzusammenhänge, wie sie für moderne Vergesellschaftungsformen charakteristisch sind.

In der Soziologie wurde der Begriff in jüngerer Zeit im Anschluss an die Problemstellung Emile Durkheims erneut aufgenommen. Durkheim betonte die Unterschiedlichkeit sozialer Integrationsbedingungen in einfachen und in komplexen Gesellschaften durch die Unterscheidung von mechanischer und organischer Solidarität. Talcott Parsons (1972) hat die Problematik als Frage nach den Integrationsbedingungen funktional differenzierter Gesellschaften aufgenommen und mit den Kategorien der kulturellen »Wertegeneralisierung« und politisch-sozialen »Inklusion« spezifiziert. Vor allem im Horizont von Krisendiagnosen des wohlfahrtsstaatlichen Zusammenhalts ist seit den 1980er Jahren die Kategorie der »Solidarität« erneut soziologisch salonfähig geworden und erhält »die Funktion eines Suchrasters für Formen, Chancen und Grenzen sozialer Verbundenheit unter den Bedingungen von Modernität« (Gabriel/ Herlth/Strohmeier 1997: 15).

»Solidarität« als explizite Forderung nach gemeinsamer oder wechselseitiger Verpflichtung unter Menschen wird dort thematisch, wo die implizite, »elementare« oder »ursprüngliche« Solidarität kleiner, durch fortgesetzten alltäglichen Kontakt verbundener »Gemeinschaften« sich auflöst und die Sozialverhältnisse weiträumiger und anonymer werden. Elementare Solidarität beruht auf enger sozialer Kontrolle; ihre Forderungen sind diffus, situationsabhängig und beschränkt auf die zu einem bestimmten Sozialverband Gehörenden. Diese Zugehörigkeit ist grundsätzlich umfassend, man kann sich hier Solidarverpflichtungen nur um den Preis des sozialen Ausschlusses nachhaltig entziehen. Das Schicksal des einzelnen und der Gemeinschaft sind eng mit einander verbunden. In diesem Sinne hat Aristoteles auch die »koinonia politike« bestimmt, die allerdings auf Grund ihrer Zusammengesetztheit aus den alltäglich verbundenen »oikoi« und ihrer Größe bereits explizite Probleme des sozialen Zusammenhalts kannte. Diese werden im Zuge der abendländischen Entwicklung durch die Entwicklung des Rechts und seine zunehmende Positivierung gelöst. Neben die personenbezogene tritt schließlich die institutionalisierte Solidarität der Bürger in demokratisch legitimierter Rechtsordnungen.

Moderne Sozialverhältnisse sind, wie Durkheim und Georg Simmel um 1900 etwa gleichzeitig erstmals reflektiert haben, vielfältig differenziert und versetzen die Menschen in sozial heterogene Umwelten, von denen ein Druck auf Individualisierung ausgeht: Erst in »sich kreuzenden sozialen Kreisen« wird das Individuum sich seiner selbst bewusst (Simmel). Solidaritätstheoretisch gesprochen gerät das Individuum nunmehr in mehrfache, untereinander nicht koordinierte Sozialzusammenhänge (z. B. Familie, Beruf, Kirche), deren Ansprüche auf Solidarität es in seiner eigenen Lebensführung koordinieren muss. Jeder wird sich damit selbst der Nächste, und Solidarität kann nun nicht mehr primär den alltäglich Vertrauten gelten – sondern wird »Solidarität unter Fremden – unter Fremden, die auf Gewalt verzichten und die sich, bei der Kooperativen Regelung ihres Zusammenlebens, auch das Recht zugestehen, füreinander Fremde zu *bleiben*« (Habermas 1992: 374).

Alle Menschen unterliegen grundsätzlich dem Risiko des Ausschlusses vom Zugang zu bestimmten lebensdienlichen Ressourcen. Es bedarf spezifischer Vorkehrungen, um solche Risiken zu minimieren. Während es in der Ära des Nationalismus dem Nationalstaat in etwa gelang, sich als umfassender Solidaritätshorizont und wohlfahrtsstaatlicher »Risikoabsorber« zu präsentieren und zugleich alle anderen Solidaritätsansprüche den seinigen unterzuordnen, bringt die Globalisierung eine explizite Vervielfältigung der Solidaritätshorizonte mit sich – von der Weltebene bis zum Lokalen, den nunmehr nicht mehr auf Homogenität beruhenden demokratischen Staat inbegriffen. Die Globalisierung führt überdies zu einer weiteren Verselbständigung der nunmehr transnational operierenden Funktionssysteme mit ihren spezifischen Rücksichtslosigkeiten (Fischer-Lescaro/Teubner 2007).

Die individuelle Koordination der heterogenen Ansprüche unterschiedlicher Lebensbereiche kann grundsätzlich nur gelingen, weil die Ansprüche nicht mehr diffus, sondern weitgehend spezifisch geworden sind, sich also auf rechtlich umschriebene Pflichten reduzieren lassen. Weil aber diese Pflichten untereinander schlecht koordiniert sind, bereitet ihre Erfüllung in der Praxis auch den Wohlwollenden Probleme. Der Ruf nach »Verantwortung« oder »Solidarität«

ist der moralisierende Reflex von nicht durch Rechtspflichten – zu lösenden Problemen hoch differenzierter Gesellschaften: Pflichten-kollisionen, »Moral Hazard«, »Trittbrett-Fahren«, Opportunismus, usw.[156] Zwar sind solche Verhaltensweisen oft an Rechtspflichten orientiert, aber im Sinne ihrer Umgehung oder Vermeidung.

Während der Ruf nach Verantwortung oder Verantwortlichkeit individuelle oder korporative Akteure in ihrer situationsspezifischen Handlungs- oder Entscheidungsfähigkeit haftbar oder zum mindesten rechenschaftspflichtig machen will (Kaufmann 1992), richtet sich der Ruf nach Solidarität auf die Verpflichtungsbereitschaft gegenüber Dritten, und zwar insbesondere in zwei Formen: auf das Unterlassen der Verfolgung eigener Interessen zu deren Lasten und auf die Anerkennung von Leistungspflichten ihnen gegenüber. Besonders eindringlich wird der Ruf nach Solidarität, wo Verpflichtungen gegenüber sozial Schwächeren eingefordert werden. Wir können dabei vier typische Begründungen für die Forderung nach solidarischem Verhalten unterscheiden (Kaufmann 2002: 41 ff.):

1. *Loyalität* beinhaltet die praktische Anerkennung von Ordnungen, Regeln, Versprechen und ähnlichen Verpflichtungsgründen ihrem gemeinten Sinne nach, also nach »Treu und Glauben«, wie das schweizerische Zivilgesetzbuch formuliert. Nur Loyalität erhält Vertrauen in sozialen Beziehungen. Loyalität bezieht sich auf das elementare Niveau der Moralität in Rechtsbeziehungen, die auch dann einzuhalten sind, wenn mit einer Sanktionierung von Regelverletzungen nicht zu rechnen ist. Fehlt es ab wechselseitiger Loyalität, so bricht das Vertrauen in Sozialbeziehungen zwangsläufig zusammen.

2. *Erweiterte Reziprozität* beinhaltet eine tauschtheoretische Begründung solidarischen Verhaltens. Der Verzicht auf eigennütziges Handeln wird hier mit einer indirekten wechselseitigen Abhängigkeit begründet. Die Argumentation setzt keine emotionale Verbundenheit zwischen den Beteiligten voraus, sondern appelliert an deren »aufgeklärten Egoismus« (Hegner 1997). Im Unterschied zu direkten »eindimensionalen« Tauschvorgängen wird hier auf mehrere Dimensionen einer Sozialbeziehung abgehoben, in denen Ressourcen unterschiedlich verteilt sind. Augenscheinlich altruistisches Verhalten – etwa humanitäre Spenden für die Dritte Welt – kann tauschtheoretisch z. B. entweder mit der Dankbarkeit der

Empfänger oder mit dem Interesse der Spender an der Entwicklung und Stabilität dieser Gebiete begründet werden.

3. *Gemeinschaftsorientiertes Verhalten*: »Einer für alle, alle für einen« ist die klassische Formel der Solidarität. Im Unterschied zur Loyalität wird hier ein aktives Eintreten für »gemeinsame Interessen« gefordert, im Unterschied zum Altruismus eine zum mindesten partielle Überlappung oder Vermischung von Eigen- und Kollektivinteresse vorausgesetzt. Diese Argumentationsfigur hat unter dem Einfluss der Modernisierung stark an Plausibilität verloren, weil umfassende »gemeinschaftliche« Gruppenbindungen heute selten geworden sind. Allerdings können Vorstellungen eines »gemeinsamen Schicksals« (vor allem im Zusammenhang mit Katastrophen) oder auch Ideologien gemeinschaftliche Gefühle freisetzen, welche solch solidarisches Verhalten erleichtern.

4. *Altruismus* dagegen ist eine Argumentationsfigur, deren Plausibilität im Zuge der Modernisierung zunimmt. Dies hängt damit zusammen, dass »Moral als Preis der Moderne« (Höffe 1993) zunehmend an kulturellem Gewicht gewinnt. Das zeigt sich nicht nur am Bedeutungsgewinn der Wissenschaftsethik, sondern beispielsweise auch an den Menschenrechten, die »in der Gegenwart zu der schlechthin grundlegenden und weltweit gültigen politischen Idee geworden« sind (Menke/Pollmann 2007: 9). Würde der Altruist jedoch keine Befriedigung aus seinem Altruismus ziehen, so wäre es um dessen Praktikabilität allerdings schlecht bestellt. Es bedarf der individualisierte Mensch jedoch zur Selbstbestätigung seiner eigenen Werthaftigkeit der Identifikation mit kollektiv anerkannten Werten. Dies erklärt die Attraktivität altruistischer Begründungsmuster von Solidarität: Wer sich »uneigennützig« für Ideale engagiert, wird in seiner Identifikation mit diesen bestätigt.

Praktizierte Solidarität – als unterstützendes Handeln und weit häufiger als bejahendes Erdulden der Folgen von den eigenen Interessen nachteiligen Regelungen zu Gunsten Dritter – beruht aus soziologischer Sicht auf *Solidarpotentialen*, d. h. individuellen Dispositionen und kollektiven Regelungen, die nur in bestimmten Kontexten und unter situativ bestimmten Voraussetzungen aktualisiert werden können. Solidarpotentiale sind in der Regel wertgebunden. Individuelle

Dispositionen zu solidarischem Verhalten kommen heute im Unterschied zur vormodernen, elementaren Solidarität in der Regel nicht mehr durch soziale Kontrolle, sondern durch die Identifikation mit bestimmten Werten zustande. Solidarisches Handeln in größeren, bis hin zu weltweiten Kontexten ist im Sinne der Terminologie Max Webers nicht so sehr traditional, sondern wertrational legitimiert und motiviert (Kaufmann 2002: 40 f.). Dementsprechend können auch nur Regelungen, die wertrational begründet werden, Solidarpotentiale mobilisieren. Die heute im Westen verbreiteten Wertgrundlagen beziehen sich auf die Errungenschaften der Aufklärung: Freiheit, Gleichheit, Demokratie, Menschenrechte, welche in ihrem Zusammenwirken die Vision einer »globalen Rechtsgenossenschaft« heraufführen sollen (Brunkhorst 2002).

13.3 Christentum und weltweite Solidarpotentiale

Wie die Studie von Brunkhorst zeigt, stammt der solidarische Impetus der Aufklärung aus zwei Quellen: »Die eine entspringt aus heidnisch-republikanischer Eintracht (gr. *homonoia*, lat. *concordia*) und Bürgerfreundschaft (gr. *philia*, lat. *amicitia*), die andere aus biblisch-christlicher Brüderlichkeit (*fraternitas*) und Nächstenliebe (*caritas*)« (2002: 11). Ist die antike Eintracht und Bürgerfreundschaft noch statisch und auf den umgrenzten Kreis der *Civitas* beschränkt, bringt die Augustinische Unterscheidung zwischen *civitas terrena* und *civitas Dei* eine dynamisierende Spannung in die politische Gesellschaftslehre, indem sie aller weltlichen Ordnung ihren Absolutheitsanspruch nimmt und ihre Unvollkommenheiten demaskiert. »Die Pointe des christlichen Reformismus besteht in der Verbindung des Erlösungsglaubens mit einer innerweltlichen Praxis, die den Menschen nicht nur gewährt ist, sondern in deren solidarischem, den »Anderen einbeziehenden« (Habermas) Vollzug sie sich auch innerweltlich bewähren müssen« (Brunkhorst 2002: 77).

Brüderlichkeit, Eschatologie und Universalismus sind die spezifischen Momente, die das Christentum in die Kultur der okzidentalen Moderne eingebracht hat, und welche noch heute als kritisches Potential der Offenheit zukünftiger Entwicklungen dienen. Was die französische Revolution in ihrer Erklärung der *Menschen-* und *Bür-*

*ger*rechte zusammenbinden wollte, erweist sich heute als normative Spannung zwischen nationalstaatlicher Demokratie und dem menschenrechtlichen Anspruch einer Weltgesellschaft.

Diese Spannung dürfte die Solidaritätsproblematik zum mindesten in den kommenden Jahrzehnten des 21. Jahrhunderts bestimmen. Zwar wirkt auch innerhalb der Nationalstaaten die Globalisierung auf eine Erosion wohlfahrtsstaatlich erreichter Angleichung der Lebenslagen hin, woraus sich der Ruf nach Solidarität ebenfalls erklärt.[157] Aber im Vergleich zu den weltgesellschaftlichen strukturlosen Ungleichheiten bleiben die staatlich strukturierten doch eine bescheidene, durch Politik grundsätzlich lösbare Herausforderung, für die es explizit religiöser Legitimationen nicht mehr bedarf.

Bereits im Zuge der Entstehung der Vereinigten Nationen hat die Idee einer internationalen Wohlfahrtsverantwortung der Staaten Gestalt angenommen und auch in der Allgemeinen Menschenrechtserklärung der Vereinten Nationen (Art. 22–28) einen ersten Niederschlag gefunden (Kaufmann 2003c), und der globale Einfluss der Menschenrechtsdoktrin ist im Laufe der letzten Jahrzehnte immer deutlicher geworden. Wie Lutz Leisering (2007: 190 ff.) zeigt, haben sich inzwischen auch »Elemente globaler Sozialpolitik« entwickelt, und zwar trotz ihrer »evolutionären Unwahrscheinlichkeit«. Nicht zuletzt die allgemeine Bedrohung der Menschheit durch eine Klimakatastrophe trägt zum wachsenden Bewusstsein der Welteinheit bei, die sich solidaritätstheoretisch als *gemeinsames Schicksal* interpretieren lässt. Die Emergenz eines Weltbewusstseins, wenn nicht einer »Weltgesellschaft« (Heintz u. a. 2005) beflügelt die Suche nach politischen und rechtlichen Ordnungsprinzipien auf Weltebene (Albert/Stichweh 2007).

Könnte in diesem Zusammenhang dem Christentum eine spezifische Aufgabe oder gar soziale Funktion zuwachsen? Diese Frage hat Karl Gabriel gestellt und unter Berufung auf die Pastoralkonstitution über die Kirche in der Welt von heute formuliert: »Vom Schicksal eines blinden Verflechtungsprozesses zum solidarischen Geschick zu finden, darin erblickt das Konzil die Aufgabe der Kirche in und für diese Welt« (Gabriel 2000: 101). Für die Herausbildung der nationalen Wohlfahrtsstaatlichkeit in Europa als nachhaltigster Form praktizierter politisch-ökonomischer Solidarität ist der Einfluss beider Konfessionen vielfach nachgewiesen worden (vgl. Gabriel 2005).

Auch wenn ein maßgeblicher Einfluss des Christentums auf die Solidarpotentiale des Okzidents unbestreitbar ist, lässt sich daraus noch nicht folgern, dass dieser Einfluss sich auch auf Weltebene, insbesondere im Einflussbereich anderer Weltreligionen, geltend machen lässt. Ein entsprechendes Szenario müsste zunächst das Verhältnis des Christentums zu den anderen Weltreligionen und die Rolle von Religion im Prozess der Weltvergesellschaftung reflektieren.

Diesbezüglich ist auf die allmähliche Emergenz auf Weltebene eines »religiösen Feldes« im Sinne von Pierre Bourdieu hinzuweisen (vgl. Kaufmann 2003a: 31 ff.). Die Idee von *Religion* als einem ausdifferenzierten, abgrenzbaren Bereich hat sich erst im Zuge der okzidentalen Modernisierung entwickelt, die übrigen Kulturen kennen keinen äquivalenten Begriff. Zwar entwickelten Christentum und Buddhismus bereits institutionell verselbständigte Formen religiöser Praxis (Mönchtum, Klerus); Im Falle von Judentum, Islam und Hinduismus ist eine institutionelle Differenz der Religion zum politisch-rechtlichen und lebensweltlichen Bereich dagegen traditionell kaum entwickelt, und erst recht gilt dies für den Einflussbereich des Konfuzianismus und die sog. Naturreligionen. Die »Apartheit des Religiösen« (Matthes 1993: 23) ist also eine okzidentale Sonderentwicklung, die jedoch im Zuge der Weltvergesellschaftung indirekt auch in andere Kulturen ausstrahlt, in denen – nicht zuletzt aus administrativen Gründen – »Religion« zu einem sozialen Differenzierungsmerkmal wird (vgl. Chi 2005: 14 ff.). Im Kontakt mit dem Christentum bzw. der okzidentalen Kultur scheint auch in anderen Kulturen die Spezifität von Religion allmählich bewusstseinsfähig zu werden, und auf Weltebene können sich die diffusen religiösen Traditionen nur als »Religion« artikulieren. Das Christentum trägt hierzu bei, insoweit es die Repräsentanten anderer Kulturen als Vertreter von »Religion« anspricht und beispielsweise zu »Weltgebeten« einlädt.

Völlig offen erscheint zurzeit der Stellenwert von »Religion« im Zuge der Weltvergesellschaftung. In den einschlägigen Diskursen kommt sie noch kaum vor. Bisher scheint lediglich das Christentum und insbesondere die katholische Kirche als ältester »Global Player« (sowie in etwa das Judentum) in der Lage, sich auf organisierte Weise weltweit zu artikulieren. Angesichts des Umstandes, dass dem Christentum im Zuge der okzidentalen Expansion seit Beginn der Neuzeit missionarische Erfolge im Bereich der Hochreligionen kaum gelungen sind, die Expansion vielmehr nahezu ausschließlich im Bereich der sog. Naturreligionen erfolgte, erscheint auch für die Zukunft wenig wahrscheinlich, dass das Christentum weltweit bestimmenden Einfluss gewinnt. Es sei denn, seine Lehre und seine Praxis weisen Elemente auf, die sich in besonderer Weise zur Lösung von Problemen der Weltvergesellschaftung eignen.

Solche Elemente zu suchen, lässt sich als Aufgabe christlicher Sozialethik bestimmen: »Die christliche Sozialethik hat zum einen die biblische Hoffnung der Heilszusage Gottes für ein Leben in Fülle zum Bezugspunkt. … Zum anderen setzt sie ihren Entwurf eines gelungenen Lebens und seiner gesellschaftlichen Voraussetzungen dem Test aus, was daran von den vielen, immer näher rückenden Anderen in der globalen Welt akzeptabel erscheint. Sie ist bereit, die Partikularität der christlichen Glaubenstradition in der globalen Welt ohne Vorbehalte anzuerkennen, ohne allerdings auf den Anspruch zu verzichten, eine heilsame Wahrheit für alle zu haben und in ihrer Praxis aufscheinen zu lassen« (Gabriel 2000: 103).

Mit dieser Haltung definiert sich das Christentum als Akteur in einer Arena religiöser Konkurrenz, wie sie im Einflussbereich des Westens bereits praktiziert wird. In der weltweiten Kommunikation wird sich ein solches Konzept allerdings nur durchsetzen, wenn auch die Vertreter anderer Weltreligionen sich auf solch diskursive Wahrheitssuche einlassen. Ein solcher Transformationsprozess des kulturell-religiösen Bewusstseins dürfte für sie noch weit schwieriger sein, als die Auseinandersetzung des Christentums mit seiner Aufklärung, die ja nicht zuletzt im Horizont des Protestantismus herangewachsen ist, und nur dort laizistische Züge annahm, wo die Bewegung der Reformation durch katholischen Einfluss und säkulare Staatsräson verdrängt wurde.

Das gilt zum mindesten für den Islam, und wahrscheinlich auch für den Hinduismus. In den Regionen ehemals konfuzianischer Prägung in Ostasien fehlt dagegen die Erfahrung einer Verknüpfung von Religion und Politik. Offen bleibt hier, ob sich ein Bedürfnis nach religiöser Sinngebung und ihrer Verknüpfung mit moralischen Fragen überhaupt entwickelt. Und schließlich bleibt zu fragen, ob die organisatorische Verselbständigung der übrigen Weltreligionen überhaupt dem Weltfrieden dienlich wäre. Die europäischen Erfahrungen zeigen jedenfalls eine tiefe Ambivalenz hinsichtlich religiös aufgeladener Solidarpotentiale: Trotz aller biblischen Einheitsmahnungen waren die konfessionellen Kriege mit die bittersten der europäischen Geschichte.

Wenn es allerdings dem Christentum gelänge, seine Überlegenheit mit Bezug auf die Mobilisierung auch großräumiger, tendenziell weltweiter Solidarpotentiale plausibel zu machen, könnte ihm auf der Ebene weltweiter Kommunikation eine Sonderstellung im Verhältnis zu den übrigen Weltreligionen gelingen. Das Christentum könnte sozusagen die Agenda setzen, mit der sich die anderen Weltreligionen auseinanderzusetzen hätten. Ansatzweise ist dies beispielsweise durch Auftritte der Päpste vor den Vereinten Nationen und die Initiativen zu interreligiösen Begegnungen, aber auch durch »von unten« kommende Initiativen wie die Bewegung zur Bewahrung der Schöpfung bereits heute zu beobachten. Insofern sich das Christentum auf das weltweit anerkannte Ethos der Menschenrechte beruft, kann es Resonanzen erzeugen, die über seine spezifische religiöse Botschaft hinausgehen, aber von ihr her ihre spezifische Energie erhalten.[158]

Zieht man die vier einleitend genannten Herausforderungen in Betracht, so dürften sie hinsichtlich der hier angesprochenen Frage weltweiter Solidarität auf jeden Fall zuspitzend wirken. Die Bedrohung durch eine kollektive Klimakatastrophe scheint am ehesten geeignet, die Schicksalsgemeinschaft aller Menschen und damit ihre Solidaritätsbedürftigkeit bewusstseinsfähig zu machen. Der Kampf um das knappe Trinkwasser wird die Doktrin allgemeiner Menschenrechte in sehr direkter Weise herausfordern, sei es im Sinne der Förderung von Versorgungsminima, sei es im Sinne einer Bestreitung ihres normativen Anspruchs. Die demografischen Ungleichgewichte werden weitere Migrationsprozesse zwischen den Kulturen auslösen und damit Kulturkontakte intensivieren, von denen auch die religiösen Bezüge affiziert werden. Ob dies zu einer weiteren Privatisierung des Religiösen oder aber zur kollektiven Verstärkung religiöser Bewegungen Anlass gibt, und was daraus für den interreligiösen Kontakt folgt, lässt sich nicht voraussehen. Auf jeden Fall scheint die Einstellung der Anerkennung einer Vielzahl partikulärer religiöser Traditionen und des gleichzeitigen Angebots zukunftsweisender Perspektiven am ehesten geeignet, in weltweiten Auseinandersetzungen eine friedliche Diskursebene zu etablieren, die der Bildung von Solidaritätspotentialen förderlich werden könnte.

Allerdings bleibt es ein weiter Weg von der Verbreitung solidarischer Forderungen zu ihrer Verwirklichung. Solidarität als Steuerungsform sozialen Handelns setzt stets zweierlei voraus: Gemeinsame Wertorientierungen und gemeinsame Situationsdefinitionen. Wer nur die Wertebene berücksichtigt, wird vor den unterschiedlichen Definitionen praktischer Probleme Schiffbruch erleiden. Eine christliche Sozialwissenschaft, die diesen Namen verdient, wird sich daher nicht in der Darlegung ethischer Grundsätze und normativer Forderungen erschöpfen dürfen, sondern muss auch die »Mühen der Ebene«, der genauen Erforschung und solidaritätsorientierten Interpretation praktischer Probleme auf sich nehmen müssen. Hierfür war und ist das vom späteren Kardinal Joseph Höffner gegründete Institut für christliche Sozialwissenschaften an der Universität Münster wegweisend.

14. Kapitel:
Viele Wege des Volkes Gottes

»Wohin führt der Weg der Kirche?« So betitelte Walter Kasper das Schlusskapitel seiner Ekklesiologie (2011a: 463 ff.). Diese Frage wurde mir auch von Studierenden der Katholisch-theologischen Fakultät der Universität Bochum vorgeschlagen, als sie mich zu einem Vortrag anlässlich ihres Dies academicus 2011 einluden – und ich habe sie als Herausforderung angenommen. Die Frage stand auch über diesem Kapitel – bis ich sie nicht mehr ertragen konnte.

Denn der Titel enthält eine nicht einlösbare Ambition. Wenn Kaspers Diagnose zutrifft: »Die tiefere Ursache (scil. der Kirchenkrise) besteht darin, dass eine Epoche der Kirchengeschichte zu Ende geht, ohne dass schon neue Horizonte, wie es weiter gehen soll, deutlich sichtbar sind« (2011a: 463), so ist es völlig vermessen, einen zukünftigen »Weg *der* Kirche« skizzieren zu wollen. Wer sich auf diese Frage einlässt, lässt sich gleichzeitig auf ein Verständnis der monokratischen ›Amtskirche‹ ein, das zum mindesten nach der hier entwickelten Diagnose ein *zentrales Element der gegenwärtigen Kirchenproblematik* selbst darstellt. Die biblische ›Ekklesia‹ und selbst die lateinische Kirche als ganze ist nie *einen* Weg gegangen. Sie war auch nie ein einheitlicher geschichtlicher Akteur. Das sind bloße dogmengeschichtliche Projektionen eines papstzentrierten Kirchenverständnisses, das mit zahlreichen Argumenten in diesem Buch in Frage gestellt wird. Es gehört zwar zu den Versuchungen angewandter Sozialwissenschaft, sich den Kopf eines imaginären oder realen Regenten oder Steuermannes zu zerbrechen. Aber ich will ihr hier nicht erliegen. Für die von Jesus Christus gewollte Kirche ist kein Trost ist in Sicht, außer der uralten Verheißung, dass die ›Pforten der Hölle‹ sie nicht überwinden werden (Mt 16,18). Das hilft aber wenig im Hier und Jetzt der historisch stärksten Tradition des Christentums, die – zum mindesten in Westeuropa – in eine Orientierungskrise geraten zu sein scheint.

Natürlich lassen sich vielfältige Vorschläge zur Kirchenreform machen (etwa Hengsbach 2011); oder Hinweise auf gelungene Aktivierungen oder Mobilisierungen von Kirchenmitgliedern geben (z. B. Hennecke 2010). Die Kirche liegt selbst in Deutschland nicht im Sterben, von außereuropäischen Gegenden ganz zu schweigen, wo lebendige Glaubenspraxis bis hin zum Märtyrertum auch in unserer Zeit als Vorbild dienen könnte. Aber solche Hinweise würden dem Charakter dieses Buches nicht entsprechen, das nicht als Mutmacher, sondern als Anstoß zur Nachdenklichkeit konzipiert ist.

In Frage steht die Form, welche die römisch-katholische Kirche im zweiten Jahrtausend ihrer Existenz angenommen hat, und deren Verwobenheit mit den kulturellen Entwicklungen Europas. »Schaut man nochmals tiefer, dann muss man von einer Verdunkelung Gottes in unserer Zeit und von einer Glaubens- oder Gotteskrise sprechen, in der sich ganz allgemein die Krise unserer westlichen Zivilisation widerspiegelt und die zur Kirchenkrise geführt hat« (Kasper 2011a: 464). Ich möchte im Folgenden im Anschluss an Kapitel 6 die Frage zuspitzen, ob nicht das römisch-katholische Kirchenverständnis selbst zur Entstehung der Glaubens- und Gotteskrise beigetragen hat, die aktuelle Kirchenkrise also nur Spannungen an die Oberfläche bringt, die bereits im damals neuen Kirchenverständnis des Hochmittelalters angelegt und durch das Tridentinum wie auch das Erste Vatikanum verschärft worden sind.

Ich veranschauliche diese These zunächst im Anschluss an Argumente des St. Galler Soziologen Peter Gross, weil er seine Gesellschaftsdiagnose ebenfalls mit einer religiösen Diagnose und Perspektive verbindet. Darauf folgen eigene Deutungen, die auch die deutsche Situation mit einbeziehen und zum Ergebnis führen, dass derzeit die bewusste Annahme dezentraler, nur im Rahmen sehr elementarer Grundsätze zu begrenzender Initiativen und Reformbemühungen, also mit einer Vielfalt von Wegen und Gehversuchen unter stärkerer Beteiligung von Laien, am ehesten Aussichten auf neue Formen des Kirche-Seins im Bereich des Katholizismus eröffnen würden. Darüber hinaus erfordert das Zusammenwachsen der Welt neue Formen der Ökumene und ein umfassenderes Verständnis der Christentumsgeschichte. Allerdings spricht wenig oder nichts dafür, dass solche Überlegungen an den rigiden Praktiken der römischen Kirchenführung in absehbarer Zeit etwas ändern werden.

14.1 Jenseits der Erlösung?

Peter Gross deutet die gesellschaftlichen Trends der Modernisierung, Medialisierung und Globalisierung radikaler, als dies hier geschehen ist. Er bestimmt die Postmoderne als »Multioptionsgesellschaft« und rekurriert auf ähnliche diagnostische Sachverhalte wie in den ersten Kapiteln dieses Bandes genannt: Entgrenzung, Entzeitlichung, Enthierarchisierung, Entheiligung, Abbau innerer Zäsuren, Erledigung der Ewigkeit, Verlust der Herkunft (Gross 1994: 71 ff.). All diese Tendenzen führen nach Gross zur Enttraditionalisierung und zur Auflösung von Verbindlichkeiten. Diese Befreiung oder besser Freisetzung des Menschen führt zu einer kollektiven Explosion der Möglichkeiten: »Steigerung der Optionen auf allen Seinsebenen, Steigerung der Teilhabe an den Optionen und Setzung minimaler Standards der Teilhabe. … ›Handle stets so, dass weitere Möglichkeiten entstehen‹, das ist der ethische Imperativ der Multioptionsgesellschaft« (ebenda: 69 f.). Mit eindrücklicher Rhetorik skizziert Gross eine vieldimensionale Gesellschaft voller schlecht koordinierter Dynamiken, in denen sich das Individuum nicht mehr zu orientieren weiß und in unterschiedlichen, jedoch keinen wirklichen Ausweg weisenden Strategien sein Heil sucht. Weil es keine tragenden Haltepunkte mehr gibt, begibt sich ein jeder auf die »Ich-Jagd«, er jagt einer Verwirklichung seines Ichs nach, dass er bei allen Bemühungen nicht erreichen kann (Gross 1999).

Auch für Gross gehört das abendländische Christentum zu den wichtigen Voraussetzungen der Moderne: der Universalismus des christlichen Missionsauftrags und die vor allem von Augustinus‹ Zwei-Reiche-Lehre ausgehende »Trennung von Welt- und Heilsgeschichte« welche »einen Keil zwischen Wirklichkeit und Möglichkeit getrieben« hat (Gross 1994: 168). Der damit ausgelöste Drang zur Vollkommenheit wird in der Aufklärung säkularisiert: »Aus der Heilserwartung wird eine substanzlose, generalisierte Mehrformel, welche die Olympiade, die Kochkunst, die Selbstverwirklichung und das Sinnieren über den Fortschritt gleichermaßen überdacht. Diese Mehrformel, die keine Ziele, sondern nur Etappen – Zwischenziele – kennt, prolongiert darüber hinaus das Fortschrittsprojekt ins Unendliche« (ebenda 171 f.). Der christliche Ursprung wirkt sodann auch in der modernen Auffassung von der Gleichheit aller Menschen und den daraus folgenden Partizipations- und Einbeziehungsforderungen nach, die insbesondere die politischen Hoffnungen demokratischer Wohlfahrtsstaaten beseelen. Aber auch diese Hoffnungen werden fortwährend enttäuscht. Sie irritieren und spornen jedoch das politische Geschäft der Differenzminderung immer weiter an (ebenda 377 ff.).

In seinem neueren Buch mit dem programmatischen Titel: »Jenseits der Erlösung – die Wiederkehr der Religion und die Zukunft des Christentums« (Gross 2007) geht es direkt um die religiöse Problematik. Gross nimmt das bereits in der »Multioptionsgesellschaft« angedeutete Argument auf, dass das von der Erbsündenlehre des Augustinus legitimierte Erlösungsbedürfnis des im lateinischen Christentum beheimateten Menschen sich in säkularisierter Form im Fortschrittsglauben und der sich ständig überbietenden Perfektionssucht der Moderne ausdrücke. »Aus der befreienden Erlösung durch einen Messias wird die Selbstbefreiung durch ein emanzipatorisch-kritisches Subjekt. ... Die Welt will sich steigern, überbieten, vervollkommnen« (ebenda: 21). Aber anders als in seinem ersten, vor der Jahrtausendwende geschriebenen Buch diagnostiziert Gross als Folge der koordinierten Angriffe radikaler Muslime auf die symbolischen Zentren der Vereinigten Staaten am 11. September 2001 eine »Wiederkehr der Religion«, allerdings nicht des christlichen Erlösungsglaubens. Dieser werde, so wird anhand von theologischen Zitaten nahegelegt, auch innerhalb der Kirchen nicht mehr ernst genommen. Geschult am Denken eines Hans Urs von Balthasar, diagnostiziert er eine Verflachung des von den Kirchen vertretenen christlichen Glaubens. »Das abendländische Christentum versteht sich ... als Erlösungsreligion. Erlösung ist nicht ein, sondern der zentrale Begriff des christlichen Glaubens. Er ist die Hülle für eine ihm innewohnende Zeitbotschaft, für ein Konzept der Finalität, des Heils, der Endlösung« (ebenda: 116). Diese Kraft aber sei gebrochen. Ein zukünftiges Christentum werde nicht mehr den Glauben an einen transzendenten Gott, sondern die »Weltlichkeit Gottes« kultivieren (ebenda: 139) und die Verletzlichkeit, Unvollkommenheit allen Seins ernst nehmen. »Christologisch gesehen: Die Menschwerdung Gottes zeigt sich nicht im Tod Gottes, sondern in seiner Auferstehung. ... Die Wundmale werden herausfordernd hergezeigt, das Dasein in seinem Unauflösbaren und Unverfügbaren angenommen und aufgenommen. … Die Endlosigkeit der Anstrengungen, die Erfahrung des Leids und die Erfahrung der Kontingenz setzen jene Kräfte frei, die immer wieder Lösungen ohne Endgültigkeit suchen« (ebenda: 108 f.). Eine solche Lehre und ein solches Ethos, so suggeriert der Autor, ohne diesen Gedanken auszuführen, könnte auch dem Menschen unter den Bedingungen der Multioptionsgesellschaft hilfreich, wenn nicht heilsam sein.[159] Mich erinnert solches Ethos an den »Mythos des Sisyphos« von Albert Camus (1942), wo er abschließend sagt, man müsse sich Sisyphos als glücklichen Menschen vorstellen.

Es kann hier nicht darum gehen, diese nur äußerst knapp skizzierte Position auf ihre theologische Schlüssigkeit oder soziologische Adäquanz hin zu diskutieren.[160] Sie beruht jedoch auf sensiblen Beobachtungen der Gegenwart und kann unseren Blick für Ambivalenzen im Selbstverständnis der römisch-katholischen Kirche schärfen. Das 2. Jahrtausend ihrer Existenz war ja durch den Anspruch geprägt, als Kirche über die Gnadenmittel zur verfügen, welche den in ihrem Sinne gläubigen Menschen die *Erlösung* verheißen. Durch die Sakramentenlehre des Hochmittelalters wurde die Erlösung von einem transzendentalen Ereignis gemeinschaftlicher Teilhabe am durch Jesus Christus vermittelten Heil, aus menschlicher Sicht also einem eschatologischen Ereignis, zu einem innerweltlichen Sachverhalt, der durch menschliche Handlungen wie Messstipendien direkt beeinflusst werden konnte.[161]

Charakteristisches Symptom einer zunehmenden *Verdinglichung und Immanentisierung der geistlichen Zusammenhänge* wurden die Streitigkeiten über den Charakter des Abendmahles: Die patristische, insbesondere augustinische Lehre beruhte auf einer »Metaphysik der Teilhabe … Als Sakrament ist die Eucharistie Bild(wirklichkeit), in der der wahre Herrenleib sich real repräsentiert. … Sakrament aber werden Brot und Wein durch die priesterliche Konsekration« (›Abendmahlsstreit‹, LthK 1: 36–39, 36). Die neue, später als ›*Transsubstantiationslehre*‹ bezeichnete Doktrin entstand, weil »der Verständnishorizont des real-ontologischen Bilddenkens völlig verschwunden war« und ein neues, ausschließlich immanentes Wirklichkeitsverständnis die bildhafte Interpretation nicht mehr als real, sondern als bloß zeichenhaft verstand. Damit stellte sich die Frage neu, wie die Realpräsenz Christi im Abendmahl zu verstehen sei; und sie wurde im Sinne einer »Verwandlung der Wirklichkeit (Substanz) von Brot und Wein in die Wirklichkeit von Christi Fleisch und Blut« beantwortet (ebenda 37); eine Wirklichkeit allerdings, die nur im Sinne eines Wunderglaubens zu vermitteln war. Die konkurrierende ›Konsubstantiationslehre‹, welche in Analogie zur Zwei-Naturen-Lehre mit Bezug auf Christus »die Koexistenz der unverwandelt fortbestehenden Substanzen von Brot und Wein mit dem Leib und Blut Christi« lehrte, wurde vom Konzil von Trient verworfen (›Konsubstantiation‹, LThK 6: 323 f., 324). Damit hat sich die katholische Kirche im Bestreben, die Realpräsenz Christi zu sichern, voll dem ›materialistischen‹, ursprünglich wohl germanischen Wirklichkeitsverständnis unterworfen, für das Transzendenz nur noch als Gegenwirklichkeit denkbar blieb, deren Existenz im Gefolge der Aufklärung immer fragwürdiger geworden ist.

In vergleichbarer Weise hat sich das Kirchenverständnis verändert. »Der ursprüngliche Sinn von koinonia/communio ist nicht Gemeinschaft zwischen den Christen, sondern gemeinsame Teilhabe der Christen (Methexis, participatio) an Jesus Christus, am Heiligen Geist, am Evangelium und besonders der Eucharistie« (Kasper 2011a: 169). Dem entsprechend wird sie als »Geheimnis des Glaubens (Mysterium)« verstanden (›Kirche II. Theologie- und dogmenhistorisch‹, LThK 5: 1458–1465, 1458). Im 1. Jahrtausend fanden dem entsprechend die realhistorischen Vollzüge wenig Beachtung; von Kirche war stets in meist biblischen Bildern die Rede. Die Identifizierung der sichtbaren Kirche mit der wirklichen Kirche Christi unter der Leitung des Papstes als *Vicarius Christi* sowie die darauf folgende Verrechtlichung der Kirchenstrukturen, »stellt die größte Wende dar, die die katholische Ekklesiologie erfuhr (Y. Congar)« (ebenda 1460). Der Verdinglichung des Eucharistieverständnisses in der Hostienverehrung entspricht die Institutionalisierung des Kirchenverständnisses in der monarchischen Papstkirche: »Ortskirchen werden somit faktisch zu untergeordneten Distrikten, Bischöfe zu Vikaren des Papstes mit beschränkter, vom Papst verliehener Vollmacht (ebenda 1460; vgl. auch Kapitel 8). Wie bereits in Kapitel 7 gezeigt wurde, konvergieren auch die Veränderungen der Bußpraxis mit diesem Muster kirchenzentrierter Erlösung.

Es ist dieser bereits von einem implizit säkularen Wirklichkeitsverständnis geprägte Horizont, auf den sich das Erlösungskonzept Peter Gross‹ bezieht. Von der darauf aufbauenden Spannung zwischen profaner und allenfalls sakramental umgedeuteter Wirklichkeit und heilsgeschichtlicher Möglichkeit ging eine Dynamik aus, welche dann in säkularisierter Form zunächst zum Fortschrittsglauben und dann zur Rastlosigkeit der entfalteten Moderne geführt haben soll.

Wiederum geht es hier weniger um die Plausibilität dieser These, für die es immerhin zahlreiche Parallelen gibt, als um die Diagnose, *dass dieses Erlösungsdenken selbst an sein Ende gekommen sei*, dass also nur ein christlicher Glaube »jenseits der Erlösung« möglich und hilfreich sei. Gross lehnt auch den eschatologischen Erlösungsgedanken ab, der uns nicht mehr im ursprünglichen Sinne zugänglich ist, sondern auf eine »andere Wirklichkeit« verweist, die ihre Plausibilität zu verlieren scheint. Und dies hängt, so *meine* These, damit zusammen, *dass der Verweischarakter der sichtbaren Kirche auf das, was sie ›Reich Gottes‹ nennt, zusammenbricht.* Das ist m. E. der Kern der aktuellen Kirchenkrise (vgl. Kapitel 6). So wenig wie die Transsubstantiationslehre noch zu überzeugen vermag,[162] so wenig plausibel ist der unkontrollierte monarchische Anspruch des päpstlichen Jurisdiktionsprimats. Auch wer an das Wirken des Heiligen Geistes glaubt, vermutet ihn heute nicht mehr in erster Linie in Rom, natürlich mit Ausnahme der ›Römer‹ selbst.

Allerdings bleibt fraglich, ob der Rückgriff auf eine platonisierende Transzendenzvorstellung zu helfen vermag, wie sie dem derzeitigen Papst Benedikt XVI. nahezuliegen scheint. Die Vorstellung, ein ›entweltlichter‹ Glaube sei reiner und überzeugender, geht vom Dualismus zwischen Gott und Welt aus, überträgt ihn aber auf die sichtbare Kirche, welche jedoch unvermeidlich ›in der Welt‹ bleibt; es gibt keine Heilsgeschichte außerhalb der Weltgeschichte (Kaufmann 2012). Die umstrittene Freiburger Rede des Papstes hat die zweifellos zentrale theologische Frage nach dem Verhältnis von Gott, Kirche und Welt wieder auf die Tagesordnung gebracht (Erbacher 2012). Der Papst »wollte wachrütteln und die Ortskirche in Deutschland ermahnen, im Licht des Evangeliums und ihrer geistlichen Sendung über die konkrete Gestalt der Kirche in diesem Land kritisch und kreativ nachzudenken und sich zu fragen, wo sie Strukturen mitschleppt, die inzwischen dysfunktional und zum Ballast für ihre geistliche Sendung geworden sind« (Kasper 2012: 36). Es fragt sich allerdings, ob es ausreicht, diese Frage für die deutschen Ortskirchen zu stellen. Gilt das möglicherweise auch für die Strukturen der lateinischen Kirche und insbesondere das Verhältnis von Vatikan und Ortskirchen?

14.2 Die Provinzialisierung der Römischen Kirche

Nimmt man den Gedanken ernst, dass die römisch-katholische Kirche sich im 2. Jahrtausend auf einem Entwicklungspfad befunden hat, der gegenwärtig seine Plausibilität verliert, dass also die ›Kirchenkrise‹ weit tiefer reicht, als Gläubige und Bischöfe das gegenwärtig annehmen, so reicht ein Rekurs auf frühere Interpretationen der eigenen Tradition nicht aus. Das Christentum hat eine zweitausendjährige Geschichte, und nur aus dieser historischen Perspektive lässt sich etwas Vernünftiges zur aktuellen Situation der römisch-katholischen Kirche sagen, von der meist mit großer Selbstverständlichkeit als »Die Kirche« gesprochen wird. Das geziemt sich so, wenn man traditionsbestimmt und ausschließlich innerkatholisch denkt. Aber damit verfehlt man bereits die aktuelle Problemlage, dass nicht nur einem innerkatholischen Selbstverständnis externe Perspektiven gegenüber stehen, die die Wahrheit dieses Selbstverständnisses in mancherlei Hinsicht in Frage stellen, sondern dass auch innerhalb der Kirche die Pluralität der Auffassungen über den oder die richtigen Wege zunimmt und alte Legitimationen schwinden. Der römische Antimodernismus, der in zentraler Hinsicht ein Anti-Historismus war, hatte schon seine subjektiv guten Gründe, denn eine Auseinandersetzung mit der Geschichte des Christentums und in ihr der römischen Kirche geht ans Eingemachte.

Es sei hier nicht von der wissenschaftlichen Bibelkritik die Rede, die zentral im Visier der Antimodernisten stand. Nicht zuletzt die Jesus-Studien des gegenwärtigen Papstes haben diese antimodernistische Position aufgegeben, aber gleichzeitig darauf hingewiesen, dass die mit der Bibelkritik verbundenen Relativierungen nicht die jesuanische Botschaft selbst in Frage stellen, sondern vielmehr von ihr ablenken (Ratzinger 2007, 2011). Ein modernitätsresistentes Christentum muss durch den ›Feuerbach‹ der Religionskritik hindurch gegangen sein und dann erneut auf der Ernsthaftigkeit der jesuanischen Botschaft insistieren. Inwieweit dies dem Autor Josef Ratzinger und anderen katholischen Exegeten gelungen ist, sei dem Urteil der Theologen überlassen. Als historisch informierter Sozialwissenschaftler interessiert mich mehr das soziale Medium, durch das die Botschaft Jesu bis auf uns gekommen ist.

Das Buch von Philip Jenkins, »Das goldene Zeitalter des Christentums. Die vergessene Geschichte der größten Weltreligion« (2010), handelt von christlichen Traditionen, die wir längst vergessen haben, obwohl sie zum mindesten ihrem räumlichen Ursprung nach weit näher den Ereignissen um Jesus stehen. Es handelt sich um die Kirchen Nordafrikas und des nahen Orient: Die Armenier, die verfolgte syrische Kirche im Irak und die Kopten in Ägypten und südwärts sind letzte Reste einer orientalischen Christenheit, die sich in ihrem nestorianischen Zweig zeitweise bis nach China ausdehnte und auch unter muslimischer Herrschaft bis ins 14. Jahrhundert behauptete. Die Theologie der meisten dieser Traditionen war monophysitisch, d. h. sie blieben außerhalb der durch die römischen Kaiser in Nizäa und Chalzedon erzwungenen dogmatischen Fixierungen. Wenn wir die Perspektive einer Geschichte des Christentums ernst nehmen, so erscheint aus dieser umfassenden Sicht der historische Erfolg der römischen Kirche eher ihrer europäischen Randlage und ihrer spezifischen Beziehung zur römischen Tradition geschuldet. Oder sollten wir annehmen, es sei der Wille Gottes gewesen, dass all diese Christentümer unter dem Ansturm der Mongolen und der Repression durch einen radikalisierten Islam weitgehend untergegangen sind und selbst das orthodoxe Byzanz dem Ansturm der Turk-Völker nicht standhalten konnte, sodass nur das Patriarchat des Westens als historische Größe übrig blieb? Das Selbstverständnis der römischen Kirche hat sich seit dem Großen Schisma von 1054 zu solcher Exklusivität entwickelt.

Wollte man dieses idiosynkratische Selbstverständnis einer sakralisierten Tradition aufbrechen, so müsste es im Namen dieser großen Ökumene geschehen. Aus dieser Perspektive wurde die katholische, das heißt ihrem Namen nach das Ganze, also die ganze Christenheit umfassende Kirche seit dem 11. Jahrhundert immer provinzieller und exklusiver, nämlich römischer und doktrinärer.[163] Darüber können auch die großen missionarischen Erfolge nicht hinweg täuschen. Es sollte zu denken geben, dass diese missionarischen Erfolge im Wesentlichen im Bereich der so genannten Naturreligionen erzielt wurden. Im Bereich der asiatischen Hochkulturen blieben die Erfolge der christlichen Mission äußerst bescheiden. Vielleicht wäre es anders gekommen, wenn Rom im so genannten Ritenstreit des 17. und 18. Jahrhunderts im Sinne der Offenheit für die Eigenarten der fremden chinesischen Kultur entschieden hätte. Aber Rom tat es nicht, und die Rücknahme der Verbote durch Pius XII. kam zweihundert Jahre zu spät. Mission erfolgte in der Regel im römischen, mit den Mentalitäten der Kolonialherren verwandten Sinne. Aber auch nach dem Ende des Kolonialismus hatten es autochthone christliche Bewegungen wie beispielsweise die Theologie der Befreiung schwer mit der römischen Kirche.

Den Höhepunkt dieser Provinzialisierung und doktrinalen Verfestigung bildete das I. Vatikanische Konzil. Es definierte Rom als den Nabel der Welt, und diese Stadt eignet sich dazu vorzüglich, zeigt sie doch wie keine andere die großartigen Zeugnisse ihrer Vergangenheit als gegenwärtige, alltägliche. In Rom ist die Antike ebenso lebendig wie Renaissance und Barock. Rom, das Zentrum der antiken Welt, strahlt Kontinuität aus. Und die lateinische Sprache, die Bedeutung von Hierarchien, die Rolle des Rechts, das Amtsverständnis, all das, was die eigentümliche Struktur und Kultur der römisch-katholischen Kirche ausmacht, hat sie aus der römischen Kultur übernommen (Martin 2010). Die katholische Kirche ist ein synkretistisches Produkt aus römischen und christlichen Traditionen. Darin besteht ihre Identität, die sie so schnell nicht ändern wird. Aber diese Identität eignet sich so nicht als universale Repräsentanz des Christentums.

Der zunehmende Widerspruch zwischen der beanspruchten Katholizität und der realen Provinzialität ist weniger ein Problem des Papsttums selbst als eines vor allem in der vatikanischen Kurie verankerten Traditionalismus. Papst Johannes Paul II. hat diesen Widerspruch offenbar empfunden und nicht nur durch seine weltweite Präsenz, sondern auch durch das Weltgebet der Religionen in Assisi zu überwinden gesucht. Gegen vatikanische Widerstände scheint auch Benedikt XVI. gewillt, den Weltgebetstag fortzuführen.

14.3 Die Rolle der päpstlichen Kurie

Es ist sehr bedauerlich, dass sich die verschiedenen Zweige der katholischen Theologie mit der päpstlichen Kurie als eigenständigem Handlungszentrum der Kirche bisher kaum befasst haben. Dieses Leben im Verborgenen ist eine ihrer größten Machtquellen. Offiziell ist die Kurie das Hilfsorgan des Papstes bei der Leitung der Kirche. Alles was von dort ausgeht, geschieht im Namen des Papstes als dem souveränen und nur Gott verantwortlichen Leiter der Kirche. Eine bemerkenswerte und faire Studie über die geheimnisumwitterte Kurie hat vor einigen Jahren der Jesuit und amerikanische Politikwissenschaftler Thomas J. Reese (1998) verfasst. Daraus wird deutlich, wie komplex dieses Gebilde ist, wie sehr es dem Aufbau von Machtpositionen einzelner Kardinäle Vorschub leistet, und wie unmöglich es für einen Papst ist, seine Kurie selbst zu leiten. Man wird an die schon von Hegel analysierte Dialektik von Herr und Knecht erinnert: Beide sind voneinander abhängig.

Zwar bleibt den Päpsten selbstverständlich die Kompetenz, bestimmte Angelegenheiten an sich zu ziehen und selbst zu entscheiden, und nicht wenige dieser Entscheidungen waren von kirchenhistorischer Bedeutung. Man denke etwa an die Ankündigung des II. Vatikanischen Konzils durch Johannes XXIII. Aber auch die von Benedikt XVI. nunmehr verfügte Zusammenarbeit kirchlicher und staatlicher Behörden bei der Verfolgung sexuellen Missbrauchs von Kindern und Jugendlichen im Raum seiner Kirche verdient die Qualifizierung als historisch, weil damit die herkömmliche Beanspruchung des *jus fori,* der eigenen Gerichtsbarkeit der Kirche über ihre Kleriker, delegitimiert wird. Aber solche eigenständige Handlungen des Papstes müssen schon deshalb die Ausnahme bleiben, weil auch er nur ein Mensch mit einer Arbeitszeit von höchstens 14 Stunden täglich ist, und solche Beanspruchung wohl auch nicht lange durchhalten würde. Längst nicht alle kurialen Entscheidungen gehen über den Schreibtisch des Papstes, und das meiste davon muss schon aus Zeitgründen abgenickt werden. Die Kurie selbst ist zwar vielfältig intern und zum Teil auch extern vernetzt, kennt aber keine klaren Kompetenzstrukturen und nur bescheidene Instrumente der internen Koordination. Die meisten Bischöfe der Weltkirche kennen sich da nicht aus und erfahren sich deshalb als Bittsteller und Kontrollierte (vgl. 9.3.2). Vor allem die Nuntiaturen sind der verlängerte Arm der Kurie in der Weltkirche, und nicht von ungefähr kommt ihnen (und nicht etwa den Bischöfen einer Region) bei der Ernennung von Bischöfen zentrale Bedeutung zu.

Zwar hat das Zweite Vatikanische Konzil sich bemüht, die Macht der Kurie durch die Schaffung weiterer Instanzen wie der periodischen Bischofssynode und der nationalen Bischofskonferenzen zu beschränken, aber *die Umsetzung dieses Konzils im Kodex des Kirchenrechts von 1983 hat die Macht der Kurie zementiert*; manche nennen den Kodex den Grabstein für das Konzil, obwohl er auch manche von dessen Impulsen aufgenommen hat.[164] De facto hat aber die Zentralisierung in der katholischen Kirche seit dem letzten Konzil weiter zugenommen. Das gilt zum einen für den formellen Kompetenzzuwachs: Immer mehr Entscheidungen sind von den Bischöfen zunächst Rom vorzulegen. Es gilt aber auch für die informellen Abhängigkeiten, die sich aus der zunehmenden medialen Vernetzung auch der katholischen Kirche ergeben. Und schließlich auch für die Doktrin: »Die formale Autorität nicht-definitiver Lehren wurde erhöht und besonders geschützt. Die universalkirchliche Lehrautorität wird seither erstmals in einem so weitreichenden Umfang ausgeübt« (Lüdecke 2007b: 59).

In der Praxis sind also die Vorschläge des letzten Konzils, soweit es das Kirchenverständnis betrifft, weitgehend ins Leere gelaufen. Man wird sogar von einer noch zunehmenden Hierarchisierung sprechen können, weil durch das Konzil die Bischöfe und Diözesen weit stärker ins Zentrum des kirchlichen Lebens gerückt sind als zuvor. Die vorkonziliare Situation der Seelsorge war durch ein Nebeneinander von Orden und Diözesen gekennzeichnet, und bekanntlich weisen die meisten Orden eine genossenschaftliche, keine primär hierarchische Struktur auf. Das Konzil hat die Orden stiefmütterlich behandelt und die Bischöfe ganz ins Zentrum der Kirche gestellt, ohne ihnen aber gleichzeitig größere Autonomie zu gewähren. Sie haben im Wesentlichen Verwaltungsaufgaben; ihre Rechtsetzungsfunktion ist auf das Erlassen von Ausführungsbestimmungen beschränkt. Entspricht das dem Verhältnis zwischen Petrus und den übrigen Aposteln, dem Urbild des Verhältnisses zwischen Papst und Bischöfen?

Das rächt sich nun nicht zuletzt in der Zölibatsdiskussion. Die Zeichenhaftigkeit des Zölibats ist bei den Orden weiterhin gut aufgehoben. Warum spricht man bis zu Hans Küng von der »Aufhebung des Zölibats« anstatt von seiner Modifizierung für den Weltklerus? Was spricht gegen das Modell der byzantinischen Kirche? Stets wird von Bischöfen nur auf die protestantischen Pfarrer als Vergleichsgröße verwiesen. Die Kirche scheint den Schatz ihrer Orden vergessen zu haben, von denen zum mindesten einige durchaus lebbare Formen des Zeugnisses auch in unserer Zeit zustande gebracht haben. Der solitäre Weltkleriker ist eine solche Form nicht. Warum wird den regionalen Bischofskonferenzen oder gar einzelnen Diözesen nicht das Recht eingeräumt, mit neuen Formen der Seelsorge zu experimentieren? Es sind die in jüngster Zeit noch verschärften doktrinären Festlegungen, welche hier kaum Spielraum lassen. Und es ist ein zentralistischer Kontrollwahn, der seit Beginn der Aufklärung auch die Kirche als »maître et possesseur des âmes« ergriffen hat (vgl. Lüdecke 2009).

14.4 Deutsche und schweizerische Verhältnisse

Verlassen wir nun die weltkirchliche Perspektive, und wenden uns den deutschsprachigen Verhältnissen zu. Deutschland und auch die Schweiz sind Kernländer der Reformation: Wittenberg, Zürich und Genf. Hier wurden neue Formen des Christentums gewagt, die den unmittelbaren Gottesbezug in den Vordergrund stellten und nicht an der institutionellen Vermittlung der göttlichen Gnade festhielten, die zu jener Zeit zudem käuflich erschien. Die protestantischen Formen des Christentums nahmen die zunehmende Individualisierung des menschlichen Bewusstseins seit der Renaissance auf, als deren Vorläufer übrigens die mittelalterliche Lehre von einer erlösungsbedürftigen Individualseele und mit ihr verbunden des Fegefeuers gelten kann. Diese Seele wird nun aber nicht mehr als vom kirchlichen Gnadenschatz »ex opere operato« abhängig gedacht, sondern als unmittelbar auf Gott gerichtet, was ja in der mittelalterlichen Mystik ebenfalls schon vorgedacht war. In der Folge hat sich der Protestantismus in seiner lutherischen und calvinischen Richtung unterschiedlich entwickelt, wobei die Konflikte zwischen beiden Richtungen in Preußen durch eine vom König verordnete Zwangsunion beendet wurden. Im übrigen deutschen Sprachraum brachte erst die

Leuenberger Konkordie von 1948 die wechselseitige Anerkennung und Abendmahlsgemeinschaft der protestantischen Konfessionen. Seit dem Ende des Staatskirchentums (1918) und erst recht der Gründung der EKD (1945) ergeben sich strukturell große Ähnlichkeiten zwischen evangelischer und katholischer Kirche in Deutschland, die durch das Staatskirchenrecht gefördert werden. Aufgrund der Erfahrungen im Dritten Reich hat sich hier eine starke ökumenische Bewegung gebildet. Bemerkenswert ist insbesondere die starke Stellung der Universitätstheologie beider Konfessionen, welche infolge ihrer staatlichen Alimentation im Vergleich zu anderen Ländern kirchlichen Kontrollansprüchen weniger zugänglich ist. Es ist daher soziologisch wahrscheinlich, dass sich in einer solchen Situation die Einstellungen zwischen den Konfessionen angleichen.

Wenn man diese Verhältnisse aus römischer Sicht betrachtet, so sind sie zunächst theologisch und kirchenrechtlich unbequem und vor allem mentalitätsmäßig fremd. Das starke Selbstbewusstsein der Deutschen und Schweizer, zudem mit Sonderrechten bezüglich der Bischofsernennungen ausgestattet, passt nicht in das hierarchische Denkmodell. Die starke Volksfrömmigkeit, gepaart mit hoher Papstloyalität hat dies für ein Jahrhundert seit dem Ersten Vatikanum überdeckt, doch seit die antiautoritäre Bewegung vornehmlich im protestantischen Deutschland für eine Kulturrevolution gesorgt hat, beginnt es auch im Katholizismus zu brodeln, vor allem in Österreich und der Schweiz. Was bei der Amtseinführung des Bischofs Haas in Chur geschah, wo sich die Mönche des Benediktinerklosters Disentis unter die Protestierenden begaben, die dem Bischof den Weg in seine Kathedrale versperrten, sucht in Deutschland noch Seinesgleichen. Die Wegbeförderung des Bischofs Haas zum neu geschaffenen Erzbischof von Lichtenstein ist einer der wenigen institutionellen Erfolge einer nachhaltigen kirchlichen Protestbewegung, welche durch die staatskirchenrechtlichen Verhältnisse im Bistum Chur erleichtert wurde. In Österreich hat sich sogar nach mehreren ›Bischofskrisen‹ in Teilen des Klerus manifeste Insubordination entwickelt.

Deutschland durfte sich einer Generation größtenteils sehr qualifizierter Bischöfe erfreuen, die durch die Theologie und Ereignisse des Zweiten Vatikanums sowie durch die Erfahrung der Gemeinsamen Synode der Bistümer geprägt worden waren. Sie vermochten es, in vielen Fragen zwischen den unterschiedlichen Auffassungen in Rom und in Deutschland zu vermitteln. Vor allem dem spät ernannten Kardinal Lehmann gebührt als langjährigem Vorsitzender der Deutschen Bischofskonferenz ein Denkmal dafür. Die gegen den Willen des Kölner Domkapitels von Rom oktroyierte Besetzung des erzbischöflichen Stuhls mit einem unter den Bedingungen der Kirchenverfolgung geprägten Priester und die Berufung eines Bischofs nach Fulda, der die Konzils- und Nachkonzilszeit im Dienst der vatikanischen Außenpolitik verbracht hatte, störten diese Harmonie.

Bei ihnen war bzw. ist primär *römischer Geist* zu spüren, das heißt – verkürzt formuliert – das Selbstbewusstsein, dem verantwortlichen Zentrum der Weltkirche anzugehören, des ältesten ›Global Player‹. Und diese von ursprünglich heidnischem römischem Geist geprägte Weltkirche versteht sich als monarchische Hierarchie, als ein Sozialgebilde, das auf Befehl und Gehorsam beruht, in dem die einzig zugelassene Komplexität die hierarchische ist. Diese Hierarchie versteht sich in der Verantwortung vor Gott, und dies begrenzt zweifellos die Willkür der Machtausübung. Aber ein dialogisches Prinzip ist hier nicht vorgesehen, geschweige denn irgendwelche Formen der außervatikanischen, geschweige denn außerklerikalen Mitbestimmung. Konkordatäre Vereinbarungen der Mitwirkung bei Bischofsernennungen gelten als Restriktionen, die bei der nächstmöglichen Gelegenheit zu beseitigen oder auch durch kirchenrechtliche Ausnahmebestimmungen zu umgehen sind, so z. B. in Chur. Der säkulare und demokratische Staat, dessen Regelungen insbesondere hinsichtlich der Religionsfreiheit Rom schließlich zähneknirschend hinnehmen musste, bleibt in seiner Eigenwertigkeit und insbesondere den Prinzipien seiner Rechtsstaatlichkeit fremd. Gottes Herrschaft in allen Dingen, repräsentiert durch den Stellvertreter Christi auf Erden, bleibt die ideale Norm (hierzu eindrücklich Lüdecke 2007a).

Es wäre zu einfach, dieses Insistieren auf einem Selbstverständnis, das viele heute als absolutistisch und aus einer früheren historischen Zeit stammend anmutet, auf ein Interesse an Machterhalt zu reduzieren. Man muss die Begründungen schon ernst nehmen und theologisch fragen, was an ihre Stelle treten könnte. Bislang gibt es im deutschen Sprachraum nur wenige Theologen wie Kardinal Walter Kasper, Hermann Josef Pottmeyer oder Peter Hünermann, die sich dieser Aufgabe stellen. In Amerika ist die Diskussion lebhafter.

Gegenüber den »Hau drauf«-Appellen eines Hans Küng, aber auch gegenüber den Forderungen des Theologenmemorandums von 2011 ist aus der skizzierten Perspektive festzuhalten, dass sie so gut wie nichts bewirken können. Für Rom bleibt Deutschland eine protestantisch infizierte Kirchenprovinz, in der es schwerer fällt, die Grenzen zwischen dem Katholischen und dem Nicht-Christlichen zu ziehen. Da sind laizistische Staaten weit einfachere Gegner. Rom liebt klare Verhältnisse, die Ambivalenzen einer pluralistischen Kultur stellen eine Herausforderung dar, mit der nur schwer umzugehen ist. »Es bleibt eine stete Herausforderung, den Spuren dieser Welt im Sinne einer ungebrochenen Eindeutigkeit und Reinheit zu entrinnen. Es gilt, das Richtige zu tun, und das Falsche zu unterlassen, das aber unter Bedingungen der Unübersichtlichkeit dieser Welt« (Zollitsch 2012: 23). Das ist in der Tat eine Herausforderung, vor allem, wenn »Eindeutigkeit und Reinheit« zentral in Rom bestimmt werden. Es bleibt abzuwarten, ob die neue Generation von Bischöfen, welche seit einiger Zeit die von Konzil und Synode geprägten Bischöfe ersetzt, die Klugheit und das Verständnis für die pastorale Situation in Deutschland aufbringt und in Rom zu vermitteln vermag.

Was die gegenwärtige Situation betrifft, so sei hier – mit Zustimmung des Autors – eine Passage aus der Zuschrift eines verdienten Prälaten meiner Generation zitiert, die mich auf mein Buch »Kirchenkrise« hin erreicht hat: »Das größte Problem ist zur Zeit der durch Rom gefesselte deutsche Episkopat, wobei man das für die ganze Weltkirche leider sagen muss. Die Bischöfe haben Angst vor Rom … Die Abwesenheit dieser geistlichen Herren in den Massenmedien beruht darauf, dass sie einfach Angst haben, auf kritische Fragen nicht wirklich antworten zu können, sondern in einem Eiertanz die Position Roms vertreten müssen. Als alter Mann sage ich in voller Überzeugung: ›Rom ist Segen und Fluch.‹ Wenn wir nicht zurückkehren zu den synodalen Strukturen, die es auch einmal bei uns gegeben hat, werden wir weiterhin die Probleme vor Ort nicht lösen können.« Und ein Bischof schrieb mir: »Tatsächlich legen Sie den Finger klar und ohne Umschweife in die Wunden, die wehtun, aber behandelt werden müssen. Die meisten der Bischöfe würden da zustimmen. Dass sich dennoch kaum etwas ändert, hat Ohnmacht zur Folge.«

14.5 Wo ist Hoffnung?

Die bisherige Analyse dürfte wenig Hoffnung auf Veränderung geweckt haben. Und natürlich würde der römische Geist fragen, warum denn Veränderung überhaupt sein muss. Er würde in vielen Forderungen des Theologen-Memorandums nur den Zeitgeist am Werk sehen und die Forderung nach Menschenrechten in der Kirche als Kategorienfehler einschätzen. Die Kirche ist anders, so sagen die Römer, und sie fühlen sich durch Traditionen gebunden, die selbst in bestimmten Zeitumständen sinnvoll gewesen sein mögen, aber heute ihre Plausibilität zunehmend, wie ich meine, verlieren. Dabei ist derzeit eine wachsende Selbstfesselung durch eigene, zum Teil auch neue Traditionen zu beobachten, insbesondere in der Diskussion um Veränderungen im Priesteramt. Ein anderes Beispiel sind aktuellen Disziplinierungsversuche durch die »Professio Fidei«, welche die Theologen nicht nur auf die Aussagen des außerordentlichen, sondern auch des ordentlichen Lehramtes festlegen wollen. Dabei existiert die Denkfigur des ›ordentlichen Lehramtes‹ erst seit Mitte des 19. Jahrhunderts (vgl. Wolf 2010).

Das römische Denken immunisiert sich gegen die Geschichte, und deshalb sind ihm Geschichts- wie Sozialwissenschaften auch suspekt. Die soziale Medialität der Kirche wird verdrängt. Das Heilsgeschehen wird in einer transzendenten Sphäre lokalisiert, obwohl Jesus doch real und unter bestimmten historischen Umständen für uns gestorben ist. Die Apostelgeschichte zeichnet ein realistisches Bild der damaligen Verhältnisse. Die Heilsgeschichte kann sich nicht außerhalb der Profangeschichte ereignen, sondern nur durch sie. Es ist wunderbar genug, dass sich die Leuchtkraft des Messias Jesus bis in unsere Zeit erhalten hat, durch alle Wirren der Kirchen- und insbesondere Vatikangeschichte hindurch. Das aber wird im römischen Denken nicht reflektiert.

Man kann argumentieren, Papsttum und Vatikan seien nicht der Kern des Christentums, auch nicht seiner römisch-katholischen Form. Das Christentum lebt in der Feier des Gedächtnisses an Lehre, Leiden, Tod und Auferstehung seines Gründers und dem, was daraus folgt: Glaube, Hoffnung und Liebe. Nicht einmal das römische Denken behauptet, dass der Heilige Geist ausschließlich in Rom wirksam sei. Wenn wir als Christen nicht mehr an die Leitung durch den Geist

Gottes glauben, wie er uns vor allem in den Schriften der Bibel, aber auch in vielen Glaubenszeugnissen der Christentumsgeschichte entgegen tritt, so haben wir abgedankt. Deshalb sei die Frage erlaubt, ob es dem Evangelium und den besten Traditionen des Christentums entspricht, dass das soziale Medium Kirche in seiner heutigen römischen Form der Selbstfesselung die Zukunft des Christentums bestimmt.[165]

Michael Ebertz (2012) nennt fünf Optionen für die Bestimmung des Kurses der katholischen Kirche in der gegenwärtigen, oft als Krise definierten Situation: (1) *Institutionelle Stabilisierung*: Festhalten an traditionellen Prinzipien und Strukturen und Vertrauen auf deren fortdauernde Wirksamkeit. »An die Stelle von Glaubensbindung tritt« dann allerdings »rechtlich abgesicherte sozioökonomische Bindung«. (2) *Fundamentalismus*: »Diese Option hat sehr viel gemeinsam mit der Option der institutionellen Stabilisierung, pflegt aber nicht nur eine scharfe Weltdistanz und das Unterscheidende zwischen den Religionen und Konfessionen zu betonen, sondern andere religiöse Traditionen abzuwerten, ihnen die Existenzberechtigung zu bestreiten.« (3) *Pragmatische Selbstregulierung*: »Aufgeschlossen für Veränderungen in der Umwelt der Kirche, steht diese Option dafür, es allen Recht zu machen und jede Chance zu nutzen, die sich ad hoc bietet.« (4) *Elitäre Minorisierung*: »Gemäß dieser Option erkennt die Kirche; dass sie keine gesellschaftsbeherrschende Kraft mehr sein kann, und reflektiert aus dieser Erfahrung auf ihren eigenen christozentrischen historischen Ursprung … bündelt die Kräfte und akzentuiert, dass sie *für* diese Welt, aber nicht *von* dieser Welt ist«. Sie will »geistliche Aufrüstung« und »strukturelle Abrüstung«; diese Position entspricht der von Benedikt XVI. in Freiburg geäußerten Forderung nach »Entweltlichung der Kirche«. (5) *Option des Lernens*: »Die Kirche … erkennt unausweichliche Anpassungszwänge, weiß also, dass die Wahl, sich anzupassen oder nicht, nur in der Theorie besteht. Statt – passiv – angepasst zu werden, versucht sie, solche Anpassungszwänge in intendierte Entwicklungsprozesse (im Hinblick auf sich selbst, aber auch bezüglich ihrer Umwelt) zu transformieren, um den kirchlichen und nichtkirchlichen Zeitgenossen sinnstiftend und ›heilsdienlich‹ zu sein.«

Diese hier sehr verknappt dargestellte Typisierung ist hilfreich, um unterschiedliche Optionen insbesondere bischöflicher Amtsausübung hierzulande zu verdeutlichen. Als Maximen gesamtkirchlicher Strategien können sie dagegen der Vielfalt kirchlicher Situationen nicht genügen. Wenn man Kirche unter dem Handlungs- oder Steuerungsaspekt thematisiert, ist es besonders notwendig, die monokratische Illusion beiseite zu lassen. *Die* Kirche handelt nicht in der Geschichte, sondern eine Vielzahl von Menschen, die sich selbst dem ›Volke Gottes‹ zugehörig verstehen. Dabei kommt den Bischöfen oder ihnen Gleichgestellten in allen christlichen Traditionen besondere Verantwortung zu; die Grenze zwischen Klerus und Laien ist schon schwieriger zu ziehen.

Wahrscheinlich werden sich zeitgemäße Formen des christlich-katholischen Glaubens eher an der Peripherie als in den amtlichen Strukturen der Kirche ausbilden (zunächst schrieb ich »als in Rom«, aber da kam mir die *Commune die San Egidio* in den Sinn, die sich in Trastevere, nicht allzu weit vom Vatikan, gebildet hat). Neue Sozialformen christlichen Glaubens werden, so vermute ich, egalitärer und großzügiger sein, sie werden in der Regel Laien und Priester umfassen, und praktische Nächstenliebe über ihren Kreis hinaus ausüben. Es wird von der Weisheit ihrer Bischöfe und letztlich der vatikanischen Aufsicht abhängen, ob sie in der Kirche geduldet oder gar als Pioniere des Glaubens im dritten Jahrtausend anerkannt werden.

Eine gewisse Hoffnung kann von der Ökumene ausgehen, wo sich auch die römische Kirche dem Dialog nicht entziehen kann. Und natürlich stellen auch die Unruhen in nationalen Teilkirchen wichtige Herausforderungen für das römische Zentrum dar. Ob man sie auf Dauer mit einer bloß direktiven Personalpolitik wird lösen können, bleibt sehr fragwürdig. Der Glaube wird sich neue Wege suchen, wenn kirchliche Kommunikation nicht dialogisch wird, und zwar nicht im palavernden, sondern im ernsthaften Sinne eines Ringens auch um die Gestalt der Kirche im dritten Jahrtausend. Und dieser Dialog darf sich nicht auf den Klerus beschränken, sondern muss die gläubigen Laien mit einbeziehen. Kasper (2011a: 285 f.) betont, dass das »gemeinsamen Priestertums aller Getauften grundlegend ist nicht nur für den Dienst der Laien, sondern auch für den des Amtes. ... Die Heiligung der Welt und des Lebens ist aber in einer besonderen Weise die Sendung der Laien. Die Sendung der Laien betrifft also das Ziel und den Zweck der Kirche, während die Ämter der Kirche nicht zur Ordnung des Ziels sondern zur Ordnung der

Mittel gehören; sie sollen der Verwirklichung des Ziels und des Zwecks der Kirche dienen.«

Es wurde der Potenzverlust der christlichen Religion im herkömmlichen Sinne einer engen Verbindung von politischer und geistlicher Herrschaft dargestellt. Die traditionelle Volksfrömmigkeit erodiert und das Substantiell-Christliche, das Magma des Christentums ist neu gefordert. Diese Glut des Glaubens wieder aufzudecken ist nicht nur das nobile officium einer interdisziplinär orientierten Theologie, welche mittlerweile keineswegs mehr nur eine Domäne von Klerikern, sondern auch von gebildeten Laien ist, sondern vor allem auch eine Frage praktischer Berufung, wie sie vor allem in armen Ländern immer wieder wirksam wird.

Aber auch hinsichtlich der wohlhabenden Länder ist zu empfehlen, sich nicht verfallstheoretisch über die verbreiteten materialistischen Daseinsdeutungen und die zweifellos vorhandenen Widersprüche zu zentralen ethischen Normen zu empören, so sehr hier Widerspruch angezeigt sein mag. Vielmehr ist auch die Wirksamkeit christlicher Impulse im Ethos moderner Gesellschaften wahrzunehmen, vor allem im Ethos der Menschenrechte. Der Aufstieg der Menschenrechte in den letzten Jahrzehnten, deren Wirksamkeit nunmehr sogar muslimisch geprägte Gesellschaften ergreift, lässt hoffen, dass der »Christusimpuls« wie der Künstler Josef Beuys die Wirksamkeit christlicher Ideen in der westlichen Kultur bezeichnet hat, bis auf weiteres nicht erlischt. Seine Träger sind zu einem guten Teil Laien, die in der Spannung zwischen kirchlichen Geboten und praktischen Erfordernissen ihren Weg suchen und auf Gottes Barmherzigkeit vertrauen.

Es gibt also nicht *einen* Weg der Kirche in die unbekannte Zukunft, welche auch die Maximen der Moderne herausfordern wird. Zu erwarten oder zum mindesten zu erhoffen ist vielmehr eine Annäherung zwischen den im Laufe der Geschichte aus unterschiedlichen Gründen voneinander entfremdeten Kirchen in der Auseinandersetzung der sich näher rückenden Kulturen. Zu wünschen wäre auch mehr Mut der kirchlich Verantwortlichen: Mut zum Eingeständnis der eigenen Grenzen, Mut zur Gestaltung dessen, was die Situation vor Ort gebietet, und nötigenfalls Mut zum Widerspruch gegenüber zentralistischen Maximen, die sich nicht bewähren.

14.6 Wie wird menschlich unser Glaube zukunftsfähig? Ein Bekenntnis

Der Soziologe ist kein Seher, sondern ein Deuter schlecht definierter Situationen. Er trägt das Risiko der Diagnose, nicht des Handelns. Und diese Diagnose mündet nicht in Handlungsempfehlungen, aus der Einsicht, dass diese stets die Kenntnis der für eine Entscheidung relevanten Situation voraussetzen. Was soll ich abschließend sagen? Mir wurde von Seiten eines katholischen Laiengremiums die Frage gestellt: »Wie wird menschlich unser Glaube zukunftsfähig?« Und hier mein Versuch einer Antwort.

Menschlich, das meint hier wohl: aus einer säkularen Perspektive gesehen, für die Gott nur eine kulturelle Idee unter anderen und keine gnadenhafte Wirklichkeit ist. Auf Grund des bisher Gesagten muss die Antwort lauten: Zum mindesten hierzulande, in großen Teilen Westeuropas, stehen die Chancen für die etablierten Kirchen ungünstig. Zukunftsfähig meint ja nicht nur, ob es uns als Personen gelingt, in der Hoffnung auf die Güte Gottes unseren Lebensweg bis zu Ende zu gehen. Zukunftsfähig meint vor allem, ob es uns gelingt, unseren Glauben an die nachfolgenden Generationen weiter zu geben.

Die vorangehenden allgemeinen Diagnosen werden durch die schmerzlichen Erfahrungen bestätigt, die viele von uns mit der Gleichgültigkeit ihrer Kinder im Hinblick auf Gott und Kirche machen müssen. Es hat in den letzten Jahrzehnten in Deutschland ein regelrechter Traditionsabbruch stattgefunden. Es gelingt immer weniger, die nachfolgenden Generationen für den Gottesglauben und ein positives Kirchenverhältnis zu gewinnen. Selbst wenn die Eltern sich noch um die religiöse Erziehung der Kinder kümmern, die »geheimen Miterzieher«, das Fernsehen, die Kameraden und vielfach auch die Schule operieren meist im religionsleeren Raum. Das miterziehende katholische Milieu ist als gesellschaftliche Struktur geborsten. Tradition, soziale Kontrolle und Gewohnheit tragen die religiöse Sozialisation nicht mehr. Während über 1500 Jahren war es in Europa selbstverständlich, getauft zu sein und den gesellschaftlichen Normen kirchlicher Teilnahme zu folgen. Es war schwieriger, wenn nicht zu Zeiten lebensgefährlich, sich nicht zum christlichen Glauben seiner Kirche zu bekennen. Heute ist es umgekehrt. Glauben bedeutet heute, sich zu entscheiden und ein Risiko auf sich zu nehmen. *Glaube bedeutet, die Option »Gott« zu wählen trotz aller anderen Optionen.*

Bevor wir nunmehr mit Bezug auf die kommenden Generationen »Mission impossible« rufen und uns schicksalsergeben unser kleines bisschen Glauben für den privaten Lebenskomfort aufbewahren, und die Zukunft im günstigsten Falle Gott oder auch nur der Evolution anheimstellen, sollten wir uns vergegenwärtigen, dass schon im Alten Testament der Anruf Jahwes alle Dimensionen menschlicher Vernunft sprengte. Die Gotteserfahrung des Mose im brennenden Dornbusch, die der Verkündung der zehn Gebote voranging, die Prüfung Abrahams durch die Aufforderung, seinen einzigen Sohn Isaak zu opfern, die Prüfungen Hiobs und vieler Propheten – die Gottesbegegnung sprengt den Rahmen des normalen Lebens ebenso wie das Kreuzesopfer Jesu oder seine Auferstehung. Die Anforderung Gottes sprengt auch den Rahmen des kultischen oder kirchlichen Lebens. »Sollte ich das Fleisch von Stieren essen und das Blut von Böcken trinken? Bringe Gott Dank als Opfer dar und bezahle so dem Höchsten Deine Gelübde« (Ps 50, 13 f.). Was im Religionsvergleich auffällt, ist die Prüfung *des Einzelnen* vor Gott und *Gottes Liebe zum einzelnen Menschen*, wie sie beispielsweise in den zahlreichen Heilungen oder im persönlichen Verhältnis Jesu zu den Aposteln zum Ausdruck kommt. Das Christentum ist kein Kollektivglaube, der seine Grenzen an den Solidaritätsgrenzen eines Sozialgebildes findet, wie beispielsweise im Judentum. Christen streben über ihren jeweiligen Zustand hinaus, in Sehnsucht nach der Vollkommenheit Gottes und Verantwortung nicht nur für die ihnen Vertrauten, sondern auch für die Fremden, denen zu begegnen stets ein Risiko bedeutet.

Die historische Wirkmächtigkeit des Christentums beruht auf seiner, wie Paulus sagt, »Torheit für die Heiden, für die Juden ein Ärgeris« (1 Kor 1,23). Man kann über den christlichen Glauben eigentlich nicht sprechen, wie dies die neuzeitliche Wissenschaft, beispielsweise Soziologen, tun, nämlich »etsi non daretur Deus«, als ob es Gott nicht gäbe. Wenn ich von »Religion« oder »Gottesidee« spreche, so habe ich mich bereits aus den gläubigen Zusammenhängen entfernt, von denen die Nonne Silja Walter sagte, es seien »glühende Zusammenhänge«. Man kann sich da weh tun! Und man kann von ihnen erfüllt werden, wie uns die Gotteserfahrenen aller Zeiten bestätigt haben.

Muss ich also als Soziologe davon schweigen? Nicht ganz. Ich kann beispielsweise beobachtend feststellen, dass das Zweite Vatikanische Konzil bezogen auf die vorangehende Kirchengeschichte alte Horizonte aufgebrochen hat und damit genau einen solchen Sprung vollzogen hat, wie ihn der Gottesglaube fordert. Bekanntlich ging das keineswegs ohne Konflikte, aber warum ist das Konzil an ihnen nicht zerbrochen? Als Soziologe, nicht als Gläubiger sage ich: Weil die Konzilsväter an das Wirken des Heiligen Geistes in der Kirche glaubten. Weil sie nicht auf ihre eigene Kraft, sondern auf die Kraft Gottes vertrauten. Es gibt einen wichtigen Grundsatz der Soziologie, das »Thomas Theorem« des amerikanischen Sozialpsychologen William I. Thomas: »If men define situations as real, they are real in their consequences.« Wer an Geister glaubt, wird Geister sehen. Wer an die Macht der Gene oder der Gehirnströme glaubt, dem wird auch nichts Geistiges einfallen. Wer den Menschen als egoistisch oder gar bösartig definiert, wird entsprechende Erfahrungen machen. Wir können mit unserer Vernunft einsehen, dass wir in unserem Erkennen und Denken stets von unbeweisbaren Voraussetzungen ausgehen, und dass gerade darin auch unsere Freiheit sich manifestiert. *Wir können unsere Grundanschauungen wählen. Das ist die Kehrseite des Zerfalls unserer Milieus, die uns solche Entscheidungen abnahmen.* Wir können auch darauf verzichten, uns zu fragen, was wir wirklich glauben, und es bei dem Meinen der Kommentatoren unseres wankelmütigen Zeitgeistes belassen. Und all dies hat durchaus praktische Konsequenzen.

Aber wir können als Menschen, die sich ihrer geistigen Möglichkeiten bewusst werden, die Frage, *worauf wir im Leben setzen wollen,* nur entweder annehmen oder verdrängen. Blaise Pascal (1623–1662), ein früher moderner Mensch, hat die Frage in eine Wette gekleidet:

»Wenn es einen Gott gibt, ist er unendlich unbegreifbar; da er weder Teile noch Grenzen hat, hat er keine Ähnlichkeit mit uns. Wir sind also außerstande, zu erkennen, was er ist und ob er ist. Wer würde es unter diesen Umständen wagten, die Frage zu lösen? Wir gewiss nicht, die wir keine Ähnlichkeit mit ihm haben. Gott ist, oder er ist nicht. Aber welcher Seite werden wir uns zuneigen? ... Was wollen Sie wetten? Aus Vernunft können sie weder das eine noch das andere tun. Aus Vernunft können Sie keines von beiden abtun. Beschuldigen Sie also nicht die des Irrtums, die eine Wahl getroffen haben, denn Sie wissen hier gar nichts« (Pascal 1984: 399 f.).

Selbst Jesus hat, wenn wir den Evangelisten Markus und Matthäus glauben dürfen, in seinen letzten Lebensminuten die Gottverlassenheit erlebt. Könnte nicht auch er sich in seinem Glauben getäuscht haben? Wir können nur auf das Zeugnis der Jünger vertrauen, und *wir können wissen, dass wir hier nichts wissen können, sondern nur glauben oder nicht glauben.*

Alles in allem scheint mir mittlerweile die Frage »Wie wird menschlich unser Glaube zukunftsfähig?« falsch gestellt. Sie suggeriert eine Antwort in der Form menschlicher, wissenschaftlich aufgeklärter Vernunft. Aber unter dieser Nummer ist kein Anschluss! Soll Dein Glaube zukunftsfähig sein, so glaube, bete, öffne Dich für die Worte der Bibel und wähle aus dem Schatz der christlichen Tradition, was Dich anspricht. Und handle mit diesem Kompass nach Deiner menschlichen Vernunft. Aber auch dies ist *keine Garantie*, dass nicht auch Du manchmal in Deinem Leben rufst: »Mein Gott warum hast Du mich verlassen?« Ich selbst hatte das Glück, beim Sterben meiner Mutter ihre letzten Worte hören zu dürfen: »Zu Gott, zu Gott, in die Ewigkeit.« Das war unverdiente Gnade, ein Proviant fürs geistliche Leben, von dem ich bis heute zehre.

Allerdings: Selbst mit geistlichem Proviant bleiben wir Kinder dieser Welt, in der es schwer fällt, *Anderen* solchen Gottesglauben nahe zu bringen. Gleichzeitig lehrt uns geschichtliche Einsicht, dass ohne das Zeugnis Glaubenserfahrener der Gottesglaube aussterben würde. Wir können versuchen, unseren Kindern Zeugnis zu geben, aber wir können ihren religiösen Weg weniger bestimmen denn je. Wir können sie aber ermutigen, von der Freiheit ihres Denkens Gebrauch zu machen und *sie fragen, worauf sie setzen wollen.* Oft werden wir Antworten erhalten, die ursprünglich christliche Ideale erkennen lassen, die mittlerweile Eingang ins Ethos auch unserer scheinbar säkularisierten Gesellschaft gefunden haben: Freiheit, Gleichheit, Menschenrechte, oder konkreter: Amnesty international, Ärzte für die Dritte Welt, Besuchsdienste für Kranke und Alte, Hausaufgabenhilfen für Jugendliche usw.

Was uns abhanden gekommen ist im Zuge der neuzeitlichen Säkularisierung und dem Aufbrechen der katholischen Milieus ist nicht das Lebendige des christlichen Glaubens, sondern eine bestimmte historische Haut des Christentums. Zu ihr gehört wahrscheinlich auch der monarchische und bürokratische Zentralismus des römischen Katholizismus. Aber das Christentum hat in seiner Geschichte schon manche historische Häutungen durchgemacht, weil es eben lebendig geblieben ist, weil die Verheißung einer nicht vergeblichen Sehnsucht nach Wahrheit, Güte und Schönheit nicht erkaltet ist. Die Verheißungen der Wissenschaft enden bestenfalls bei einem um noch einige Jahre verlängerten Erdenleben und bei weiterem Wachstum des Volkseinkommens. Ist es das, wonach wir uns sehnen? Die Moden der Weltdeutung treiben weiter, aber sie werden immer schneller schal. Die sechzig Jahre der Nachkriegszeit mit ihren Erfahrungen der Säkularisierung und des Wertewandels werden ebenso Episode bleiben wie der vorangehende Konfessionalismus des bürgerlichen Zeitalters oder die Disziplinlosigkeit des katholischen Klerus im Zeitalter der Aufklärung. Die Sehnsucht wird uns weiter treiben. Aber für eine absehbare Zukunftsfähigkeit unseres Glaubens gibt es kein Rezept.

Te Deum laudamus ...

Anmerkungen

1   Im Vergleich zu meinem letzten einschlägigen Buch »Kirchenkrise – Wie überlebt das Christentum?« (2011) werden in diesem Band bestimmte Themen mit Bezug auf das Kirchenverständnis gründlicher behandelt, die dort – wenn überhaupt – nur summarisch im größeren Zusammenhang skizzenhaft angesprochen werden konnten. Ein zweiter, von Stephan Goertz herausgegebener Band mit ausgewählten Beiträgen zu Fragen der Sozialethik und Moraltheologie ist in Vorbereitung.

2   Frühere Ergebnisse dieses Gesprächs wurden veröffentlicht in »Theologie in soziologischer Sicht« (1973) und »Kirche begreifen« (1979).

3   Neben empirischen Studien habe ich mich mit theoretischem Anspruch zur Religionssoziologie vor allem geäußert in »Religion und Modernität« (1989).

4   Karl Gabriel, Johannes Horstmann und Norbert Mette (Hg.): Zukunftsfähigkeit der Theologie. Anstöße aus der Soziologie Franz-Xaver Kaufmanns. Paderborn 1999; Stephan Goertz: Moraltheologie unter Modernisierungsdruck. Interdisziplinarität und Modernisierung als Provokationen theologischer Ethik – im Dialog mit der Soziologie Franz-Xaver Kaufmanns. Münster 1999; Agnieszka Zduniak: Franza-Xavera Kaufmanna konceptcja socjologii religii. Kraków 2006.

5   Vgl. Veröffentlichungshinweise.

6   Eine interessante Fortentwicklung dieser Perspektive hat soeben Hans Joas vorgelegt. Im Anschluss an Max Webers Freund und Kritiker, den protestantischen Theologen Ernst Troeltsch, sowie an den amerikanischen Pragmatismus vertritt Joas eine »affirmative Genealogie der Werte«, welche die von Weber radikalisierte Trennung zwischen Genesis und Geltung von Werten zu überwinden sucht (Joas 2011: 187 ff.).

7   In diesem Sinne habe ich auch die Freiburger Rede von Papst Benedikt XVI. kritisch kommentiert (2012: 11). Hierzu auch Höhn 2012.

8   Vgl. Hünermann 1995. Einen bedeutenden Schritt in diese Richtung macht Walter Kasper (2011a); dazu meine Besprechung (Kaufmann2011b).

9   Die Vermutung sei erlaubt, dass die Unterdrückung der Protestanten in Frankreich, die ihren blutigen Höhepunkt in der Bartholomäusnacht von 1572 fand, mit bestimmend für den radikalen Laizismus und Atheismus der französischen Aufklärung geworden ist. Im Anschluss an die Ermordung der protestantischen Elite auf der ›Bluthochzeit von Paris‹ ordnete Papst Gregor

XIII. übrigens ein *Te Deum* an und ließ eine Gedenkmünze prägen (Wikipedia, Art. Bartholomäusnacht, Abruf 7. 2. 2012).

10   Lyotard 1979. Die m.E. klarste Analyse der Postmoderne-Diskussion gibt Welsch 1988.

11   Polanyi 1977. Eine immer noch lesenswerte, meisterhafte Studie über die Entstehung der kapitalistischen Marktwirtschaft und die Versuche, sich vor ihren Folgen zu schützen.

12   In diesem Sinne zuletzt: Gabriel/Gärtner/Pollack 2012.

13   Einen guten Überblick gibt Müller 1992.

14   Vgl. z. B. die Diagnose von Koch 1995.

15   Eine signifikante Ausnahme stellt die ökologische Bewegung ›Greenpeace‹ dar, welche – wenigstens bisher – das Charisma ihrer Mission mit einer sehr effektiven internationalen Organisationsstruktur zu verbinden weiß.

16   Eine etwas optimistischere Diagnose, die von einer internen Pluralisierung des Katholizismus ausgeht, gibt Gabriel 1992.

17   Zur Begriffsgeschichte vgl. insbesondere Gumbrecht 1978.

18   »Die Modernität ist das Vorübergehende, das Flüchtige, das Zufällige, die Hälfte der Kunst, deren andere Hälfte das Ewige und Unveränderliche ist« (Baudelaire 1863, nach Jauß 1970: 55).

19   Die Modernität ist die verbindliche Moral des Wandels.« Nach Gumbrecht 1978: 109 f.

20   Vgl. die kritische Analyse von Wehler 1975.

21   Nach Wikipedia, Art. Avantgarde (Abruf am 18. 6. 2011).

22   Eine vorzügliche Deutung der kulturellen Situation gibt Ladrière 1993.

23   Dies hat T. Luckmann bereits Anfang der 60.er Jahre prognostiziert, vgl. 1991 (Neuauflage). Zur empirischen Evidenz vgl. Barz 1992: 64ff., 247ff.

24   In einem genaueren Sinne handelt es sich im Folgenden um Aussagen soziologischer Gesellschaftstheorie wie sie in jüngster Zeit im deutschen Sprachraum vor allem durch Niklas Luhmann (insb. 1997) und Jürgen Habermas (insb. 1981) repräsentiert wird. Die wesentlichen Grundgedanken wurden jedoch bereits von der soziologischen Klassik, so von Emile Durkheim und Max Weber, insbesondere jedoch von Georg Simmel formuliert. Vgl. Frisby 1984; Tyrell/Rammstedt/Meyer 2011. Eine wesentliche Ergänzung stellt die Zivilisationstheorie von Norbert Elias dar. Vgl. hierzu Bogner 1989.

25   Zum Zusammenbruch des Sozialismus vgl. 3.1.

26   Vgl. den sprechenden Buchtitel: »Vom Ende des Individuums zur Individualität ohne Ende« (Brose/Hildenbrand 1988). Hierzu auch Kaufmann 1993a.

27   Therborn 1995: 4 (übersetzt vom Verfasser).

28   Vgl. insbesondere die Berichte über Frankreich *(H. Madelin),* Belgien und Niederlande *(K. Dobbelaere),* Italien *(P. F. Furlong),* sowie die deutschsprachigen Länder *(K. Gabriel* und *F.-X. Kaufmann)* in: Gannon 1988.

29   Vgl. Gabriel 1990; 1992 (mittlerweile 7. Aufl. 2000), bes. S. 43ff.; ferner zahlreiche Beiträge in: Kaufmann/Schäfers 1988.

30   Ich ergänze hier die Zahlen Gabriels durch die neueste Studie von Liedhegener 2012: 515.

31   Im Rahmen des Exzellenzclusters »Religion und Politik« an der Universität Münster werden derzeit diese Fragen zwischen Historikern und Soziologen intensiv diskutiert. Vgl. Gabriel/Gärtner/Pollack 2012; die Einleitung des Bandes durch die Herausgeber gibt einen vorzüglichen Überblick über den Diskussionsstand.

32   So zeigt beispielsweise Chi 2005, dass ein Synonym für das westliche Wort »Religion« sich in der chinesischen Sprache erst unter dem Einfluss der japanischen Besetzung von Taiwan (1895–1945) gebildet hat.

33   Inwieweit Modernisierung dort in ähnlichen Bahnen wie in Europa abläuft, bleibe dahingestellt. Dies stellt insbesondere Eisenstadt 2011 in Frage.

34   ›Ambivalenz‹ ist ursprünglich ein psychiatrischer Begriff, der die Uneindeutigkeit menschlicher Motivkombinationen thematisiert. Zur Begriffsgeschichte vgl. Lüscher 2012. Der Ambivalenzbegriff hat aber auch in die Sozialwissenschaften Eingang gefunden, vor allem im Kontext der Post-Moderne-Diskussion. Vgl. insbesondere Baumann 2005; Junge 2000.

35   Zur weichenstellenden Bedeutung des Investiturstreits vgl. insbes. Heer 1951; 1952; Schieffer 1976; Berman 1983. Die neuere Forschung verdeutlicht allerdings, dass das Konkurdat erst mittelbar gewirkt hat, vgl. Gabriel, Gärtner, Pollak 2012: 39–187.

36   Vgl. Morgan 1988: 295 ff.; zur älteren Diskussion zusammenfassend Schnur 1984.

37   *B. Nelson*, Der Ursprung der Moderne. Vergleichende Studien zum Zivilisationsprozeß, Frankfurt a. M. 1977, IX.

38   Zur Entstehung des Katholizismus im 19. Jahrhundert vgl. die Beiträge von Geller, Ebertz, Altermatt und Layenbecker in: Gabriel/Kaufmann 1980. Zur Bedeutung des Arbeitermilieus vgl. Mooser 1983. Eine vorzügliche gesellschaftstheoretische Analyse der im folgenden angesprochenen Transformationen gibt Gabriel 1991a.

39   Eine deutliche Zunahme opportunistischer Orientierungsmuster bei den jüngeren Generationen, welche gleichzeitig mit sinkender Kirchlichkeit und sinkenden ethischen Orientierungen einhergeht, konnte in einer Befragung westdeutscher Führungskräfte nachgewiesen werden. Vgl. Kaufmann/Kerber/Zulehner 1986, bes. 257 ff.

40   Mc Leod (2007) hat die bisher gründlichste Analyse dieser Umbrüche vorgelegt.

41   Zur Deutung des gegenwärtigen Pontifikats vgl. Kapitel 15.

42   Einen Überblick über die Begriffsverwendung bietet der von Conzemius/Kaufmann/Lehmann verfasste Artikel »Katholizismus« (1987).

43   Wegweisend wurden die Studien von Altermatt (1972 und 1989). Vgl. für

Deutschland: Gabriel/Kaufmann 1980; Klöcker 1991. Für Österreich: Lehner 1992. Für die Niederlande: Dobbelaere 1988. Neuere Literaturüberblicke geben Ziemann 2000 und Kösters et al, 2009.

44 Für eine gründliche Diskussion des Milieukonzeptes im Rahmen der Katholizismusforschung vgl. Arbeitskreis 1993.

45 Schulze (1992: 174) definiert soziale Milieus durch »partielle Gemeinsamkeit von Existenzformen und erhöhte Binnenkommunikation.« Der Arbeitskreis für kirchliche Zeitgeschichte Münster (1993: 606) definiert: »Ein Milieu ist als eine sozial abgrenzbare Personengruppe Träger kollektiver Sinndeutung von Wirklichkeit. Es prägt reale Verhaltensmuster aus, die sich an einem Werte- und Normenkomplex orientieren, hier als Milieustandard bezeichnet.« Die Autoren fügen hinzu: »Institutionen führen in den Milieustandard ein und stützen ihn«; dies scheint mir keineswegs für alle sozialen Milieus charakteristisch zu sein. Ein neuerer Ansatz des Meinungsforschungsinstituts SINUS unterscheidet zehn derzeit koexistierende Milieus, von denen nur noch drei in engerem Kontakt zu Kirche und Religion stehen. Zur Kritik des Forschungsansatzes vgl. Gabriel 2006.

46 Nach H. Kühr (zit. bei Arbeitskreis 1993: 597 ff.) verdichtete sich das »traditionale sozio-kulturelle katholische Milieu … in einer spezifischen Feiertags- und Alltagskultur« die er durch drei typische Merkmale bestimmt: Ein »katholisches Wert- und Normensystem«, ein »Netzwerk katholischer Superorganisationen« und eine »totale Ritualisierung des Alltagslebens« (Kühr 1985: 249).

47 Nachweise bei Gabriel 1992: 99 und Arbeitskreis 1993: 596.

48 Dies wurde besonders deutlich bei der Frage, ob die schließlich in die Erklärung über die nicht-christlichen Religionen eingegangene ›Judenerklärung‹ unter dem Druck antijüdischer Kreise und angesichts der damit verbundenen Drohung von Christen im Nahen Osten besser nicht verabschiedet werden solle. Vgl. die kommentierende Einleitung zur Erklärung über die Weltreligionen von Oesterreicher (1986:. 458ff).

49 Die Veröffentlichung der Konzilstexte in den Bänden 12 bis 14 der 2. Auflage des Lexikons für Theologie und Kirche enthält hierzu instruktive Einleitungen; vgl. Das Zweite Vatikanische Konzil – Dokumente und Kommentare Freiburg i. Br. 1966. Alle Zitate von Konzilstexten stammen aus der 1986 erschienenen Sonderausgabe des LThK.

50 Vgl. hierzu Tyrell 1993b; 1996, sowie Kapitel 7.

51 Diese hoch verdichtete Skizze historischer und aktueller Zusammenhänge beruht auf vorgängiger Befassung des Verfassers mit der Thematik. Vgl. insbesondere Kaufmann/Eberwein 1992, Kaufmann 1998; 2000; 2009a.

52 Hierzu ausführlicher Kaufmann 1999a.

53 Zur soziologischen Konstruktion des Globalisierungskonzepts vgl. insbesondere Robertson 1992; Meyer 2005; Ein früher Überblick über unterschiedliche Akzentuierungen findet sich in Featherstone 1990.

54   Vgl. insbesondere die Studien von Saskia Sassen (1991; 1994).

55   Vgl. Elsas 1975; Wagner 1986. Zur Ambivalenz des Religionsbegriffs vgl. bereits Kaufmann 1989a: 48 ff.

56   Das Problem der Chiffrierung der Kontingenz von Welt stellt Niklas Luhmann ins Zentrum seiner Religionstheorie (vgl. 1977: 84 ff.); damit wird Religion gesellschaftstheoretisch bestimmt. Hermann Lübbe dagegen (1986, 160 ff.) sieht in den etablierten Formen der christlichen Religion eine »Kontingenzbewältigungspraxis«; hier wird Religion somit handlungstheoretisch bestimmt.

57   So der Katalog religiöser Funktionen bei Kaufmann 1989a: 84 ff.

58   »Die große Bedeutung der Konzeption des überweltlichen Schöpfergottes für die religiöse Ethik« wurde insbesondere von Max Weber herausgearbeitet: Sie ermöglicht »Weltablehnung … die aktive Askese: ein gottgewolltes Handeln als Werkzeug Gottes einerseits, andererseits: der kontemplative Heilsbesitz der Mystik« (Weber 1934: 538).

59   Zur kulturellen Bedeutung der östlichen Kirchen und ihrem weitgehenden Untergang unter politischem Druck vgl. Jenkins 2010.

60   Für den Einflussbereich des Konfuzianismus zeigen Rieger/Leibfried (2004) das Fehlen egalitärer und universalistischer Motive im Bereich der Sozialpolitik auf.

61   Vgl. Huntington 1996; ähnliche, jedoch differenziertere Überlegungen bei Tibi 1995.

62   Der Rekurs auf annähernd universelle Axiome – Überleben der Menschheit, Menschenrechte (1995: 723) – reicht jedenfalls nicht aus, weil derartigen Axiomen gerade keine allgemein verbreiteten handlungsrelevanten Gewohnheiten entsprechen.

63   Eine breit angelegte Theorie der Institutionenbildung und der Sozialisierung unter dem Wissensaspekt haben Peter L. Berger und Thomas Luckmann entwickelt (1969).

64   Inzwischen hat der Sonderforschungsbereich »Staatlichkeit im Wandel« an der Universität Bremen fundierte Analysen vorgelegt: Leibfried/Zürn 2006; Hurrelmann 2008.

65   Eine differenzierte Auseinandersetzung findet sich in Zahlmann 1994.

66   Erklärung von P. Klaus Mertes S.J. am 30. Januar 2010. Quelle: w.w.w. Canisiuskolleg (Abruf am 9. März 2011).

67   Ein informative Überblick über Tatsachen, Verbreitung, kirchlichen Umgang mit und öffentliche Diskussion von sexuellem Missbrauch von Kindern und Jugendlichen findet sich unter *www.wikipedia.com (english): Catholic sex-abuse-cases.* Für die USA liegt der *John Jay Report* (2005), für Irland der *Ryan Report* (2009) vor, welche verdeutlichen dass es nicht nur um Einzelfälle handelt, sondern dass eine nennenswerte Minderheit des Klerus in fragwürdige bis verbrecherische Praktiken involviert war. In Deutschland hat bisher nur das Erzbistum München eine Aufarbeitung der Akten vorgelegt, die jedoch

starke Lücken aufweisen. Zur theologischen und humanwissenschaftlichen Diskussion der Problematik vgl. Goertz 2010.

68 »Kirche 2011 – Ein notwendiger Aufbruch«. Zuerst veröffentlicht in der *Süddeutschen Zeitung* vom 4. Februar 2011, hier zitiert nach *Frankfurter Allgemeine Zeitung*, Nr. 35, 11. Februar 2011, S. 9; Zweitveröffentlichung in J. Könemann, T. Schüller: Das Memorandum- Die Positionen im Für und Wider. Freiburg i. Br. 2011, S. 14–18.

69 Vgl die Diskussionsbände von Könemann/Schüller 2011; sowie: Heimbach-Steins/Kruip/Wendel 2011.

70 Überdies hat *Publik Forum* im März 2011 ein Dossier »Macht und Angst – Warum die katholische Kirche zur Gotteskrise beiträgt« veröffentlicht, in welchem zahlreiche Theologen sich mit typischen Argumenten gegen das Memorandum auseinander setzen.

71 Vgl. hierzu ansatzweise Reese 1998, sowie darauf aufbauend Kaufmann 2011a: 143 ff.

72 Mit welchem Nachdruck der Vatikan abweichende Meinungen von Bischöfen verfolgt, zeigt folgende Pressemeldung:»Bischof William Morris (67), Oberhaupt der katholischen Diözese Toowoomba in Australien, hat seinen Rücktritt erklärt. Nach 18 Jahren im Leitungsamt sei ihm keine andere Wahl als der vorzeitige Ruhestand gelassen worden, schreibt Morris in einem Brief an die Katholiken seiner Diözese. Der Vatikan hatte gegen ihn ein internes Ermittlungsverfahren aufgenommen, weil er angesichts des pastoralen Notstands in seinem Bistum eine Zulassung verheirateter Priester und eine Weihe von Frauen vorgeschlagen hatte. Der Vatikan gab die Entpflichtung von Morris am Montag offiziell bekannt.« (FAZ Nr. 102, 3. Mai 2011, S. 8, nach KNA).

73 Dieses Bild scheint mir hilfreicher als die von Papst Benedikt XVI in seiner Freiburger Rede erhobene Forderung nach einer »Entweltlichung« der Kirche. Natürlich ist seine Diagnose der Gefahr berechtigt, »dass die Kirche … sich in dieser Welt einrichtet, selbstgenügsam ist und sich den Maßstäben der Welt angleicht.« Diese Mahnung gilt für alle Zeiten, macht aber nicht die spezifische Herausforderung deutlich, in der sich die Kirche in der aktuellen Situation befindet, nämlich eine bestimmte Sozialform der Kirche, die sich im Wesentlichen im 19. Jahrhundert gebildet hat, im Lichte der ›Zeichen der Zeit‹ so zu verändern, dass sie wieder glaubwürdiger wird. Text und Diskussion der Freiburger Rede bei Erbacher 2012.

74 Vgl. ›Schuld‹, LThK 9: 276–286, insb. 279 f. und ›Sünde‹, ebenda: 1117–1131, insb. 1119 f. Nach Karl-Josef Klär (1991: 25) verwendet bereits die Septuaginta ›hamartia‹ als vereinheitlichende Übersetzung unterschiedlicher hebräischer Begriffe.

75 Indem Papst Benedikt XVI. im ersten Jahr seines Pontifikats den alten päpstlichen Titel ›Patriarch des Abendlandes‹ ablegt, trägt er zum Vergessen der Geschichte bei und verstärkt – entgegen den von Papst Johannes Paul II.

in der Enzyklika ›Ut unum sint‹ ausgesprochenen ökumenischen Absichten – den universellen Anspruch der römischen Kirche.

76 Dabei ist in Rechnung zu stellen, dass die Quellenlage für die ersten Jahrhunderte und erneut für das frühe Mittelalter recht sporadisch bleibt, und wir insbesondere eher über die theologischen Deutungen als über die praktischen Verhältnisse informiert sind.

77 Norbert Elias war der erste, der in seinen Werken »Der Prozess der Zivilisation« (1983) und »Die höfische Gesellschaft« (1977) der Entstehung dieses »gesellschaftlichen Zwangs zum Selbstzwang« nachgegangen ist. Vgl. auch Hirschman 1980. Allerdings beginnt die ›Sozialdisziplinierung‹ bereits mit der Begründung und Ausgestaltung der Individualbeichte, wie zu zeigen sein wird.

78 Jungmann 1960, zitiert von Angenendt 2001: 96, der hinzufügt: »Im ganzen bestätigen diese Untersuchungen den tiefgreifenden Umbruch im Frühmittelalter« (ebenda 97).

79 Seine in Griechisch verfassten Schriften sind jedoch verloren, vgl. ›Tertullian‹, LThK 9: 1344–1348, 1347.

80 Diese glückliche Formulierung stammt von dem Künstler Joseph Beuys (vgl. Kaufmann 1989d).

81 Vgl. Klär 1991: 139–142. Die Darstellung von Pierre-Yves Lambert (2001) nennt diese Zusammenhänge nicht.

82 Zu den Formen charismatischer Herrschaft vgl. immer noch Weber 1964: 179–184.

83 Zum Begriff des Systemvertrauens vgl. Luhmann 1968.

84 Die protestantischen Bekenntnisse lehnen das Sakrament der Buße als ›Menschenwerk‹ ab, kennen aber durchaus Sündenangst und Formen des Sündenbekenntnisses (vgl. Hahn 1982: 416–423).

85 Den Zusammenhang zwischen wachsender Differenzierung der Erfahrungsräume und der Individualisierung hat als erster der Soziologe Georg Simmel (1923a) formuliert. Für eine differenzierte Darstellung in moraltheologischer Absicht vgl. Goertz 1999: 514–526.

86 Das lange vorherrschende Lehrbuch von Heribert Jone: Katholische Moraltheologie – auf das Leben angewandt (1961: 69 f.) spricht in diesem Zusammenhang von »verschiedenen Moralsystemen«: Absoluter Tutiorismus, gemäßigter Tutiorismus, Probabiliorismus, Äquiprobabilismus, Kompensationssystem, Probabilismus, Laxismus. »Bei der Beurteilung dieser Ansichten ist daran zu erinnern, dass der absolute Tutiorismus und der Laxismus von der Kirche verworfen wurden. Die übrigen Systeme sind alle erlaubt.«

87 Die Theologie sah als Alternative noch die »vollkommene Reue« vor, die aber in der Praxis wenig Beachtung fand.

88 Die Unsittlichkeit des Zinsnehmens übernahm das Christentum aus dem vorchristlichen Ethos und schärfte das Zinsverbot »unter Androhung der Exkommunikation« auf dem Konzil von Nizäa und auf zwei Konzilien des 12. Jahrhunderts ein. Nachdem Adam Smith das Zinsnehmen ökonomisch be-

gründet hatte, hob 1830 Pius VIII. »ohne nähere Begründung das mehr als 2500 Jahre alte Zinsverbot auf« (›Zins‹, LThK 10, 1459–1461, 1460).

89   Eine Geschichte der kirchlichen Sexualmoral ist mir nicht bekannt. Zu den Hintergründen vgl. Brown 1999.

90   An ihre Stelle tritt vielerorts die Bußandacht, der jedoch die sakramentale Sündenvergebung nicht zugesprochen wird; zur aktuellen Doktrin siehe Weigand 1999.

91   Zusammenfassende Studien zu dieser Frage sind mir nicht bekannt, doch finden sich auch in der theologischen Literatur immer wieder Hinweise.

92   Max Weber (1934) hat die Kraft dieser Spannung im Calvinismus sogar als Katalysator für die kapitalistische Entwicklung dargestellt.

93   Ein in der Moraltheologie von Jone (1961) trotz breiter Kasuistik nicht einmal erwähnter Tatbestand!

94   Näheres hierzu bei Kaufmann 2011a: 154 – 166, sowie für Irland Conway 2010; siehe auch 6.1.

95   Dies war der Titel einer Tagung der Arbeitsgemeinschaft katholischer Dogmatiker in Augsburg (1992), für die dieser Beitrag ursprünglich geschrieben wurde.

96   Dogmatische Konstitution über die Kirche ›Lumen gentium‹ (im folgenden abgekürzt LG), zitiert nach: Das Zweite Vatikanische Konzil- Dokumente und Kommentare, Teil I, S.137–359, hier Ziff. 12.

97   Dementsprechend betont P. Hünermann »die öffentliche ›Methode‹« im »Amtsgebrauch des Magisteriums … welche ein Sich-Aussprechen des sensus fidelium ebenso voraussetzt wie die entsprechende Einbindung einer theologischen Aufarbeitung der in Frage stellenden Sachverhalte und eine Erschließung der Tradition der Kirche …« (1991: 62).

98   Dies zeigen beispielsweise die in zehnjährigen Abständen erhobenen Daten des Projekts »Wertewandel und religiöse Einstellungen im europäischen Ländervergleich« (vgl. Zulehner/Denz 1993). Siehe auch 3.2.

99   W. Harenberg hat bereits 1968 festgestellt, dass nur ca. 10 % aller befragten Katholiken der damaligen »Spiegel-Umfrage« zu den »Katechismus-Katholiken« gehören, welche auf elf dogmatisch relevante Fragen eine »kirchenkonforme« Antwort gaben (vgl. Harenberg 1968: 94 ff.). Eine annähernde Wiederholung der Spiegel-Umfrage nach 25 Jahren (Spiegel 25, 1992, S.36–47) belegt eindrücklich den zwischenzeitlich eingetretenen Substanzverlust der Kirchlichkeit und der mit ihr verbundenen religiöser Orientierungen.

100   Ein deutlicher Ausdruck dieser Tendenz findet sich in der Instruktion der Glaubenskongregation des Heiligen Stuhles von 24. Mai 1990 »Über die kirchliche Berufung des Theologen« (1990).

101   Vor allem Wolfgang Beinert (1991a, 1994) hat das Problem der stets erneuten Aneignungsbedürftigkeit der Tradition systematisch entfaltet.

102   In einer frühen Auseinandersetzung mit dem Problem abweichenden Glaubensbewusstseins hat Frans Haarsma die These vertreten, dass sich inner-

halb der katholischen Dogmatik eine »Hierarchie der Wahrheiten« aufweisen lasse, und dass »die Abweichungen von der kirchlichen Lehre, die den höchsten Prozentsatz aufweisen, auch unter Kirchenbesuchern und Kernmitgliedern, nahezu alle die Randdogmen betreffen« (Haarsma/Kasper/Kaufmann 1970: 29 ff., Zitat 31). Es ist nicht Aufgabe des Soziologen, zu solchen Wertungen Stellung zu nehmen, doch ist es aus soziologischer Sicht offenkundig, dass die Kommunikationsfähigkeit der Hierarchie schweren Schaden leiden würde, wenn sie alle von ihr vertretenen Ansichten jedermann mit gleicher Dringlichkeit zur Gewissenspflicht machen wollte.

103   Die folgende soziologische Analyse beruft sich auf unterschiedliche Theorieansätze, da das in Frage stehende Grundproblem eine Rekonstruktion des religiös-sozialen Zusammenhangs auf mehreren Ebenen (gesellschaftliches Teilsystem ›Religion‹, institutionell-organisatorisch verfasste ›Kirche‹, interaktive ›Gemeinschaft der Glaubenden‹ und religiöse Relevanzstruktur des Individuums) erfordert. Das kann hier natürlich nur ansatzweise geschehen. Etwas ausführlicher skizziert wird zunächst im Anschluss an Alfred Schütz (der seinerseits auf Edmund Husserl aufbaut) das Problem der religiösen Relevanzstruktur. da es bisher nicht zur Sprache kam. Für die Ausführung der übrigen Theorieperspektiven sei insbesondere auf Kapitel 2 verwiesen.

104   Das gilt grundsätzlich für mündliche und schriftliche Äußerungen, doch wird der heuristische Nutzen dieser Perspektive bei schriftlichen Texten natürlich außerordentlich gesteigert.

105   Wie Alfred Schütz hervorhebt, orientiert sich das Maß der Sinnexplikation in der »natürlichen Einstellung« gegenüber der Wirklichkeit als Lebenswelt stets an pragmatischen Gesichtspunkten (vgl. Schütz/Luckmann 1975). Wissenschaftliche Diskurse suchen den regressus ad infinitum zunehmend durch eine zirkuläre Struktur ihrer Grundargumentation zu umgehen (vgl. Luhmann 1990: 294 ff.).

106   Zur von Husserl übernommenen Unterscheidung zwischen polythetischem (= Schritt für Schritt) und monothetischem (= in einem Zuge) Wissenserwerb vgl. Schütz 1971: 118 f.

107   Noch unproblematischer ist die Übernahme religiöser Verhaltensweisen im Kontext einer voll durch eine Religion oder Konfession geprägten Form menschlichen Zusammenlebens, wie sie im ›Konstantinischen Zeitalter‹ des Christentums weit verbreitet war. Religiöse Sozialisation erfolgt hier überwiegend durch Nachahmung und Gewöhnung. Dem entsprechend waren auch die Ansprüche an subjektive Motivbildung gering.

108   Die Charakterisierung orientiert sich an den Verhältnissen in der Bundesrepublik Deutschland. Die allenthalben entstehenden pluralen Strukturen des Katholizismus sind durchaus variabel.

109   Bei einer Befragung von Führungskräften konnte neben ›Kirchlichkeit‹ und ›Christlichkeit‹ auch ein ›Nicht-religiöses Ethos‹ operationalisiert werden,

das mit Kirchlichkeit kaum, mit Christlichkeit mässig korreliert (vgl. Kaufmann/Kerber/Zulehner 1986: 267–280.

110   Vgl. den programmatischen Buchtitel von P.M. Zulehner: Vom Untertan zum Freiheitskünstler (1992).

111   Eine im Januar 2012 von Michael N. Ebertz vorbereitete Umfrage im Auftrag des Hessischen Rundfunks lässt die fortgeschrittene Individualisierung der Orientierungen erkennen: 80 % sind der Auffassung: »Das Leben hat nur dann einen Sinn, wenn man ihm selber einen Sinn gibt.« »Obwohl 76 % der Hessen, darunter nicht nur Christen, sondern auch Muslime, es gut finden, dass es die Kirchen gibt, weisen fast ebenso viele (72 %) darauf hin, dass die Kirchen auf Fragen, die sie wirklich bewegen, keine oder nur hin und wieder Antwort haben. Hesse wie Hessin machen sich selbst auf die Suche und glauben, dass in jeder Religion ein wahrer Kern zu finden ist (70 %). Kirche ist hier nur eines von vielen Angeboten auf dem Religionsmarkt« (Pressemitteilung).

112   Eine auf früheren Identitätstheorien (insbes. derjenigen von L. Krappmann) aufbauende Beschreibung dieses den überkomplexen Bedingungen moderner Gesellschaften entsprechenden Identitätstypus gibt Orth-Peine 1990: 48–96. Zur befreienden Gotteserfahrung – im Anschluß an Thomas v. Aquin, K. Rahner und J.B. Metz – und ihrem Bezug zu einer soziologischen Handlungstheorie vgl. Peukert 1978: bes. 347 ff.

113   Vgl. insbes. Höhn 1985: 184 ff., 259 ff.; Kehl 1992: 199 ff., 226 ff.; Wiedenhofer 1992: 295 ff.

114   Vgl. Dialog statt Dialogverweigerung (1994).

115   O. Zwierlein kommt zum Ergebnis, dass die Tradition, Petrus sei in Rom gewesen und dort zu Tode gekommen, nicht vor dem Jahre 150 entstanden ist und erst ab ca. 170 greifbar wird (2009: 333 f.).

116   Vgl. auch Roger Aubert (1971) in: Handbuch der Kirchengeschichte, hrsg. v. Hubert Jedin, BandVI/1, 122ff, 369ff.

117   Kardinal Kasper erwartet denn auch, daß eine »den gewandelten Zeit- und Kirchenverhältnissen entsprechende … neue geschichtliche Gestaltwerdung des Petrusamtes« eher derjenigen des ersten als des zweiten nachchristlichen Jahrtausends ähneln werde (vgl. Kasper 1999: 42).

118   Vgl. zum folgenden Reese 1998, hier 148. Diese aus dem Englischen übersetzte Studie eines politikwissenschaftlich ausgebildeten amerikanischen Jesuiten sei als kompetente Darstellung empfohlen.

119   Der Absender fügte seiner Erlaubnis zur Veröffentlichung noch die Anmerkung bei: »Der im Oktober geäußerte Eindruck hat sich übrigens in der Zwischenzeit sogar noch verstärkt.«

120   Es handelt sich hierbei um das *instrumentum laboris* »Der theologische und juridische Status der Bischofskonferenzen« der Kurienkongregation für die Bischöfe, welches im Januar 1988 an die Bischofskonferenzen der Welt mit der Aufforderung zur Stellungnahme zugesandt wurde. Dieser Beitrag ist als ausdrückliche Stellungnahme zu diesem Entwurf entstanden, im Anschluss an

meinen Beitrag zu einem internationalen Kolloquium über die Bischofskonferenzen in Salamanca (1988). Zur allgemeinen und fachlichen Kritik am Instrumentum laboris, zu dessen grundlegender Überarbeitung und Verbesserung im abschließenden Motu proprio »Apostolos suos« Papst Johannes Pauls II. vom 21. Mai 1998 vgl. Ruh 1998. Die folgenden Ausführungen bleiben als Beitrag zur Strukturdiskussion in der römischen Kirche weiterhin aktuell.

121   Die konkurrierende Verrechtlichung der geistlichen und weltlichen Gewalt im Gefolge der Beilegung des Investiturstreites gehört zu den zentralen Prozessen, die den abendländischen Sonderweg der strukturellen Ausdifferenzierung unterschiedlicher Lebensbereiche und die daraus folgenden bereichsspezifischen Rationalisierungen sowie den kulturellen Pluralismus vorangebracht haben, welcher heute den Horizont jeder Glaubenstradierung bestimmt. Vgl. hierzu insbesondere die materialreiche Studie von H. Berman (1983: bes. 213f).

122   »Die dauernde Verwischung der juridischen und der ontologisch-sakramentalen Sprachebenen« ist für *H. J. Pottmeyer* ein »grundsätzlicher Defekt des römischen Entwurfs« (1988a: 441). M. E. ist dieser »Defekt« nicht nur spezifisch für das vorliegende Dokument, sondern darüber hinaus für weite Bereiche der nachkonziliaren Diskussionslage charakteristisch.

123   Dies war ein überraschend einmütiges Ergebnis der in Fußnote 120 erwähnten Konferenz von Salamanca 1988. Vgl. insbesondere die Referate von A. Antón (1988: 253–289) und J. M. Tillard (1988: 291–298) über den theologischen Charakter der Bischofskonferenzen.

124   Soweit ich sehe, hat die nachkonziliare Entwicklung die seinerzeit eingeforderte schärfere Unterscheidung zwischen den Aufgaben des Papstes als oberstem Hirten der Universalkirche und als Patriarchen des Abendlandes in den seitherigen Reformmaßnahmen von Kurie und Kirchenrecht nur ungenügend aufgenommen. Ich kann mich des Eindrucks nicht erwehren, dass römische Stellen dazu neigen, sich auf die besondere Autorität des päpstlichen Primats auch dort zu berufen, wo es sich eigentlich nur um Patriarchatsrechte handelt.

125   Vgl. hierzu den Bericht über die Vorarbeiten der Kommission für die Bischöfe und Diözesen von G. Caprile (1986: 676 ff.).

126   Joseph Ratzinger wies schon früh auf die »zunehmende Verquickung von pragmatischen Anliegen und theologischen Fragestellungen« in der Diskussion um eine Kollegialität der Bischöfe hin. »Die richtige Haltung müsste demgegenüber vielmehr sein, das Pragmatische pragmatisch bleiben zu lassen und deutlich zu sehen, wie schmal der wirkliche Bereich göttlichen Rechts in der Kirche und wie groß der dem Ermessen gelassene Spielraum ist« (Ratzinger 1964: 155). M.E. darf allerdings der Bereich des Pragmatischen nicht als theologisch irrelevant und ausschließlich kirchenamtlichem Ermessen anheimgestellt betrachtet werden. Auch hier kann sich das Spezifikum von Kirche manifestieren oder eben verschüttet werden.

127   Erinnert sei lediglich an die Ansprache Johannes' XXIII. anlässlich der Eröffnung des Konzils (11. 9. 1962) und seine Enzykliken *Ad Petri Cathedram* (1959) und *Pacem in Terris* (1963) sowie an die Enzyklika Pauls VI. *Ecclesiam Suam.*

128   Hierüber steht dem Sozialwissenschaftler noch weniger zu, ein Urteil abzugeben, als dem kirchlich Verantwortlichen. Immerhin ist unter der Prämisse des *gratia supponit naturam* die Überlegung nicht unberechtigt, ob die Ermöglichung sozialer Kreativität in der Kirche nicht auch zu einer größeren Offenheit für das Walten des Heiligen Geistes führen kann.

129   Allerdings vermochten sich ausschließlich machtgegründete Herrschaften meist nicht lange zu halten, zumeist kam ein Legitimitätsglaube hinzu, der in vormodernen Zeiten häufig religiös begründet wurde. Ein erheblicher Teil des politischen Einflusses des Papsttums beruhte auf der Anerkennung seiner Kompetenz zur Kaiserkrönung. Die Vorstellung vom Gottesgnadentum des Fürsten legitimierte zuletzt absolutistische Herrschaftsformen, gegen die sich die Kirche und die erwachende demokratische Bewegung gleichermaßen zur Wehr setzten.

130   Eine Übersicht über sozialwissenschaftlich analysierte Steuerungsformen findet sich in Kaufmann 2009b (hier 256).

131   Der lateinische Begriff »socialisatio« wäre auf deutsch besser mit »Vergesellschaftung« zu übersetzen.

132   Diese These wird insbesondere im deutschen Katholizismus, dessen ›Betrieb‹ ohne ein hohes Maß an effektiver Verwaltungstätigkeit überhaupt undenkbar wäre, auf Widerspruch stoßen. Es ist auch nicht zu übersehen, dass in der Konsequenz dieser These ein zentralistischer Einzug von Kirchensteuermitteln durch staatliche Stellen als problematisch erscheint, weil er den Gläubigen den Dienstcharakter ihrer finanziellen Leistungen für die Kirche verschleiert und zudem den Erfahrungsraum des Kirchlichen, nämlich die Kirchengemeinde, auch in praktischen Dingen von übergeordneten Entscheidungen abhängig macht. De facto gibt es kaum kollektive Verantwortung auf der Gemeindeebene, ganz im Gegensatz z. B. zum amerikanischen Katholizismus, wo das Funktionieren kirchlicher Einrichtungen vom fortgesetzten erfahrbaren Einsatz der Gemeindemitglieder abhängt. Es bleibe dahingestellt, ob die merkwürdige Diskrepanz zwischen der in der Welt nahezu einmaligen infrastrukturellen Ausstattung des Katholizismus und seiner geringen missionarischen Dynamik in der Bundesrepublik nicht auch mit diesen hier nur anzudeutenden Strukturvorgaben zusammenhängt.

133   Zu den hier nur angedeuteten Problemen vgl. ausführlicher Kaufmann 1988.

134   Das Mindeste wäre, den jeweils Betroffenen und ihrem Ortsordinarius vollständige Akteneinsicht zu gewähren. Aber selbst diese im säkularen Bereich mittlerweile selbstverständlichen Rechte werden von Rom (und gelegentlich auch von den zuständigen diözesanen Behörden) verweigert.

135 Diese Spannungen wurden besonders deutlich durch die Kölner Erklärung vom Dreikönigsfest 1989 »Wider die Entmündigung – Für eine offene Katholizität«, welche über 220 Professorinnen und Professoren der Theologie unterzeichnet haben. (www Kölner Erklärung 1989). Daraufhin erließ die Glaubenskongregation am 24. Mai 1990 eine »Instruktion über die kirchliche Berufung der Theologen« (Verlautbarungen des Apostolischen Stuhls, Nr. 98), welche wiederum den Widerspruch der Arbeitsgemeinschaft katholischer Dogmatiker und Fundamentaltheologen herausforderte: Die Instruktion beschreibe den Weg, »den die wissenschaftliche Theologie beschreiten müsse … im wesentlichen als ein(en) Weg des Willens- und Verstandesgehorsams gegenüber jeglicher lehramtlichen Vorgabe … dabei wird der Bereich der Aussagen, die als nicht geoffenbart, aber gleichwohl als ›definitiv‹ anzunehmen seien (Nr. 23) ungebührlich ausgeweitet. Die Theologie sieht sich, wie das kirchliche Lehramt auch, in erster Linie nicht dem Gehorsam schlechthin, sondern der Autorität der Wahrheit verpflichtet.« (Text dieser Erklärung in Wiederkehr 1991: 173–176).

136 Dieser Gedanke wurde zuerst von N. Luhmann für den evangelischen Bereich systematisch entwickelt (vgl. 1977: bes. 261 ff.).

137 Der Gesellschaftstheoretiker T. Parsons weist darauf hin, dass Fundamentalismen überall dort auftreten, wo die wachsende Differenzierung der gesellschaftlichen Verhältnisse nicht mit einer Werteverallgemeinerung verbunden ist, wo also versucht wird, durch das Propagieren von bzw. das Festhalten an zu einfachen Weltbildern Orientierungsschwierigkeiten zu meistern (vgl. 1972: 127).

138 In dieser Hinsicht ist der religiöse Filmklassiker »Die Geschichte einer Nonne« treffsicher: Die Gehorsamsbereitschaft scheitert nicht an mangelnder Demut, sondern vor der Konkurrenz der Wertsysteme, zunächst der Wissenschaft, später einer Verbindung von Vaterliebe und Patriotismus.

139 Diese Unterscheidung mag im Kontext eines idealistischen Wissenschaftsbegriffs (wie er mir auch unter Theologen durchaus verbreitet erscheint) überraschend klingen, ist aber wissenschaftssoziologisch zwingend. Auch in den Geisteswissenschaften ist Wissenschaft kein solipsistischer, sondern ein eminent sozialer Prozess wechselseitiger Personwahrnehmung und zum mindesten mittelbarer Beeinflussung. Deshalb gilt auch eine Wissenschaft ohne prominente Repräsentation wenig.

140 So das Programm der Luhmannschen Soziologie (vgl. 1970: 67).

141 Dies veranlasste mich, erstmals in einer säkularen Öffentlichkeit Kirchenkritik zu üben: ›Moralische Lethargie in der Kirche‹, in: Frankfurter Allgemeine Zeitung. 26. April 2010, S. 8.

142 Als 1987 die Herder-Korrespondenz ihr vierzigjähriges Bestehen feierte, bot der Verlag Herder Johann-Baptist Metz und mir an, unsere aus diesem Anlass gehaltenen Vorträge unter dem Titel »Zukunftsfähigkeit – Suchbewegungen im Christentum« (1987) zu veröffentlichen. Das war meine erste Be-

gegnung mit dem Wort ›Zukunftsfähigkeit‹, das, soweit ich mich erinnere, weder bei Metz noch bei mir vorkam, zum mindesten nicht in den ursprünglichen Manuskripten. Inzwischen ist das Wort zu einem geläufigen Topos geworden, der im Folgenden systematischer reflektiert werden soll (vgl. hierzu bereits Kaufmann 1999b: 157 ff.).

143 Als anspruchsvollste Auseinandersetzung mit Konzept und Phänomenen der Postmoderne darf immer noch gelten: Welsch 1988. Darauf aufbauend und mit breitem Bezug auf theologisches Schrifttum: Kunstmann 1997.

144 Der Einwand, dass all diese Glaubenszeugnisse, soweit sie noch relevant sind, für die außerkirchliche Öffentlichkeit auch in säkulare Kontexte wie den Konzert- oder Ausstellungsbesuch eingebettet werden, in denen gerade das Zeugnishafte nicht zur Geltung kommt, ist m.E. nur halb richtig. Die Präsenz des Christlichen in der modernen Kultur ist zweifellos diffuser und oft kirchenferner, aber in dieser Form auch für viele zugänglich, die mit den Kirchen wenig oder nichts im Sinn haben.

145 Zum sozialen Kontext einer Verzeitlichung der Zukunft vgl. Kaufmann 1973a: insb. 160 ff.

146 Die überzeugendste Analyse der Entscheidungsproblematik stammt vom britischen Ökonomen G.L.S. Shackle (1972). Shackles Ausgangspunkt ist eine moderne Auffassung der Zeit, »die uns packt zwischen einer nicht mehr wählbaren Vergangenheit und einer nicht erkennbaren Zukunft« (ebenda: 3). Entscheidungen fallen in der Gegenwart im Hinblick auf eine unbekannte Zukunft (*ex ante*), und ihre Folgen lassen sich erst nachträglich (*ex post*) feststellen und evaluieren. Worüber kann sich dann der Entscheider vergewissern? Vernünftiges Entscheiden ist nach Shackle keine Frage der *Rationalität*, sondern der *konsistenten Imagination*. Der Entscheider steht vor dem Problem der Ungewissheit der Zukunft und der Notwendigkeit, sie sich vorzustellen. Jede Entscheidung beruht auf *Erwartungen über zukünftige Folgen einer Entscheidung*. Dabei verbinden sich als evident geltende Elemente mit anderen glaubhaften, aber nicht bewiesenen Elementen, deren Auswahl subjektiv und von der Person des Entscheiders nicht ablösbar ist. Wahrscheinlichkeit im Sinne der Wissenschaften eignet sich deshalb nicht zwangsläufig als Entscheidungshilfe, *weil praktische Entscheidungssituationen sich nicht an die Grenzen wissenschaftlicher Theorien halten*. Die wesentlichen Parameter einer Entscheidung sind konkreter Art und nur in der jeweiligen Situation durch den Entscheider zu ermitteln. Die imaginative Konstruktion der Folgen unterschiedlicher Entscheidungsalternativen orientiert sich am nicht-distributiven Kriterium ihrer Möglichkeit oder Unmöglichkeit, wobei ihm Rahmen des als möglich Erachteten jeweils nur die erwünschteste und die unerwünschteste Variante für den Entscheider von Bedeutung sind. Maßgeblich für den Entscheider ist überdies sein Wissen über seine eigenen Möglichkeiten, seine Ressourcen. Das qualitative Kriterium besteht also in der Konsistenz, mit der der

Entscheider seine eigenen ihm bekannten Möglichkeiten mit den evidenten Umständen und imaginierten Möglichkeiten verbindet (vgl. Shackle 1961).

147 Für eine ausführlichere Skizze der hier nur stichwortartig angedeuteten historischen Zusammenhänge vgl. Kaufmann (2000 sowie oben 2.2.1).

148 Zur Bedeutung der primär sprachlichen und bald auch verschriftlichten Codierung der religiösen Botschaft des Christentums für seine Flexibilität und Entwicklungsfähigkeit vgl. Stolz 2000.

149 Das gilt in besonderer Weise für den deutschen Kontext, wo die Kirchenmitgliedschaft nicht primär durch die Taufe bestimmt wird, sondern durch die Bereitschaft, sich der Kirchensteuer zu unterwerfen.

150 Ein bemerkenswertes Beispiel philosophisch motivierter ›Rückkehr‹ bietet Vattimo 1997. Bemerkenswert ist die starke Beachtung, die dem jüdischen Denken in jüngster Zeit in christlichen Kreisen geschenkt wird (vgl. z. B. Henrichs/Metz/ Hilberath/Zwerblowsky 1997; Splett 1996; Reiter 1996).

151 Beispielsweise scheint bei jungen Leuten die liturgische Akzentuierung von Zeitabschnitten zuzunehmen, wie die starke Beteiligung an (kirchlich nicht gebotenen!) Gottesdiensten zum Jahreswechsel oder am Aschermittwoch zeigt.

152 Ebertz sieht zukünftige Wirkungschancen der katholischen Kirche auf der Ebene der Beziehungen zu den Kirchenmitgliedern in einem Wandel »von der Überzeugungs- zur Dienstleitungsorganisation« oder zur »Beteiligungskirche« (vgl. Ebertz 1998: 274–295). Gabriel setzt auf einen »pluriformen Katholizismus«, dessen Identität »eher prozessuale Formen annimmt und auf der Bereitschaft beruht, auch im Dissens den Dialog in der Hoffnung auf eine künftige, umfassendere Wahrheit hin nicht aufzugeben« (Gabriel 1992: 201).

153 Hierzu grundlegend die mit dem Nobelpreis ausgezeichneten Arbeiten von Elinor. Ostrom, insbesondere Ostrom 1999.

154 Vor allzu schlichter Kapitalismuskritik sei allerdings gewarnt: Es könnte sein, dass die Überführung von Trinkwasserreserven in Privateigentum in manchen Regionen der Welt (z. B. im ökologisch verkommenen China) den besten Schutz seiner Qualität darstellt!

155 So lautete der Titel des ursprünglichen Publikationsortes.

156 Primär werden derartige Formen abweichenden Verhaltens Individuen zugeschrieben, wie ja auch der Appell an Verantwortung und Solidarität. Mit Bezug auf nahezu alle kollektiven Probleme der Gegenwart ist jedoch der Probleme lösende Beitrag einzelner Individuen zumeist marginal; es geht darum, kollektive Akteure wie Unternehmungen, Verbände, Regierungen oder überstaatliche Einrichtungen zur Schaffung und Einhaltung von Regeln und zu Entscheidungen zu bringen, die in einem noch näher zu bestimmenden Sinne als »solidarisch« gelten können. Es handelt sich analytisch um ein Mehr-Ebenen-Problem, das hier nicht entfaltet werden kann.

157 So z. B. die von über hundert Sozialwissenschaftlerinnen und Sozialwis-

senschaftlern unterzeichnete Erklärung »Solidarität am Standort Deutschland«
(1994).

158   Die spezifischen Probleme der Konstituierung öffentlichen Einflusses
müssen hier übergangen werden; hierzu Habermas 1992: 435 ff.

159   Die rätselhafte Installation von Joseph Beuys »Zeige Deine Wunde«
(1974/75, Galerie Lenbachhaus, München) könnte von hier eine Deutung erfahren:»Leid bejahen ist ein Mittel, ihm zu begegnen, ohne dass man mit ihm
ein für alle Mal fertig werden will noch auf seine Überwindung hofft« (Gross
2007: 107).

160   Zweifelllos wird die Engführung auf den Erlösungsgedanken der christlichen Botschaft und ihrer historischen Wirksamkeit nicht voll gerecht, doch
erfasst Gross ein wesentliches Ferment des abendländischen Christentums.

161   Welch ›materialistische‹ Auffassung hierbei zum Tragen kam, zeigt Arnold Angenendt (2001: 134 f.): »Das patristische Zueinander von objektivem
Ritusvollzug und subjektiver Aneignung hatte schon im Frühmittelalter eine
gravierende Veränderung erfahren. Den Anfang machte das irische Bußsys-
tem, das anstelle der normalerweise verhängten Fastenzeiten auch andere, in-
tensivere Bußmöglichkeiten zuließ und dabei neben der Psalmenrezitation
auch Messzelebrationen anführte«, die bald auch »in Geldwerten verrechen-
bar« waren. »So musste sich bei vermehrter Zelebration ein numerisch steiger-
barer Effekt ergeben. Eine Messe, gefeiert für eine Person, bedeutete für diese
Person mehr als dieselbe Messe für zwei, wie auch viele Messen für eine Einzel-
person die Wirkung für den einzelnen erhöhten.« Dies erklärt auch die Attraktivität von adligen Klostergründungen, »wo die virtuellen Empfänger der
Messgnaden gar nicht mehr anwesend waren; insofern scheint der subjektive
Anteil sogar irrelevant geworden zu sein.«

162   »Erst das Tridentinum hat die Konsubstantiationslehre ausdrücklich
und eindeutig verworfen (DH 1652). Der neuzeitliche Wandel des Substanz-
begriffs lässt demgegenüber die alten Kontroversen in neuem Licht erscheinen« (›Konsubstantiation‹, LThK 6: 324).

163   Neuerdings wird sogar aufgrund von Quellenkritik in Frage gestellt, ob
Petrus je in Rom war. Wenn nein, dann wäre der römische Primat eine
schlichte Usurpation (vgl. Zwierlein 2009).

164   Der Kanonist Norbert Lüdecke (2007b) betont, dass der vom Papst er-
lassene CIC die authentische Interpretation des Zweiten Vatikanums sei. »Der
CIC steht auf dem Boden des II. Vatikanischen Konzils unabhängig von seiner
Übereinstimmung mit dessen Lehren. Der Papst ist an die Lehren des II. Vatikanums nicht gebunden. Er legt sie authentisch aus und in Abhängigkeit von
ihm für ihr Bistum auch die Diözesanbischöfe. Gläubige können sich einem
gesetzlichen Anspruch nicht durch den Hinweis auf das II. Vatikanische Konzil entziehen – und sei dieser Hinweis von noch so kompetenten TheologInn-
en gestützt. Ein Appellation an das II. Vatikanum gegen den Papst ist nicht
möglich« (ebenda: 65). Und er schließt seine Argumentation gegen die juris-

tisch unbedarften Möchte-gern-Reformer mit den Worten: »Also weg von Stilfragen, hin zu den Grundfragen nach Freiheit und Gleichheit der Gläubigen nicht nur vor Gott, sondern auch vor den Menschen in der Kirche? Sollten die Chancen für Änderungen schlecht stehen, – wer gäbe das Recht, es zu verschweigen oder darüber hinwegzugehen, und wem wäre damit gedient?« (ebenda: 69). Wer die Inappellabilität des Papstes nicht anerkennt und Vernunftgründe gegen päpstliche Festlegungen vorbringt, stellt sich somit zwangsläufig außerhalb der kirchenrechtlichen Ordnung. Dieses Risiko ist als Laie wesentlich leichter (und folgenloser!) zu tragen denn als Kleriker.

165   Lütz (1999) spricht von der katholischen Kirche als dem »blockierten Riesen«. Seine psychologischen Beobachtungen sind als Ergänzung durchaus lesenswert. Aber das Zentrum der Blockade – wenn es denn eine ist – ist im Zusammenhang von Kirchenrecht und einem Traditionsverständnis zu finden, das interne Widersprüche glaubt ausschließen zu können.

Literaturverzeichnis

Albert, Mathias/Stichweh, Rudolf (Hg.) 2007: *Weltstaat und Weltstaatlichkeit. Beobachtungen globaler politischer Strukturbildung.* Wiesbaden.

Altermatt, Urs 1972: *Der Weg der Schweizer Katholiken ins Ghetto.* Zürich.

– 1980: ›Katholische Subgesellschaft‹, in: Gabriel, Karl/Kaufmann, Franz-Xaver (Hg.), *Zur Soziologie des Katholizismus.* Mainz, S. 145–165.

– 1989: *Katholizismus und Moderne. Zur Sozial- und Mentalitätsgeschichte der Katholiken im 19. und 20. Jahrhundert.* Zürich.

Angenendt, Arnold 2000: *Geschichte der Religiosität im Mittelalter.* 2. A., Darmstadt.

– 2001: *Liturgik und Historik.* Freiburg i. Br.

Antón, Angel 1988: ›Le ›status‹ théologique des conférences épiscopales‹, in: Legrand, Hervé u. a. (Hg.), *Les Conférences èpiscopales: Théologie, statut canonique, avenir.* Paris, S. 253–289.

Arbeitskreis für kirchliche Zeitgeschichte (Hg.) 1993: ›Katholiken zwischen Tradition und Moderne. Das katholische Milieu als Forschungsaufgabe‹, in: *Westfälische Forschungen* 43, S. 588–654.

Aubert, Roger 1971: *Handbuch der Kirchengeschichte VI/1: Die Kirche zwischen Revolution und Restauration* (hrsg. von Hubert Jedin). Freiburg i. Br. 1971.

Auer, Alfons 1984: *Autonome Moral und christlicher Glaube.* 2. A., Düsseldorf.

Balthasar, Hans Urs von 1953: *Die Schleifung der Bastionen.* Einsiedeln.

Barberini, G. 1980: ›Appunti e reflessioni sull' applicazione del principio di sussidiarietà nell' ordinamento della chiesa‹, in: *Ephemerides Juris Canonici* 36, S. 329–369.

Barz, Heiner 1992: *Postmoderne Religion.* Opladen.

Baumann, Zygmunt 2005: *Moderne und Ambivalenz: Das Ende der Eindeutigkeit.* Hamburg.

Beck, Ulrich 1986: *Risikogesellschaft – auf dem Weg in eine andere Moderne.* Frankfurt a. M.

Beinert, Wolfgang 1991a: ›Die Rezeption und ihre Bedeutung für Leben und Lehre der Kirche‹, in: Ders. (Hg.), *Glaube als Zustimmung. Zur*

Interpretation kirchlicher Rezeptionsvorgänge (QD 131). Freiburg i. Br., S. 15–49.

- 1991b (Hg.): *Glaube als Zustimmung. Zur Interpretation kirchlicher Rezeptionsvorgänge* (QD 131). Freiburg i. Br.

- 1994: ›Der Glaubenssinn der Gläubigen in Theologie- und Dogmengeschichte‹, in: Dietrich Wiederkehr (Hg.), *Der Glaubenssinn des Gottesvolkes – Konkurrent oder Partner des Lehramtes?* (QD 151). Freiburg i. Br., S. 66–131.

Berger, Peter L. 1994: *Sehnsucht nach Sinn. Glauben in einer Zeit der Leichtgläubigkeit*. Frankfurt a. M. u. New York

- 1997 (Hg.): *Die Grenzen der Gemeinschaft. Konflikt und Vermittlung in pluralistischen Gesellschaften. Ein Bericht der Bertelsmann Stiftung an den Club of Rome*. Gütersloh.

Berger, Peter L./Luckmann, Thomas 1969: *Die gesellschaftliche Konstruktion von Wirklichkeit. Eine Theorie der Wissenssoziologie*. Frankfurt a. M.

Berman, Harold J. 1983: *Law and Revolution. The Formation of the Western Legal Tradition*. Cambridge (Deutsch: Frankfurt a. M. 1991).

Bielefeldt, Heiner 1998: *Philosophie der Menschenrechte: Grundlagen eines weltweiten Freiheitsethos*. Darmstadt.

Blaschke, Olaf 2012: ›Säkularisierung und Sakralisierung im 19. Jahrhundert‹, in: Gabriel, Karl/Gärtner, Christel/Pollack, Detlef (Hg), *Umstrittene Säkularisierung: Soziologische und historische Analysen zur Differenzierung von Religion und Politik*. Berlin, S. 439–459.

Blickle, Peter 2008: *Das Alte Europa*. München.

Blumenberg, Hans (1988): *Die Legitimität der Neuzeit*. 2. A., Frankfurt a. M.

Böckenförde, Ernst-Wolfgang 1967: ›Die Entstehung des Staates als Vorgang der Säkularisation‹, in: *Säkularisation und Utopie. Festschrift für Ernst Forsthoff*. Stuttgart, S. 75–94.

- 2007a: ›Über die Autorität päpstlicher Lehrenzykliken am Beispiel der Äußerungen zur Religionsfreiheit‹, in: Ders., *Kirche und christlicher Glaube in den Herausforderungen der Zeit*. 2. A., Berlin, S. 471–489.

- 2007b: ›Der deutsche Katholizismus im Jahre 1933. Eine kritische Betrachtung‹, in: Ders., *Kirche und christlicher Glaube in den Herausforderungen der Zeit*. 2. A., Berlin, S. 115–143.

- 2010: ›Das Handeln nach Kirchenräson‹, in: *Süddeutsche Zeitung*, 29. April 2010, S. 2.

Böckle, Franz 1977: *Fundamentalmoral*. München.

Bogner, Artur 1989: *Zivilisation und Rationalisierung. Die Zivilisationstheorien *Max Webers, Norbert Elias' und der Frankfurter Schule im Vergleich.* Opladen.

Brecht, Bert 1973: ›Legende von der Entstehung des Buches Taoteking auf dem Weg des Laotse in die Emigration‹, in: Ders., *Ausgewählte Gedichte. Nachwort von Walter Jens.* 7.A., Frankfurt a. M., S. 50–53.

Brose, Hanns-Georg/Hildenbrand, Bruno (Hg.) 1988: *Vom Ende des Individuums zur Individualität ohne Ende.* Opladen.

Brown, Peter 1994: *Die Keuschheit der Engel: Sexuelle Entsagung, Askese und Körperlichkeit im frühen Christentum.* München (Englisch New York 1988).

Brunkhorst, Hauke 2002: *Solidarität: Von der Bürgerfreundschaft zur globalen Rechtsgenossenschaft.* Frankfurt a. M.

Burckhardt, Martin 1997: *Metamorphosen von Raum und Zeit. Eine Geschichte der Wahrnehmung.* Frankfurt a. M. u. New York.

Camus, Albert 1942: *Le mythe de Sisyphe.* Paris.

Caprile, Giovanni 1986: ›Entstehungsgeschichte und Inhalt der vorbereiteten Schemata. Die Vorbereitungsorgane des Konzils und ihre Arbeit‹, in: Brechter, Heinrich Suso u. a. (Hg.), *Das Zweite Vatikanische Konzil – Dokumente und Kommentare. 3. Band* (Lexikon für Theologie und Kirche, Sonderausgabe 1986, Band 14), Freiburg i. Br., S. 665–726.

Chi, Wei-hsian 2005: *Der Wandel der Sozialform des Religiösen in Taiwan.* Dissertation Universität Bielefeld.

Claessens, Dieter 1966: ›Weltverlust als psychologisches und soziologisches Problem‹, in: Ders., *Angst, Furcht und gesellschaftlicher Druck und andere Aufsätze.* Dortmund, S. 61–69.

Congar, Yves 1982: ›Die christologischen und pneumatologischen Implikationen der Ekklesiologie des II. Vatikanums‹, in: Alberigo, Giuseppe u. a. (Hg.), *Kirche im Wandel. Eine kritische Zwischenbilanz nach dem Zweiten Vatikanum.* Düsseldorf, S. 111–123.

Conway, Eamonn 2010: ›Die irische Kirche und sexuelle Gewalt gegen Minderjährige‹, in: Goertz, Stephan (Hg.), *Sexuelle Gewalt: Fragen an Kirche und Theologie.* Münster, S. 176–191.

Conzemius, Victor/Kaufmann, Franz-Xaver/Lehmann, Karl 1987: ›Katholizismus‹, in: *Evangelisches Staatslexikon.* Stuttgart, Bd. 1, S. 1486–1507.

Damberg, Wilhelm/Hellemans, Staf (Hg.) 2010: *Die neue Mitte der Kirche. Der Aufstieg der intermediären Instanzen in den europäischen Großkirchen seit 1945.* Stuttgart.

Delumeau, Jean 1977 : *Le christianisme va-t-il mourir?* Paris.
– 1983: *Le péché et la peur. La culpabilisation en Occident (XIIIe–XVIIIe siècles).* Paris.

- 1985: *Angst im Abendland: Die Geschichte kollektiver Ängste im Europa des 14. bis 18. Jahrhunderts.* 2 Halbbände, Reinbek bei Hamburg (Französisch Paris 1978).

Dinzelbacher, Peter 2001: ›Das erzwungene Individuum – Sündenbewusstsein und Pflichtbeichte‹, in: Dülmen, Richard van (Hg.), *Entdeckung des Ich. Die Geschichte der Individualisierung vom Mittelalter bis zur Gegenwart.* Köln, S. 41–60.

Dobbelaere, Karel 1988: ›Secularization, Pillarization, Religious Involvement and Religious Change in the Low Countries‹, in: Gannon, Thomas M. (Hg.), *World Catholicism in Transition.* New York u. London, S. 80–115.

Döring, Heinrich/Kaufmann, Franz-Xaver 1981: ›Kontingenzerfahrung und Sinnfrage‹, in: Franz Böckle u. a. (Hg.), *Christlicher Glaube in moderner Gesellschaft* Teilband 9. Freiburg i. Br., S. 5–67.

Dülmen, Richard van 1989: *Religion und Gesellschaft. Beiträge zu einer Religionsgeschichte der Neuzeit.* Frankfurt a. M.

Ebertz, Michael N. 1996: ›Deinstitutionalisierungsprozesse im Katholizismus: Die Erosion der Gnadenanstalt‹, in: Kaufmann, Franz-Xaver und Arnold Zingerle (Hg.), *Vatikanum II und Modernisierung. Historische, theologische und soziologische Perspektiven.* Paderborn, S. 375–399.

- 1997: *Kirche im Gegenwind. Zum Umbruch der religiösen Landschaft.* Freiburg i. Br.

- 1998: *Erosion der Gnadenanstalt? Zum Wandel der Sozialgestalt von Kirche.* Frankfurt a. M.

- 2012: ›Päpstlicher Kirchenkurs. Die Option der elitären Minorisierung‹, in: Erbacher, Jürgen (Hg.), *Entweltlichung der Kirche?* Freiburg i. Br., S. 125–139.

Eilers, Rolf 2010: *Zehn Jahre Donum vitae – Ringen um den Lebensschutz.* 2. A., Bonn.

Eisenstadt, Shmuel N. 2011: *Multiple Modernities.* Der Streit um die Gegenwart. Berlin.

Eliade, Mircea 1966: *Kosmos und Geschichte*, Reinbek bei Hamburg.

Elias, Norbert 1977: *Die höfische Gesellschaft.* 3. A., Neuwied.

- 1983: *Über den Prozess der Zivilisation*, 2 Bde., 9. A., Frankfurt a. M.

Elsas, Christoph 1975 (Hg.): *Religion. Ein Jahrhundert theologischer, philosophischer, soziologischer und psychologischer Interpretationsansätze.* München.

Erbacher, Jürgen (Hg.) 2012: *Entweltlichung der Kirche? Die Freiburger Rede des Papstes.* Freiburg i. Br.

Featherstone, Mike (Hg.) 1990: *Global Culture. Nationalism, Globalization and Modernity*. London.

Feil, Ernst 1995: ›Zur Bestimmungs- und Abgrenzungsproblematik von »Religion«‹, in: *Ethik und Sozialwissenschaften* 6, S. 441–445.

Fischer-Lescaro, Andreas und Gunther Teubner 2007: ›Fragmentierung des Weltrechts: Vernetzung globaler Regimes statt etatistischer Rechtseinheit‹, in: Mathias Albert und Rudolf Stichweh (Hg.), *Weltstaat und Weltstaatlichkeit*. Wiesbaden, S. 37–61.

Fischer, Klaus P. 2011: *Vom Zeugnis zum Ärgernis? Anmerkungen und Thesen zum Pflichtzölibat*. Wiesmoor.

Friedrich, Otto 2010: ›Missbrauchskrise als Katalysator. Aktuelle Entwicklungen in der katholischen Kirche Österreichs‹, in: *Herder-Korrespondenz* 65, S. 443–447.

Frisby, David P. 1984: ›Georg Simmels Theorie der Moderne‹, in: Dahme, Heinz-Jürgen (Hg.), *Georg Simmel und die Moderne*. Frankfurt a. M., S. 9–79.

Gabriel, Karl 1990: ›Von der »vordergründigen« zur »hintergründigen« Religiosität: Zur Entwicklung von Religion und Kirche in der Geschichte der Bundesrepublik‹, in: Hettlage, Robert (Hg.), *Die Bundesrepublik – Eine historische Bilanz*. München, S. 255–279.

– 1991a: ›Tradition im Kontext enttraditionalisierter Gesellschaft‹, in: Wiederkehr, Dietrich (Hg.), *Wie geschieht Tradition? Überlieferung im Lebensprozeß der Kirche*, Freiburg i. Br., S. 69–88.

– 1991b: ›Volksreligion‹, in: Eicher, Peter (Hg.), *Neues Handbuch theologischer Grundbegriffe. Erweiterte Neuausgabe*. München, Bd. 5, S. 201–217.

– 1992: *Christentum zwischen Tradition und Postmoderne*. Freiburg i. Br.

– 1996: ›Vom missionarischen Sendungsbewußtsein des abendländischen Christentums zur kulturellen Akzeptanz des religiösen Pluralismus‹, in: Anton Peter (Hg.), *Christlicher Glaube in multireligiöser Gesellschaft*. Immensee, S. 111–128.

– 2000: ›Soziale Kohäsion im Globalisierungstest – Christliche Sozialethik vor den Herausforderungen der Globalisierung‹, in: *Jahrbuch für christliche Sozialwissenschaften* 41, S. 87–105.

– 2005 (Hg.): *Europäische Wohlfahrtsstaatlichkeit. Soziokulturelle Grundlagen und religiöse Wurzeln. Jahrbuch für christliche Sozialwissenschaften* 46. Münster.

– 2006: ›Alles Gold was glänzt?‹ Die Sinus-Milieu Studie – und warum eine Langzeitstudie über die katholische Kirche in Deutschland notwendiger denn je ist‹, in: *Lebendige Seelsorge* 57, S. 210–215.

- 2010: ›Gemeinden im Spannungsfeld von Delokalisierung und Relokalisierung‹, in: *Evangelische Theologie* 70, S. 427–438.

Gabriel, Karl/Gärtner, Christel/Pollack, Detlef (Hg) 2012, *Umstrittene Säkularisierung: Soziologische und historische Analysen zur Differenzierung von Religion und Politik.* Berlin.

Gabriel, Karl/Herlth, Alois/ Strohmeier, Klaus Peter 1997: ›Solidarität unter den Bedingungen entfalteter Modernität‹, in: Dies. (Hg.), *Modernität und Solidarität.* Freiburg i. Br., S. 13–27.

Gabriel, Karl/Horstmann, Johannes/ Mette, Norbert (Hg.) 1999: *Zukunftsfähigkeit der Theologie – Anstöße aus der Soziologie Franz-Xaver Kaufmanns.* Paderborn.

Gabriel, Karl/Kaufmann, Franz-Xaver (Hg.) 1980: *Zur Soziologie des Katholizismus.* Mainz.

Christel Gärtner/Gabriel, Karl/Reuter, Hans-Richard 2012: *Religion bei Meinungsmachern.* Wiesbaden.

Gannon, Thomas M. (Hg.) 1988: *World Catholicism in Transition.* New York u. London.

Goertz, Stephan 1999: *Moraltheologie unter Modernisierungsdruck. Interdisziplinarität und Modernisierung als Provokationen theologischer Ethik – im Gespräch mit Franz-Xaver Kaufmann.* Münster.

- 2010: ›Sexuelle Gewalt als individuelle Sünde gegen das sechste Gebot!?‹, in: Ders./Ulonska, Herbert (Hg.), *Sexuelle Gewalt – Fragen an Kirche und Theologie.* Berlin, S. 127–146.

Goertz, Stephan/Ulonska, Herbert (Hg.) 2010: *Sexuelle Gewalt: Fragen an Kirche und Theologie.* Münster.

Le Goff, Jacques 1981: *La naissance du purgatoire.* Paris (Eine deutsche Ausgabe ist unter dem Titel: Die Geburt des Fegefeuers, Stuttgart 1984, erschienen).

Gross, Peter 1994: *Die Multioptionsgesellschaft.* Frankfurt a. M.

- 1999: *Ich-Jagd. Im Unabhängigkeitsjahrhundert.* Frankfurt a. M.

- 2000: ›Wrack und Barke‹, in: Ursula Keller (Hg.), *Perspektiven metropolitaner Kultur.* Frankfurt a. M., S. 179–192.

- 2007: *Jenseits der Erlösung. Die Wiederkehr der Religion und die Zukunft des Christentums.* Bielefeld.

Große-Kracht, Hermann-Josef 2003: ›Solidarität: »… die bedeutendste Entdeckung unserer Zeit« (Heinrich Pesch). Unvollständige Spurensuche zu einem Leitbegriff der europäischen Moderne‹, in: Ders. (Hg.), *Solidarität institutionalisieren. Arenen, Aufgaben und Akteure christlicher Sozialethik.* Münster, S. 23–45.

– 2005: ›Sozialer Katholizismus und demokratischer Wohlfahrtsstaat‹, in: *Jahrbuch für christliche Sozialwissenschaften* 46, S. 45–97.

Gründer, Karlfried 1985: ›Einige begriffsgeschichtliche Reflexionen‹, in: Koslowski, Peter (Hg.), *Die religiöse Dimension der Gesellschaft – Religion und ihre Theorien*. Tübingen.

Gumbrecht, Hans Ulrich 1978: ›Modern, Modernität, Moderne‹, in: Brunner, Otto/Conze, Werner/Koselleck, Reinhart (Hg.), *Geschichtliche Grundbegriffe. Historisches Lexikon zur politisch-sozialen Sprache in Deutschland*. Stuttgart, Bd. 4, S. 93–131.

Gut, Walter 2000: ›Annäherungen an eine Rechtskultur in der katholischen Kirche. Folgerungen aus dem Fall Bischof Wolfgang Haas‹, in: Ders., *Fragen zur Rechtskultur in der katholischen Kirche*. Freiburg/Schweiz, S. 123–137.

Haarsma, Frans/Kasper, Walter/Kaufmann, Franz-Xaver 1970: *Kirchliche Lehre – Skepsis der Gläubigen*, Freiburg i. Br.

Habermas, Jürgen 1981: *Theorie des kommunikativen Handelns*. 2 Bde. Frankfurt a. M.
– 1985: *Der philosophische Diskurs der Moderne*. Frankfurt a. M.
– 1992: *Faktizität und Geltung*. Frankfurt a. M.

Hahn, Alois 1982: ›Zur Soziologie der Beichte und anderer Formen institutionalisierter Bekenntnisse: Selbstthematisierung und Zivilisationsprozeß‹, in: *Kölner Zeitschrift für Soziologie und Sozialpsychologie* 34, 407–434.

Harenberg, Werner (Hg.) 1968: *Was glauben die Deutschen?* München.

Heer, Friedrich 1949: *Aufgang Europas: eine Studie zu den Zusammenhängen zwischen politischer Religiosität, Frömmigkeitsstil und dem Werden Europas im 12. Jahrhundert*. Wien.
– 1952: *Die Tragödie des Heiligen Reiches*. Stuttgart.

Hegner, Friedhart 1997: ›Besser kluger Egoismus als scheinbarer Altruismus. Loyalität, Vertrauen und Reziprozität als Koordinationsmechanismen‹, in: Gabriel, Karl u. a. (Hg.), *Modernität und Solidarität*. Freiburg i. Br., S. 309–325.

Heimbach-Steins, Marianne/Kruip, Gerhard/Wendel, Saskia 2011 (Hg.): *Kirche 2011: Ein notwendiger Aufbruch. Argumente zum Memorandum*. Freiburg i. Br.

Henrichs, Dieter/Metz, Johann Baptist/Hilberath, Bernd Jochen/Zwerblowsky Zwi 1997: *Die Gottrede von Juden und Christen unter den Herausforderungen der säkularen Welt*. Münster.

Heintz, Bettina/Müller, Dagmar/Schiener, Heike 2006: ›Menschenrechte im Kontext der Weltgesellschaft‹, in: *Zeitschrift für Soziologie* 35, S. 424–448.

Heintz, Bettina/Münch, Richard/Tyrell, Hartmann (Hg.) 2005: *Weltgesellschaft. Theoretische Zugänge und empirische Problemlagen.* Sonderheft der Zeitschrift für Soziologie. Stuttgart.

Hengsbach, Friedhelm 2011: *Gottes Volk im Exil – Anstöße zur Kirchenreform.* Oberursel.

Hennecke, Christian 2010: *Kirche, die über den Jordan geht.* 4. A., Münster.

Hirschman, Albert Otto 1974: *Abwanderung und Widerspruch: Reaktionen auf Leistungsabfall bei Unternehmungen, Organisationen und Staaten.* Tübingen.

– 1980: *Leidenschaften und Interessen, Begründungen des Kapitalismus vor seinem Sieg.* Frankfurt a. M.

Hochschild, Michael 1998: ›Was leisten religiöse Bewegungen?‹, *Zeitschrift für Religionswissenschaft* 6, S. 65–78.

Höffe, Otfried 1993: *Moral als Preis der Moderne. Ein Versuch über Wissenschaft, Technik und Umwelt.* Frankfurt a. M.

– 1996: ›Über die Macht der Moral‹, in: *Merkur. Deutsche Zeitschrift für europäisches Denken* 50, S. 747–760.

Höhn, Jans-Joachim 1985: *Kirche und kommunikatives Handeln. Studien zur Theologie und Praxis der Kirche in der Auseinandersetzung mit den Sozialtheorien Niklas Luhmann's und Jürgen Habermas'.* Frankfurt a. M.

– 1996: ›Einleitung: An den Grenzen der Moderne. Religion – Kultur – Philosophie‹, in: Ders. (Hg.): *Krise der Immanenz. Religion an den Grenzen der Moderne.* Frankfurt a. M., S. 7–28.

– 2012: ›»Gleicht Euch nicht an!« Die Identität der Kirche und ihre Distanz von der Welt‹, in: *Herder Korrespondenz* 66, 11–16.

Hollerbach, Alexander 1982: ›Die theologischen Fakultäten und ihr Lehrpersonal im Beziehungsgefüge von Staat und Kirche‹, in: Kasper, Walter/Hollerbach, Alexander (Hg.), *Theologie in der Universität. Essener Gespräche zum Thema Staat und Kirche* 16. Münster, S. 69–99.

Hürten, Heinz 1998: *Spiegel der Kirche. Spiegel der Gesellschaft? Katholikentage im Wandel der Welt.* Paderborn.

Hünermann, Peter 1991: ›Tradition – Einspruch und Neugewinn‹, in: Wiederkehr, Dietrich (Hg.), *Wie geschieht Tradition? Überlieferung im Lebensprozeß der Kirche* (QD 133). Freiburg i. Br.

– 1995: *Ekklesiologie im Präsens.* Münster.

– 1998: ›Das Zweite Vatikanische Konzil als Ereignis und die Frage nach seiner Pragmatik‹, in: Ders. (Hg.), *Das II. Vatikanum – christlicher Glaube im Horizont globaler Modernisierung.* Paderborn, S. 107–125.

– 2000: ›Gesucht: Ein neues Paradigma des Petrusdienstes‹, in: Schütte, Heinz (Hg.): *Im Dienst der einen Kirche – Ökumenische Überlegungen zur Reform des Papstamtes*. Paderborn, S. 167 – 180.

Huntington, Samuel P. 1996: *Kampf der Kulturen: die Neugestaltung der Weltpolitik im 21. Jahrhundert*. München.

Hurrelmann, Achim 2008 (Hg.): *Zerfasert der Nationalstaat? Die Internationalisierung politischer Verantwortung*. Frankfurt a. M.

Isensee, Josef 1968: *Subsidiaritätsprinzip und Verfassungsrecht*. Berlin.

James, William 1997: *Die Vielfalt religiöser Erfahrung*. Frankfurt a. M. (Englisch New York 1902).

Jauß, Hans-Robert 1970: ›Literarische Tradition und gegenwärtiges Bewußtsein der Modernität‹, in: Ders., *Literaturgeschichte als Provokation*. Frankfurt a. M., S. 11–66.

Jenkins, Philip 2010: *Das goldene Zeitalter des Christentums. Die vergessene Geschichte der größten Weltreligion*. Freiburg i.Br.

Joas, Hans: *Die Kreativität des Handelns*. Frankfurt a. M.
– 1997: *Die Entstehung der Werte*. Frankfurt a. M.
– 2011: *Die Sakralität der Person*. Eine neue Genealogie der Menschenrechte. Frankfurt a. M.

Johannes XXIII. 1962: ›Ansprache zur Eröffnung des Zweiten Ökumenischen Vatikanischen Konzils am 2. Oktober 1962‹, in: *Acta Apostolicae Sedis* 54, S. 788–791.
– 1959: ›Enzyklika Ad Petri Cathedram‹, in: *Acta Apostolicae Sedis* 51, S. 497–531.
– 1963: ›Enzyklika Pacem in Terris‹, in: *Acta Apostolicae Sedis* 55, S. 257–301.

Johannes Paul II. 1998: ›Motu proprio »Apostolos suos« vom 21. Mai 1998‹, in: *Acta Apostolicae Sedis* 90, S. 641–658.

Jone, Heribert 1961: *Katholische Moraltheologie – auf das Leben angewandt*. 18. A., Paderborn.

Junge, Matthias 2000: *Ambivalente Gesellschaftlichkeit*. Opladen.

Jungmann, Andreas 1960: ›Die Abwehr des germanischen Arianismus und der Umbruch der religiösen Kultur im frühen Mittelalter‹, in: Ders., *Liturgisches Erbe und Pastorale Gegenwart, Studien und Vorträge*. Innsbruck – Wien – München, S. 3–78.

Kampling, Rainer 1991: ›Tradition‹, in: Eicher, Peter (Hg.), Neues Handbuch theologischer Grundbegriffe. Erweiterte Neuausgabe. München 1991, Bd. 5, S. 169–182.

Kant, Immanuel 1795: ›Zum ewigen Frieden. Ein philosophischer Entwurf‹.

Wiederabdruck in: Ders., *Werke in 10 Bänden*, hg. von Wilhelm Weischedel. Darmstadt 1964, Band 9, S. 193–251.

Kasper, Walter 1982: ›Wissenschaftliche Freiheit und amtliche Bindung der katholischen Theologie‹, in: Kasper, Walter/Hollerbach, Alexander (Hg.), *Theologie in der Universität. Essener Gespräche zum Thema Staat und Kirche* 16. Münster, S. 12–42.

– 1987: ›Katholische Kirche I‹, in: Görres-Gesellschaft (Hg.), *Staatslexikon*. 7. A., Freiburg i. Br., Bd. 3, Sp. 326–335.

– 1999: ›Zur Theologie und Praxis des bischöflichen Amtes‹, in: *Auf neue Art Kirche sein. Festschrift für Bischof Dr. Josef Homeyer*. München, S. 32–48.

– 2011a: *Katholische Kirche: Wesen – Wirklichkeit – Sendung*. Freiburg i. Br.

– 2011b: ›»Kommen wir zur Sache. Das Memorandum katholischer Theologen zur Krise der Kirche geht auf ein Grundproblem unserer Zeit nicht ein: die Gotteskrise«‹, in: *FAZ*, 11. Februar 2011, S. 9.

– 2012: ›Kirche – in der Welt, nicht von der Welt‹, in: Jürgen Erbacher (Hg.) *Entweltlichung der Kirche?* Freiburg i. Br., S. 34–37.

Kasper, Walter/Deckers, Daniel 2008: *Wo das Herz des Glaubens schlägt. Die Erfahrung eines Lebens*. Freiburg i. Br.

Kaufmann, Franz-Xaver 1973a: *Sicherheit als soziologisches und sozialpolitisches Problem. Untersuchungen zu einer Wertidee hochdifferenzierter Gesellschaften*. 2. A., Stuttgart (Neuauflage 2012).

– 1973b: ›Wissenssoziologische Überlegungen zur Renaissance und Niedergang des katholischen Naturrechtsdenkens im 19. und 20. Jahrhundert‹, in: Böckle, Franz/Böckenförde, Ernst-Wolfgang (Hg.), *Naturrecht in der Kritik*. Mainz, S. 126–164.

– 1973c: *Theologie in soziologischer Sicht*. Freiburg i. Br.

– 1979: *Kirche begreifen: Analysen und Thesen zur gesellschaftlichen Verfassung des Christentums*. Freiburg i. Br.

– 1982: ›Kirchenrecht und Kirchenorganisation‹, in: *Diakonia* 13, S. 221–231.

– 1984: ›Solidarität als Steuerungsform – Erklärungsansätze bei Adam Smith‹, in: Ders./Krüsselberg, Hans Günter (Hg.), *Markt, Staat und Solidarität bei Adam Smith*. Frankfurt a. M. u. New York, S. 158–184.

– 1988: ›Le principe de subsidiarité. Point de vue d'un sociologue des institutions‹, in: Legrand, Hervé u. a. (Hg.), *Les Conférences épiscopales: Théologie, statut canonique, avenir*. Paris, S. 361–381.

– 1989a: *Religion und Modernität*, Tübingen.

– 1989b: ›Über die soziale Funktion von Verantwortung und Verantwortlichkeit‹, in: Lampe, Ernst-Joachim (Hg.), *Verantwortlichkeit und Recht. Jahrbuch für Rechtssoziologie und Rechtstheorie* 14, S. 204–224.

- 1989c: ›Wie weit reichen die christlichen Wurzeln des Rechts- und Sozialstaats?‹, in: *Herder Korrespondenz* 43, S. 315–321.

- 1989d: ›Joseph Beuys – Homo religiosus‹, in: Ders., *Religion und Modernität*, Tübingen, S. 172–195.

- 1989e: ›Unbeabsichtigte Folgen kirchlicher Leitungsstrukturen. Vom Triumphalismus zur Tradierungskrise‹, in: Pottmeyer, Hermann Josef (Hg.), *Kirche im Kontext der modernen Gesellschaft. Zur Strukturfrage der römisch-katholischen Kirche*. München u. Zürich, S. 8–34.

- 1991 (Hg.): *The Public Sector – Challenge for Coordination and Learning*. Berlin u. New York.

- 1992: *Der Ruf nach Verantwortung. Risiko und Ethik in einer unüberschaubaren Welt*. Freiburg i. Br.

- 1993a: ›Selbstreferenz oder Selbstreverenz? Die soziale und religiöse Ambivalenz von Individualisierung‹, in: Ruhr-Universität Bochum (Hrsg.): *Ehrenpromotion Franz-Xaver Kaufmann. Eine Dokumentation*. Bochum, S. 25–46.

- 1993b: ›Christentum und Christenheit‹ in: Gordan, Paulus (Hg.), *Evangelium und Inkulturation (1492–1992). Salzburger Hochschulwochen 1992*. Graz, S. 101–128.

- 1995: *Zukunft der Familie im Vereinigten Deutschland*. München.

- 1996: ›Die Herausforderung christlicher Sozialethik durch moderne Gesellschaftstheorie‹, in: *Jahrbuch für christliche Sozialwissenschaft* 37, S. 200–219.

- 1997a: ›Religion and Modernization in Europe‹, in: *Journal of Institutional and Theoretical Economics* 153, S. 80–96.

- 1997b: ›Was hält die Gesellschaft heute zusammen?‹, in: *FAZ*, 4. November 1997, S. 11 f.

- 1997c: *Herausforderungen des Sozialstaates*, Frankfurt a. M.

- 1997d: ›Selbstverwirklichung und Christentum‹, in: Homann, Karl/ Riedel-Spangenberger, Ilona (Hg.), *Welt-Heuristik des Glaubens*. Gütersloh, S. 126–136.

- 1998: ›Globalisierung und Gesellschaft‹, in: *Aus Politik und Zeitgeschichte*. Beilage zur Wochenzeitung Das Parlament, 24. April 1998, S. 3–10.

- 1999a: ›Kritik des neutralen Geldes‹, in: *Geschichte und Gesellschaft. Zeitschrift für historische Sozialwissenschaften* 25. S. 226–251.

- 1999b: ›Zukunftsfähigkeit der Theologie – Abschließende Bemerkungen‹, in: Gabriel, Karl/Horstmann, Johannes/ Mette, Norbert (Hg.) 1999: *Zukunftsfähigkeit der Theologie – Anstöße aus der Soziologie Franz-Xaver Kaufmanns*. Paderborn, S. 157–167.

– 1999c: ›Wo liegt die Zukunft der Religion?‹, in: Krüggeler, Michael u. a. (Hg.), *Institution – Organisation – Bewegung. Sozialformen der Religion im Wandel*. Opladen, S. 71–97.

– 2000: ›Globalisierung, Europäisierung und Sozialstaat‹, in: *Jahrbuch für christliche Sozialwissenschaften* 41, S. 32–50.

– 2001: ›Weltverlust und Lebenskunst‹, in: Brosziewski, Achim (Hg.), *Moderne Zeiten: Reflexionen zur Multioptionsgesellschaft*. Konstanz, S. 43–55.

– 2002: ›Sozialpolitik zwischen Gemeinwohl und Solidarität‹, in: Münkler, Herfried/Fischer, Karsten (Hg.), *Gemeinwohl und Gemeinsinn. Rhetoriken und Perspektiven sozial-moralischer Orientierung*. Berlin, S. 19–53.

– 2003a: ›Die Entwicklung von Religion in der modernen Gesellschaft‹, in: Hildemann, Klaus D. (Hg.), *Religion – Kirche – Islam. Eine soziale und diakonische Herausforderung*. Leipzig, S. 21–37.

– 2003b: ›Sicherheit – Das Leitbild beherrschbarer Komplexität‹, in: Stephan Lessenich (Hg.), *Wohlfahrtsstaatliche Grundbegriffe*. Frankfurt a. M., S. 73–104.

– 2003c: *Die Entstehung sozialer Grundrechte und die wohlfahrtsstaatliche Entwicklung* (Nordrhein-Westfälische Akademie der Wissenschaften: Vorträge Geisteswissenschaften 387). Paderborn.

– 2005: Schrumpfende Gesellschaft. Vom Bevölkerungsrückgang und seinen Folgen. Frankfurt a. M.

– 2008: ›Religion zwischen Tradition, Selbsterfahrung und Dauerreflexion‹, in: Schmidt, Thomas M. (Hg.), *Religion in der pluralistischen Öffentlichkeit*. Würzburg, S. 21–39.

– 2009a: ›Globalisierung und Menschenwürde: Beherrscht die Ökonomie die Zukunft des Menschen?‹ in: Dorst, Brigitte/Neuen, Christiane/Teichert, Wolfgang (Hg.): *Würde: Eine psychologische und soziale Herausforderung*. Düsseldorf, S. 145–165.

– 2009b: ›Steuerungsprobleme im Wohlfahrtsstaat‹, in: Ders.: *Sozialpolitik und Sozialstaat – Soziologische Analysen*. 3. erw. A., Wiesbaden, S. 229–262.

– 2010: ›Moralische Lethargie in der Kirche‹, in: *FAZ*, 26. April 2010, S. 8.

– 2011a: *Kirchenkrise – Wie überlebt das Christentum?* Freiburg i. Br.

– 2011b: ›Ein großer Entwurf und seine Grenzen. Kardinal Kaspers Theologie der Kirche‹, in: *Herder Korrespondenz* 65, S. 403–406.

– 2012: ›Entweltlichte Kirche?‹ in: *FAZ*, 27. Januar 2012, S. 11 (Nachdruck in: Erbacher, Jürgen (Hg.), *Entweltlichung der Kirche?* Freiburg i. Br. 2012, S. 115–124).

Kaufmann, Franz-Xaver/Eberwein, Wolf-Dieter 1992: ›Globale Perspektiven, Kapitel. 2, Wandel der Gesellschaftsformen‹, in: *Staatslexikon, 7. A., Bd. 6: Die Staaten der Welt I.*, Freiburg i. Br., S. 13–22.

Kaufmann, Franz-Xaver/Kerber, Walter/Zulehner, Paul M. 1986: *Ethos und Religion bei Führungskräften.* München.

Kaufmann, Franz-Xaver/Metz, Johann-Baptist 1987: *Zukunftsfähigkeit – Suchbewegungen im Christentum.* Freiburg i. Br.

Kaufmann, Franz-Xaver/Schäfers, Bernhard (Hg.) 1988: *Religion, Kirchen und Gesellschaft in Deutschland.* Gegenwartskunde Sonderheft 5, Opladen.

Kaufmann, Franz-Xaver /Stachel, Günter 1980: ›Religiöse Sozialisation‹, in: Böckle, Franz u. a. (Hg.), *Christlicher Glaube in moderner Gesellschaft*, Teilband 25, Freiburg i. Br., S. 117–164.

Kaufmann, Franz-Xaver/Zingerle, Arnold (Hg.), 1996: *Vatikanum II und Modernisierung. Historische, theologische und soziologische Perspektiven.* Paderborn.

Kersbergen, Kees van 1995: *Social Capitalism. A Study of Christian Democracy and the Welfare State.* London.

Kehl, Medard 1992: *Die Kirche. Eine katholische Ekklesiologie.* Würzburg.

Klär, Karl-Josef 1991: *Das kirchliche Bußinstitut von den Anfänge bis zum Konzil von Trient.* Frankfurt a. M.

Kleber, Karl Heinz 2005: *Historia docet. Zur Geschichte der Moraltheologie.* Münster.

Klinger, Elmar 1996: ›Das Aggiornamento der Pastoralkonstitution‹, in: Kaufmann, Franz-Xaver/Zingerle, Arnold (Hg.), *Vatikanum II und Modernisierung. Historische, theologische und soziologische Perspektiven.* Paderborn, S. 171–188.

Klöcker, Michael 1991: *Katholisch – Von der Wiege bis zur Bahre. Eine Lebensmacht im Zerfall?* München.

Kobusch, Theo 1993: *Die Entdeckung der Person. Metaphysik der Freiheit und modernes Menschenbild.* Freiburg i. Br.

Koch, Claus 1995: *Die Gier des Marktes. Die Ohnmacht des Staates im Kampf der Weltwirtschaft.* München.

Könemann, Judith 2002: »*Ich wünschte, ich wäre gläubig, glaub ich*«. Zu-

gänge zu Religion und Religiosität in der Lebensführung der späten Moderne. Opladen.

Könemann, Judith/Schüller, Thomas: *Das Memorandum – Die Positionen im Für und Wider.* Freiburg i. Br. 2011.

Kösters, Christoph/Kullmann, Claudio/Liedhegener, Antonius/Tischner, Wolfgang 2009: ›Was kommt nach dem katholischen Milieu? Forschungsbericht zur Geschichte des Katholizismus in Deutschland in der zweiten Hälfte des 20. Jahrhunderts‹, in: *Archiv für Sozialgeschichte* 49, S. 485–526.

Komonchak, Joseph A. 1988: ›Le ›principe de subsidiarité et sa pertinence ecclésiologique‹, in: Legrand, Hervé u. a. (Hg.), *Les Conférences èpiscopales: Théologie, statut canonique, avenir.* Paris, S. 391–447.

– 1996: ›Das II. Vatikanum und die Auseinandersetzung zwischen Katholizismus und Liberalismus‹, in: Kaufmann, Franz-Xaver/Zingerle, Arnold (Hg.), *Vatikanum II und Modernisierung. Historische, theologische und soziologische Perspektiven.* Paderborn, S. 147–169 (Englisch 1994).

Koselleck, Reinhart 1973: *Kritik und Krise. Eine Studie zur Pathogenese der bürgerlichen Welt.* Frankfurt a. M.

Krappmann, Lothar 1973: *Soziologische Dimensionen der Identität.* 3. A., Stuttgart.

Krech, Volkhard 1999: *Religionssoziologie.* Bielefeld.

Kühr, Herbert 1985: ›Katholische und evangelische Milieus. Vermittlungsinstanzen und Wirkungsmuster‹, in: Oberndörfer, Dieter u. a. (Hg.), *Wirtschaftlicher Wandel, religiöser Wandel und Wertwandel.* Berlin, S. 245–261.

Küng, Hans 2011: *Ist die Kirche noch zu retten?* München.

Kunstmann, Joachim 1997: *Christentum in der Optionsgesellschaft. Postmoderne Perspektiven.* Weinheim.

Laarhoven, Jan van 1983: ›Die ökumenischen Konzilien auf der Waagschale. Ein quantitativer Überblick‹, in: *Concilium* 19, S. 535–545.

Ladrière, Jean 1993: ›Das philosophisch-geisteswissenschaftliche Relief Europas. Ein schwieriges Terrain für die Theologie‹ in: Hünermann, Peter u. a. (Hg.), *Das neue Europa.* Freiburg i. Br., S. 42–62.

Lambert, Pierre-Yves 2001: ›Der Beginn der Kirche in Irland‹, in: *Die Geschichte des Christentums.* Deutsche Ausgabe hrsg. von Norbert Brox u. a., Sonderausgabe Freiburg i. Br. 2001, Band 3, S. 871–880.

Le Bras, Gabriel 1955/56: *Études de sociologie religieuse.* 2 Bände. Paris.

Lehmann, Hartmut (Hg) 1997: *Säkularisierung, Dechristianisierung, Re-*

christianisierung im neuzeitlichen Europa. Bilanz und Perspektiven der Forschung. Göttingen.

Lehmann, Karl 2000: *Hat das Christentum Zukunft? Glaube und Kirche an der Jahrtausendwende.* Mainz.

Lehner, Markus 1992: *Vom Bollwerk zur Brücke. Katholische Aktion in Österreich.* Thaur/Tirol.

Leibfried, Stephan (Hg.) 2006: *Transformationen des Staates?* Frankfurt a. M.

Leisering, Lutz 2007: ›Gibt es einen Weltwohlfahrtsstaat?‹ in: Albert, Mathias/Stichweh, Rudolf (Hg.), *Weltstaat und Weltstaatlichkeit.* Wiesbaden, S. 187–205.

Lepsius, Rainer M. 1973: ›Parteiensystem und Sozialstruktur. Zum Problem der Demokratisierung der deutschen Gesellschaft‹, in: Ritter, Gerhard A. (Hg.), *Deutsche Parteien vor 1918.* Köln, S. 76–80.

Levillain, Philippe 1970: *L'élaboration du Consensus à Vatican II. Beitrag zum VIII. Weltkongreß der International Political Science Association.* München, Nr. III–19.

Liedhegener, Antonius 2012: ›Säkularisierung als Entkirchlichung. Trends und Konjunkturen in Deutschland von der Mitte des 19. Jahrhunderts bis zur Gegenwart‹, in: Gabriel, Karl/Gärtner, Christel/Pollack, Detlef (Hg), *Umstrittene Säkularisierung: Soziologische und historische Analysen zur Differenzierung von Religion und Politik.* Berlin, S. 481–531.

Löwith, Karl 1953: *Weltgeschichte und Heilsgeschehen.* Stuttgart.

Loth, Wilfried 1984: *Katholiken im Kaiserreich. Der politische Katholizismus in der Krise des Wilhelminischen Deutschland.* Düsseldorf.

LThK – *Lexikon für Theologie und Kirche*, Sonderausgabe der 3. Auflage, hg. von Walter Kasper u. a., 11 Bände, Freiburg 2006.

Lübbe, Hermann 1986: *Religion nach der Aufklärung.* Graz.

– 1992: *Im Zug der Zeit: verkürzter Aufenthalt in der Gegenwart.* Berlin.

Luckmann, Thomas 1980: ›Religion in der modernen Gesellschaft‹, in: Ders., *Lebenswelt und Gesellschaft. Grundstrukturen und geschichtliche Wandlungen.* Paderborn, S. 137–189.

– 1991: *Die unsichtbare Religion.* Neuauflage, Frankfurt a. M.

Lüdecke, Norbert 2007a: ›Die Rechtsgestalt der römisch-katholischen Kirche‹, in: Klöcker, Michael/Tworuschka, Udo (Hg.), *Handbuch der Religionen.* München, 16. Ergänzungslieferung, S. 1–17.

Lüdecke, Norbert 2007b: ›Der Codex Juris Canonici als authentische Rezeption des Zweiten Vatikanums. Statement aus kanonistischer Sicht‹, in: *Rottenburger Jahrbuch für Kirchengeschichte* 26, S. 47–69.

Lüdecke, Norbert 2009: ›Kommunikationskontrolle als Heilsdienst. Sinn, Nutzen und Ausübung der Zensur nach römisch-katholischem Kirchenverständnis‹, in: *Rottenburger Jahrbuch für Kirchengeschichte* 28, S. 67–98 (erschienen 2011).

Lüscher, Kurt: ›Ambivalenz weiterschreiben. Eine wissenssoziologisch-pragmatische Perspektive‹, erscheint in: *Forum Psychoanalyse*, Jg. 2012.

Lütz, Manfred 1999: *Der blockierte Riese. Psycho-Analyse der katholischen Kirche.* Augsburg.

Luhmann, Niklas 1968: *Vertrauen – Ein Mechanismus der Reduktion sozialer Komplexität.* Stuttgart.

– 1970: *Soziologische Aufklärung.* Köln u. Opladen.

– 1977: *Funktion der Religion.* Frankfurt a. M.

– 1981: ›Organisation und Entscheidung‹, in: Ders., *Soziologische Aufklärung 3: Soziales System, Gesellschaft, Organisation.* Opladen, S. 335–389.

– 1984: *Soziale Systeme. Grundriß einer allgemeinen Theorie.* Frankfurt a. M.

– 1990: *Die Wissenschaft der Gesellschaft.* Frankfurt a. M.

– 1997: *Die Gesellschaft der Gesellschaft.* 2 Teilbände. Frankfurt a. M.

Lutterbach, Hubertus 2008: ›Sexualität zwischen kultischer und ethischer Reinheit‹, in: Hoppe, Thomas (Hg.): *Körperlichkeit – Identität. Begegnung in Leiblichkeit.* Fribourg u. Freiburg i. Br., S. 107–124.

Lyotard, Jean-Francois 1979: *La condition postmoderne.* Paris (Deutsch: Das postmoderne Wissen, Wien 2009).

Mahoney, John 1987: *The Making of Moral Theology.* Oxford (Reprint 2006).

Manow, Philip 2008: *Religion und Sozialstaat. Die konfessionellen Grundlagen der europäischen Wohlfahrtsstaatsregime.* Frankfurt a. M.

Markschies, Chrisoph 2006: *Das antike Christentum.* München.

Marks, Gary (Hg.) 1996: *Governance in the European Union.* London.

Martin, Jochen 2010: *Der Weg zur Ewigkeit führt über Rom.* Stuttgart.

Matthes, Joachim 1993: ›Was ist anders in anderen Religionen? Anmerkungen zur zentristischen Organisation des religionssoziologischen Denkens‹, in: Bergmann, Jörg/Hahn, Alois/Luckmann, Thomas (Hg.), *Religion und Kultur.* Sonderheft 33 der Kölner Zeitschrift für Soziologie und Sozialpsychologie. Opladen, S. 16–30.

Matusseck, Matthias 2011: *Das katholische Abenteuer: Eine Provokation.* München.

Mausbach, Joseph/Ermecke, Gustav: *Katholische Moraltheologie. Erster Band: Die allgemeine Moral.* 9. A., Münster 1959.

McLeod, Hugh 2007: *The Religious Crisis of the 1960s.* Oxford.

Meyer, John W. 2005: *Weltkultur. Wie die westlichen Prinzipien die Welt durchdringen.* Frankfurt a. M.

Menke, Christoph/Pollmann, Arnd 2007: *Philosophie der Menschenrechte.* Hamburg.

Merks, Karl-Wilhelm 2011: ›Von der Sexual- zur Beziehungsethik‹, in: Hilpert, Konrad (Hg.), Zukunftshorizonte katholischer Sexualethik (QD 241). Freiburg i. Br., S. 14–35.

Mooser, Josef 1983: ›Auflösung der proletarischen Milieus. Klassenbindung und Individualisierung in der Arbeiterschaft vom Kaiserreich bis in die Bundesrepublik Deutschland‹, in: *Soziale Welt* 34, S. 270–306.

Morgan, Edmund S. 1988: *Inventing the People. The Rise of Popular Sovereignty in England and America.* New York.

Müller, Hans-Peter 1992: *Sozialstruktur und Lebensstile. Der neuere theoretische Diskurs über soziale Ungleichheit.* Frankfurt a. M.

Müller, Hubert/Führer, Ivo/Pottmeyer, Hermann Josef (Hg.) 1989: *Die Bischofskonferenz: Theologischer und juridischer Status.* Düsseldorf.

Nacke, Stefan 2010: *Die Kirche in der Weltgesellschaft. Das II. Vatikanische Konzil und die Globalisierung des Katholizismus.* Wiesbaden.

Nell-Breuning, Oswald von 1957: ›Solidarität und Subsidiarität im Raum von Sozialpolitik und Sozialreform‹, in: Boettcher, Erik (Hg.), *Sozialpolitik und Sozialreform.* Tübingen, S. 213–226.

Nell-Breuning-Institut (Hg.) 1994: *Solidarität am Standort Deutschland: eine Erklärung von Sozialwissenschaftlerinnen und – wissenschaftlern.* Frankfurt a. M.

Nelson, Benjamin 1977: *Der Ursprung der Moderne. Vergleichende Studien zum Zivilisationsprozeß.* Frankfurt a. M.

Oeing-Hanhoff, Ludger 1988: ›Trinitarische Ontologie und Metaphysik der Person‹, in: Ders., *Metaphysik und Freiheit. Ausgewählte Abhandlungen,* hrsg. v. Theo Kobusch und Walter Jaeschke. München, S. 133–165.

Oesterreicher, Johannes M. 1986: ›Kommentierende Einleitung zur Erklärung über das Verhältnis der Kirche zu den nichtchristlichen Religionen‹, in: Brechter, Heinrich Suso u. a. (Hg.), *Das Zweite Vatikanische Konzil – Dokumente und Kommentare. 2. Band* (Lexikon für Theologie und Kirche, Sonderausgabe 1986, Band 13), Freiburg i. Br., S. 408–478.

Ohst, Martin 1995: *Pflichtbeichte. Untersuchungen zum Bußwesen im Hohen und Späten Mittelalter.* Tübingen.

Orth-Peine, Hannelore 1990: *Identitätsbildung im sozialgeschichtlichen Wandel.* Frankfurt a. M.

Ostrom, Elinor 1999: *Die Verfassung der Allmende.* Tübingen.

Parsons, Talcott 1972: *Das System moderner Gesellschaften.* München.

Pascal, Blaise 1984: ›Die Wette‹, in: Böckle, Franz u. a. (Hg.), *Auf der Suche nach dem unfassbaren Gott. Christlicher Glaube in moderner Gesellschaft*, Teilband 37 (Quellenband 7), Freiburg i. Br. 1984, S. 399 f.

Paul VI. 1964: ›Enzyklika Ecclesiam Suam‹, in: *Acta Apostolicae Sedis* 56, S. 609–659.

Pesch, Otto Hermann 1998: ›Petrusdienst im 21. Jahrhundert‹, in: *Communio Viatorum* 40 (Prag), S. 145–162.

Peukert, Helmut 1978: *Wissenschaftstheorie, Handlungstheorie, fundamentale Theologie. Analysen zu Ansatz und Status theologischer Theoriebildung.* Frankfurt a. M.

Polanyi, Karl 1944: *The Great Transformation.* New York (Deutsch unter dem gleichen englischen Haupttitel, Wien 1977).

Pottmeyer, Hermann Josef 1975: *Unfehlbarkeit und Souveränität. Die päpstliche Unfehlbarkeit im System der ultramontanen Ekklesiologie des 19. Jahrhunderts.* Mainz.

– 1988a: ›Was ist eine Bischofskonferenz?‹, in: *Stimmen der Zeit* 206, S. 435–446.

– 1988b: ›Zeichen und Kriterien der Glaubwürdigkeit des Christentums‹, in: Kern, Walter/Pottmeyer, Hermann Josef/Seckler, Max (Hg.), *Handbuch der Fundamentaltheologie. Band 4: Traktat theologischer Erkenntnislehre.* Freiburg i. Br., S. 373–413.

– 1989: ›Kirche – Selbstverständnis und Strukturen. Theologische und gesellschaftliche Herausforderung zur Glaubwürdigkeit‹, in: Ders. (Hg.), *Kirche im Kontext der modernen Gesellschaft. Zur Strukturfrage der römisch-katholischen Kirche.* München, S. 99–123.

– 1991a: ›Rezeption und Gehorsam – aktuelle Aspekte der wiederentdeckten Realität »Rezeption«‹, in: Beinert, Wolfgang (Hg.), *Glaube als Zustimmung. Zur Interpretation kirchlicher Rezeptionsvorgänge* (QD 131). Freiburg i. Br., S. 51–91.

– 1991b: ›Die Suche nach der verbindlichen Tradition und die traditionalistische Versuchung der Kirche‹, in: Wiederkehr, Dietrich (Hg.) *Wie geschieht Tradition? Überlieferung im Lebensprozeß der Kirche* (QD 133). Freiburg i. Br., S. 89–110.

– 1996: ›Modernisierung in der katholischen Kirche am Beispiel der

Kirchenkonzeption des I. und II. Vatikanischen Konzils‹, in: Kaufmann, Franz-Xaver/Zingerle, Arnold (Hg.), *Vatikanum II und Modernisierung. Historische, theologische und soziologische Perspektiven.* Paderborn, S. 131–146.

– 1999: *Die Rolle des Papsttums im Dritten Jahrtausend* (QD 179). Freiburg i. Br.

Pröpper, Thomas 2012: *Theologische Anthropologie II.* Freiburg.

Prosperi, Adriano 1993: ›Beichtväter und Inquisition im 16. Jahrhundert‹, in: Reinhard, Wolfgang/Schilling, Heinz (Hg.), *Die katholische Konfessionalisierung.* Gütersloh, S. 125–134.

Rahner, Karl 1980: ›Theologische Grundinterpretation des II. Vatikanischen Konzils‹, in: Ders., *Schriften zur Theologie.* Köln, Bd. 14, S. 287–302.

Ranke, Leopold von 1834/36: *Die Geschichte der Päpste. Die römischen Päpste in den letzten vier Jahrhunderten. Kardinal Consalvi und seine Staatsverwaltung unter dem Pontifikat Pius VII.* Neuausgabe hrsg. von Willy Andreas. Wiesbaden 1981.

Ratzinger, Joseph 1964: ›Konkrete Formen bischöflicher Kollegialität‹, in: Hampe, Johann Christoph (Hg.), *Ende der Gegenreformation? Das Konzil, Dokumente und Deutung.* Stuttgart.

– 2007, 2011: *Jesus von Nazareth.* Bisher 2 Bände. Freiburg i. Br.

Reese, Thomas S. (1998): *Im Inneren des Vatikan – Politik und Organisation der katholischen Kirche.* Frankfurt a. M. (Englisch Cambridge 1996).

Reiter Josef 1996: ›Die ethische Transformation der Metaphysik bei Emanuel Levinas‹, in: Reifenberg, Peter (Hg.), *Gott – Das bleibende Geheimnis. Festschrift für Walter Seidel zum 70. Geburtstag.* Würzburg, S. 173–196.

Rendtorff, Trutz 1969: *Christentum außerhalb der Kirche. Konkretionen der Aufklärung.* Hamburg.

Rentsch, Thomas 2000: *Negativität und praktische Vernunft.* Frankfurt a. M.

Richter, Emanuel 1992: *Der Zerfall der Welteinheit. Vernunft und Globalisierung in der Moderne.* Frankfurt a. M. u. New York.

Rieger, Elmar/Leibfried, Stephan 2004: *Kultur versus Globalisierung. Sozialpolitische Theologie in Konfuzianismus und Christentum.* Frankfurt a. M.

Robertson, Roland 1992: *Globalization: Social Theory and Global Culture.* London.

Rosenstock-Huessy, Eugen 1987: *Die europäischen Revolutionen.* 4. A., Moers (Erstauflage Stuttgart 1951).

Ruh, Ulrich 1998: ›Bischofskonferenzen: Römische Grenzziehungen‹, in: *Herder Korrespondenz* 52, S. 440–442.

Sartre, Jean Paul 1954: *L'existentialisme est un humanisme*. Paris.

Sassen, Saskia 1991: *The Global City. New York, London, Tokyo*. Princeton.

– 1994: *Cities in a World Economy*. Thousand Oaks/USA.

Scharpf, Fritz W. 2010: *Community and Autonomy: institutions, policies and legitimacy in multilevel Europe*. Frankfurt.

Seckler, Max 1981: ›Kirchliches Lehramt und wissenschaftliche Theologie. Geschichtliche Aspekte, Probleme und Lösungselemente‹, in: Kern, Walter (Hg.), *Die Theologie und das Lehramt*. Freiburg i. Br.

Schieffer, Theodor 1976: *Krisenpunkte des Hochmittelalters*. Opladen.

Schilling, Heinrich 1991: ›Nationale Identität und Konfession in der frühen Neuzeit‹, in: Giesen, Bernhard (Hg.), *Nationale und kulturelle Identität. Studien zur Entwicklung des kollektiven Bewußtseins in der Neuzeit*. Frankfurt a. M.

Schimmelpfennig, Bernhard 1996: *Das Papsttum: von der Antike bis zur Renaissance*. 4.A., Darmstadt.

Schmitt, Carl 1923: *Römischer Katholizismus und politische Form*. München.

Schnur, Roman (Hg.) 1984: *Zur Geschichte der Erklärung der Menschenrechte*. Darmstadt.

Schütz, Alfred 1971: *Das Problem der Relevanz*. Frankfurt a. M.

Schütz, Alfred/Luckmann, Thomas 1975: *Strukturen der Lebenswelt*. Neuwied.

Schulze, Gerhard 1992: *Die Erlebnisgesellschaft. Kultursoziologie der Gegenwart*. Frankfurt a. M.

Shackle, G.L.S. 1961: *Decision, Time and Order in Human Affairs*. Cambridge.

– 1972: Espistemics & Economics – A Critique of Economic Doctrines. Cambridge.

Sekretariat der Deutschen Bischofskonferenz (Hg.) 1990: *Kongregation für die Glaubenslehre: Instruktion über die kirchliche Berufung des Theologen*. (Verlautbarungen des Apostolischen Stuhls 98). Bonn.

Sieben, Hermann Josef 1989: ›Selbstverständnis und römische Sicht der Partikularsynode‹, in: Müller, Hubert/Pottmeyer, Hermann Josef (Hg.), *Die Bischofskonferenz: Theologischer und juridischer Status*. Düsseldorf, S. 10–35.

Siller, Hermann Pius 1999: ›Wirklichkeitserschließung als Befreiung‹, in: Gabriel, Karl/Horstmann, Johannes/ Mette, Norbert (Hg.) 1999: *Zukunftsfähigkeit der Theologie – Anstöße aus der Soziologie Franz-Xaver Kaufmanns*. Paderborn, S. 129–137.

Simmel, Georg 1923a: ›Die Kreuzung sozialer Kreise‹, in: Ders., *Soziologie –*

Untersuchungen über die Formen der Vergesellschaftung. 3. A., München und Leipzig, S. 305–344.

– 1923b: ›Exkurs über den Fremden‹, in: Ders., *Soziologie – Untersuchungen über die Formen der Vergesellschaftung.* 3. A., München und Leipzig, S. 509–512.

– 1930: *Philosophie des Geldes.* 5. A., München und Leipzig.

– 1957: ›Die Großstädte und das Geistesleben‹, in: Ders., *Brücke und Tür. Essays des Philosophen zur Geschichte, Religion, Kunst und Gesellschaft.* Stuttgart.

Splett, Jörg 1996: ›Gotteserfahrung im Gesicht des Anderen? Argumentierend mit Emanuel Levinas‹, in: Reifenberg, Peter (Hg.), *Gott – Das bleibende Geheimnis. Festschrift für Walter Seidel zum 70. Geburtstag.* Würzburg, S. 151–172.

Stachel, Günter u. a. (Hg.) 1979: *Sozialisation – Identitätsfindung – Glaubenserfahrung. Referate und Protokolle des 2. Kongresses der Arbeitsgemeinschaft katholischer Katechetikdozenten.* Zürich.

Stegmann, Franz Josef 1994: ›Subsidiarität in der Kirche. Anmerkungen zu einem *gravissimum principium* der katholischen Soziallehre‹, in: Geerlings, Wilhelm/Seckler, Max (Hg.), *Kirche Sein. Nachkonziliare Theologie im Dienst der Kirchenreform. Für Hermann Josef Pottmeyer.* Freiburg i. Br., S. 361–371.

Stichweh, Rudolf 1991: *Der frühmoderne Staat und die europäische Universität: Zur Interaktion von Politik und Erziehungssystem im Prozeß ihrer Ausdifferenzierung (16. – 18. Jahrhundert).* Frankfurt a. M.

Stjernö, Steinar (2005): *Solidarity in Europe – The History of an Idea.* Cambridge.

Stolz, Fritz 2000: ›Christentum – I. Religionswissenschaftlich‹, in: *Religion in Geschichte und Gegenwart,* 4. A., Tübingen, Bd. 2, Sp. 183–196.

Striet, Magnus 2011: ›Wie heute über Sünde reden?‹, in: *Herder-Korrespondenz* 65, S. 568–572.

Strasser, Peter 1998: *Journal der letzten Dinge.* Frankfurt a. M.

Tenbruck, Friedrich H. 1993: ›Die Religion im Maelstrom der Reflexion‹, in: *Religion und Kultur.* Sonderheft 33 der Kölner Zeitschrift für Soziologie und Sozialpsychologie, S. 31–67.

Therborn, Göran 1995: *European Modernity and Beyond. The Trajectory of European Societies 1945–2000.* London.

Tibi, Bassam 1995: *Krieg der Zivilisationen. Politik und Religion zwischen Vernunft und Fundamentalismus.* Hamburg.

Tillard, Jean-Marie 1988: ›Réponse: Le ›status‹ théologique des conférences épiscopales‹, in: Legrand, Hervé u. a. (Hg.), *Les Conférences èpiscopales: Théologie, statut canonique, avenir.* Paris, S. 291–298.

Tyrell, Hartmann 1993a: ›Potenz und Depotenzierung der Religion – Religion und Rationalisierung bei Max Weber‹, in: *Saeculum. Jahrbuch für Universalgeschichte* 44, 300–347.

– 1993b: ›Katholizismus und Familie – Institutionalisierung und Deinstitutionalisierung‹, in: *Religion und Kultur.* Sonderheft 33 der Kölner Zeitschrift für Soziologie und Sozialpsychologie, S. 126–149.

– 1996: ›Die Familienrhetorik des Zweiten Vatikanums und die gegenwärtige Deinstitutionalisierung von Ehe und Familie‹, in: Kaufmann, Franz-Xaver/Zingerle, Arnold (Hg.), *Vatikanum II und Modernisierung. Historische, theologische und soziologische Perspektiven.* Paderborn, S. 353–373.

Tyrell, Hartmann/Rammstedt, Otthein/Meyer, Ingo (Hg.) 2011: *Georg Simmels große ›Soziologie‹. Eine kritische Sichtung nach hundert Jahren.* Bielefeld.

Vattimo, Gianni 1997: *Glauben – Philosophieren.* Stuttgart.

Vorgrimler, Herbert 1985: ›Von »sensus fidei« zum »consensus fidelium«‹, in: *Concilium* 21, S. 237–242.

Wagner, Falk 1986: *Was ist Religion?* Gütersloh.

Waldenfels Hans 1985: ›Autorität und Erkenntnis‹, in: *Concilium* 21, S. 244–261.

Weber, Helmut 1973: ›Todsünde – lässliche Sünde. Zur Geschichte der Begriffe‹, in: *Trierer Theologische Zeitschrift* 82, S. 93–119.

Weber, Max 1934: *Gesammelte Aufsätze zur Religionssoziologie, Band 1.* 3. A., Tübingen.

– 1964: *Wirtschaft und Gesellschaft.* Tübingen.

Wehler, Hans-Ulrich 1975: *Modernisierungstheorie und Geschichte.* Göttingen.

Weigand, Rudolf 1999: ›Das Bußsakrament‹, in: Listl, Josef/Schmitz, Heribert (Hg.), *Handbuch des katholischen Kirchenrechts.* Regensburg, S. 841–856.

Welsch, Wolfgang 1988: *Unsere postmoderne Moderne.* 2. A., Weinheim.

– 1995: *Vernunft: Die zeitgenössische Vernunftkritik und das Konzept der transversalen Vernunft.* Frankfurt a. M.

Wiedenhofer, Siegfried 1991: ›Die Tradition in den Traditionen. Kirchliche Glaubensüberlieferung im Spannungsfeld kirchlicher Strukturen‹, in: Wiederkehr, Dietrich (Hg.), *Wie geschieht Tradition? Überlieferung im Lebensprozeß der Kirche* (QD 133). Freiburg i. Br., S. 127–172.

– 1992: *Das katholische Kirchenverständnis. Ein Lehrbuch der Ekklesiologie.* Graz.

Wiederkehr, Dietrich (Hg.) 1991: *Wie geschieht Tradition? Überlieferung im Lebensprozeß der Kirche* (QD 133). Freiburg i. Br.

– 1994 (Hg.): *Der Glaubenssinn des Gottesvolkes – Konkurrent oder Partner des Lehramts?* (QD 151). Freiburg i. Br.

Wellmer, Albrecht 1985: *Zur Dialektik von Moderne und Postmoderne.* Frankfurt a. M.

Wittstadt, Klaus (Hg.) 1996a: *Der Beitrag der deutschsprachigen und osteuropäischen Länder zum Zweiten Vatikanischen Konzil.* Leuven.

– 1996b: ›Perspektiven einer kirchlichen Erneuerung – Der deutsche Episkopat und die Vorbereitungsphase des II. Vaticanums‹, in: Kaufmann, Franz-Xaver/Zingerle, Arnold (Hg.), *Vatikanum II und Modernisierung. Historische, theologische und soziologische Perspektiven.* Paderborn, S. 85–106.

Wolf, Hubert 2010: "Wahr ist, was gelehrt wird" statt "Gelehrt wird, was wahr ist"? Zur "Erfindung" des "ordentlichen" Lehramtes, in: Schmeller, Thomas u. a. (Hg.), *Neutestamentliche Ämtermodelle im Kontext.* Freiburg i. Br., S. 236–259.

Zahlmann, Christel (Hg.) 1994: *Kommunitarismus in der Diskussion. Eine streitbare Einführung.* Berlin.

Zentralkomitees der deutschen Katholiken (Hg.) 1991: *Dialog statt Dialogverweigerung – Wie in der Kirche mit einander umgehen?* Diskussionsbeitrag der Kommission 8 »Pastorale Grundfragen« des Zentralkomitees der deutschen Katholiken. Bonn.

Zöller, Michael 1995: *Washington und Rom. Der Katholizismus in der amerikanischen Kultur.* Berlin.

Zollitsch, Robert 2012: ›In der Welt, aber nicht von der Welt‹, in: Erbacher, Jürgen (Hg.), *Entweltlichung der Kirche?* Freiburg i. Br., S. 18–33.

Zulehner, Paul Michael 1992: *Vom Untertan zum Freiheitskünstler.* Wien.

Zulehner, Paul Michael/Denz, Hermann 1993: *Wie Europa lebt und glaubt: Europäische Wertestudie.* Düsseldorf.

Das Zweite Vatikanische Konzil – Dokumente und Kommentare, hg. von Heinrich Suso Brechter u. a., 3 Teile (Lexikon für Theologie und Kirche, 2. A., Band 12–14). Freiburg i. Br., Sonderausgabe 1986.

Zwierlein, Otto 2009: *Petrus in Rom. Die literarischen Zeugnisse.* Berlin.

Zerfaß, Rolf 1999: ›Spirituelle Ressourcen einer neuen pastoralen Kultur: Wirklichkeitserschließung als Befreiung‹, in: Gabriel, Karl/Horstmann, Johannes/ Mette, Norbert (Hg.) 1999: *Zukunftsfähigkeit der Theologie – Anstöße aus der Soziologie Franz-Xaver Kaufmanns.* Paderborn, 113–127.

Veröffentlichungshinweise

Im Folgenden sind diejenigen Veröffentlichungen in zeitlicher Reihenfolge aufgeführt, die ganz oder teilweise, in gekürzter und überarbeiteter Form in den Text dieses Buches aufgenommen wurden.

Kirchliche Institutionen und Gegenwartgesellschaft. In: Kirche im Wandel. Eine kritische Zwischenbilanz nach dem Zweiten Vatikanum, hrsg. von G. Alberigo, Y. Congar, H.J. Pottmeyer. Düsseldorf: Patmos, 1982, S. 65–72 (Einleitung).

Die Bischofskonferenz im Spannungsfeld von Zentralisierung und Dezentralisierung. In: H. Müller und H. J. Pottmeyer (Hrsg.), Die Bischofskonferenz, Theologischer und juridischer Status. Düsseldorf: Patmos, 1989, S. 134–155, (9. Kapitel).

Theologie zwischen Kirche und Universität. In: Tübinger theologische Quartalsschrift 171. Jg. (1991), H. 4, S. 265–277 (11. Kapitel).

Das janusköpfige Publikum von Kirche und Theologie: Zur kulturellen und gesellschaftlichen Physiognomie Europas. In: P. Hünermann (Hg.), Das neue Europa. Herausforderungen für die Kirche und Theologie. (Quaestiones disputatae Bd. 144) Freiburg i.Br.: Herder, 1993 (3. Kapitel).

Glaube und Kommunikation: Eine soziologische Perspektive. In: D. Wiederkehr (Hg.), Der Glaubenssinn des Gottesvolkes – Konkurrent oder Partner des Lehramts? (Quaestiones disputatae Bd. 151) Freiburg i.Br.: Herder, 1994, S. 132–160, (8. Kapitel).

Das II. Vatikanische Konzil als Moment einer Modernisierung des Katholizismus. In: K. Wittstadt/W. Verschooten (Hg.), Der Beitrag der deutschsprachigen und osteuropäischen Länder zum Zweiten Vatikanischen Konzil. Leuven: Bibliotheek van de Fakulteit Godgeleerdheid, 1996, S. 3–24, (4. Kapitel).

Kirche und Moderne – eine Skizze. In: Wolfgang Weiß (Hg.), Zeugnis und Dialog. Die katholische Kirche in der neuzeitlichen Welt und das II. Vatikanische Konzil. Klaus Wittstadt zum 60. Geburtstag. Würzburg: Echter, 1996, S. 15–28, (1. Kapitel).

Globalisierung und Christentum. In: P. Hünermann (Hrsg.), Das II. Vatikanum – christlicher Glaube im Horizont globaler Modernisierung. Paderborn: Schöningh 1998, S. 15–30, (5. Kapitel).)

Römischer Zentralismus: Entstehung – Erfolg – Gefahren. In: Orientierung (Zürich), 66. Jg. (2002), Nr. 10, S. 112–116 und Nr. 11, S. 125–127, (9. Kapitel).

Ist das Christentum zukunftsfähig? In: Wilhelm Geerlings/Josef Meyer zu Schlochtern (Hrsg.), Tradition und Innovation: Denkanstöße für Kirche und Theologie. (Paderborner theologische Studien, Bd. 33), Paderborn: Schöningh, 2003, 63–85 (12. Kapitel).

Zwischenräume und Wechselwirkungen: Der Verlust der Zentralperspektive und das Christentum. In: Theologie und Glaube. 96. Jg. (2006), H. 3, S. 309–323 (Einleitung).

Christentum und Solidarität unter den Herausforderungen des 21. Jahrhunderts, in: Hermann Josef Große-Kracht/Christian Spieß (Hg.), Christentum und Solidarität. Bestandsaufnahmen zu Sozialethik und Religionssoziologie. Paderborn: Schöningh, 2008, S. 743–756 (13. Kapitel).

Dimensionen der Kirchenkrise. In: Judith Könemann/Thomas Schüller (Hrsg.): Das Memorandum. Die Positionen im Für und Wider. Freiburg i. Br.: Herder 2011. (6. Kapitel und Einleitung).

Was ist katholisch – was ist ›römischer Geist‹?, in: Christ in der Gegenwart, Nr. 38/2011, S. 421 f. (14. Kapitel).

Register

(n = Fußnote)